Rolf Bauerdick

ZIGEUNER

Begegnungen
mit einem
ungeliebten
Volk

Rolf Bauerdick

ZIGEUNER

Begegnungen mit
einem ungeliebten Volk

Deutsche Verlags-Anstalt

Sämtliche Fotos auf den Bildseiten in diesem Buch
stammen von Rolf Bauerdick.

Das für dieses Buch verwendete FSC®-zertifizierte Papier
Munken Premium Cream liefert Arctic Paper Munkedals AB, Schweden.

1. Auflage
Copyright © 2013 Deutsche Verlags-Anstalt, München,
in der Verlagsgruppe Random House GmbH
Alle Rechte vorbehalten
Typografie und Satz: DVA/Brigitte Müller
Gesetzt aus der Jenson
Druck und Bindung: GGP Media GmbH, Pößneck
Printed in Germany
ISBN 978-3-421-04544-7

www.dva.de

»Die Menschen suchen das Glück wie unser Blut das Herz. Wenn kein Blut mehr zum Herzen fließt, trocknet der Mensch aus, sagt mein Vater. Das Ausland ist das Herz. Und wir das Blut.«

Aglaja Veteranyi,
Warum das Kind in der Polenta kocht

Inhalt

»Ihr glaubt jeden Blödsinn, den man euch erzählt«

Vor einigen Jahren fuhr ich mit den Ethnologen Elena Maruschiakova und Vesselin Popov in den Osten Bulgariens. Das Ehepaar zählt zu den angesehensten Zigeunerforschern Europas und hatte erfahren, dass in einer entlegenen Hügellandschaft mit dem sinnigen Namen Lügenfeld eine Roma-Sippe campierte. Es waren Halbnomaden, Familien, die im Winter in der Industriestadt Harmanli wohnten und im Sommer mit Pferden, Eseln und Zelten über Land zogen, um seltene Harthölzer zu schneiden. Die Äste exportierte ein Aufkäufer nach Arabien, wo aus dem Holz edle Messerschäfte gefertigt wurden. Als die Männer abends mit vollgepackten Lasttieren hungrig in das Lager zurückkehrten, rührten die Frauen bereits in den Pötten über dem offenen Feuer. Beiläufig fragte ich den Sippenchef, was es zu essen gebe.

»Was wir finden«, antwortete Stojan Stajkov, ein überaus freundlicher Mensch. »Kaninchen sind gut, aber am besten schmecken Schlangen. Wir fangen sie zwischen den Sträuchern, ziehen ihnen die Haut ab und rösten sie über dem Holzfeuer.«

Ich notierte: »Holzschneider grillen Schlangen.«

»Was hat euer Reporter aufgeschrieben?«, fragte Stojan meine grinsenden Freunde.

»Dass ihr Schlangen esst.«

Die Männer bogen sich vor Lachen, die Frauen fassten sich entsetzt an den Kopf, Kinder kreischten. Ich schaute reichlich dümmlich drein, als Elena erklärte: »Kein Roma käme im Traum darauf, eine Schlange zu essen. Schlangen sind ein Tabu.«

»Ihr Schreiberlinge seid nette Leute«, klopfte mir Stojan auf die Schulter. »Ihr glaubt jeden Blödsinn, den man euch erzählt.«

Ich fürchte, der gute Stojan hat recht.

Die Zigeuner bezeichnen alle Nichtzigeuner als Gadsche, ein Begriff, der auch Dummkopf, Bauer oder Feind bedeuten kann. Trotzdem habe ich es als Gadscho stets als Glück empfunden, Menschen wie Stojan Stajkov zu begegnen. Und es gibt unter den Roma viele Stojans. Humorvolle, gastfreundliche, schlitzohrige, rundum liebenswerte Menschen. Der serbische Regisseur Emir Kusturica hat ihnen in seinen lebensprallen Filmen ein Denkmal gesetzt. Das Kinobild des freiheitswilden Zigeuners ist natürlich ein Klischee. Aber eines, das bisweilen die Wahrheit streift. Lange Jahre verkörperten die Zigeuner für mich das Fremde schlechthin, das anarchische, ungezähmt Andere, den Ort einer diffusen, gewiss auch romantisierenden Sehnsucht. Noch immer beruhigt mich die Gewissheit, dass eine Tagesreise entfernt, in slowakischen, ungarischen oder rumänischen Dörfern jene Stojan Stajkovs leben, denen der Habitus frostiger Distanziertheit und biederer Korrektheit fremd ist.

1990 fuhr ich erstmals nach Rumänien, um den Exodus der Siebenbürger Sachsen zu dokumentieren. Nach dem Ende der Schreckensherrschaft Ceauşescus konnten die Deutschen dem Reich der Schatten nicht schnell genug entfliehen und verscherbelten ihre Anwesen zu Spottpreisen. In viele Sachsenhöfe zogen Roma ein. Im Frühjahr darauf waren die Häuser ruiniert. Die neuen Bewohner hatten ihre Heime im wahrsten Wortsinn verheizt, zuerst die Klohäuschen, dann Türen, Fußböden und Dachbalken. Und weil bei Häusern ohne Dach auch die Dachrinnen überflüssig sind, wurde das Metall beim Schrotthandel versetzt. Die letzten verbliebenen Sachsen waren darüber keineswegs entsetzt. Sie meinten nur: »So sind sie halt, die Zigeuner.« Der Satz war kein Ausdruck von Rassismus, sondern der Fassungslosigkeit geschuldet, zu welch sonderbarem Verhalten der Mensch fähig ist. Oft habe ich vor jenem Graben gestanden, der einen Gadsche von den Roma trennt. Die Koordinaten unserer Wahrnehmung und Welterklärung schienen mir verschoben, als tickten da Uhren zeitversetzt in asynchronem Takt.

Als Fotograf der Reportage »Die Zukunft der Zigeuner« besuchte ich mit dem *Spiegel*-Redakteur Hans-Ulrich Stoldt slowakische Roma-Siedlungen am Fuß der Hohen Tatra. In einer Kolonie oberhalb des Dorfes Stráne pod Tatrami sagte der Woiwode Ernest Badzora: »Wir würden auch gern so leben wie die Gadsche, aber wir werden ausgeschlossen. Nicht einmal der Bus fährt noch hoch in unsere Siedlung.« Nein, nein, erklärten die Leute im Dorf, der Busfahrer weigere sich, in die Kolonie zu fahren, seit er bedroht und bestohlen wurde. »Die Weißen wollen uns nicht unten in ihrem Dorf haben«, argwöhnte Badzora. »Deshalb haben sie die Miete für Familienfeiern in dem öffentlichen Gemeindesaal auf 6000 Kronen erhöht. Soviel können wir nicht bezahlen.« Nein, nein, meinte der slowakische Bürgermeister Pitonák. »Die Hälfte des Geldes ist eine Kaution. Die gibt es zurück, wenn alles heil geblieben ist. Denn beim letzten Mal haben die Roma Fenster, Stühle und Tische demoliert und die Glühbirnen gestohlen.«

Wer hin und wieder Rumänien bereist, dem springt links und rechts der Überlandstraßen ins Auge, dass eine beträchtliche Zahl von Roma in den letzten Jahren zu Reichtum und Ansehen gekommen ist. Nur habe ich mich immer gewundert, weshalb viele schmucke Häuser, prächtige Villen, ja selbst protzigste Paläste unfertig ausschauten. Wie Rohbauten. Irgendwann fragte ich den Kupferschmied Victor Calderar, dessen Familie in einem üppigen, aber nackten Ziegelsteinbau am Ortsrand von Brateiu lebt, nach dem Grund. »Ist dein Haus fertig, bist du tot.« Was für ein Ausspruch! Ein Satz zum Mitschreiben! Mir schien er ein Ausdruck von Weisheit und Weitsicht. Bis mir mein rumänischer Begleiter, der Priester Lucian Mosneag, den profanen Hintergrund der ziganen Klugheit erklärte. »Ist dein Haus fertig, verlangt der Staat hohe Steuern.«

So sind sie nun mal. Hunderte Male habe ich diesen Satz gehört, und ebenso viele Male habe ich die Lebensweise der Roma gerechtfertigt: als Ausdruck des jahrhundertealten Erbes von Feindschaft und Ablehnung, Vernichtung und Hass; als Konsequenz von Versklavung und Leibeigenschaft; als Folge der Ohnmacht gegenüber Ausbeutern und Abschiebern und all den kühl kalkulierenden Populisten, die für ihre verkorkste Politik die Miserablen dieser Erde als Sündenböcke missbrauchen. Alles richtig, alles korrekt. Nur alles wenig hilfreich. Denn es gibt auch eine andere Wahrheit. Nach ungezählten Begegnungen in über zwanzig Jahren erinnere ich kaum einen Rom, der für die Wurzel seiner Misere ein Stück Verantwortung bei sich selber gesucht, geschweige denn gefunden hätte.

Unstrittig ist, dass die Roma nach dem Untergang des Sozialismus von den Gesetzen des freien Marktes ins soziale Elend katapultiert wurden. Bulgarische Schmiede und Verzinner haben keine Chance gegen billige Blechtöpfe aus China. Die ersten Arbeiter, die bei der Privatisierung ungarischer Paprika-Kolchosen entlassen wurden, waren die Zigeuner. Verhängnisvoll jedoch ist, dass viele keine Alternative zur staatlichen Alimentierung sehen, in Apathie erstarren und ihren Opferstatus verfestigen. Dabei zieht die Entwurzelung ihrer Familien einen fatalen Kreislauf aus Verelendung und Ghettoisierung, aus Gewalt und Gegengewalt nach sich, ein Prozess, der komplizierter ist, als dass die Mehrheitsgesellschaft immer nur die Täter stellt und die Minderheit immer nur die Opfer.

Verdrängt wird, dass die Zigeuner weit weniger von den Gadsche als von den Angehörigen des eigenen Volkes ausgebeutet werden. Sie selbst leiden am meisten unter Kindesmissbrauch, Frauenhandel und Zuhälterei, unter Kreditwucher, Erpressung und Banden-

diebstahl. Die Kriminalität wird zusehends von verantwortungs-
bewussten Meinungsführern der Roma angeprangert, nicht jedoch
von der moralischen Avantgarde der Gadsche. Sie missbraucht die
Zigeuner als Objekt einer bloß imaginären Fürsorge, während sie
die verschleißende Arbeit in den Armutsquartieren anderen überlässt. Erzieherinnen, Kindergärtnerinnen und Lehrer verzweifeln
daran, dass Eltern ihre Kinder als Analphabeten aufwachsen lassen, zwölfjährige Töchter gegen Brautgeld verlobt werden, um mit
fünfzehn zu heiraten und mit zwanzig vierfache Mutter zu sein.
Westeuropäische Intellektuelle attestieren den Roma jederzeit, als
Opfer der Gesellschaft um ein eigenverantwortliches Leben betrogen zu sein. Aber sie schweigen allesamt, wenn bulgarische Zigeuner Hunderte junger Frauen auf den Dortmunder Straßenstrich
schicken und skrupellose Verbrecher in Mailand oder Marseille, ja
selbst im frommen Lourdes nachts in Hinterhöfen verwahrlosten
und apathischen Kindern das Bettelgeld abknöpfen.

Ich erinnere mich an eine Begegnung mit einer Studienrätin, die
nach eigenem Bekunden alles »über die Sintis und Romas« gelesen
hatte. Entrüstet belehrte sie mich während einer Fotoausstellung im
westfälischen Münster, dass Wilma Lakatos, die auf einem meiner
Bilder ein Baby stillt, »nie und nimmer« eine Romni sein könne.
Denn eine Roma-Mutter würde niemals vor einem Fotografen ihre
Brust entblößen. Ich würde diese Lehrerin nicht erwähnen, wäre
sie nicht repräsentativ für ein intellektuelles Klima, in dem sich
politisch korrekte Meinungen hartnäckig gegen jedes Erfahrungswissen behaupten wollen. Ende der neunziger Jahre suchte ich eine
promovierte Soziologin an einer deutschen Universität auf, die
sich mit ihren Publikationen über die Zigeuner eine hohe wissen-
schaftliche Reputation erworben hatte. Ich zeigte ihr einige Fotografien, darunter ein Porträt eines ungarischen Rom mit seinem
Pferd. Dass Gáspár György sich als Schrottsammler mehr schlecht

als recht durchs Leben schlug, interessierte die Forscherin nicht. Hingegen begeisterte sie sich für das geflochtene Zaumzeug des Kutschtieres. Die Knüpfarbeit nötigte ihr geradezu euphorischen Respekt vor dem handwerklichen Geschick der Zigeuner ab, ja sie glaubte sogar, das kunstfertige Pferdehalfter einem bestimmten Roma-Stamm zuordnen zu können, dessen Namen ich noch nie gehört hatte. Trotzdem befremdete mich die Soziologin weit mehr als jeder Zigeuner, dem ich je begegnet bin. Die Frau hatte sich ihr enormes Wissen komplett angelesen. Als wir uns verabschiedeten, verriet sie mir, noch nie in ihrem Leben eine Zigeunersiedlung betreten zu haben. Ein Hinweis sei an dieser Stelle eingefügt. Sollte die hier verwendete Terminologie zu Irritationen führen, ein Plädoyer für das Wort »Zigeuner« und Einblicke in einen grotesken Streit um die korrekten Begriffe liefert das Kapitel 8.

Der keimfreie Diskurs über die »Sinti und Roma« wird heute weitgehend von Antiziganismusforschern bestimmt, die Jahre in Bibliotheken und am Schreibtisch verbringen, aber keinen einzigen Tag ihres Lebens mit den Zigeunern auf osteuropäischen Müllkippen teilen; die von Kongress zu Kongress reisen, doch albanische, bulgarische oder ukrainische Elendsviertel nicht einmal vom Hörensagen kennen; die ignorieren, dass rumänische Waisenheime von Roma-Kindern überquellen, weil deren Eltern in westeuropäischen Fußgängerzonen betteln; die nie ungarischen Romungros eine Kiste Bier spendieren, nachdem sie beim Armdrücken verloren haben; die nicht mit spanischen Gitanos Tage und Nächte durchfeiern, aber trotzdem meinen, auf akademischen Podien den Sinti und Roma ihre Stimme geben zu müssen, verbunden gewöhnlich mit der Belehrung, wie rassistisch und antiziganistisch die Dominanzgesellschaft ist.

Als der französische Staatspräsident Nicolas Sarkozy 2010 rumänische Roma aus französischen Vorstädten ausweisen und ihre Lager zerstören ließ, nahm der Philosoph André Glucksmann die Abschiebungen zum Anlass, die Ressentiments gegenüber den Zigeunern im »postmodernen Europa« kollektivpsychologisch zu deuten. In dem Essay »Die Angst vor uns selbst« schrieb Glucksmann in der *Welt:* »Die Aufhebung der Grenzen, die Europäisierung der Nationen, die Globalisierung des Kontinents, das alles schleudert jeden von uns in ein Universum ohne klare Orientierung und ohne feste Normen.« Der Rom, erklärte der französische Denker, »ist uns ein Abbild des Entwurzeltseins, ein beängstigender Teil unseres Schicksals! Die Furcht vor den Roma ist nur die uneingestandene Angst vor uns selbst.« Mag sein.

»Bleib von den Zigeunern weg!« Den Ratschlag gab mir eine verhärmte Rumänin aus Apold, als ich sie im Herbst 1990 nach dem Weg nach Wolkendorf fragte. Ihre Begründung, »die Schwarzen« würden Kirchenbänke verheizen, Glühbirnen stehlen und den Leuten die Kartoffeln vom Acker klauen, entbehrte nicht eines gewissen Erfahrungskerns. Ihre Warnung indes, nie meine Fotoapparate aus den Augen zu lassen, erwies sich als unbegründet. Zumindest in Wolkendorf. Hier konnte ich keine achtsameren Begleiter finden als die Kinder der Gabor-Zigeuner, die mir nicht von der Seite wichen und sich ständig zankten, wer meine Fototasche tragen durfte. Dass die Gabor, nebenbei bemerkt, die wohlmeinende Bezeichnung Roma ablehnten und darauf bestanden, Tzigani genannt zu werden, hielt ich einst mit dem Dünkel politischer Aufgeklärtheit für einen Mangel an ethnischem Selbstbewusstsein. Ich sollte mich irren.

Seit ich den Rat der Rumänin ignorierte, habe ich weit mehr als einhundert Reisen zu Zigeunern in zwölf europäischen Ländern unternommen. Dabei war ich nicht als Ethnologe, Soziologe oder Menschenrechtler unterwegs, sondern als Berichterstatter und Fotograf. Ich war ein Besucher. Ein Gast. Nicht mehr, aber auch nicht weniger. Rückblickend entsinne ich mich keiner Situation, in der man mir die Tür verschlossen hätte. Dennoch: Trotz aller Offenheit, Gewogenheit und Herzlichkeit blieb ich nicht selten der Fremde.

Der Gadscho, der nicht verstand. Für einen Völkerkundler ist das ein Problem. Nicht für einen Reporter. Ein Journalist ist in der privilegierten Lage, von seinem Befremden, seinem Nicht-Verstehen und bisweilen auch von seinem Erschrecken zu erzählen.

Als mich der *Playboy* vor einigen Jahren in einem Interview über meine Erfahrungen unter den Zigeunern befragte, bewies mein Gesprächspartner Rüdiger Winter den Mut zu unbefangenem Umgang mit vermeintlichen Vorurteilen. Er wollte wissen: »Wird man da nicht furchtbar beklaut?« Die Frage soll auch an dieser Stelle nicht unbeantwortet bleiben. Verglichen mit verlustreichen Reisen nach Südamerika nahmen sich die materiellen Ausfälle sehr überschaubar aus: ein Beutel mit benutzter Unterwäsche und schmutzigen Socken, diverse Plastikkugelschreiber und Einwegfeuerzeuge, eine Sonnenbrille, einige Miles-Davis-Musikkassetten sowie ein paar Zehnerpacks mit unbelichteten Diafilmen. Und dann war da noch eine teure Fotokamera, die plötzlich verschwunden war.

Ich hatte den Roma auf dem Gelände eines Zementwerks im rumänischen Turda Fotografien von einem früheren Besuch gezeigt, als ich in der Wohnstube von Carol Costea den Verlust bemerkte. Als ich drohte, ich würde das Haus nie mehr verlassen und selber ein Zigeuner werden, sollte der Apparat nicht zu mir zurückfinden, zog sich der Sippenchef Carol nachdenklich zurück. Nach einer halben Ewigkeit tauchte er wieder auf, die Kamera in seinen Händen, strahlend und mit der wohl wunderbarsten Erklärung, mit der je ein Diebstahl rückgängig gemacht wurde. Der Apparat habe sich, so Carol, aus meiner Fototasche heraus ins Nachbarhaus verirrt. »Weil nicht alle Zigeuner ehrliche Zigeuner sind.« Für mich gab es keinen Grund, dem guten Carol nicht zu glauben, als er mir versicherte: »Manchmal verschwinden wertvolle Dinge auf unerklärliche Weise. Und auf ebenso unerklärliche Weise kehren sie wieder zurück.«

So sind sie halt, die Zigeuner. Einerseits. Andererseits wollten mir Roma einen Steinwurf von Carol Costeas Haus entfernt 1992 zwei Säuglinge verkaufen. Der Preis: 3000 Deutsche Mark. Und als ich zwanzig Jahre später die erste Alternativschule für Tzigani-Kinder unweit von Sibiu, dem siebenbürgischen Hermannstadt, besuchte, trat nachts vor meinem Hotel im historischen Zentrum eine junge Zigeunerin an mich heran und zupfte an meinem Jackett. Sie mag fünfundzwanzig gewesen sein. In gebrochenem Deutsch und mit ziemlicher Hartnäckigkeit bot sie mir zwei kleine Mädchen für sexuelle Dienste an. »Kannst du aussuchen. Eine blond, eine schwarz, beide süß. Ganz lieb.« In diesem Moment hätte der Philosoph André Glucksmann begreifen können, dass es nicht nur eine Furcht vor, sondern auch eine Furcht um die Roma gibt. Um ein zerrissenes Volk, das keine Gadsche braucht, um den Traum von ziganer Freiheit zu zerstören. Wohl aber, um diesen Traum gemeinsam zu verwirklichen.

Der Preis der Freiheit

*Frostige Zeiten – Verlorene Schlachten um Lohn und Brot – Die Bleiko-
cher von Heves – Der Tod in der Gaswolke – Wenn das Sozialamt bar
auszahlt – Copşa Mică: Rumäniens dunkle Seele – Die »Schwarzen«
in der schwarzen Stadt – Stelian Coseriar: ein Überlebender, dem die
Luft ausgeht – Das Erbe der Sklaverei und die Last der Geschichte*

Meine erste Reise zu den Zigeunern in Ungarn endete 1995 an
einem trüben Herbstmorgen am Nordrand von Budapest, in dem
Dorf Kerepes im Hinterhof des Schrottsammlers Gáspár György.
Dort hatte ich einige Arbeiter fotografiert, die sich eine geschlagene Stunde damit abplagten, einen platten LKW-Reifen von einer
rostigen Felge herunterzureißen. Ohne jedes Werkzeug, mit bloßen Händen. Ständig fluchten die Männer, weil sie sich die Finger
quetschten, dann plötzlich fluchte ich. Gerade noch hatte ich Gáspár
mit seinem Kutschpferd porträtiert, als ein frecher Kläffer an einer
Kette aus einem Bretterverschlag hervorschoss, mich in die Wade
biss und wie ein Blitz wieder in seiner Hütte verschwand. Gáspár
und seine Kumpel versicherten, der Köter sei normalerweise vollkommen friedlich. Er tauge daher auch nicht zum Wachhund, weil
er bei Fremden immer den Schwanz einziehe, allerdings neige er seit
einigen Tagen zu sonderbarem Verhalten, für das es keine Erklärung gebe. Jedenfalls meinten die Cigány, wie sie sich nannten, der
Hund sei wahrscheinlich verrückt. Sie rieten mir, meine Reise zu
unterbrechen und mich vorsichtshalber in Deutschland impfen zu
lassen. Und weil ich nicht enden wollte wie die junge María Sierva,
die in Gabriel García Márquez' *Von der Liebe und anderen Dämonen*
nach dem Biss eines tollwütigen Hundes wegen einer vermeintlichen

Besessenheit zu Tode exorziert wird, ließ ich mir Zuhause vorbeugend ein paar Spritzen mit einem Antiserum geben.

Mit dem ersten Schneefall im Dezember kehrte ich nach Ungarn zurück, um Menschen zu treffen, von denen meine Begleiterin, die Journalistenkollegin und Dolmetscherin Viktória Mohácsi wusste, dass der freie Markt sie vom Prozess des Wirtschaftens ausschloss. Wir fuhren in Orte, deren Namen ich nie zuvor gehört hatte. Es hätten aber auch Hunderte anderer Ortschaften sein können, deren Namen zu behalten Mühe kostet, wenn man kein gebürtiger Ungar ist.

Bitterkalt war es geworden, und ein beißender Schneesturm fegte über die öden Ebenen der Puszta. Irgendwo zwischen Törökszentmiklos und Püspökladány verließen wir die Europastraße 60 und erreichten Tiszabö, ein Dorf, das von Gott verlassen und von Menschen geleert schien. Bis auf einen buckligen Greis, der mit einem Bündel Reisig einsam gegen den schneidenden Wind ankämpfte. Unendlich langsam quälte er sich vorwärts, hielt kurz inne, hob die Hand zum Gruß und zeigte mir, dass meine Vorstellungen von Lebenszeit und Effizienz hier am Ufer der Theiß keinen Wert besaßen.

Dreitausendfünfhundert Romungro-Zigeuner lebten in Tiszabö. Jahre nach dem Sieg der Freiheit dösten die Männer in der Dorfschenke auf kaputten Plastikstühlen vor sich hin. Sie wussten, dass sie die Schlacht um die Arbeitsplätze verloren hatten. Nur einer von zehn Männern aus Tiszabö stand in Lohn und Brot. Die anderen konnten sich nicht einmal betrinken, weil sie sich Bier und Schnaps nicht leisten konnten.

»Ich weine dem Kommunismus keine Träne nach. Aber das Leben war damals leichter«, erklärte József Mága, ein zupackender Sechzigjähriger mit kräftigem Händedruck. »Früher haben wir alle gearbeitet. Ich habe Straßen gebaut, Schienenstränge verlegt und auf den Feldern geschuftet. Was nützen uns Demokratie und Freiheit, wenn niemand uns Arbeit gibt. Man schickt uns in einen Krieg. Wir sollen kämpfen. Ohne Gewehre und Patronen.«

Ähnliches hatten auch ehemalige Kolchosearbeiter aus dem Städtchen Kalocsa behauptet. Die Gegend südöstlich des Plattensees ist berühmt für den Anbau von Paprika. Im Sozialismus waren drei von vier Roma in der Landwirtschaft beschäftigt, ungelernte Handarbeiter, die ihren Familien ein geregeltes Auskommen garantierten. »Mit den Forint, die wir verdienten, kamen wir über die Runden«, sagte Gabor Sztojka. Dann lösten die Gesetze des freien Marktes die planwirtschaftlich organisierte und subventionierte Agrarindustrie ab. Wie überall in Ungarn. Als das staatliche Paprika-Kombinat in Kalocsa mit seinen einst 2500 Arbeitern privatisiert und mit modernen Landmaschinen aufgerüstet wurde, saßen als erstes die Zigeuner auf der Straße. »Als Cigány musst du doppelt so hart arbeiten wie ein Weißer, um deinen Job zu behalten«, klagte Gabor. »Und beim geringsten Anlass fliegst du raus. Und dann stehst du vor der Tür des Arbeitsamtes. Einmal, zweimal. Vielleicht auch zehnmal. Irgendwann gehst du nicht mehr hin.«

»Mein halbes Leben lang war ich Klempner«, meinte auch der Nachbar János Korsós. »Heute bin ich dreiundfünfzig. Da stellt dich niemand mehr ein, schon gar nicht mit einem X in der Personalakte.«

Mit einem »X«?

»Daran«, so raunte mir János zu, »erkennt ein Firmenchef sofort, dass du ein Zigeuner bist.«

Mit kleinen, unscheinbaren Hinweisen in den Personalpapieren, erklärte Viktória Mohácsi, würden die Firmen bei Neueinstellungen viel Zeit sparen. »Weil sie dich als Zigeuner gar nicht erst zu einem Vorstellungsgespräch einladen.«

Obschon Viktória mit zwanzig Jahren recht jung war, moderierte sie Mitte der neunziger Jahre das *Cigány-Magazin* im ungarischen Fernsehen. Durch ihre engagierten und entschieden parteilichen Reportagen war sie über Budapest hinaus bekannt und unter den

700 000 ungarischen Zigeunern sehr geachtet. Vitza, wie sie gerufen wurde, war eine der ihren, eine Romni vom Stamm der standesbewussten Olah-Zigeuner, kämpferisch und leidenschaftlich,
aber auch kompromisslos und konfrontativ, Eigenarten, die sie später als Abgeordnete im Europaparlament in Brüssel weiter ausprä-
gen sollte. Von dem mächtigen Wirbel, für den sie als Politikerin
in Ungarn sorgte, wird noch zu berichten sein. Die Roma vertrauten Viktória. Dies umso mehr, als sie mit Journalisten zusehends
schlechte Erfahrungen machten. Aus der Kleinstadt Heves hatten
Reporter so verächtlich über die »verantwortungslosen Dumm-
heiten« der Zigeuner berichtet, dass die Presseleute zuletzt mit
Steinen beworfen und vertrieben wurden. Als jedoch Vitza auftauchte, öffneten sich die Türen. Auch für mich, den Fremden, den
Gadscho.

Die Ungarn nannten das Roma-Viertel an der Peripherie von
Heves abschätzig Krakow, vielleicht weil sie die Zigeuner so wenig
mochten wie die Polen. Ich hatte in Krakow eine Begegnung mit
zornigen und wütenden Bewohnern erwartet, doch in Ferenc Kon-
kolys schmuckloser Bierkneipe, in der eine Wandtapete mit herbst-
lichem Birkenwald so etwas wie Heimeligkeit verbreiten sollte, traf
ich ausnahmslos wohlwollende Menschen. Ihre Freundlichkeit war
ebenso groß wie ihre Sehnsucht nach einem gelungenen Leben. Sie
erzählten ihre Version einer unheilvollen Geschichte, erwachsen aus
Verzweiflung, naiver Ahnungslosigkeit und der Gleichgültigkeit der
Behörden.

Weil die sozialistischen Staatsbetriebe längst bankrott waren und
kein privater Arbeitgeber den Cigány aus Krakow einen Job gab, hatten sie sich Arbeit auf eigene Faust beschafft. Mit Pferdekarren und
Lastwagen waren sie über Land getingelt, um auf Schrottplätzen
und Autofriedhöfen ausrangierte Batterien zu sammeln. In primitiven, selbstfabrizierten Schmelzöfen verbrannten sie die Kunststoffe
und glühten das Blei aus den Akkus. Keine der achtzig Bleikocher-

familien kam auf den Gedanken, sich vor den hochtoxischen Dämpfen zu schützen.

»Im Garten meines Nachbarn stapelten sich über tausend Autobatterien«, erzählt Gyuala Oláh. »Frag mich nicht, wie oft ich vor dem gefährlichen Zeug gewarnt habe. Immer und immer wieder.« Doch niemand hörte dem diplomierten Mechaniker zu. Bis die Kinder ihr Essen erbrachen und den Erwachsenen die Zähne ausfielen. Die knapp tausend Bewohner Krakows wurden zu einer Blutuntersuchung beordert. Fast zweihundert Kinder mussten in stationäre Behandlung und erhielten über Monate hinweg blutreinigende Infusionen. Auf Geheiß der ungarischen Regierung rückten Bulldozer an und trugen Tausende von Kubikmetern Erdreich ab. Der Boden von Krakow war völlig verseucht.

Mit seinen fünfunddreißig Jahren war Gyuala Oláh ein gebildeter, weltläufiger Mann. Lange hatte er in der Sowjetunion als Flugzeugmechaniker gearbeitet und legte, als würde ich ihm nicht glauben, eine Mappe mit Diplomen vor. In russischer Sprache. Nur nützten ihm die Zertifikate nichts mehr, denn nach Glasnost und Perestroika hatten die Russen keine Verwendung mehr für ihn, und auch in Ungarn waren sein Wissen und seine Arbeitskraft nicht gefragt. Auf viele qualifizierte Stellenangebote hatte er sich beworben, einige Male wurde er auch zu Vorstellungsterminen geladen. Doch Gyuala Oláh hat eine dunkle Haut. »Wenn ich durch die Tür eines Personalbüros komme, sehen die gleich, dass ich Zigeuner bin. Dann lächeln die Chefs und bedauern höflich, die Stelle sei leider schon vergeben.«

Dreißig Forint, nach heutigem Wert knappe zwanzig Cent, drückten die Schrotthändler den Bleikochern aus Heves für das Kilo des giftigen Schwermetalls in die Hand. Zu wenig zum Leben und genug zum Sterben – für die zweijährige Samanta Kállai. »Dauernd hatte die Kleine Schnupfen. Wir dachten, Samanta sei erkältet, aber dann aß sie nichts mehr und fiel ins Fieber«, erzählte ihr Großvater Menyhért. »Im Hospital konnten ihr die Ärzte nicht mehr helfen.«

Uralt schaute Menyhért Lólé aus, ausgezehrt und verbraucht, mit zerfurchtem Gesicht und dem welken Körper eines Greises, dabei zählte er gerade einmal neununddreißig Jahre. Nach dem Tod seiner Enkelin wusste er sich mit seinem Sohn Sándor nicht anders zu helfen, als zu einem schweren Hammer zu greifen. Damit kloppten sie kurzerhand die Hälfte ihres Hauses weg. »Wir haben die Ziegel verkauft«, erklärte uns Samantas Vater Sándor. »Mit dem Geld haben wir den Sarg und die Beerdigung bezahlt.«

Von Heves aus fuhr ich über die E 71 weiter Richtung Nordosten und passierte bei Tornyosnémeti die Grenze zwischen Ungarn und der Slowakei. Ich folgte einem Gerücht. Ganz in der Nähe sollten zwei Roma bei einem Industrieunglück ums Leben gekommen sein. Tatsächlich fiel in Velka Ida, einem Dorf unweit der slowakischen Stadt Kosice, auf einem unscheinbaren Friedhof eine prächtige Grabstätte auf. In ihr waren die Zwillinge Peter und Pavol Jano zur letzten Ruhe gebettet. Der üppige Blumenschmuck aus billigen Plastikrosen stammte von slowakischen Romungro-Zigeunern, den teuren Granitstein und die Grabplatte mit den eingravierten Namen hatte die Gemeinde von Velka Ida gestiftet, als wolle man den Brüdern im Tod jene Ehre erweisen, die ihnen zu Lebzeiten versagt geblieben war.

Die Behausungen der Roma-Siedlung von Velka Ida waren von erschreckender Armseligkeit. Die winzigen Hütten, zusammengeschustert aus bröselnden Lehmziegeln, rostigen Wellblechen und Presspappe lagen direkt neben den ausgedehnten Industrieanlagen der VSZ, der Ostslowakischen Eisenhütte. Das Stahlwerk hatte sich aus sozialistischer Vergangenheit in die kapitalistische Gegenwart hinübergerettet, mit reichlichen Blessuren, so dass es Mitte der neunziger Jahre zu einem schweren Unfall kam. Eine Rohrleitung mit hochgiftigem Gichtgas zerbarst und setzte große Mengen Kohlenmonoxid frei, das neun Hüttenarbeiter das Leben kostete.

Zudem erstickten zwei Männer aus dem angrenzenden Roma-Slum. Ein Rätsel blieb, wie die beide arbeitslosen Peter und Pavol mit dem Gas in Berührung kamen.

»Die sind nachts in die Fabrik eingebrochen, um zu stehlen«, mutmaßten die slowakischen Nachbarn. »Werkzeuge, Kabel, Metall, irgendetwas Brauchbares.«

»Nein«, widersprach der Woiwode Ondres Jano: »Die beiden wollten sich bei den Arbeitern in der Werkskantine etwas zu trinken besorgen. Wenn ihnen der Schnaps ausging und der Laden im Dorf bereits geschlossen hatte, sind sie nachts immer durch ein Loch in dem Zaun in die Fabrik geklettert.«

Wie auch immer, ihre letzte Tour führte die beiden 34-jährigen durch die Gaswolke. Morgens lagen Peter und Pavol tot auf einem Acker. Beide hinterließen hochschwangere Frauen und viele Kinder. »Sehr viele Kinder«, sagte Ondres Jano.

An einem verschneiten Nachmittag kurz vor Weihnachten fuhr ein Lastwagen der Gemeinde mit einer Ladung Sperrmüll in der Siedlung vor. Irgendwo war ein baufälliges Verwaltungsgebäude abgerissen worden, und man hatte beschlossen, Holztüren und Regale, Tischplatten und Büroschränke den Roma von Velka Ida zu überlassen, als Baumaterial für ihre Hütten oder als Ofenholz zum Heizen. Eine Weile stritten sich die Bewohner um die brauchbarsten Stücke, schleppten Türen und Schrankwände ohne erkennbares Ziel von A nach B und wieder retour, bis ihr Interesse an dem gebrauchten Mobiliar erlosch und das Sperrgut über die ganze Siedlung verstreut im Schnee umherlag.

Im Frühling kehrte ich nach Velka Ida zurück. Ich hatte Fotos von der ersten Reise mitgebracht, hochwertige Schwarzweißabzüge, handgefertigt in der Dunkelkammer. Kaum hatte ich die Bilder ausgepackt, wurden sie mir aus den Händen gerissen und zerfetzt. Die Stimmung war miserabel. Sturztrunken torkelten die Männer umher, die Kinder schrien, die Frauen kreischten, alle gifteten einander an, während ein schmieriger Typ wie Pech an mir klebte, hartnäckig bemüht, mir Ficki-facki-Videos anzudrehen. Vielleicht hätte ich besser an einem anderen Tag nach Velka Ida fahren sollen, nicht an einem Montag, statistisch gesehen der ungünstigste Tag für den Besuch eines Gadscho. »Jeden zweiten Montag wird die Sozialhilfe ausgezahlt«, erklärte mir der Woiwode Jano mit aufrichtigem Bedauern. »Dann kaufen die Leute Branntwein, trinken sich besinnungslos und wissen nicht, was sie tun. Komm in ein paar Tagen wieder, wenn alle wieder nüchtern sind.«

Der Absturz in die Bewusstlosigkeit war tragisch. Die verzweifelte Strategie, vor einem entwürdigten Leben in den Vollrausch zu fliehen, ließ die Menschen nur noch tiefer in die Entwürdigung taumeln. Dass die Flucht ins Delirium staatlicherseits nicht nur geduldet, sondern sogar gefördert wurde, war nirgends in Europa so offenkundig wie in Rumänien. Ausgezehrt und ausgelaugt, versumpft in Lethargie lag das Land nach dem Ende der bizarren Ceauşescu-Diktatur danieder. Anders als bei den samtenen Revolutionen in der Deutschen Demokratischen Republik, in Ungarn oder der Tschechoslowakei stand bei der Geburt des neuen Rumänien der Tod an der Wiege. Die Freiheit brach herein, roh, gewalttätig, mit entfesselter Wut. Neunzig Patronen feuerten Milizionäre Weihnachten 1989 aus ihren Kalaschnikows auf das Ehepaar Ceauşescu ab, als könne man im Moment der epochalen Abrechnung die bösen Geister der Vergangenheit gleich miterledigen. Der Hinrichtungsszene haftete etwas Surreales an. Zwei alte Menschen lagen in ihrem Blut, staatsmännisch bekleidet und doch beschämend nackt. Nichts war übriggeblieben vom »Titan der Titanen, der selbst der Sonne trotzte«. Der Conducator, der einst mit Phantasieschärpen auf der weltpolitischen Bühne umhergockelte, von Hofschranzen beklatscht, war zurückmutiert zu dem, was er in seinem Kern war, ein vom Machtinstinkt besessener Schustergeselle. Doch er hatte Spuren hinterlassen, eine erschreckende Entwurzelung und Verrohung und die Gewissheit, dass Rumäniens tiefe Wunden noch lange schmerzen würden.

Meine pure Ahnungslosigkeit über den Zustand des Landes wurde mir bewusst, als ich in einer abgrundtief tristen Bergbaustadt namens Dr. Petru Groza, benannt nach einem moskautreuen Politiker und heute zurückbenannt in Ştei, einen leeren Lebensmittelladen betrat. Egal, wonach ich fragte, immer hieß es: »Nu avem.« Haben wir nicht! Weil ich durstig war, kaufte ich schließlich zwei unetikettierte Glasflaschen mit Mineralwasser, die zusammen nach heutigem Wert etwa vierzig Euro-Cent kosteten. Was für rumänische Verhältnisse damals relativ teuer war. Beim Öffnen realisierte ich, dass ich zwei Liter grauenvollen Industrie-Vodka erworben hatte.

Natürlich trieb mich die journalistische Neugier auch nach Siebenbürgen in »die schwarze Stadt«. Nach Copşa Mică. Der Name kursierte als Synonym für den Irrsinn ungehemmten staatsmonopolistischen Misswirtschaftens. Nirgends sonst in Europa hatte der Mensch die Natur und sich selbst brutaler vergewaltigt als hier. In Copşa Mică offenbarte die Terra incognita Rumänien die schwärzeste Seite ihrer Seele. Eine so verdreckte, eine so trostlose Stadt im Schatten eines monströsen, Menschen verschlingenden Fabrikungeheuers hatte die Welt bis dato nicht gesehen.

Copşa Mică, auf Deutsch Klein-Kopisch, liegt links des Flusses Târnava, rechts liegt der alte Sachsenweiler Klein-Probstdorf. Als ich 1990 erstmals die halsbrecherische Brücke überquerte, die beide Orte miteinander verband, zählte man in Siebenbürgen knapp 120 000 Deutsche. Heute sind es noch 13 000. Die Gründe, die in den frühen neunziger Jahren zu dem Massenexodus führten, leuchteten nirgends unmittelbarer ein als in der Region um Probstdorf. Zu Hunderten waren die Sachsen in die Bundesrepublik geflüchtet. Hals über Kopf hatten sie eine unwirtlich gewordene und perspektivlos erscheinende Heimat hinter sich gelassen, von der Hans Schörrwerth sagte, hier gehe jeden Tag die Welt unter. Schörrwerth war einer der letzten verbliebenen Sachsen. In seinem Kummer über den Niedergang seines Geburtsortes leisteten ihm nur ein paar Alte, Kranke und Verlorene noch traurige Gesellschaft. Und die Schwarzen, die Negru, wie die Rumänen die Zigeuner nannten. 1940 war Probstdorf noch ein reiner Sachsenweiler, nun stellten die Roma neunzig Prozent der Einwohner.

Galt den internationalen Medien Copşa Mică schon als ein Vorhof zur Hölle, so lebten die Zigeuner dort inmitten eines apokalyptischen Alptraums. Sie hausten in einem Elend, das sogar meinen kommentarfreudigen rumänischen Dolmetscher Victor Sineac in die Fassungslosigkeit trieb. Niemals sonst auf unseren gemeinsamen Reisen kam ihm das Wort »unbelievable« so häufig über die Lippen wie in der »fucked-up black city«. Tiefer als in Copşa Mică konnte man nicht fallen, so glaubte ich. Was sich später als Irrtum erwies.

Alles in Copşa Mică war schwarz. Das Wasser der Târnava, die Fassaden und Dächer der einst so schmucken Sachsenhäuser, die Wiesen und Felder, die Blätter an den Bäumen, das Gemüse in den Gärten, die Kühe und Schafe, die Hühner und Hunde, die Wäsche an den Leinen und die Kleider auf den Leibern. Schwarz waren auch die Menschen. Staub und Qualm verklebten die Poren ihrer Haut, krochen in die Lungen und raubten ihnen den Atem. Das amerikanische Magazin *National Geographic* druckte damals ein Satellitenfoto der Umgebung von Copşa Mică, um zu beweisen, dass sich das unsägliche Schwarz nicht einmal von der erhabenen Warte des Weltalls verflüchtigte. Tonnen von Ruß lasteten auf dem Land, herausgerotzt von den rauchenden Schloten einer berüchtigten Fabrik, die Lampenschwarz produzierte, das zum Färben von Autoreifen benutzt wurde. »Bis Mitte der achtziger Jahre lief das Werk einigermaßen«, erzählte Hans Schörrwerth. »Dann ging dem Ceaușescu das Geld aus. Die Filter der Anlage wurden nie mehr gereinigt.« Weit gefährlicher noch als der allgegenwärtige Ruß waren die toxischen Ausdünstungen einer gigantischen Buntmetallfabrik. Neununddreißig lange Jahre hatte Schörrwerth hier geschafft. Mit dreizehn belud er Eisenbahnwaggons mit Schlacke, diente sich hoch zum Schmelzer, um schließlich als Kontrolleur für die Wartung von Elektromotoren und Pumpen verantwortlich zu sein.

»Für die schlimmsten Arbeiten wurden ungelernte Rumänen und Straffällige herangezogen. Vor allem aber Zigeuner.« Sie mussten mit Schaufeln in die Brandkessel klettern und den Dreck aus den Ecken kratzen, wobei ein Gemisch aus Blei und Zink, Arsen und Schwefelsäure ihre Gesundheit ruinierte und ihre Lungen zerfraß. Mitgefühl schwang mit, wenn Hans Schörrwerth über »die Schwarzen« sprach. Weil er sich in Zeiten der Diktatur nicht den Respekt für seine Mitmenschen hatte nehmen lassen, hatte sich der Sachse eine unter seinen Landsleuten eher seltene Achtung vor den Zigeunern bewahrt. »Die wurden regelrecht verheizt. Morgens traten sie hungrig zur Schicht an, und wenn gegen die Bleivergiftung eine Ration Milch verteilt wurde, nahmen sie die Milch mit nach Hause für ihre Kinder.«

Einer dieser Männer war Stelian Coseriar. Ich lernte ihn in Blaj kennen, einem 22 000-Einwohner-Städtchen eine halbe Autostunde von Copșa Mică entfernt. Blaj liegt im Herzen Siebenbürgens und ist für mich seit Jahren weit mehr als eine Anlaufstelle auf meinen Rumänienreisen. Die engagierten Mitarbeiter der örtlichen Caritas haben ebenso dafür gesorgt, dass ich mich in dem alten sächsischen Blasendorf zu Hause fühle, wie mein Freund Lucian Mosneag, daselbst Priester für knapp viertausend Roma, die sich in Blaj auf drei Gemeinden verteilen. Eine davon liegt in Barbu Liautiarul, einem quicklebendigen Viertel mit verwinkelten Gassen, bescheidenen bunten Häuschen und freundlichen Menschen.

Bei meinem ersten Besuch allerdings, ich meine, es war 2005, war Stelian Coseriars Ehefrau Ionina mir alles andere als gewogen. Aus einer kritischen Distanz heraus beobachtete sie argwöhnisch meine Schritte und registrierte genau, wen und was ich in ihrer Siedlung fotografierte. Auf einigen Aufnahmen ist sie im Hintergrund zu sehen, mit misstrauischem Blick. Doch der ist längst einer herzlichen Verbundenheit gewichen.

Als Ionina mir ihren Ehemann vorstellte, war Stelian Anfang sechzig und bereits von seiner Krebserkrankung gezeichnet. Er war von schmächtiger Statur und schien sich in seiner ausgebeulten Reebok-Jogginghose zu verlieren. Niemals erlebte ich Stelian launig oder mürrisch. Sein stachelbärtiges Gesicht strahlte gütige Sanftmut aus, und hinter den Gläsern seiner dicken Hornbrille blitzten die wachen Augen eines Schalks auf. Bisweilen hielt er bei seinen Erzählungen inne. Wenn er dann eine Weile keuchend nach Luft rang, zahlte Stelian den Preis für die Jahre in Copşa Mică.

Bis zur Wende arbeiteten 1500 Männer allein in der Lampenschwarzfabrik. Dreihundert Männer aus der Belegschaft kamen aus Blaj, gut die Hälfte davon waren Roma aus den Quartieren Barbu Liautiarul und Plopilior. Um vier Uhr dreißig war für sie die Nacht zu Ende, denn um fünf rollte der Zug über Teius in Richtung schwarze Stadt. Bei unserer ersten Begegnung zählte Stelian einige Namen auf. Er kam auf elf. Die Namen ehemaliger Kollegen, die noch lebten. Ein Jahr später zählte er nur noch sieben oder acht. Im Jahr 2010 waren es vier. Keiner der Verstorbenen war annähernd siebzig geworden.

»Die Arbeit in der Fabrik war gut, aber ungerecht verteilt.« Stelian sagte das nicht anklagend, eher wie eine Feststellung. »Die Roma mussten die gefährlichsten und schmutzigsten Arbeiten erledigen. Alle, die mit Arsen, Blei und Gold zu tun hatten, starben bald an Lungen- und Herzkrankheiten. Ich selbst war zuerst in der Rußproduktion, später in der Bleigewinnung. An meinem

Platz war es sehr heiß, nichts funktionierte, und ständig waren die Öfen kaputt. Wenn der Schamott zerbröckelte, mussten wir in die Kessel kriechen und die Risse wieder zumauern.« Für den Umstand, überhaupt noch am Leben zu sein, hatte Stelian eine ihm plausible, aber auch reichlich abenteuerlich klingende Erklärung: Bier statt Schnaps!

»Mein Glück war, dass mir von dem Zeug immer übel wurde. Ich habe den billigen Alkohol nie vertragen. Alle Arbeitskollegen, die zu oft und zu viel harte Sachen getrunken haben, sind tot. Alle! Aber ich habe immer nur Bier getrunken. Höchstens feiertags mal einen Konjaki. Aber Bier war besser. Bei der Hitze am Ofen hat es das Blei aus meinem Körper herausgeschwemmt, ausgeschwitzt und weggespült. Ich sag dir, hätte ich kein Bier getrunken, wäre es längst aus mit mir.«

Als die Giftschleudern in Copșa Mică abgeschaltet wurden, verlor Stelian Coseriar weit mehr als Arbeit und Lohn. Mit der demütigenden Einsicht, mit Mitte vierzig nicht mehr gebraucht zu werden, musste er sich auch von seinem Lebenstraum verabschieden: ein großes Haus für Kinder und Enkel. »Unter Ceaușescu«, so versicherten er und Ionina, »lebten wir sehr viel besser.« Wie oft dieser Satz den Verlierern der wirtschaftlichen Liberalisierung über die Lippen kam, ist nicht zu zählen, doch selten sprach daraus eine Verklärung der Vergangenheit oder eine klammheimliche Sehnsucht nach der Wiederkehr des Despoten. Eher die bittere Erkenntnis, dass Freiheit allein nicht satt macht. 150 Euro Rente werden Stelian monatlich ausgezahlt. Die Hälfte davon verschlingen schmerzstillende Medikamente und Antibiotika. »Früher wies man uns den Dreck zu, aber wir hatten ein Auskommen. Nun leben wir von der Hand in den Mund.« Obschon ihn seine Lunge quält und fast alle seine einstigen Kollegen unter der Erde liegen, waren die Jahre in der schwarzen Stadt für Stelian »gute Jahre«. Vier Söhne und drei Töchter wurden geboren, und mit vorerst fünfzehn Enkelkindern und zwei Urenkeln dürfte die Zukunft der Familie Coseriar gesichert sein. Stelian und Ioninas Zukunftswünsche muten beschämend bescheiden an: noch ein wenig leben und jeden Tag Ciorba und Polenta, Kuttelsuppe und Maisbrei. Und sonntags ein Gulasch.

Längst hat das Satellitenbild aus *National Geographic* nur noch historischen Wert. Das Schwarz ist verschwunden. Das Buntmetallwerk wurde saniert und zuerst von holländischen, dann von schwedischen und später von kanadischen Unternehmen weitergeführt. Welche internationale Holding den Betrieb derzeit auch besitzen mag, anscheinend lassen sich auch unter den Umweltauflagen der Europäischen Union mit Blei, Kupfer und Zink noch Profite erwirtschaften. Von der alten Lampenschwarzfabrik ragt nur noch ein fossiles Gerippe aus Beton und Stahl in den Himmel. In rasendem Tempo setzte die Natur Kräfte zu ihrer Selbstheilung frei. Zehn, zwanzig oder tausend Jahre, für die Natur spielt Zeit keine Rolle. Für den Menschen schon. Bei unserem letzten Treffen 2012 lebten von Stelians Kollegen noch zwei. Er selbst war gerade achtundsechzig geworden und musste wieder zur Diagnose ins Hospital nach Aiud. Dort sollte untersucht werden, ob Metastasen von der Lunge in den Rücken gewandert waren, denn Stelian litt starke Schmerzen. Ionina sorgte sich nicht nur um ihren Mann, sondern auch um die Beschaffung des obligatorischen Schmiergeldes, ohne das, wie sie sagte, die Ärzte erst gar nicht mit der Behandlung beginnen würden. Als ich mich von den beiden verabschiedete, nahmen wir uns vor, beim nächsten Wiedersehen zusammen ein Fläschchen Konjaki zu trinken. »Keinen Fusel«, sagte Ionina, »nur ganz feines Zeug.« Stelian hatte schwach genickt, gelächelt und mir mit matter Geste die fünf Finger einer Hand gezeigt. »Er meint fünf Sterne«, erklärte seine Frau, »ich sag ja, nur den Besten.« Die Zahl cinci vermochte der gute Stelian nicht mehr auszusprechen. Er bekam nicht mehr genug Luft.

Von den zwei Dutzend Roma mit dem Namen Victor Calderar, die ich im Lauf der Jahre treffen sollte, lebte einer in Copşa Mică. Ich erinnere mich gut an ihn, weil er mich 1990 bat, ihm einmal »echtes deutsches Geld« zu zeigen. Lange hatte der Fünfzigjährige eine Zwanzig-Mark-Note betrachtet, hatte den Schein gedreht und gewendet, ihn gegen das Licht gehalten und ihn mir zufrieden und mit anerkennendem Nicken zurückgereicht. Victor Calderar aus Klein-Kopisch legte Wert darauf, auf keinen Fall ein Tzigan genannt zu werden und zwar mit der Begründung, die Zigeuner würden im Gegensatz zu ihm, einem Rom, erstens faul sein, zweitens keinen Bart tragen und drittens lieber betteln und stehlen, anstatt einer ehrbaren Arbeit nachzugehen. Nebenbei bemerkt, sollte ich später viele Tzigani treffen, die auf diesem Namen bestanden, weil sie umgekehrt die Roma für Kriminelle hielten, mit denen sie auf keinen Fall in einen Topf geworfen werden wollten. Einige der Roma, die hinter der schwarzen Fabrik siedelten, bezeichneten sich als Kalderasch. Nur war von dem Stolz, zum Stamm der Kesselschmiede zu gehören, allein der Name geblieben. Mit den standesbewussten, traditionstreuen und wohlhabenden Kalderasch, die Romani sprachen und ein paar Dörfer weiter in Brateiu Kochtöpfe und Kupferkannen fabrizierten, hatten die Roma aus Copşa Mică nichts gemein. Sie produzierten nichts. Der vollbärtige Victor besaß weder Werkzeug noch Material noch gar eine Werkstatt. Dennoch behauptete er, wie schon sein Vater und wie schon dessen Vater wolle er wieder als Schmied und Blechschneider sein Brot verdienen, würden die hohen Preise für Kupfer und Zink wieder sinken.

Auch Petru Carolea glaubte, ein Kesselschmied zu sein. In wirre Selbstgespräche versunken, schien er mir von einer beklemmenden und traurig stimmenden Verrücktheit. Wenn er eine Fotokamera sah, schnappte er sich einen Hammer und drosch auf einen kaputten und vom Rost zerfressen Blechtopf ein, der irgendwo herumlag. Zuerst glaubte ich, sein Tun wäre ohne Sinn

und Verstand, bis mir ein Nachbar steckte, amerikanische Fern-
sehleute hätten Petru ein Bündel Lei gegeben, um vor laufender
Kamera zu zeigen, wie die Kalderasch-Zigeuner einst Pötte aus
Kupfer schmiedeten.

Petru Carolea hatte acht Kinder. Ein-, zweimal am Tag reichte
ihre Mutter ihnen ein paar Scheiben weißes Brot und angebrannte
Maispampe, die sie gierig aus einem rostigen Blechtopf kratzten, von
dem die Emaille abgeplatzt war. Nachts krochen sie mit knurrendem
Magen unter schmierige Laken, morgens wachten sie hungrig auf,
mit aufgeblähten Bäuchen und so schmutzig, wie sie eingeschlafen
waren. An warmen Sommertagen sprangen die Kinder in die Târnava. Sie badeten in der trüben Brühe, spielten, lachten und bewar-
fen sich mit Schlamm, als sei der Schmutz kein Feind, sondern
ein natürliches Element einer Normalität, die nur dem pervertiert
dünkte, der um eine Alternative wusste. So wie die Sachsen. Für sie
stand die Tür nach Deutschland offen, und schlussendlich nutzte
auch Hans Schörrwerth die Möglichkeit der Wahl. Auch er hatte,
wie die Siebenbürger zu sagen pflegten, bei den Behörden »einge-
reicht« und wartete auf seine Ausreisepapiere. Er meinte: »Hier
bleiben nur die vom letzten Kapitel.«

Ob die Menschen im Schatten der schwarzen Fabrik sich nun
Kalderasch nannten, Roma oder Tzigani, blieb sich letztlich gleich.
Sie hatten nichts mehr, auf das sie eine selbstbewusste Identität
hätten gründen können. Sie ließen weder den Wunsch, geschweige
denn den Willen erkennen, einen Weg aus der Misere zu suchen.
Anders als die Sachsen aus Siebenbürgen und die Schwaben aus
dem Banat, die alle unter dem Heimatverlust litten. Ohne die Perspektive, den Kreislauf aus Demütigung und Entwürdigung aus
eigener Kraft unterbrechen zu können, hatten sich die Zigeuner
aus Copşa Mică mit ihrer Rolle als Ausgestoßene abgefunden. Wie
so oft in der Geschichte ihrer Ethnie.

Nur selten waren sie willkommen, seit die Roma vor mehr als tausend Jahren in Migrationswellen aus dem indischen Punjab aufbrachen und über den Iran, die Türkei und den Balkan, manche über Afrika wandernd, zu Beginn des 15. Jahrhunderts Mittel- und Westeuropa erreichten. Ob sie aus ihrer angestammten Heimat von arabischen Kriegsherren vertrieben oder von Eroberern verschleppt und versklavt wurden, ist nicht überliefert. Ständig unterwegs gaben die Roma ihr zum Überleben notwendiges Wissen nur mündlich weiter. Schriftliche Chroniken besaßen für das Volk »ohne Heim und ohne Grab«, wie es der ehemalige Präsident der Internationalen Romani Union Rajko Djurić nannte, keinerlei Wert. Auf rund zwölf Millionen schätzt man die Zahl der Zigeuner heute, und selbst Ethnologen tun sich schwer, das verzweigte Geflecht unterschiedlichster Stämme, Gruppen, Sippen und Familienverbände sowie die ungezählten Fremd- und Eigenbezeichnungen auch nur ansatzweise zu überblicken. Die ursprüngliche gemeinsame Sprache, das dem indoeuropäischen Sanskrit verwandte Romani, lebt zwar in diversen Dialekten fort, wird jedoch nur mehr von eher traditionstreuen Stammesgemeinschaften gepflegt, wohingegen sich das Gros der Roma zusehends an die jeweilige Landessprache assimiliert. Streng genommen suggeriert die Rede vom Volk der Roma oder vom Volk der Zigeuner eine ethnische Homogenität, die schon lange nicht mehr existiert.

Es dauerte eine Zeit, bis ich verstand, dass in Ungarn nur die standesbewussten Vlach-Zigeuner, die sich Oláh nennen, das Romani beherrschen, während die Mehrheit der Romungros, je nach Staatszugehörigkeit ungarisch, tschechisch oder slowakisch spricht. In Rumänien grenzen sich stolze Kalderasch vom Stamm der Kesselschmiede von dem Heer verarmter Vatrasi-Herdzigeuner ab, die jede zigane Identität verloren haben. In Bulgarien finden sich christliche walachische Roma neben muslimischen und türkischsprachigen Xoraxane. Derweil sich französische Manouches, deutsche Sinti und spanische Cale als nationale Minderheiten in ihren Heimatländern weitgehend integriert haben, leben die Zigeuner in den postkommunistischen Ländern zumeist isoliert am Rande der Dörfer und Städte, am Rande Europas, am Rande der Zeit. Wo immer sie auftauchten, blieben sie die Fremden. Gerüchte eilten ihnen voraus, Furcht vor ihrer Andersartigkeit trat ihnen entgegen, eine Furcht, die oft umschlug in Hass und Verfolgung.

»So sind einmal die Europäer!«, rief 1840 der Dichter und Historiker Mihail Kogălniceanu in einem leidenschaftlichen Appell gegen Gleichgültigkeit und Herzlosigkeit aus. Er beklagte, die selbstgerechten Intellektuellen würden philanthropische Vereine zur Abschaffung der Sklaverei in Amerika bilden, »während vierhunderttausend Zigeuner im eigenen Schoße Europas noch unter dem Sklavenjoch seufzen«. In seinen Lebenserinnerungen spricht Kogălniceanu, der später der erste rumänische Präsident wurde, von einem »schrecklichen, himmelschreienden Schauspiel«, das er in jungen Jahren erlebte und das ein Beweggrund gewesen sein mag, emphatisch für die Befreiung der Zigeuner zu kämpfen.

»Noch in meiner Jugend sah ich in den Straßen von Jassy menschliche Wesen mit Ketten an Händen und Füßen, einige trugen sogar eiserne Stirnbänder. Sie wurden grausam geschlagen, ausgehungert, geräuchert, in private Gefängnisse gesteckt, nackt in den Schnee oder in vereiste Flüsse geworfen. Und dann die Missachtung der heiligsten Bindung, der Familie: das Weib wurde dem Manne, die Tochter den Eltern, die Kinder ihren Zeugern entrissen. Gleich Rindern verkaufte man sie in alle vier Himmelsrichtungen des Landes. Weder die Menschlichkeit noch die Religion, auch nicht das Zivilrecht schützten diese bedauernswerten Wesen.«

Als eine fast fünfhundertjährige Geschichte der Leibeigenschaft der Zigeuner in den Fürstentümern Moldau und Walachien um 1860 endlich ihr Ende fand, hatten sich die Leidenserfahrungen längst fest im kollektiven Gedächtnis der Zigeuner verankert, um sich fortan von Generation zu Generation zu tradieren. Die Zeit der Versklavung hat bei manchen Stämmen einen ziganen Stolz und eine hohe Wertschätzung von Freiheit und Unabhängigkeit hervorgebracht, als Schattenseite jedoch auch erschreckende Abhängigkeiten und eine lethargische Unmündigkeit begünstigt.

Vor dem Zweiten Weltkrieg kursierten in Rumänien ärztliche Berichte, in denen die Roma als »Schwarze Pest« beschimpft wurden. Der faschistische Marshall Ion Antonescu, bis 1944 mit dem nationalsozialistischen Deutschland liiert, stellte die Zigeuner auf eine Stufe mit »Mäusen, Ratten, Krähen, Vagabunden und Juden«, just zu der Zeit, als der Reichsführer der SS und Polizei-Chef Heinrich Himmler Ende 1942 mit dem »Auschwitzbefehl« ihre Einweisung in Konzentrationslager und ihre »totale Liquidierung« anordnete. Die Zahl der von den Nazi-Schergen Ermordeten wird auf mindestens 220 000, meistens sogar auf eine halbe Millionen Zigeuner geschätzt. Sie wurden in Auschwitz-Birkenau vergast, durch Arbeit, Hunger und Krankheit vernichtet oder in medizinischen Experimenten zu Tode gequält. In Rumänien ließ Antonescu etwa 90 000 Zigeuner deportieren, teils an die Ostfront, wo rumänische Soldaten mit der deutschen Wehrmacht in Stalingrad kämpften, teils nach Transnistrien und in die Lager der Nazis, wo allein 36 000 Roma, vorwiegend Wandernomaden vom Stamm der Kortorare, elendig ums Leben kamen.

Nicolai Ceaușescu schließlich machte in einem despotischen Akt kultureller Willkür die Roma per Dekret zu ethnischen Rumänen. Zigeuner gab es demnach in Rumänien nicht. Ceaușescus Kollektivwahn kannte im Land nationale Minderheiten wie die Ungarn oder die Deutschen; die Zigeuner hingegen wurden als »Romani« eingestuft, als »Rumänen auf niederem Kulturniveau«. In seinem aberwitzigen Plan, dem Agrarland Rumänien die Gesetze einer sozialistischen Industrienation aufzudrücken, versagte er den

Zigeunern jegliche Minderheitenrechte, die Pflege ihres Handwerks, ihres Brauchtums und ihrer Sprache. Ein Gesetz gegen »das soziale Parasitentum« hatte zur Folge, dass sie in verslumten Wohnsilos zusammengepfercht wurden. Die Erlaubnis, ein Kleingewerbe auszuüben, wurde ihnen verweigert, der private Handel war verboten ebenso wie das für die saisonalen Landarbeiter überlebensnotwendige Nomadenwesen. Der Versuch, die Verwurzelung der Roma mit Gewalt zu erzwingen, perpetuierte nur das verhängnisvolle Wechselspiel aus Ausgrenzung und Verwahrlosung, aus Apathie und Abhängigkeit von staatlicher und karitativer Alimentierung. Dieser Teufelskreis hält bis heute an.

Träume und Traumata

Freie Fahrt in Richtung Osten – Die Meister des Wartens – Zabit, der Galan – Wolkendorf: Wo die Schotterpiste endet – Die Gabors: Clara, Gorbi und neun Kinder – Wenn der Deutsche kommt, wird alles gut – Ein Weiler wacht auf – Das traurige Ende einer Idee, die allen Erfolg verdient gehabt hätte – Die Sehnsucht nach dem gerechten Patron

Die Berliner Mauer fiel, der Eiserne Vorhang zerriss, und so plötzlich wie unerwartet stand das Tor Richtung Osten sperrangelweit offen. Wege taten sich auf, in ein Paradies, in ein Eldorado für fixe Typen, die irgendwelche Joint ventures auskungelten, für Abschöpfer subventionierter Investitionsprogramme, für Gebrauchtwagenhändler und nicht zu vergessen, für Vertreter von Pornovideos und aufblasbarem erotischen Plastikgedöns. Natürlich fuhren auch ehrbare Geschäftsleute gen Osten. Und Journalisten. Wir packten den Kofferraum mit Dieselkanistern voll, setzten uns in unscheinbare Pkws, vorzugsweise in die soliden Golf II, und fuhren los. Mit Lenkradkralle, leeren Notizblöcken, Hunderterpacks Fuji-Color und voll brennender Neugier. Fluchend erduldeten wir die Autoschlangen an Grenzübergängen mit Namen, die sich kaum aussprechen ließen. Wir passierten Städte wie Hajdúszoboszló und Berettyóújfalu, wünschten den sturen Grenzbeamten in Hegyeshalom, Ártánd oder Nagylac die Pest an den Hals und zahlten dennoch die unverschämten Visa-Gebühren als Einlass-Ticket für Rumänien, Bulgarien und die Ukraine; exotische Länder, die kaum jemand aus dem Westen zuvor besucht hatte. Stunde um Stunde quälten wir uns durch unbeleuchtete Schattenwelten, bretterten am Rande des Achsenbruchs von Schlagloch zu Schlagloch, verschenkten Stangen von Marlboros an Polizisten, spendierten korrupten Staatsdienern grüne Dollar-Scheine und grüne Heineken-Bierdosen – und wurden am Ende überreich belohnt: mit Säcken voller Reportagen, prall gefüllt mit Geschichten über Menschen, von deren Existenz, geschweige denn deren Schicksalen ich bis dato keine Ahnung hatte.

Die Völker Osteuropas hatten das Experiment des Kommunismus beendet und pfiffen auf die Signale zum letzten Gefecht. Die Weltherrschaft des Proletariats wurde auf unabsehbare Zeit vertagt, eine Ideologie im Übrigen, für die sich Zigeuner nie ereifern konnten. Der reale Sozialismus starb, nachdem er splitternackt dastand und seinen Wesenskern entblößt hatte. Der entpuppte sich als Warten. Warten auf irgendwas, das irgendwann vielleicht irgendwo geschieht. Die Warteschlange, so der Journalist Alexander Smoltczyk, war keine Begleiterscheinung, sondern »die nackte Wahrheit eines Systems«, das vor allem mit einem beschäftigt war: »der Vernichtung von Zeit, von Lebenszeit«. Im Grunde brach der ganze sozialistische Block zusammen, weil Menschen des Wartens überdrüssig waren.

Die wahren Meister des Wartens sind die Zigeuner, vor allem die Roma auf dem Balkan. Rund 30 000 leben in dem Viertel Shutka am Rande der mazedonischen Hauptstadt Skopje. Es können aber auch 40 000 sein. Oder 50 000. Niemand will das genau wissen. Jedes Mal, wenn ich dort war, oft in Zusammenarbeit mit der deutschen Caritas, schienen die Menschen dort zu warten, die Alten in ihren abgetragenen Mänteln ebenso wie die Jungen in ihren US-Jeans made in Turkey. Rund um eine Kreuzung im Zentrum hockten duldsame Schuhputzer hinter ihren Cremes und Bürsten, doch kaum jemand ließ sich das Schuhwerk polieren. Ein Dutzend Arbeiter stand im Herbst neben benzinbetriebenen Motorsägen, doch niemand wollte Bau- oder Feuerholz zuschneiden lassen. Kleinunternehmer saßen auf den Kutschböcken ihrer Pferdefuhrwerke, doch es gab nichts zu transportieren. Auch die Fahrer des Unternehmens Roma-Taxi harrten stundenlang der Kunden. Für mich sah es so aus, als erschöpfe sich in der wohl größten Roma-Siedlung in Europa der Sinn der alltäglichen Existenz im geduldigen Warten. Im Warten und im Träumen. Wie aus einer anderen Welt parkte zwischen all den Pferdekutschen seltsam deplaziert ein schwarzer Porsche 911 mit albanischem Kennzeichen. Wochenlang stand er da, verstaubt, unbewegt und ungewaschen, wie ein trotziger Beweis, dass Reichtum und Prestige für den wachsam Wartenden unverhofft Wirklichkeit werden können, ohne dass ihm der Lohn des Ausharrens wirklich nützt.

Geschlechtsspezifisch korrekt muss man sagen, dass die Kultur des Wartens unter Männern ungleich ausgeprägter ist als unter Frauen. Weil es der Romni, um derlei mentale Kunstfertigkeit auszubilden, ganz einfach an Zeit mangelt, allein schon wegen der Schar der Kinder und der echten Herausforderung, tagtäglich den Mangel zu verwalten und dennoch etwas Essbares in den Kochtopf zu zaubern.

Während ich die Menschen in Shutka in einem Moment wegen ihrer wirtschaftlichen Not bedauerte, bewunderte ich sie schon im nächsten Augenblick für ihre stoische Ruhe und die heitere Gelassenheit, mit der sie ihren Alltag akzeptierten. Wann immer mich als Gadscho das nervöse Gefühl beschlich, die Zeit rinne mir aus den Händen, hielten die Zigeuner den Lauf der Welt an. Niemand konnte dies trefflicher als der herzerfrischende Zabit Memedov. Zabit war einer der begnadeten Laiendarsteller in *Zeit der Zigeuner* und *Schwarze Katze, weißer Kater*, den legendären Spielfilmen des serbischen Regisseurs Emir Kusturica. In *Zeit der Zigeuner*, gedreht in den mazedonischen Roma-Siedlungen Shutka und Topana, spielt Zabit den schrägen Galan Zabit, der fiedelnd und singend, tänzelnd und scharwenzelnd die leibespralle Chaditza im Liebesrausch zum Schmelzen bringt. Die beiden Turtelnden erbringen den Beweis, dass die flüchtige Laune der körperlichen Attraktion nichts ist im Vergleich zum Einklang gemeinsam pulsierender Herzen. Dass

Zabit Memedov in dieser Rolle des wundervollen Charmeurs im Grunde sich selber spielt, daran ist nicht zu zweifeln.

Wenn Zabit nicht vor der Kamera stand, arbeitete er in Shutka auf dem Gemüsemarkt und verkaufte Kartoffeln. Kam keine Kundschaft, vertrieb er sich die Zeit mit einem weißen Vögelchen aus Plastik. Dessen Kopf war mit Blei beschwert, so dass man den Vogel mit etwas Geschick mit dem Schnabel auf den Fingerspitzen balancieren konnte. Stundenlang und mit wachsender Begeisterung beschäftigte sich Zabit mit dem komischen Ding, wobei er lachte und ein Gebiss entblößte, das nur noch aus einer Fassade kariöser Ruinen bestand. So ein Mensch war natürlich eine Idealbesetzung für Filme, in denen Truthähne zu magischen Sonnenvögeln mutieren, Schweine Trabbis aus Presspappe fressen und Telegrafenmasten vorm Telefonieren zwecks besserer Tonübertragung mit der Gießkanne gewässert werden müssen. Ich verknipste eine Filmrolle, und als ich ihm bei meinem nächsten Besuch in Shutka ein großformatiges Foto von ihm und dem Plastikvogel mitbrachte, nickte Zabit anerkennend und hängte das Bild an seinem Marktstand mit einer Klammer an einer Wäscheleine über den Kartoffeln auf. Sodann bat er höflich um weitere Fotos, wobei er mich anlächelte mit einem nagelneuen Gebiss aus lauter glänzend polierten Goldzähnen. In dem Moment erinnerte mich Zabit an die Romanfigur des zahnlosen Zigeuners Melchiades, der in Gabriel García Márquez' *Hundert Jahre Einsamkeit* die Bewohner von Maconda verblüfft, weil eine Zahnprothese sein welkes Greisengesicht in das Antlitz eines strahlenden Jünglings zurückverwandelt. Niemand sonst als Zabit Memedov hätte in Kusturicas *Schwarze Katze, weißer Kater* den herrlich schrulligen Großvater Zarije mimen können, der die Zeit staut, indem er in Trance seinen eigenen Tod simuliert und gekühlt unter einem mächtigen Eisklotz in einer Dachkammer dem passenden Moment seiner Auferstehung entgegensieht.

Nun muss, was auf der Kinoleinwand möglich ist, im wirklichen Leben nicht zwangsläufig unmöglich sein. Aufzuerstehen aus Ruinen, aufzuwachen aus dem Schlaf der Apathie, eine Zeit lang sah es so aus, als könne dies gelingen, nicht nur den Zigeunern, sondern allen Bewohnern in dem rumänischen Dorf Vulcan, dem Siebenbürgischen Weiler Wolkendorf. Aber es gelang nicht. Leider, leider, so muss berichtet werden.

In Wolkendorf lebten Zigeuner vom Familienverband der Gabors. Nur ein einziges Mal sah ich einen der Männer sommertags etwas anderes tun, als am Straßenrand zu hocken und zu rauchen. Im Herbst erklärten sie, zum Holzsammeln fehle die Zeit, weil sie auf einen »Scheffe« warten müssten, der ihnen Arbeit versprochen hatte. Im Winter fehlte das Geld, um Feuerholz zu kaufen, weil der Chef nicht aufgetaucht war. Die Frauen tranken, um zu ertragen, dass ihre trinkenden Männer sie verprügelten. Die Männer schlugen ihre Frauen mit der Begründung, sie würden zu viel trinken. Die Frau, die am häufigsten Schläge erhielt, hieß Suzanna. Sie war neunundfünfzig, zählte sechsunddreißig Enkelkinder und hatte fünfzehn Kinder geboren, von denen sechs noch lebten. Die Rumäninnen behaupteten, Suzanna habe ihre Kinder verhungern lassen. Suzanna behauptete, ihre Brust habe keine Milch mehr gegeben. Ihre Schwiegertochter Clara sagte über ihr verstorbenes Kind Luise, das Mädchen sei so rosig und schön gewesen, dass Gott es zu sich holte. Die Nachbarn sagten, Luise sei an einer Lungenentzündung gestorben, weil die Dreijährige im Winter nackt herumlief und von ihren Geschwistern mit kaltem Wasser abgespritzt wurde. Die Roma-Mütter beklagten, sie besäßen keine warmen Kleider für ihre Kinder. Die Sachsen meinten, die Caritas habe tonnenweise gut erhaltene Altkleider ins Dorf gebracht, die Zigeuner hätten die Sachen eben nicht auf dem Schäßburger Markt für Schnaps verkaufen dürfen. Schwerwiegender war der Vorwurf, die Sippe habe die kleine Luise nicht einmal aus dem Hospital in Schäßburg zur

Beerdigung abgeholt, woraufhin die Zigeunerinnen konterten, ohne eine ordentliche Geburtsurkunde hätten die Ärzte das tote Kind sowieso nicht herausgegeben.

Wolkendorf alias Vulcan war ein typischer Karpatenweiler. Man erreichte ihn, wenn man die Landstraße von Schäßburg nach Agneteln fuhr, in Apold links abbog und eine Weile einer Schotterpiste folgte. Seine Existenz verdankte der Ort dem Revolutionsgericht der Weihnacht 1989 und damit dem Umstand, dass der Schreckensutopist Ceaușescu seine apokalyptischen Visionen nicht mehr vollends in die Tat umsetzen konnte. Denn für Wolkendorf waren die Bulldozer vorgesehen. Auf den Reißbrettern der Planungsstrategen war Vulcan bereits ausradiert. Dorfsystematisierung nannte sich der Alptraum, gewachsene architektonische und soziale Strukturen auf dem Land zu zerstören und die Menschen in die Plattenbauten agroindustrieller Komplexe umzusiedeln, wo sie von den Schergen der Securitate besser zu kontrollieren waren. Da dieses Schicksal auch den gut einhundert Bewohnern von Vulcan zugedacht war, zu gleichen Teilen Rumänen und Zigeuner sowie ein Dutzend Ungarn und ein paar verbliebene Sachsen, wurde in dem Ort kein Handschlag mehr getan. Zu Beginn der neunziger Jahre bot sich ein Bild des Ruins und der Verwüstung. Verödete Felder, zwei, drei Dutzend marode Bauernhöfe, leere, verfallende Stallungen. Die Volksschule war bis auf die Grundmauern demoliert, die mittelalterliche Wehrkirche hatten Räuber leergeplündert, der Gemeindesaal stank nach Urin und war mit Fäkalien verdreckt. Irgendwo lag ein zertrümmertes Klavier. Als mich der schöne Klang des Ortsnamens erstmals an einem regnerischen Tag nach Wolkendorf lockte, schlichen erbärmliche Gestalten durch den Morast, verwahrlost, ausgemergelt und grau. Frauen, gebückt und buckelnd, selbst in jungen Jahren gekleidet wie Matronen. Männer, vom Fusel torkelnd. Dazwischen die Roma-Kinder, barfuß, in zerfledderte Kleider gehüllt, verstört und verhuscht.

Trotzdem. Ich habe Wolkendorf immer gern besucht. In den milden Frühlingstagen und den warmen Herbstmonaten war das abgeschiedene Nest für mich eine zweite Heimat. Das Erste, was in dieser Insel des Stillstands auffiel, waren die saubere Luft, der betörende Duft von frischem Gras, von Blumen und Heu, das kristallklare, kühlende Wasser und die unglaubliche Ruhe, die mir das Gefühl gab, alle Hast und Hektik der Welt verflüchtige sich zur bedeutungslosen Chimäre. Den ersten Eindruck indes, für die Bewohner sei die Zeit stehengeblieben, musste ich korrigieren. In Wolkendorf standen die Zeiger nicht still, und die Menschen hatten die Zeit auch nicht in einem willentlichen Akt aktiven Tuns angehalten. Sie waren schlichtweg aus der Zeit herausgefallen. Es gab nur ein diffuses Hier und Jetzt, während der Blick zurück nichts Erinnerungswürdiges gewahrte und der Blick nach vorn sich im trüben Dunst der Zukunftslosigkeit verlor. Das aufregendste Ereignis dereinst trug sich am orthodoxen Ostern 1991 zu, als man klagte, wilde Wölfe hätten in den Bergen dreiundzwanzig Schafe gerissen, was für viele Kleinbauern im Dorf ein schmerzlicher Verlust war.

Die Wolkendorfer waren, wenn sie nicht allzu viel getrunken hatten und nicht über Banalitäten stritten, von geradezu rührender Anhänglichkeit. Jeder Besuch war für sie ein kostbarer Beleg, nicht vollends vergessen zu sein. Gefühlte hundert Mal am Tag wünschte mir der herzensgute Paul Lopa »Glück, Gesundheit, Zufriedenheit und ein langes Leben«. Der Sachse Alfred Lutsch, sentimental von billigem Branntwein, zog mich immer heimlich zur Seite, damit seine ebenfalls trinkende Frau nicht mitbekam, wie er bettelte. »Mein Freund, ein Fläschchen nur, bitte, nur ein kleines Fläschchen. So hör doch, wie meine Seele fleht!« Unvergessen auch der Zigan Corcy. Aus den Kleidersäcken der Caritas fischte er sich jene Stücke heraus, die definitiv overstyled waren. In weißer Hose und feinem Zwirn stolzierte er wie ein Pfau durchs Dorf und erklärte, er könne fortan nicht mehr arbeiten, da ein Herr von Welt sich nicht beschmutze. Womit sich seine Lebensführung allerdings nicht grundlegend änderte.

Am anhänglichsten, geradezu treu waren die Kinder der Gabor-Familie. Allen voran Eva und Buba, meine ständigen Begleiter, die sich fortwährend mit ihren Geschwistern stritten, wer meine Fototasche tragen durfte. Der Streit entsprang nichts anderem als einer tiefen Sehnsucht nach Anerkennung. Die Kinder schlugen und kratzten sich, weil sie nicht auf die Erfahrung verzichten wollten, eine Aufgabe zu haben. Sie wollten etwas tun, was einem anderen Menschen nützte und ihnen selbst Wert und Bedeutung verlieh.

Ihr Vater Baranca, von allen Gorbi gerufen, lebte mit Clara zusammen. Gorbi war Mitte dreißig und stammte aus der Gegend von Tirgu Mures, dem sächsischen Neumarkt. In kommunistischer Zeit hatte er in der Kolchose in Apold das Vieh gehütet. Nach dem Zusammenbruch des heruntergewirtschafteten Staatsbetriebs, der alle Quoten immer nur auf dem Papier erfüllte, verlor er seine Arbeit und zog mit Clara und seiner Familie nach Wolkendorf in ein aufgegebenes Sachsenhaus. Wie unter rumänischen Zigeunern üblich benötigten Clara und Gorbi für ihr Zusammenleben als Mann und Frau keine behördlichen Papiere und auch keine Heiratsurkunde. Doch halt! Vorsicht mit Pauschalisierungen!

Da jede Aussage über die Roma widerlegt und auch die Widerlegung mit dem Beweis ihres Gegenteils belegt werden kann, sei an dieser Stelle um der Korrektheit der Berichterstattung willen eingeschoben, dass 2007 unter den Zigeunern Rumäniens ein Ansturm auf die Standesämter einsetzte. Das lag nicht daran, dass die Tzigani plötzlich den Wert von beglaubigten Papieren mit Siegelstempel zu schätzen gelernt hätten, sondern weil der rumänische Staat im Jahr des Beitritts zur Europäischen Union frisch vermählten Paaren eine Starthilfe mit auf den Weg gab. Zweihundert Euro, bar auf die Hand. Der deutschsprachige rumänische Journalist Franz Remmel, der kenntnisreichste Roma-Experte Rumäniens, meldete daraufhin, der finanzielle Anreiz habe die Roma »vom Urgroßvater bis zum Urenkel« veranlasst, auch standesamtlich und nicht nur beim Bulibaschen zu heiraten. Remmel berichtete, dass sich an einem Tag allein in Cuirea 32, in Ramnicele 21 und in Lungani 43 Paare, mit weiteren 120 auf der Warteliste, trauen ließen. Es sollen, so erzählten rumänischen Freunde später, tagelange rauschende Hochzeits-Partys gefeiert worden sein. Nur erzählten sie mir das leider zu spät, erst nachdem das kostspielige Gesetz wieder abgeschafft worden war.

Zurück nach Wolkendorf. Mit zweiunddreißig war Clara Gabor bereits neunfache Mutter. Sie und Gorbi hatten wirklich faszinierende Kinder, die meisten davon Töchter. Die schüchterne Mundra war mit fünfzehn die Älteste, gefolgt von ihrem Bruder Baranca junior, der freundlichen Eva und den bildhübschen Mädchen Clara, Theresa und Gisela sowie dem rotzfrechen Wuschelkopf Buba. Die schon erwähnte Luise, von der ihre Mutter schwärmte, ihre Wangen seien so prall gewesen wie bei einer Specksächsin, war in einem der letzten Winter gestorben. Nach ihr war Freddy geboren. Danach Mathei, benannt nach seinem Großvater. Nun war Clara erneut schwanger. Und es wurde allmählich eng in dem einstigen Sachsenhaus. Auf einer Fotografie drängen sich die jüngsten Mädchen mit ihren zerzausten Haaren zusammen wie kleine Wildkatzen. Sie hocken auf einer Holztreppe, die den nächsten Winter nicht überleben wird.

Eva war dreizehn und hatte, so gut sie vermochte, die Verantwortung für die Familie übernommen. Sie besorgte das Essen, kochte und kümmerte sich fürsorglich um ihre Geschwister. Manchmal klimperte Eva auf einer kaputten Gitarre herum, und wenn sie mit ihrer klaren hellen Stimme vor sich hinsang, wirkte sie selbstvergessen und ein wenig entrückt. Sie erzählte mir, sie könne schreiben und rechnen, weil sie früher zwei Jahre die Schule besucht habe. Es dauerte eine Weile, bis mir auffiel, dass »schreiben können« in Wolkendorf hieß, dass man halbwegs in der Lage war, seinen Namen zu Papier zu bringen. Einmal fragte ich Evas Vater, weshalb er seine Kinder nicht zur Schule nach Apold schicke. Gorbi sagte allen Ernstes: »Ich will ja, aber meine Frau will nicht.« Als ich meinte, als gestandenes Mannsbild müsse er sich halt durchsetzen, wollte er mir hoch und heilig versprechen, Eva künftig »eigenhändig zur Schule zu prügeln«. Aber Gorbi war ein friedfertiger Mensch. Er sagte das nur, weil er glaubte, die Antwort würde mir Freude bereiten. Wenn wir uns hernach auf der Dorfstraße begegneten, schlug er sich mit der Faust auf die Brust und murmelte: »Ich bin ein Mann, ich bin ein Mann.«

Anfang der neunziger Jahre wurde allen Familien in Wolkendorf von der Gemeinde staatliches Land zur Bewirtschaftung zugesprochen. Clara erzählte mir, auch sie hätten ihren Acker bestellt, Mais angepflanzt und Unkraut gerupft, doch habe es leider nichts zu ernten gegeben. Der faule Dorfschäfer trage Schuld, weil er seine Herde nicht auf die Bergwiesen, sondern durch das Feld getrieben habe. Eine plausible Erklärung, fürwahr. Zwar wusste niemand im Dorf die Geschichte zu bestätigen, aber das muss ja nichts heißen.

Die Großmutter väterlicherseits war Gorbis Mutter Suzanna, der, wie erwähnt, die eigenen Kinder reihenweise weggestorben waren. Was mit ihr los war? Schwer zu sagen. Alle hatten Angst vor ihr. Suzanna war eine extrem launische Frau, die nie sprach, sondern schrie. Eine Großmutter, die ihre Enkelkinder verdrosch und ständig mit den Füßen nach ihnen trat. Meistens gingen die Tritte ins Leere, weil die Kinder zu flink waren, doch rote Blutspritzer an der Hauswand zeugten davon, dass sie mitunter in ihrem Furor kaum zu bremsen war. Wenn sie getrunken hatte und wütend war, zog sie schimpfend durchs Dorf, dass sogar ihre Enkel die Hände wie Scheibenwischer vor den Augen bewegten, um zu bekunden, dass ihre Oma verrückt war. Einmal saß sie tagelang mit klagendem Gejammer vor ihrem Haus, bis ich bemerkte, dass sie einen schmutzigen Lappen um die Hand gewickelt hatte. Darunter verbarg sie einen dick geschwollenen Finger, der vereitert war und ihr höllische Schmerzen bereitet haben muss. Nachdem wir ihr in Schäßburg ein Antibiotikum besorgt hatten, ging es ihr besser, und sie war nach wenigen Tagen wieder die alte. Heute denke ich, dass Suzanna psychisch krank war. Aber wo hätte sie gesunden können in dem Irrenhaus Ceaușescus? Wer die psychiatrischen Verwahranstalten, diese Gruselkabinette der Entwürdigung gesehen hat, wird zu der Annahme neigen, dass Suzanna Gabor in Wolkendorf recht gut aufgehoben war. Zumal sie in ihrem sanften Mann Mathei einen Gegenpol fand, der rauchend und mit apathischem Gleichmut ihre Keifereien ertrug, bis sie sich wieder beruhigte.

Dann geschah etwas, das in Wolkendorf für helle Aufregung sorgte. Etwas, das die Menschen euphorisierte. Etwas, das Männer und Frauen aus dem Zustand depressiver Antriebslosigkeit herausholte, ja das ganze Dorf aus seiner Schockstarre kollektiver Tatenlosigkeit befreite. Kurzum: Es geschah ein Wunder.

»Der Hansi kommt, der Hansi kommt!« Paul Lopa hatte Tränen der Ergriffenheit in den Augen und wünschte allen ewiges Glück und ein langes Leben. Seine Frau Adele, so etwas wie die inoffizielle Bürgermeisterin von Wolkendorf, strahlte vor Freude, während Alfred mir die Nachricht von der Ankunft eines gewissen Hansi ins Ohr hauchte, als verrate er ein bedeutsames Geheimnis.

Es brauchte eine Zeit, bis ich verstand, dass dieser Satz die Wolkendorfer Welt auf den Kopf stellte. Just als die Siebenbürger Sachsen die Ausreisepapiere beantragten, kam einer aus Deutschland zurück. Kein Gescheiterter. Einer, der es geschafft hatte. Jemand, der vorhatte, die Menschen aus Wolkendorf in den Strom der Zeit zurückzuholen.

»Wenn der Deutsche kommt, wird alles gut«, nickte Gorbi und bekräftigte, dass er selbst jederzeit für jede Art von Arbeit zu haben sei, schließlich habe er schon in der alten LPG mit seiner Plansoll-

übererfüllung höchstes Lob geerntet, habe Ahnung von Metallarbeiten und früher den weiß Gott pingeligen Sachsen in Apold
die Dachrinnen repariert. Zum Beweis seiner Tatkraft beteiligte sich
Gorbi im Dorf einen Nachmittag lang an einer Aufräumaktion. Er
fuhr die Schubkarre, als es galt, die Straßengräben zu reinigen, weil
ein Besuch des ominösen Hansi angekündigt war.

Mir schien die Angelegenheit nicht geheuer. Ich war skeptisch,
zutiefst misstrauisch. Es kam mir vor, als würde in Wolkendorf
wenn nicht gleich der Messias, so doch ein omnipotenter Führer
erwartet. Nach König Carol, nach dem Eisernen General Antonescu,
nach dem Stalinisten Georghiu-Dej, nach dem Titanen Ceauşescu
nun der Hansi. Ich sollte mich irren. Irgendwann im Sommer Zwei-
undneunzig lernte ich Hans Schnell kennen.

Er war damals fünfzig Jahre alt und als Geschäftsführer der
Gewerkschaft für Öffentliche Dienste in Heidelberg angestellt.
Dass er gewillt war, einen solch attraktiven Posten aufzugeben und
ein Leben in einer der reizvollsten deutschen Städte gegen eine
Existenz in der tiefsten rumänischen Provinz einzutauschen, hatte
einen schlichten Grund: Heimweh. Hans Schnell wurde in Wolkendorf geboren. Hier verlebte er seine Kindheit. »Eine wunderbare
Zeit«, wie er sich erinnert, Jahre, die jäh abrissen, als er neun war
und seine sächsischen Eltern nach Deutschland umsiedelten. Dort
erlernte Hans Schnell das solide Maurerhandwerk, wurde Ingenieur,
fand seine politische Heimat in der Sozialdemokratie und betrieb
neben seinem Schlips- und Kragen-Job als Gewerkschaftsfunkti-
onär nebenbei ein wenig Landwirtschaft im Schwarzwald. Er war
Idealist, aber keinesfalls blauäugig, ein Mann mit Visionen, doch mit
den Beinen auf dem Boden und mit gesundem Realitätssinn. Kurz
und gut: Hans Schnells geplante Rückkehr in das Land seiner Vorfahren entsprang nicht einem nostalgisch verklärten Kindheitsidyll,
sondern der handfesten Absicht, dem siechenden Ort seiner Geburt
wieder zu neuer Blüte zu verhelfen.

»Ich ziehe doch nicht nach Rumänien, um so arm zu werden wie die Leute hier.«

Das war ein Satz, der den Menschen in Wolkendorf gefiel. Wenn der Hansi seine Besuche ankündigte, räumten sie den Müll weg, fegten die Dorfstraße und achteten während seiner Anwesenheit darauf, nur in erträglichen Maßen zu trinken.

Dem Gewerkschaftler schwebte »eine basisdemokratische und multikulturelle Dorfgemeinschaft« vor, zu einer Zeit, als derlei Begriffe noch unverbraucht klangen und nicht bis zum Überdruss ideologisiert waren. Gemeinsam mit seiner Frau, der Rumänin Lidia Lupsa, träumte Hans Schnell von einem Ort, »in dem einer dem anderen hilft«, ein Ort, in dem zwei Grundsätze unumstößlich sein sollten. »Wer bekommt, der muss auch geben. Wer die Schwächsten, die Zigeuner, aus der Gemeinschaft ausschließen will, ist selber draußen.«

In der Startphase sollte sich der Aufbau des Dorfes durch Spenden, später durch eigene Leistungen finanzieren, durch eine Genossenschaft in der Landwirtschaft, im Baugewerbe und im Fremdenverkehr. Dazu hatten Hans und Lidia Netzwerke geknüpft und sich die Unterstützung einflussreicher Personen und Institutionen gesichert. Lidia, die von den grausamen Zuständen in rumänischen Waisenheimen erschüttert war, sah ihre Aufgabe darin, sich um ein Kinderdorf zu kümmern, um Straßen- und Bahnhofskindern ein Zuhause zu bieten. Jungen sollten eine Ausbildung als Handwerker absolvieren, baufällige Bauernkaten renovieren und einen Campingplatz anlegen. Aus dem verwaisten evangelischen Pfarrhaus würde mit Unterstützung der Siebenbürger Landsmannschaften eine Jugendherberge, und das verfallene Kulturhaus würde wieder mit Leben gefüllt. Die Frauen würden tanzen und Theater spielen, und man sah schon, wie die talentierte Eva Gabor mit Gesang und Bauchtanz das Publikum begeisterte. Statt Getreide zu verkaufen, wollte man Brot backen. Statt Vieh an Schlachthöfe zu liefern, lieber eine Metzgerei betreiben.

Arbeitsplätze sollte es geben, vielleicht nicht für alle, aber doch für viele. Und wenn Hans den schönen Satz sagte: »Der Zigeuner soll nicht immer nur der Kuhhirte sein«, dann wünschte man ihm von Herzen Glück, Gesundheit und ein langes Leben.

Unterstützung fand Hans bei der »Kinderhilfe Rumänien« aus Bad Herrenalb. Die Helfer aus dem Schwarzwald sammelten Kleider und Schecks und verbrachten ihren Jahresurlaub in Wolkendorf. Es waren zupackende und fröhliche Typen, eine eingeschworene Truppe, die von morgens bis abends an der Renovierung der verwahrlosten Dorfschule werkelte, Licht und Elektrik verlegte, eine Heizung einbaute und nach Feierabend das gemeinsame Bier und den dörflichen Selbstgebrannten genoss.

Wie die Kinder der Rumänen so halfen auch die Zigeunerkinder bei der Instandsetzung der Schule, dass es eine Freude war, ihnen zuzuschauen. Eva rührte Putzmörtel an und weißelte Wände, ihr Bruder Baranca schlug mit Hammer und Meißel etwas überdimensionierte Schlitze für die Stromkabel in die Wände, Clara reichte den Handwerkern das Werkzeug, während die anderen Mädchen mit unermüdlicher Emsigkeit aufräumten und putzten oder einfach nur zuschauten, wie ihre neue Schule Gestalt annahm. Die Stimmung war prächtig, nicht zuletzt dank der quirligen fünfjährigen Buba, die für lächelnde Gesichter sorgte. Mit der neuen Lehrerin Iliana Miku war eine Pädagogin angestellt worden, die ihren Dienst in Wolkendorf nicht als Strafversetzung empfand. Sie wollte den Kindern fortan wieder das Einmaleins und ABC beibringen, begeistert darüber, welche ungenutzten und unbändigen Energien in den Zigeunerkindern schlummerten. Um sie tatsächlich zu wecken, bedurfte es nur noch der Überzeugungsarbeit, dass die Gabors den Wert von Bildung und Erziehung auch erkannten und ihre Kinder regelmäßig zum Unterricht schickten.

Evas herrischem Onkel Varga missfielen der Wissensdurst und die Weltneugier der Mädchen. Im Dorf wurde gemunkelt, er wolle

Eva lieber zum Anschaffen nach Bukarest schicken. Varga hatte die unangenehme Art, im Zorn seinen Ledergürtel aus der Hose zu ziehen und auf Eva einzudreschen, wobei er das Mädchen eine Schlampe schimpfte, die viel zu früh nach Männern schaue. Für ihn stellte die Schule keine Bereicherung für das Dorf dar, sondern eine Bedrohung seiner längst hohl gewordenen Autorität. Indem er prügelte, verschaffte er sich Geltung. Kurzfristig zumindest.

Hans ließ sich in seinem Projekt nicht beirren. Nicht von den sieben Tonnen Kleiderspenden, die zum Gutteil auf dem Schäßburger Schwarzmarkt landeten; nicht von den Betrügern, die der Genossenschaft verdorbenes Saatgut andrehten, so dass auf den Feldern statt Zuckerrüben nur Disteln wuchsen; nicht von den allgegenwärtigen, korrupten Aasgeiern in den Behörden, die für jeden banalen Akt ihrer Pflichterfüllung die Hand aufhielten und Schmiergeld kassierten, was sie nebenbei erwähnt bis heute perfektioniert haben; und auch nicht von dem verschlagenen Schäfer des Dorfes, einem Rumänen, der gefeuert wurde, weil er die Zahl der von Wölfen und Bären getöteten Schafe immer in die Höhe trieb, um die überzähligen Tiere schwarz zu verhökern.

Zunächst kam der Motor der Wolkendorfer Genossenschaft nur stotternd in Gang, doch nach einem Jahr lief er überraschend gut. Dreihundert Hektar waren zu bewirtschaften, mit Mais, Kartoffeln, Getreide und Weintrauben. Die Spendengelder reichten, um in Kronstadt zwei robuste und knallorangefarbene Traktoren vom Typ »Universal 651« mit Anhängern sowie Pflüge, Egge und eine Sämaschine anzuschaffen, zudem Kühe zu kaufen und Stallungen zu bauen. Zusammen mit der durchaus entwicklungsfähigen Arbeitskraft der Dörfler ging es aufwärts. Im ersten Jahr schon verbuchte man einen bescheidenen Gewinn, der in das Vieh reinvestiert werden sollte. Und weil der erfolgreiche Start gefeiert werden musste, fieberte das ganze Dorf an einem himmelblauen Maientag einem unvergesslichen Fest entgegen. Ein Tag, an dem ich

55

fotografieren konnte, wie der übermütige Varga Olimpia einen Esel bei den Hufen griff und mit ihm tanzte.

Die Sonne steckte noch hinter den Bergen, da sammelten die Zigeunerkinder bereits Holz für ein Lagerfeuer. Der Sachse Michael Gunnesch schaute auf die Uhr und fragte höflich an, wann denn ungefähr mit dem Servieren des gegrillten Schweinebauchs zu rechnen sei. Paul Lopa unterzog sein stachelbärtiges Gesicht schon morgens um fünf einer ausgiebigen Nassrasur, streifte entgegen jeder Gewohnheit ein frisch gewaschenes Hemd über und stieg in seine italienischen Hosen aus der letzten Caritas-Kleiderlieferung. Einige Frauen rückten mit Putzeimern und Schrubbern in das heruntergekommene Pfarrhaus ein, die Burschen schleppten Tische und Bänke durchs Dorf und kratzten den Rost von den Grillspießen. Derweil harrten die Zigeuner neben dem Bauern Emilian aus, der mit stoischer Ruhe am Tor seines Hofes wartete, in den Händen einen Wetzstein und ein frisch geschärftes Schlachtermesser. Bis die Männer mit der quiekenden Sau kamen. Der Bürgermeister der Gemeinde Apold Emil Toderan hob sein Glas und stieß mit doppelt gebranntem Pflaumenschnaps darauf an, dass nach vielen kummervollen Jahren in Wolkendorf für die Gemeinschaft wieder ein fettes Schwein geschlachtet würde. In einer mächtig beklatschten Rede meinte er, nun trage die Revolution endlich Früchte. Würde es überall in Rumänien so vorangehen wie in Vulcan, brauche man sich um die Zukunft des Landes keine Sorgen zu machen.

Als Hans und Lidia sich über die frohen Gesichter der Dörfler freuten, wurde auch mir klar, da waren keine spinnerten Phantasten am Werk, vielmehr Menschen, die ihre persönlichen Sehnsüchte mit dem Gespür für die Nöte der Anderen zu verbinden wussten und ihre Lebensidee realisierten. Und das mit Herzblut und mit Leidenschaft. Und sehr professionell. Wolkendorf hatte eine reelle Chance, aus den Ruinen des Sozialismus aufzuerstehen.

Dann passierte etwas, das nicht vorgesehen war.

Hans Schnells Gefährtin Lidia erkrankte. Und zwar schwer. Da in Rumänien an eine medizinische Behandlung nicht zu denken war, musste Lidia nach Deutschland zurückkehren. Hans begleitete sie und war damit über Monate nicht in Wolkendorf präsent. Das hatte Folgen.

Sich selbst überlassen, geriet das Aufbauprojekt außer Kontrolle. Es starb, wie so viele Kinder der Zigeunerin Suzanna, kurz nach der Geburt. Ohne Führung fühlte sich niemand im Dorf mehr für irgendetwas verantwortlich. Das Vieh wurde nicht gefüttert, die Kühe nicht gemolken. Keiner säuberte die Ställe, keiner bestellte die Felder. Binnen kürzester Zeit waren die Traktoren zu Schrott gefahren, die Reifen geplatzt, die Ersatzteile verscherbelt und die Anhänger demoliert. Was nicht im wahrsten Sinn des Wortes niet- und nagelfest war, wurde gestohlen und verkauft: Betonmischer, Bohrmaschinen, Schwingschleifer, Wasserboiler, Saatgut und Glühbirnen, wobei Hans Schnell nachdrücklich klarstellt, dass zwar jeder im Dorf klaute, die Rumänen jedoch weitaus dreistere Diebe waren als die Zigeuner. Als schließlich das Projekt für gescheitert erklärt und die Genossenschaft offiziell aufgelöst wurde, rissen die Leute sogar die Stallungen nieder und verkauften die Ziegel und das Holz des Dachstuhls.

Oft denke ich, Hans Schnell erschien zu früh in Wolkendorf. »Der Hansi kommt« war ein Hoffnungsseufzer. Weniger von gottverlassenen als von selbstverlorenen Menschen. »Der Hansi kommt« war der Ausdruck einer unendlichen Sehnsucht nach einem guten Patron. Die Wolkendorfer spürten sehr wohl, dass sie dem Deutschen vertrauen durften. Da war keiner aufgetaucht, um sie für egoistische Zwecke zu benutzen und zu missbrauchen, doch mit der Rolle des demokratisch organisierten Genossenschaftlers waren sie überfordert. Hoffnungslos. Sie waren nicht fähig, den verhängnisvollen Teufelskreis aus Entwurzelung, Verwahrlosung und Abhängigkeit aus eigener Willenskraft zu unterbrechen.

Zweifellos hätte Hans Schnell ein guter »Scheffe« sein können. Aber er suchte Mitarbeiter, die bereit waren, »zu lernen, ihr eigener Herr und Meister zu sein«. Stattdessen fand er »vom Stalinismus zerstörte Existenzen, nicht fähig, ohne Führung etwas aufzubauen«. Die Zigeuner wünschten sich in ihm einen Patriarchen, eine Autorität, die wohlmeinend sein musste, stark und gerecht.

»Sie sahen in mir eine Art Gutsherrn, der die Verantwortung tragen und ihnen Arbeit zuteilen sollte. Sie wollten im Grunde nur, dass man sie nicht betrügt und ihnen einen gerechten Lohn zahlt.«

Heute ist Hans Schnell ein vitaler Rentner, der zumindest ein kleines Stück seines Lebenstraumes verwirklicht hat. Nachdem sein Heimatdorf nach kurzer Blüte wieder verwelkte, arbeitete er als Gewerkschaftssekretär im Osten Deutschlands. Bis zu seiner Pensionierung. Vor ein paar Jahren kehrte er nach Siebenbürgen zurück und lebt seitdem in einem bescheidenen Haus in Schäßburg. Nicht wütend oder gar nachtragend, eher ernüchtert erzählte er mir, er habe zur Renovierung seines Hauses als Zeichen guten Willens lokale Roma-Handwerker beauftragt. Die hätten ihre Arbeit zwar ordentlich gemacht, aber auch seine teure Motorsäge mitgehen lassen.

Seinen Gästen zeigt Hans Schnell gern ein uraltes Türschloss. Einst verriegelte es das Haus seiner Vorfahren in Wolkendorf. »Martin Schnell, 1648« ist in das schwere Eisen eingraviert. Das Schloss funktioniert noch immer, als sei es für die Ewigkeit gebaut. Hans träumt davon, vielleicht doch noch sein Elternhaus zu restaurieren.

Die Gabor-Sippe lebt nicht mehr in Wolkendorf. Erst im Frühjahr 2012 steckte mir Hans Schnell, dass die Zigeuner tatsächlich so unklug waren, das ihnen zugeteilte Land, zweihundert Hektar immerhin, für Schnaps und Zigaretten an einen orthodoxen Schäßburger Popen zu verscherbeln. Trotz vieler Nachfragen konnte mir niemand sagen, wo sie hingezogen waren. Es interessierte auch keinen. Eva, Clara, Buba und all die anderen, ich wüsste gern, wo sie heute leben und wie sie leben. Die renovierte Schule ist noch in Betrieb, ansonsten sieht es in Vulcan nicht besser aus als vor über zwanzig Jahren. Eher schlechter. Der Feldweg nach Apold ist bis heute nicht asphaltiert. Wo einst die Zigeuner wohnten, blieben nur nackte Hausfassaden und von Unkraut überwucherte Steinhaufen. Der treue Gorbi, der von seiner Frau Clara und seiner Familie getrennt lebt, taucht manchmal bei Hansi auf. Dann klingelt er an der Tür und fragt, ob es Dachrinnen zu reparieren gibt. Wenn Hans Schnell verneint, reden die beiden eine Weile, bis Gorbi wieder seines Weges zieht.

Orakel und fauler Zauber

Verteilungskämpfe um Kuchen und Krümel – Hellsehen in Tschensto-
chau: wenn sich das Tor zur Zukunft nicht öffnet – Eine Prophezeiung,
die leider nicht eintrat – Rumänien: die Hexen und die Steuerprüfer –
Über den Unterschied von Wahrsagen und angeblichem Wahrsagen –
Geben und Nehmen: nur gegen Quittung – Mutter Rosas drittes Auge

Als das Gros der Menschen in Osteuropa orientierungslos durch
Raum und Zeit taumelte, verunsichert vom Nutzen der Liberalisierung, schlug die Stunde der Dreisten und Anpassungsschlauen.
Während sich hinter den Kulissen die Seilschaften der Appara-
tschiks demokratisch legitimierte Posten an den Finanzquellen der
Zukunft sicherten, verlagerte sich der sichtbare Teil der Verteilungskämpfe auf die Straße. Hier wurde nicht um die großen Stücke vom
Kuchen gerungen, sondern um die Krümel. Es war die Zeit, als
zwielichtige Gestalten in schäbigen Lederjacken in den Fußgängerzonen von Warschau und Budapest, von Prag und Sofia »change,
change, change« zischelten und halbseidene Zocker einem in der
Herrentoilette des Bukarester Interconti für einhundert Deutsche
Mark eine halbe Plastiktüte voller rumänischer Lei in die Hand
drückten; die Tage, als man lappige Papiernoten bündelweise in die
Taschen steckte und schwindsüchtige Währungen ihre Kaufkraft
schneller verloren, als sich die Kurstabellen in den Wechselstuben
studieren ließen. Natürlich musste man aufpassen, dass einem die
Devisentauscher in düsteren Toreinfahrten für harte Westwährung
keine Packen mit Zeitungspapier andrehten. Wurde man dennoch
einmal von cleveren Gaunern betuppt, fluchte man ein bisschen auf
die eigene Leichtgläubigkeit, trank zum Trost für fünfundzwanzig

Pfennige ein frisches Budweiser und ein zweites hinterher und verbuchte den Verlust als Preis der neuen Freiheit.

Nirgends waren die Kämpfe und Kungeleien um die Umverteilung von Geld und Gütern augenfälliger als an jenen Stätten, an denen die Rechtschaffenen und Gutgläubigen auf die Ausgebufften und Schlauen trafen. In Częstochowa zum Beispiel, der wohl frommsten Stadt Polens, der Heimat der wunderwirkenden Schwarzen Madonna, deren Bildnis alljährlich das Ziel von einigen Millionen arglosen Pilgern ist.

Ich erreichte Tschenstochau im August, wenige Tage vor dem Massenansturm der Wallfahrer zum Fest Mariä Himmelfahrt. Ich war deprimiert. Denn zuvor hatte ich im oberschlesischen Industriegebiet fotografiert und recherchiert. Die Reportage hieß »Das Kreuz mit dem Wodka« und erzählte von katholischen Pfarrern, die mit missionarischem Eifer, aber ziemlich erfolglos gegen den grassierenden Alkoholismus anpredigten. Als Zeichen vorbildlicher Lebensführung tranken sie in der Heiligen Messe keinen Wein mehr, sondern Traubensaft aus Tetrapacks. In den qualmenden, stinkenden und verdreckten Bergbaustädten wie Katowice, Chorzow oder Zabrze waren die sozialistische Utopie und ihre Subjekte in der Gosse gelandet. Im wahrsten Sinn des Wortes. Niemals zuvor sah ich so viele betrunkene Männer, die brabbelnd durch die Straßen torkelten.

Jedenfalls hatte mich die Geschichte mitgenommen. Denn es ist nicht so, dass derjenige, der Menschen ganz unten im Schmutz fotografiert, selber unbefleckt und sauber bleibt. Vielleicht war es daher das undurchschaute Bedürfnis nach Reinigung, das Verlangen nach einem Akt der Läuterung, das mich in das legendäre Tschenstochau trieb, zu einem Besuch der Schwarzen Muttergottes.

Ich quartierte mich im gediegenen Orbis Patria ein. Der horrende Nominalwert von 640 000 Złoty für eine Übernachtung mit Frühstück erwies sich nach der Umrechnung als bezahlbar. Zudem stieg meine Laune beim Abendessen, beim Studieren der Speisekarte, die auf Deutsch solch kulinarische Sonderbarkeiten wie »maionäsige Eier der Russen« empfahl. Nach dem Essen fiel mir die Zeitung *gazetta dla pielgrzymów* in die Hände. Sie enthielt einen »Kleines Ratgeber für Pilger vom Ausland«. Auf Englisch, Russisch, Französisch und Deutsch wurden Wallfahrer dringlichst vor allen möglichen Ganoven gewarnt.

»Der Gehobencharakter des bevorstehenden Mariafestes ist für manche die Gelegenheit zur Sünde. Die Taschendiebe halten ihrer Ernte. Zum Opfer fallen hauptsächlich die Auslandsgäste, das Bargeld, die Bekleidung, Photoapparaten usw. Menschliche Sorgelosigkeit und Unbefangenheit lehfen den Verbrechern.«

Wie die Warnung zu verstehen war, sollte ich tags darauf erfahren, als ich in einem Anflug von guter Laune einer Wahrsagerin erlaubte, einen Blick in meine Zukunft zu werfen.

In aller Frühe machte ich mich auf den Weg zum Jasna Góra, dem Hellen Berg, der Heimstatt der Schwarzen Madonna. Ohne Notizblock und ohne Kamera, offen für das, was kommen mochte. Außer mir hatten sich in der Marienkirche noch ein alter Mann mit Rosenkranz eingefunden sowie ein paar verhärmte Matronen mit Kopftüchern. Eine halbe, vielleicht eine Stunde saßen wir auf den Holzbänken. Es war eine Zeit der Stille, eine Weile des Innehaltens. Dann ging ich zurück.

Von weitem schon erkannte ich drei Zigeunerinnen. Ihren wehenden roten Röcken nach zu urteilen, mochten es Kalderasch-Frauen aus Rumänien gewesen sein. Sie bettelten um Geld. Keineswegs abweisend genervt, sondern vom Besuch der Madonna milde gestimmt schenkte ich einer der Frauen einen Zehn-Mark-Schein. Sie war aufrichtig überrascht. Sie freute sich, dass ihr Tag so gut begann, und erzählte in radebrechendem Deutsch, die Frauen hätten den Sommer über in Bremen und Berlin gearbeitet. Weil sie dort jedoch immer häufiger die Erfahrung gemacht hätten, »Deutschmark gutt, betteln U-Bahn, nix gutt«, seien sie nun auf dem Weg zurück ins rumänische Sibiu. Für meine Großzügigkeit, »du guttes Mann«, offerierte mir die Romni einen Blick in die Zukunft. Ich nahm an.

Wir setzten uns auf eine Bank, und sie zelebrierte ein obskures Ritual. Sie zerknüllte den Zehner mit den Händen, riss mir ein paar Haare aus und stopfte sie zu dem Geldschein in ihre Faust. Dann spuckte sie auf das Ganze und deutete mir, ihr gleichzutun, wobei sie unverständliches Zeug murmelte. Dann stierte sie in die Luft und erklärte im Gestus tiefen Bedauerns, der Blick in die Zukunft sei leider noch verstellt.

»Geld gutt, aber nix genug.«

Ich ahnte den Zweck des Zaubers, doch er machte irgendwie Spaß, und ich zog noch ein paar Tausender Złoty -Scheine aus der Tasche. Wieder Haareausreißen. In die Fäuste spucken. Gemurmel. Leider immer noch nichts zu sehen. Zu wenig Geld. Nun gut, dachte ich, eine letzte Investition. Weniger gut, denn aus den Bündeln von Złoty in der Tasche fischte ich ausgerechnet einen Hunderttausender-Schein heraus. Wieder Haarerupfen, Spucken, Getuschel und der beschwörende Blick gen Himmel, nach dem sich der folgende Dialog entspann.

»Allmählich muss sich das Tor zur Zukunft doch geöffnet haben«, sagte ich.

»Hat auch! Hat auch geöffnet«, lächelte die Frau. »Aber nix ganz. Nur halb.«

»Ich habe kein Geld mehr.«

»Ich nix glaube. Du noch hast viel Geld. In Tasche. Sehr viel Geld. Du reiches Mann. Du guttes Mann.«

»Ganz bestimmt nicht. Du weißt doch selbst, Deutschland ist teuer. Der Staat nimmt alles. Steuern für Zigaretten, Steuern für Benzin, Strafe für Schwarzfahren in der U-Bahn, Strafe für falsches Parken. Überall lauern Betrüger.«

»Du haben recht«, sagte sie. »Aber du versprechen, du nix hast mehr Geld.«

Ich versprach. Und erhielt eine Lehrstunde in gewiefter Schlitz-ohrigkeit. Mein Versprechen reichte nicht.

»Schwör! Schwör bei Leben von deine Mutter. Und schwör bei Madonna, dass du nix hast mehr Geld.«

Ich schwor. Natürlich bin ich frei von Aberglauben, aber in Anbe-tracht möglicherweise frei flottierender und unkontrollierbarer schwarzmagischer Energien kreuzte ich vorsichtshalber den Zeige-und Mittelfinger der rechten Hand hinter meinem Rücken.

»Iss gutt«, sagte sie sichtlich zufrieden und stopfte ein letztes Mal Haare und Geld in ihre Hände. Ich spuckte noch einmal kräftig. Sie ballte die Fäuste. Reckte sie zum Himmel. Öffnete sie wieder. Die Haare waren weg. Das Geld auch. Mit theatralischem Erstaunen blickte sie mich an, wies mit dem Zeigefinger in Richtung Heller Berg.

»Die Madonna hat genommen Geld. Mysteria, verstehst du, himmlische Mysteria.«

Ich hätte losplatzen können vor Lachen, sagte ihr aber mit tod-ernster Miene, dass ich erleichtert sei, das Geld – alles in allem wohl dreißig Deutsche Mark – in so guten Händen zu wissen.

Wir rauchten noch eine Zigarette zusammen, lachten viel und waren völlig einer Meinung darüber, dass das Mysterium der Schwarzen Madonna keinen besseren Ort hätte finden können als Tschenstochau und dass Wallfahrer, die der Weg zu der wunder-wirkenden Gottesmutter führt, wirklich gute Menschen sind. Mal abgesehen von knickrigen Geizhälsen und schlauen polnischen Katholiken, die in den Tagen um das Fest Mariä Himmelfahrt ohne Geldbörse den Hellen Berg hinaufpilgern.

Ach ja, zum Abschied erfuhr ich noch, dass es der Himmel aus-gesprochen gut mit mir meine und ich schon in naher Zukunft mit irdischen Reichtümern sehr, sehr üppig gesegnet sein würde. Wobei ich heute rückblickend anmerken muss, dass meine und die zigane Vorstellung von »naher Zukunft« in diesem Fall doch ziemlich divergieren.

Nun mag es verdächtig scheinen, dass ich ähnliche Prophezeiungen auch von anderen rumänischen Zigeunerinnen erhielt, von denen ich mich am liebsten an die alte Tereza Calderaru aus Voila am Fuß der Fogeraschen Berge erinnere. Ich mochte die Siedlung und die dort lebenden Kalderasch, und die Leute mochten mich. Weil ich so ein schönes rotes Auto hatte, wie alle unentwegt bekundeten. Es war ein französisches Fabrikat. Die Männer und Kinder waren schwer beeindruckt, weil sich das Fahrwerk hydraulisch heben und senken ließ, ein nicht zu unterschätzender Vorteil bei Straßen, bei denen man nicht weiß, wo die Pfütze beginnt und das Schlagloch endet. Die Frauen waren noch begeisterter, weil der knallrote Lack des Wagens im Sonnenlicht so wunderbar mit der Farbe ihrer Röcke und den goldenen Maria-Theresia-Talern harmonierte, die sie in ihre schwarzen Zöpfe eingeflochten hatten. Natürlich wollte ich das Auto weder verkaufen noch gegen ein Pferd mit Kutsche eintauschen, aber Terezas Bruder Niculae Calderaru, das Sippen-oberhaupt, der sogenannte Bulibascha, bestand darauf, dass ich alle Familien der hundertzwanzigköpfigen Gemeinschaft vor dem Auto mit dem Fotoapparat porträtierte. Dabei ging eine ganze Filmrolle drauf. Was freilich nötig war, weil Niculae meinte: »Zeig die Bilder deinen Leuten in Deutschland und sag ihnen, dass die Kalderasch aus Voila ehrliche Zigeuner sind.« Ich versprach dies zu tun.

Irgendwann bot mir Tereza Calderaru ihre Wahrsagedienste an, wobei ihr Blick in mein Schicksal fraglos jeden Lei ihres bescheidenen Tarifs wert war. Die Fünfundsiebzigjährige setzte sich auf eine grüne Wiese am Ufer des Flusses Olt, drehte sich von meinem halbschwarzen holländischen Tabak eine daumendicke Zigarette und lud mich ein, ihr gegenüber Platz zu nehmen. Sofort scharte

sich das halbe Lager um uns. Neugierige Rotznasen, Halbwüchsige
mit Glimmstängeln im Mundwinkel, Mütter mit Säuglingen an der
Brust und Männer, die an allzu vorlaute Kinder Kopfnüsse verteil-
ten. Tereza griff in ihre Rocktasche und kramte ein zerfleddertes
Kartenspiel hervor.

»Zieh eine Karte«, sagte sie.

Ich zog und betrachtete das abgewetzte Blatt, dessen Farbe sich
kaum mehr identifizieren ließ. Tereza warf einen knappen Blick auf
die Schicksalskarte und schloss die Augen. Sofort verstummte der
Pulk der Schaulustigen, und es trat eine fast weihevolle Stille ein.
Als die Alte die Augenlider wieder aufschlug, strahlte sie mich an.

»In vier Wochen, wenn du in Deutschland zurück bist, wirst du
einen Mann treffen. Er ist reich. Oh, oh, oh, er ist sehr reich. Ein
Millionär. Aber er ist all des Reichtums müde. All sein Geld wird
er verschenken. Und zwar dir. Dir ganz allein.«

In vier Wochen schon?

»So ist es!«

Die Umstehenden lachten, gratulierten, schüttelten mir die
Hände. Möglicherweise waren die Zigeuner aus Voila begnadete
Schauspieler. Ich hatte indes den Eindruck, ihre Freude war echt.
Sie hatten tatsächlich Anteil an meinem künftigen Glück. Tereza
nickte bedeutsam, hielt die Hand auf und verlangte hundert rumänische Lei, was dem heutigen Wert von zweiunddreißig Cent entsprach. Was sollte ich sagen? Das war die beste Prophezeiung, die
mir je gemacht wurde. Gestehen muss ich allerdings auch, dass vier
Wochen ganz schön lang werden können.

Deshalb bin ich im Lauf der Jahre bei meinen finanziellen Inves-
titionen in wahrsagende Zigeunerinnen zurückhaltender geworden.
Übersetzt in die Sprache der Banker und Börsenmakler ließe sich
sagen: Aus dem risikofreudigen Spekulanten wurde ein konserva-
tiver Anlegertyp. Eigentlich ist die Sache simpel. Der Preis für den
Blick in die Zukunft ist ökonomisch betrachtet nichts anderes als

eine Prämie für eine optimistische Kursprognose. Die Zigeunerinnen schaffen mit ihren netten Prophezeiungen im Grunde nur ein positives Investitionsklima. Deshalb ist es auch grundverkehrt, ja geradezu kontraproduktiv, wenn akademische Zigeunerforscher das Bild der Kartenlegerin oder Handleserin als Klischee oder gar als antiziganes Stereotyp diskreditieren. Diese Leute begreifen nicht, dass die Roma-Frauen in ihren weiten Röcken nur eine preiswerte Variante des Finanzberaters im Nadelstreifen und der Fondmanagerin im Businesskostüm sind. Ihre Voraussagen für künftige Gewinne sind allesamt schön, nur eben viel zu schön, um wahr zu sein.

Doch die Zeiten haben sich geändert. Hätte Tereza Calderaru nach dem 31. Dezember 2010 für mich die Karten gedeutet, so wäre ihre Tätigkeit kein sozialer Akt zur Bekundung gegenseitiger Gewogenheit, sondern eine steuerrechtlich relevante Dienstleistung gewesen. Tereza hätte mir eine Quittung ausstellen und sechzehn Prozent ihres Honorars an den rumänischen Fiskus abtreten müssen. Ich wiederum könnte ein Gericht bemühen, um die Zigeunerin wegen Vertragsbruchs in Regress zu nehmen, aufgrund des Nichteintretens einer finanziell jedoch abgegoltenen Zukunftsprognose. Politiker lassen sich solche Gesetze einfallen. Warum sie das tun, verlangt zumindest den Versuch einer Erklärung.

Noch immer ist in Rumänien etwas von dem geistigen und geistlichen Vakuum zu spüren, das der Wahn der sozialistischen Securitate-Despotie in den Köpfen und Herzen hinterlassen hat. Diese Leerstelle verschwand auch nicht mit dem Beitritt zur Europäischen Union 2007. Sie macht Rumänien zu einem Land mit vielen suchenden, aber auch verunsicherten Menschen, und damit zu einem Paradies für die Ghicitoare und Vrajitoare, für Wahrsagerinnen und Magierinnen, im Volksmund kurz »Hexen« genannt. Und weil in dem vom Aberglauben geplagten Karpatenland eine enorme Nachfrage nach okkultem Beistand herrscht und weil sich niemand auf dieses Geschäft besser versteht als die Zigeunerinnen, gibt es in Rumänien viele Hexen. Viertausend sollen es sein. Manche Medien sprechen sogar von 20 000. Seitenweise bieten sie in den Zeitungen ihre Dienste an, bei Gesundheitsproblemen, Geldnöten, Arbeitslosigkeit und selbstverständlich bei verkorksten Liebesdingen jedweder Art. Einige Zigeunerinnen wie die Zauberinnen Omida, Loredana, Sidonia, Rodica oder Maria Campina sind sehr berühmt, manche residieren in prachtvollen Marmorpalästen. Junge Frauen wie Gabriela Ciucur haben dafür gestritten, dass die hellsehende Zunft als ehrbarer Berufsstand anerkannt wird, nicht voraussehend allerdings, dass solch eine Anerkennung nicht nur Rechte, sondern auch Pflichten mit sich bringt. Zum Beispiel die Pflicht, Steuern zu zahlen. Denn wenn die Wahrsagerinnen in die Glaskugel blickten, schaute der rumänische Fiskus bislang in die Röhre. Künftig jedoch müssen Astrologen, Hellseher und Magierinnen, steuerrechtlich gleichgestellt mit Parkplatzwächtern und Leichen-Einbalsamierern, dazu beitragen, die Finanzlöcher des defizitären Staatshaushalts zu füllen.

Es bedurfte nicht der Gabe des Hellsehens, dass die orakelnden Frauen wenig geneigt waren, sich dem obrigkeitlichen Reglement zu unterwerfen. Die selbsternannte »Königin der weißen Magie«, Maria Campina, meinte, die Hexen hätten ihr Soll an staatsbürgerlichen Pflichten schon deshalb übererfüllt, weil sie an christlichen Feiertagen geheime Rituale praktizierten, um drohende Naturkatastrophen vom Land fernzuhalten. Einige Branchenkolleginnen kündigten öffentlich an, mit den ureigenen Methoden der schwarzen Magie gegen missliebige Politiker zurückzuschlagen. Etwa gegen den Parlamentarier Alin Popoviciu von der Demokratisch-Liberalen Partei. Hatte er doch erklärt: »Wenn eine Hellseherin verspricht, der untreue Gatte kehre binnen drei Monaten reuevoll zurück, der Herr jedoch ausbleibt, dann hat die Wahrsagerin ein Problem.« Um derlei Probleme gewissermaßen vorbeugend an den

Absender zu retournieren, praktizierten ein paar todernst dreinblickende Zigeunerinnen vor laufenden Fernsehkameras ein bisschen Voodoo-Hokuspokus. Am Neujahrstag 2011 drohte die Hexe Bratara Buzea über den Fernsehsender Realitatea der Regierung mit Bannfluch, wobei sie durchblicken ließ, womöglich ein hochwirksames Gebräu aus Pfeffer, Erde, auf der zuvor Hunde gekämpft hatten, und irgendwelchen Teilen von Tierkadavern zum Einsatz zu bringen. Mit der Macht schwarzen Zaubers, so ließ Bratara wissen, werde sie Zwietracht säen in der Regierung, was Kathrin Lauer im Wiener Standard zu dem klugen wie beruhigenden Kommentar veranlasste, dann bleibe ja in Rumänien alles beim Alten.

Wie viel Glück die Hexen bislang in die Welt brachten und wie viel Unglück sie qua magischer Potenz verhinderten, vermag ich nicht zu beurteilen. Fest steht indes, dass die hellsichtigen Damen des Öfteren allerlei groben Unfug anrichten. Im harmlosesten Fall produzieren sie Enttäuschungen, wenn sie heiratswilligen Paaren pralles Liebesglück, prächtige Kinder, ein flottes Auto und ein schmuckes Heim aus den Linien der Hand lesen, verbunden mit der Warnung an die künftige Gattin, stets ein waches Auge auf neidische Nebenbuhlerinnen zu werfen. Im schlimmsten Fall verliert die Klientel Geld, Haus und Hof, womöglich auch den Verstand, was dem Faktum geschuldet sein dürfte, dass sich die Torheit der Kunden und die Schlauheit der Zukunftsdeuterinnen wunderbar ergänzen.

Ungezählte Male seit ihrer Ankunft in Europa wurde die Wahrsagerei als Einkommensquelle der Zigeuner von Chronisten bezeugt. Bereits unter den ersten Roma, die 1427 die Tore von Paris erreichten, lasen Frauen den Franzosen aus deren Handlinien die Zukunft voraus. Zunächst waren die Pariser den Fremden noch mit Neugierde und Wohlwollen begegnet. Womöglich deshalb, weil die Zigeuner ihnen die phantastische Mär auftischten, sie seien aus ihrem Königreich in Klein-Ägypten aufgebrochen und auf einer vom Papst verordneten siebenjährigen Buß- und Pilgerreise zu den heiligen Schreinen der Christenheit unterwegs. Nur währte die Gunst der Gastfreundschaft nicht lange. Roger Moreau schreibt in *Kinder des Windes*, seiner Biographie des Volkes der Sinti und Roma: »Der Erzbischof von Paris exkommunizierte die ganze Bande von Zauberern und Wahrsagern und ließ sie aus der Stadt treiben… Paris hatte sie satt. Seine Bürger konnten sich nicht an die Taschendiebstähle gewöhnen, und die Kleinbauern beschwerten sich, innerhalb eines Radius von fünf Kilometern sei kein Huhn vor ihnen sicher.«

Von derlei Erfahrungen mit dem »schwartz, wüst und onfletig volck« der »züginer« berichtet auch der Humanist Sebastian Münster in seiner Cosmographia von 1550. »Ihre alten Weiber ernähren sich mit Wahrsagen, und dieweil sie den Fragenden Antwort geben, wieviele Kinder, Männer und Weiber sie haben werden, greifen sie mit wunderbarlicher Behändigkeit ihnen zum Seckel oder zu der Taschen und leeren sie …« Über vierhundert Jahre nach dem Universalgelehrten schreibt der kanadische Rom Ronald Lee in seinem autobiografisch gefärbten Roman *Verdammter Zigeuner*: »Wahrsagen war in der Provinz Quebec verboten, doch die Polizei in den Slums ignorierte entweder die Wahrsagerinnen oder bestrafte sie regelmäßig mit einer Geldbuße wegen Prostitution. Ein paar Zigeunerinnen verbanden die Wahrsagerei mit Taschendiebstahl.«

Wenn an dieser Stelle der Eindruck entsteht, Zigeuner seien quasi seit alters auf das Nehmen und nicht auf das Geben aus, so muss dem widersprochen werden. Aus eigener Erfahrung, gewiss. Aber auch im Namen der Wissenschaft. Folgt man Politologen wie Markus End, dann betteln, stehlen und wahrsagen Roma nämlich gar nicht. Sie betteln, stehlen und wahrsagen nur »angeblich«. So gesehen hat Sebastian Münster in seiner Beschreibung der Zigeuner lediglich stereotype Bilder gezeichnet und Vorurteile geschürt, die laut Markus End »bis in die Gegenwart Bestand haben: Wahrsagen, Diebstahl, Betteln, Heimatlosigkeit, Religionslosigkeit«. Für den Historiker Ulrich F. Opfermann sind die Vorstellungen, die Zigeuner seien zwanghafte Nomaden, Diebe oder Rosstäuscher, denen »betrügerisches Wahrsagen als wesentliche Erwerbsquelle« diene, lediglich »Konstrukte«. Genauer gesagt, antiziganistische Konstrukte. Und deren gemeinsamer Inhalt ist keineswegs ein Erfahrungskern, vielmehr laut Opfermann: »der Verdacht«.

Solche Thesen verblüffen mich. Sollten die Akademiker recht haben, dann waren all die Kartenlegerinnen, Handleserinnen und Zauberhexen, denen ich auf meinen Reisen begegnete und die ich auch fotografierte, nur Phantasmagorien. Dann waren die kleinen Kungler, die Bettler und die prahlenden Wichtigtuer – »Ich besorg dir alles, Mann, TV, Video, DVD« – nur Produkte meiner Einbildungskraft. Die ausgebufften Geldwechsler in Sofia. Die dreiste Gitana aus Saintes-Maries-de-la-Mer, die für ein Madonnenmedaillon kassierte, es wieder einsteckte und verschwand. Die Männer, die an einer Raststätte an Ungarns M6 eine bleischwere falsche Goldkette gegen echte Euro tauschen wollten, angeblich um ihren leeren Benzintank zu füllen. Womöglich wurde auch die beleibte Romni im slowakischen Spisske Podhradie, die mich mit ihrer Hartnäckigkeit erdrückte, ein Opfer meiner Verdächtigung. Hielt ich den goldenen Ring, den sie mir aufschwatzte, doch für poliertes Messing. War ich demnach keiner Bauernfängerin begegnet, sondern einem antiziganen Vorurteil aufgesessen? Ulrich F. Opfermann spricht im Zusammenhang mit solchen Klischees von »delinquenz-, devianz- und dissidenzgerichteter Stereotypbildung«. Das klingt beeindruckend, könnte aber noch imposanter klingen, würde man auch noch den Urheber aller Verdächtigungen nennen: die demagogisch denunziatorische Dominanzgesellschaft.

Gottlob wird das Gleichgewicht von Geben und Nehmen, von Leistung und Gegenleistung wieder gewahrt. Zumindest in Rumänien, wo die angebliche Wahrsagerei durchaus reale Steuereinnahmen verspricht. Wo allerdings das Orakeln als Dienstleistung gilt und die Magierinnen ihren Klienten nach erfolgter Spökenkiekerei einen Quittungsblock vorlegen, da verfliegt mit dem Zauber, auch wenn er faul sein mag, jeglicher sozialkommunikative Unterhaltungswert. Wenn demnächst in rumänischen Gerichten sonderbare Utensilien wie Hundehaufen, Katzenpisse und pulverisiertes Schamhaar zur Beweisaufnahme beschnüffelt werden, dann sehnen wir uns womöglich in jene Zeiten zurück, als der Blick in die Zukunft noch einer Kultur des Homo ludens entsprang. Einer spielerischen Kultur, in der der Listige den Dummen übers Ohr hauen konnte, ohne ihn in seiner Existenz zu treffen. Doch vorbei sind die Tage, als der Mensch so frei war, dass Klugheit belohnt und Blödheit bestraft wurde. Heute schaltet der Düpierte seinen Rechtsanwalt ein.

Mahnend sei dennoch gesagt, dass es nicht klug ist, Frauen für Schicksalsprognosen Geld zu geben. Wobei es egal ist, ob sie tatsächlich oder nur angeblich wahrsagen. Salopp formuliert: Ob die Knete weg ist oder nur angeblich weg ist, macht für den, der sie sich aus der Tasche ziehen lässt, keinen Unterschied. Um der Ausgewogenheit der Berichterstattung willen und zur Ehrenrettung wahrhaft hellsichtiger Zigeunerinnen soll jedoch die Geschichte einer wunderbaren Begegnung nicht unerzählt bleiben. Die Geschichte von Mutter Rosa und ihrem dritten Auge.

Als ich an einem Samstag im Dezember 1995 morgens um acht mit meiner Begleiterin, der jungen Fernsehjournalistin Viktória Mohácsi, in Budapest ins Auto stieg und der Donau folgend Richtung Süden aufbrach, wurde drei Autostunden entfernt die alte Rosa Sztojka für verrückt erklärt. So jedenfalls wurde uns später glaubhaft versichert.

Wie immer war Rosa früh aufgestanden. Sie hatte sich eine wollene Decke um ihre Schultern gelegt und sich neben den warmen

Ofen gehockt, um die Kälte des einbrechenden Winters aus ihren Knochen zu vertreiben. Sie nippte heißen Kaffee, blickte plötzlich auf, schaute ihre Schwiegertöchter an und befahl: »Geht in den Stall. Köpft ein Huhn und werft es in den Kochtopf. Heute kommen seltene Gäste.«

»Red kein wirres Zeug«, erwiderten ihre Söhne mürrisch. Warum eines der letzten Federviecher schlachten? Warum ein Festmahl bereiten? An einem gewöhnlichen Tag, an dem es nichts zu feiern gab? Zudem ließ nichts auf ungewöhnlichen Besuch schließen. Kein Brief, keine Nachricht der Nachbarn, geschweige denn ein Anruf. Wie auch? In der Siedlung der Olah-Zigeuner am Stadtrand von Kalocsa, wo die asphaltierten Straßen endeten, wo sich ein Dutzend Familien eine Handpumpe für frisches Wasser teilte und die Menschen für ihre Notdurft hinter windschiefen Bretterverschlägen verschwanden, besaß niemand ein Telefon. Doch als just zur Mittagszeit inmitten einer teichgroßen Schlammpfütze ein Volkswagen mit deutschem Kennzeichen hielt, verflogen im Haus Nr. 4 die Zweifel an Rosa Sztojkas Verstandeskraft. Tochter Istvánné sprang uns entgegen, stolpernd in viel zu großen Gummistiefeln.

»Sie hat es gespürt. Sie hat in die Zukunft gesehen. Sie wusste, dass ihr kommt!«

Sohn Gabors Missmut schwand. Er grinste über beide Ohren, tippte mit dem Zeigefinger gegen seine Stirn und murmelte etwas von »Mutters drittem Auge«. Sodann intonierte er im Brustton felsenfester Überzeugung: »Niemand soll je daran zweifeln!« Die Schwiegertöchter nickten. Und erzählten. Hatte Mutter Rosa nicht dereinst der Ungarin Erzsi prophezeit, ihr einziges Kind werde früh unter der Haube sein? Gelacht hatte die Stolze und die Tugenden ihrer sittsamen Tochter gepriesen. Bis Erzsi ihr Kind mit einem Nachbarsbengel verehelichen musste, der dem fünfzehnjährigen Töchterchen hinterm Heuschober einen dicken Bauch gemacht hatte. Und der schneidige Cigán Gobi, der stets so forsch und gut gelaunt daherkam? Hatte Rosa nicht vor allzu gockelhaftem Gehabe gewarnt, sah sie nicht den düsteren Schatten über seinem Glück? Sagte sie nicht, es komme der Tag, da werde er Hand an sich legen? Und knüpfte man ihn nicht zwei Tage später im Wald von Kalocsa vom Ast? Rosa Sztojka legte die Hand aufs Herz: »Genau so war es.« Die Schwiegertöchter nickten erneut. »So und nicht anders.«

Rosa war zweiundsechzig. Sie hockte auf einem Sofa umringt von ihren Enkeln. Hinter ihr blickte von einem grellbunten Wandteppich sanftmütig der bärtige Herrgott herab. »Setzt euch und nehmt einen Kaffee«, forderte sie uns auf. Tochter Istvánné goss gezuckerten Prüttkaffee in Wassergläser und warf noch ein paar Holzscheite in den Kanonenofen. Die Herdplatte glühte. In einem verbeulten Kochpott brodelte heißer Sud, aus dem zwei nackte Hühnerbeine ragten.

»Den sechsten Sinn«, sagte Rosa, »den kann sich niemand verdienen. Er ist eine Gabe Gottes. Er allein gibt und nimmt.«

Und wozu dann die vielen Engel und Heiligenfiguren auf dem Fensterbrett? Und die Gipsmadonna neben dem Ofenrohr? Mutter Rosa lächelte milde über die törichten Fragen.

»Ich bin nur eine alte Zigeunerin, aber glaub mir, Gott sieht zwar alles, aber er tut nicht viel. Ein Mann eben. Deshalb musst Du zur Madonna beten. Sie allein hilft.«

Ganz jung sah Rosa aus, als sie so sprach. Ihre klaren Augen glänzten. Die mädchenhaften Züge in ihrem Gesicht offenbarten ein kindliches Vertrauen, eine Zuversicht, die stärker war als die ernüchternden Tatsachen der Wirklichkeit.

Denn Rosa Sztojka war todkrank. Nach Aufforderung ihrer Schwiegertöchter knöpfte sie schweigend und mit geschlossenen Augen ihre Bluse auf und entblößte ihre Brust. Dicke, unförmige Narben verrieten, wie lieblos Mediziner ihrem Krebs mit dem Messer zu Leibe gerückt waren. Ihre spindeldürren Beine vermochten sie kaum mehr zu tragen. Sie aß nur wenig, seit man ihr im Hospital auch noch den Magen weggeschnitten hatte. Manchmal, wenn die Schmerzen unerträglich wurden, griff Rosa Sztojka zu ihrem Wunderwasser. Das steckte in einer Plastikflaschenmadonna mit einem blauen Krönchen als Schraubverschluss. Die Flasche hatte ihr ein Freund von der jährlichen Wallfahrt der Zigeuner aus dem französischen Pyrenäenstädtchen Lourdes mitgebracht. Und wenn Rosa daraus ein Schlückchen Hoffnung nippte, dann schien es, als spiegele ihr gequälter Leib nicht nur ihre eigene, sondern auch die leidvolle Geschichte ihres Volkes wider.

Istvánné hatte frisches Brot besorgt. Das aßen wir zu einer kräftigen Hühnersuppe. Rosa stippte nur ein wenig Weißbrot in den Sud. Ein paar Wochen noch, vielleicht noch ein paar Monate, allein der Herr im Himmel wisse, so Rosa, wie viele gemeinsame Tage er ihr mit ihrer großen Familie noch schenken werde.

»Vergiss mich alte Zigeunerin nicht«, lachte sie beim Abschied, nicht ohne mir mit ihrem sechsten Sinn noch einen Einblick in mein Schicksal zu gewähren. Unter den Augen des Guten Hirten vom Wandteppich griff sie unter ein Sofakissen und fingerte ihr abgenutztes, in zig Plastiktüten eingewickeltes Kartenspiel hervor.

Ich zog drei Karten.

»Achte gut auf dich«, sprach sie, als sie die Zeichen deutete. »Hüte dich vor der Rache der Braungelockten mit den dunklen Augen, die dich mit ihrer Eifersucht verfolgt. Und pass auf, dass du dir niemals die Finger an schmutzigem Geld verbrennst. Zeuge für deine Familie lieber noch ein paar Kinder.« Dann verschwand Rosa in ihrer Schlafkammer. Nach einer Weile kam sie mit ihrem Rosenkranz zurück. Den schenkte sie mir. »Vielleicht wird er dich beschützen. Ich bin alt. Ich glaube, ich brauche ihn nicht mehr.«

Manchmal schaue ich die alten Schwarzweiß-Fotografien von Rosa Sztojka an. Dann geschieht etwas Eigenartiges. Es kommt mir so vor, als scheine mit der Erinnerung an ihr offenes und herzliches Wesen eine Ahnung davon auf, was das Evangelium des Matthäus meint, wenn Jesus von Nazareth die befremdliche Mahnung ausspricht: »Wenn ihr nicht umkehrt und werdet wie die Kinder, werdet ihr nicht in das Reich der Himmel eingehen.« Das Wort birgt freilich keine Legitimation für eine fortschreitende Infantilisierung erwachsener Menschen. Der große Theologe Karl Rahner verstand, was der Stifter des Christentums meinte, als er sagte, das Himmelreich gehöre den Kindern. Obwohl der Jesuit Rahner weniger von den Zigeunern als von Thomas von Aquin inspiriert wurde, wusste er: Kinder sind »die sorglos Empfangenden Gott gegenüber, diejenigen, die wissen, dass sie in sich nichts haben, worauf sie einen Anspruch gründen könnten, und dennoch vertrauen auf die schenkende Güte und Geborgenheit, die ihnen entgegenkommen«.

Ich glaube, so ein Menschenkind war Rosa Sztojka.

Zurückschauend kann ich mich nicht entsinnen, dass mir eine Braungelockte mit dunklen Augen irgendwann das Leben allzu schwer gemacht hätte. Was selbstverständlich nicht gegen, sondern für den Blick Mutter Rosas spricht. Hätte sie mich nicht gewarnt, so ist zu fürchten, hätte mich ein Weib mit seiner ungezügelten Leidenschaft und Eifersüchtelei gewiss in ein heilloses Desaster gestürzt.

Wenige Monate nach unserer Begegnung hatte Rosa Sztojka den Kampf gegen den Krebs verloren. Das erzählte mir Viktória Mohácsi viele Jahre später. Wir saßen im Auto auf dem Weg von Budapest nach Tatarszentgyörgy, unterwegs zu Recherchen zu einer traurigen und bösartigen Geschichte. Von dieser Reise, die hineinführt in das kranke Herz des Hasses, wird noch zu erzählen sein.

Aus der Zeit gefallen

Bulgarien: Mit einem Bein im Mittelalter – Pilzsammler ohne Pilze,
Kupferschmiede ohne Kupfer und Bärenführer ohne Zukunft – Mit der
Caritas unterwegs im rumänischen Blaj – Vom Winde verweht – Ganz
unten: die Roma im Müll von Oradea – Keine Papiere, keine Existenz –
Wovon lebt der Mensch? – Kinder, die sich selbst beschützen – Die
Geschichte von den neuen Schuhen, die einen unglücklichen Jungen noch
unglücklicher machten

Ende der neunziger Jahre unternahm ich einige Reisen zu den Zigeunern in Bulgarien, um traditionelle Handwerke kennenzulernen, die
womöglich schon bald verschwunden und Geschichte sein würden.
Häufig gehen die Namen der Stämme innerhalb der Roma-Ethnie
auf die Tätigkeiten der Männer zurück, ein Erbe des indischen Kas-
tensystems, das die beruflichen Stände und die verwandtschaftli-
chen Beziehungen strengen Regeln unterwarf. Die starken Bande
des Stammes halten bis heute, auch wenn die ursprünglichen Berufe
seit Generationen nicht mehr ausgeübt werden. So verdanken die
Lovara, die Pferdehändler, ihren Namen dem ungarischen Wort
»ló« (Pferd). Der rumänische Begriff »căldare« (Kessel) stand Pate
für die Kalderasch, die Kupferschmiede und Kesselflicker. Und die
Nachfahren jener Wanderzigeuner, die früher mit dressierten Bären
über Land zogen, nennen sich Ursari, abgeleitet vom rumänischen
»urs« (Bär).

Ich hatte das Glück, mit den beiden Ethnologen Elena Maruschiakova und Vesselin Popov unterwegs zu sein, die mich durch
ihr erstaunliches Erfahrungswissen und ihre Fülle von Kontakten
verblüfften. Jeder regionale und lokale Roma-Führer war ihnen per-

sönlich bekannt. Sie wussten, welcher Stamm auf welche Arbeiten spezialisiert war, hatten eine Idee, wann wir wo wen treffen konnten, und wenn sie einmal keine Ahnung hatten, in welcher Region Bulgariens sich gerade welche Sippe aufhielt, dann wählten sie aus ihrem Telefonbuch die Nummer von jemandem, der weiterhalf. Wir besuchten Eisenschmiede, Spengler und Verzinner, Waldarbeiter und Holzköhler, Pilzsammler und Korbflechter. Wir trafen Schilfschneider, die Fußmatten fabrizierten, und Lingurari-Familien, die Holzlöffel und Stöpsel für Weinfässer schnitzten. Wir suchten Zigeuner vom Stamm der Rudari auf, Nachfahren einstiger Leibeigener, die noch im 19. Jahrhundert als Minenarbeiter und Goldschürfer versklavt waren und heute davon lebten, Lehm zu Ziegeln zu formen, die nicht gebrannt wurden, sondern an der Luft trockneten. Nicht zu vergessen die Begegnungen mit den Lautari, Musikern, die mit Surna, Trommel und Zimbel zu Dorffesten und Hochzeiten aufspielten.

Die Besuche bei den bulgarischen Roma glichen Zeitreisen in die Vergangenheit. An der Schwelle zum 21. Jahrhundert begegneten wir Menschen, die noch nicht einmal im 20. Jahrhundert angekommen schienen und deren rückständige Armut uns ebenso bestürzte wie ihr aufrichtiges Gemüt uns bewegte. Wehmut überkam mich, als die Ahnung zur Gewissheit wurde, dass die meisten Zigeuner mit ihren tradierten Berufen im dritten Jahrtausend keinen Platz mehr finden würden. Die Roma, Überlebenskünstler seit ihrer Ankunft in Europa, mussten erfahren, dass nicht nur die Macht der Märkte gegen sie war, sondern auch die Natur und die zivilisatorischen Zeichen der Zeit.

Die standen ungünstig für Stephan Dimov, seine Frau Ivanka und ihre drei Kinder. Die Familie gehörte nicht nur dem Namen nach zu den Ursari, die Dimovs zählten tatsächlich zu den letzten Familien, die in den Touristenzentren der Balkanstaaten ihren Lebensunterhalt noch mit Tanzbären verdienten. In der Nähe des Badeortes Sosopol am Schwarzen Meer ließ Stephan Dimov seine Bärin Violetta zum Gefiedel der Gadulka tanzen. Doch das Geschäft lief schlecht. »Nur die Deutschen zahlen halbwegs anständig.« Dimov meinte vor allem die Urlauber aus dem Osten Deutschlands, die schon in kommunistischer Zeit ihre Ferien an der Schwarzmeerküste verbracht hatten. Nun reisten viele Touristen aus Westeuropa an. Sie waren missmutiger, applaudierten nicht mehr und warfen bestenfalls ein paar Münzen in den Sammelhut. Am schlimmsten, so Dimov, seien die Asiaten. Sie ließen ihre Videokameras surren, ohne einen Lewa zu bezahlen, während die Amerikaner sich beim Anblick der tanzenden Bärin immer empörten. Natürlich war bekannt, dass die Bärenführer zur Dressur der Tiere grausame Methoden benutzten. Junge Bären wurden auf heiße Eisenplatten gestellt, wobei Musik erklang. Vom Schmerz gepeinigt richteten sich die Tiere auf und tänzelten von einem Bein auf das andere. Später musste nur ein Takt der vertrauten Musik ertönen und die verschreckten Bären drehten sich mechanisch im Kreis. So wie die achtjährige Violetta. Der Bärin fehlten die Zähne, die Klauen hatte man ihr abgeschnitten. »Sonst ist sie für die Menschen zu gefährlich«, sagte Dimov. Er sagte das lächelnd und in aller Unschuld.

Die Dimovs entsprachen keineswegs dem Bild von herzlosen Tierquälern und Bärenschindern. Als Wanderzigeuner lagerte die fünfköpfige Familie in einem Waldstück unter einer löchrigen Zeltplane unter armseligsten Verhältnissen. Nicht besser als ihre Bärin. Stephan Dimov glaubte im Ernst, er würde dem Tier eine Freude machen, wenn er sie kleine Döschen mit Marmelade ausschlecken ließ, die seine Kinder in den Touristenrestaurants abgestaubt hatten. »Violetta gehört zur Familie. Seit Generationen leben wir von Tanzbären. Tierschützer wollen uns das verbieten. Die fragen immer nur nach dem Bären. Wie es uns geht, das haben sie noch nie gefragt.«

Dass die Veränderungen von Wetter und Klima auch Einfluss auf ihre Lebensgewohnheiten nehmen könnten, darüber hatten sich

Xoraxane-Roma aus den Bergen um Peshtara nie Gedanken gemacht. Nun erfuhren sie die Wahrheit eines Spruches, der im südbulgarischen Rodopengebirge zusehends an Bedeutung gewann, am eigenen Leib. Ohne Schnee kein Brot. In den vergangenen Jahren hatte es in den Wintern kaum geschneit, die Frühlingsmonate brachten zu wenig Regen, und die Sommer waren zu heiß. Die ausgetrockneten Böden und leeren Stauseen machten nicht nur den Viehhirten und Tabakbauern arg zu schaffen, sondern auch den türkischsprachigen Xoraxane-Familien, die im Herbst in die Wälder zogen, wo sie als Halbnomaden wochenlang in Zelten lebten und Pilze suchten. Umgerechnet fünf Deutsche Mark bezahlten ihnen die Exporteure damals für ein Kilogramm Steinpilze, was ihnen in einer guten Saison erlaubte, Rücklagen für die kalten Wintermonate und die Zeit der Arbeitslosigkeit zu bilden. Nur hatten sie bislang noch keinen einzigen Pilz gefunden. Und es sah nicht danach aus, als würde sich die Lage bessern. Die Lebensmittelvorräte waren aufgebraucht, und die Leute litten Hunger. Die Mütter freuten sich riesig, als wir mit unserem Auto nach Batak fuhren, um für die Kinder eine Kiste mit Nudeln, Tomaten und frischem Gemüse zu besorgen.

Der Stolz der Männer war ein kleines Transistorradio, mit dem sie Musik hören und einen Draht zur Welt herstellen konnten. Nur war das Gerät nicht mehr zu benutzen, weil die Batterien leer waren. Als ich ihnen einige aus meiner Kameraausrüstung überließ, wollten sie mich aus Dankbarkeit zu ihrem Bulibaschen ernennen. Ganz im Ernst. Mit Elena und Vesselin als dolmetschendem Dienstpersonal. Jedenfalls hatten wir viel Spaß miteinander, und ich knipste zum Abschied einige lustige Fotos, die sich hervorragend als Anschauungsmaterial dafür eignen, dass den offensichtlichen Aussagen von Bildern nicht zu trauen ist. Auf den Fotos torkeln die Männer durch die Gegend wie berauscht, in bester Laune, volle Schnapsflaschen an den Lippen. Nur waren die Xoraxane keineswegs beduselt. In ihrem Übermut hatten sie perfekt Betrunkene gemimt. In den Flaschen war reines Wasser. Wir verließen die Berge mit der Erinnerung an anrührend herzliche Menschen und mit der Befürchtung, dass die Pilzsucher aus Peshtara bis zum Winter wahrscheinlich kein Geld mehr verdienen würden.

Auch die Roma in Yagodovo, einer Ortschaft südöstlich von Plovdiv, waren in ihrer ökonomischen Existenz bedroht, durch Gesetzmäßigkeiten, die sie nicht gemacht hatten und denen sie sich ohnmächtig ausgeliefert sahen. Viele Familien verstanden sich auf Metallarbeiten. Petar Stojanov und Stojan Mihailor verzinkten Dachrinnen und Regenrohre und stellten Destillierkessel und Kupfertöpfe her. »Alles solide Handarbeit«, wie sie betonten. Nun wurden die Läden und Wochenmärkte von billiger Fabrikware überschwemmt. Erstanden die Hausfrauen ihre Kochtöpfe früher bei den Zigeunern, so kauften sie nun die Töpfe Made in China. Zwar hielt der ganze Krempel aus Fernost nur von Zwölf bis Mittag, doch machte er den Roma enorme Konkurrenz. »Wie sollen wir ankommen gegen diesen Blechschrott?«, fragte der Verzinner Ivan Petrov. »Wenn die Töpfe aus China kaputt sind, kann man sie nicht mal mehr reparieren. Die Leute werfen sie einfach weg und kaufen sich neue.«

Die Hoffnung, mit der Erweiterung der Grenzen der Europäischen Union 2007 verbessere sich die Lage der Zigeuner, erfüllte sich nicht. Weder in Bulgarien, noch bei den rumänischen Nachbarn. »Viele Roma halten mit der rasanten Entwicklung nicht Schritt. Da tickt eine soziale Zeitbombe. Nicht nur in Rumänien. In ganz Europa. Denn ein Großteil der Zigeuner ist nur sehr schwer zu integrieren.« Das sagt kein rechter Populist, sondern Nicolae Anușcă, der heute die nationale Caritas in Rumänien leitet. Nicolae ist ein erfahrener und umgänglicher Mensch. Schon früher, als Direktor der Caritas in Blaj, genoss er unter den Roma Achtung und Ansehen, weil er sich kompetent und unbürokratisch für die Leute einsetzte. Vor allem für die Kinder.

Hin und wieder fuhr Nicolae von Blaj zu den Zigeunern ins nahegelegene Copşa Mică. Als ich ihn 2010 begleitete, war die Holzbrücke über die Târnava noch genauso holprig wie bei meinem ersten Besuch zwanzig Jahre zuvor. Keine zwei Minuten, da war unser Auto mit dem Caritas-Emblem von Menschen umringt, die wussten, dass ihre Bittgesuche bei Nicolae Anuşcă nicht auf taube Ohren stießen. Eltern holten ihre kranken Kinder hervor und baten um Hilfe. Mir schien, als habe die plötzliche Anwesenheit Nicolaes die elterliche Sorge um ihre Kinder, wenngleich nicht ausgelöst, so doch maßgeblich beflügelt. Zumindest hatte sich vorher offenbar niemand um Gheorghe gekümmert, einen zehnjährigen Junge, der mit seinem verwachsenen Rücken ausschaute wie ein gebeugter, alter Mann. Oder um Maria, sechs Jahre alt, die an grauem Star litt und allmählich erblindete. Oder um Daniel, der mit seinen deformierten Sichelfüßen kriechen, aber nicht laufen konnte. Oder um Alina. Als Alina Moldovan geboren wurde, prophezeiten die Ärzte im Bezirkshospital von Alba Iulia, das Mädchen werde höchstens fünf Jahre alt. So zumindest erzählte Alinas Mutter Ana. Nun war Alina siebzehn und sowohl geistig wie körperlich schwer behindert. Inmitten von Gerümpel dämmerte das blinde Mädchen vor sich hin, allein, abgeschoben in einem kaputten Rollstuhl auf einen Hinterhof neben einem Bretterverschlag, in dem früher Schweine grunzten. »Als wir noch Geld hatten«, sagte Ana Moldovan, »kauften wir im Sommer ein Ferkel, und zu Weihnachten haben wir geschmaust.« Alina kaute derweil auf ihren Fingern. Das machte sie immer, stundenlang. Manchmal rief sie Mama oder Papa, die einzigen Worte, die sie beherrschte.

Es fiel auf, dass die Eltern des buckligen Gheorghe, der blinden Maria oder der behinderten Alina etwas gemein hatten. Ihr Jammern und Klagen, man habe für Arztbesuche kein Geld, verbarg mehr schlecht als recht eine beklemmende Gleichgültigkeit. Es waren die Mitarbeiter der Caritas, die sich auf den Weg zu den

Roma machten. Nicht umgekehrt. Nur selten rafften sich die Zigeuner auf und suchten aktiv um Hilfe nach. Vielleicht hatten sie zu oft in ihrem Leben erfahren, dass sich der Aufbruch nicht lohnte, weil er an kein Ziel führte.

»Mit Leuten, die sich nicht achten, haben wir nichts zu schaffen. Wir verdienen unseren Unterhalt mit der ehrlichen Arbeit unserer Hände«, sagte Victor Calderar. Nicht der verhinderte Blechschneider selbigen Namens aus Copşa Mică, sondern der Kupferschmied Victor Calderar aus Brateiu. Seine Sippe zählte zum Stamm der Kesselschmiede. Anders als die Verzinner im bulgarischen Yagodovo, die durch die Ramschware aus Asien ihre Arbeit verloren, garantierte ihr Handwerk den Kalderasch aus Siebenbürgen augenscheinlich ein erträgliches Auskommen. Ein gutes Dutzend Familien lebt heute am Ortseingang von Brateiu, wo sie, verkehrsgünstig gelegen an einer vielbefahrenen Überlandstraße, vor ihren üppigen Ziegelhäusern ihre Schmiedearbeiten aus Kupfer feilbieten, Kessel, Kannen und Kochtöpfe. Besonders begehrt sind Destillieranlagen für die ungezählten häuslichen Schnapsbrennereien. Auf das Heer der arbeitslosen Tzigani, die von der Fürsorge lebten, schauen die Kalderasch nur von oben herab. Wie auf ein Lumpenproletariat.

»Die Abgrenzung der verschiedenen Zigeunerstämme untereinander ist oft größer als die Vorurteile und die Diskriminierung durch die Rumänen«, sagte Gheorghe Muşetescu, der Priester aus Brateiu. In dem Dorf im Tal der Târnava lebten sechshundert Familien, wobei der Anteil der Tzigani stetig stieg und 2010 bereits die siebzig Prozent überschritten hatte. Im Februar zuvor hatte Muşetescu zwei rumänische Kinder getauft. Und zweiundzwanzig Roma-Kinder. »Das Verhältnis der verschiedenen Bevölkerungsgruppen gerät zusehends aus dem Gleichgewicht.« Das hatte Konsequenzen für Muşetescus Gemeinde. Und unmittelbare Folgen für ihn selbst. Als griechisch-katholischer Pfarrer erhielt er ein minimales Gehalt vom Staat. Den Rest zu seinem Lebensunterhalt steuerten die Gemeindemitglieder bei. Früher jedenfalls. Die verarmten Roma jedoch zahlten nichts. Da Gheorghe Muşetescu von seiner Pfarrei nicht mehr leben konnte, wollte er nun nebenbei mit gebrauchten Möbeln und Heizungsanlagen aus Deutschland handeln.

Nicht nur in Brateiu, auch in Blaj, Copşa Mică, in Cetatea de Baltă oder in Viscri, allerorten in Transsilvanien entwickelte sich die Bevölkerungsstruktur in eine ähnliche Richtung. In Viscri, dem sächsischen Deutsch-Weisskirch, stellten die Roma 1990 unter den heimischen Rumänen, Sachsen und Ungarn noch die Minderheit. Von den vierhundert Siebenbürger Sachsen blieben nach der Wende keine zwei Dutzend, dafür stieg die Zahl der Roma durch Zuzug und hohe Geburtenrate sprunghaft an. Roma-Familien, die einst einen Teil ihres Einkommens als Besenbinder und Korbflechter erwirtschafteten, sind heute von Kindergeld und Sozialhilfe abhängig. Keine gute Voraussetzung für ein intaktes Dorfleben.

Zweieinhalb Millionen Roma dürften in Rumänien leben. »Um die Probleme zu verharmlosen«, so Caritas-Chef Anuşcă, »werden die Zahlen von den Behörden heruntergerechnet.« Zudem verleugnen viele Roma ihre ethnische Identität aus Furcht vor Diskriminierungen. Im Landkreis Alba Iulia soll es nach staatsoffizieller Statistik gerade einmal fünftausend Zigeuner geben. Fast viertausend lebten im Jahr 2011 allein schon in der Kleinstadt Blaj. Keine Familie hat hier weniger als vier, fünf Kinder. Oft zehn oder mehr. Viele Mädchen heiraten mit vierzehn und sind mit dreißig Jahren Großmutter. In den Roma-Siedlungen, in denen die Arbeitslosenquote oftmals bei neunzig Prozent liegt, garantieren Kinder die einzige Einnahmequelle der Familien. Dass sie nicht arbeiten und in den Tag hinein leben, dass sie auf eine kärgliche Fürsorge spekulieren und immer neue Kinder zur Welt bringen, das alles ist gewiss ein Problem. Das eigentliche Drama aber ist ein anderes. Viele Zigeuner scheinen gegen den Schmerz ihrer Entwurzelung immun geworden zu sein, als sei ihnen die stete Entwürdigung zu ihrer zweiten Natur geworden.

»Oh weh mir auf ewig«, heißt es in einem Gedicht des serbischen Schriftstellers und Roma-Menschenrechtlers Rajko Djurić.

»Oh mein Vater,
Du ohne Grab,
Wir ohne Haus,
Dass wir vom Winde verweht werden
Und der Welt Müll sind.«

Vergisst man eine Weile, dass ausgerechnet die schwerreichen rumänischen Bulibaschen in prachtvollen Mausoleen ihre ewige Ruhe finden, so spricht aus Djurićs Versen nicht bloß pathetischer Jammer. Die schlichte Wahrheit dieser Zeilen begriff ich zu Beginn dieses Jahrtausends, als ich entdeckte, dass die Dritte Welt sechs Autostunden östlich von Wien begann, am Rande der Westkarpaten hinter der ungarischen Zollstation im rumänischen Oradea. Die 250 000-Einwohner-Grenzstadt schickte sich an, erfolgreich aus dem Schatten der sozialistischen Vergangenheit herauszutreten. Die ersten Fassaden des mittelalterlichen Stadtkerns erstrahlten in restauriertem Glanz, in der schmucken Einkaufszone flanierten Teenies auf Plateauschuhen, und in den Cafés signalisierte das pausenlose Gepiepe der Handys den Aufstieg neureicher Krawattenträger. Der freie Fall in den sozialen Abgrund fand ein paar Kilometer weiter nördlich statt: auf der städtischen Müllkippe im Stadtteil Episcopia Bihor.

In einem Sumpfgebiet, wo fauliges Wasser Blasen warf, lebten die »Schwarzen«. Hier, wo der Rauch kokelnden Abfalls zum Himmel stieg, hatte Mariusz Lakatos aufgehört, um sein Leben zu schreien. Der Junge winselte nur still vor sich hin und schlug in quälender Monotonie seinen Kopf hin und her. Immer wieder griffen seine dürren Ärmchen ins Leere. Denn da war niemand.

Keine Brust, die ihn stillte; kein Arm, der ihn wiegte; keine Stimme, die ihn tröstete. Mit achtzehn Monaten sprach er keine einzige Silbe, er konnte nicht einmal krabbeln. Abgelegt zwischen Plastikplanen und ausrangierten Ölfässern kauerte Mariusz stundenlang auf einer stinkenden Decke. Fliegen umschwirrten sein Gesicht und klebten auf den schwärenden Wunden seiner rechten Hand. Die Fingerkuppen waren weggebrannt. »Das kommt von dem Auto, das Unglück gebracht hat«, klagte seine Mutter Maria und deutete auf einen ausgebrannten Dacia, der auf der Müllhalde vor sich hin rostete.

Das Schrottauto hatte Maria Lakatos und ihren Kindern als Schlafplatz gedient. Bis das Wrack eines Nachts aus unerfindlichen Gründen in Flammen stand. Drei ihrer Kinder hatte Maria unversehrt aus dem Feuer geholt. Die acht Monate alte Olivia lag noch immer mit schweren Brandverletzungen in der Kinderklinik von Oradea. Mariusz hatten die rumänischen Ärzte nach zwei Wochen im Spital mit einer Dose Milchpulver seiner Mutter zurückgegeben. Den völlig vernachlässigten Romeo brachten sie in ein Waisenheim. Die Mediziner hatten festgestellt: dem Kleinen fehlten die Zehen. »Aber das war nicht das Feuer«, sagte Maria. »Das waren die Ratten. Die fressen alles.«

Weil sie selbst in den ärmsten Roma-Vierteln Oradeas keinen Platz fanden, waren ganze Großfamilien teils schon in sozialistischer Zeit auf die Müllhalde gezogen. Andere wie die Oroszs, die Angels und die Lakatos waren später nachgekommen, weil sie arbeitslos und ohne einen Lei in der Tasche Miete, Strom und Essen nicht mehr bezahlen konnten. Nun lebten einhundertzwanzig Zigeuner mitten im Unrat. Die meisten von ihnen waren Kinder. Maria Lakatos war neun, als sie mit ihren Eltern und Geschwistern auf der Müllkippe strandete. Mit dreizehn brachte sie ihr erstes Kind zur Welt. Jetzt war sie zweiundzwanzig und sechsfache Mutter. Und der Vater? Maria zuckte mit den Schultern. »Abgehauen. Ich bin froh, dass er weg ist. Er hat immer nur geprügelt, weil der Vodka sein Gehirn kaputtgemacht hat.«

»Die Männer trinken, bis sie umkippen. Wir Frauen können das nicht. Wir müssen für die Kinder sorgen«, meinte Marias Schwester Hajni. Dann legte sie ihre zweimonatige Tochter Edina in einen zerschlissenen Sperrmüllkinderwagen und kramte einen Plastikbeutel voll Zigarettenkippen hervor. Die krümeligen Tabakreste drehten die Frauen in Zeitungspapier und rauchten. Ihre Kinder spielten derweil im Qualm des schwelenden Mülls oder hockten zwischen Bergen von Klebstoffeimern, die ein Unternehmer auf der Halde entsorgt hatte. Die eingetrockneten Leimreste kauten sie gegen den Hunger. »Das Essen reicht nicht für alle«, sagte Wilma, die ihr Alter auf ungefähr zwanzig schätzte und gerade mit ihrem siebten Kind schwanger ging. »Wir sind zu viele Leute hier, und es kommen immer mehr.«

Der Kampf um die täglichen Lebensmittel begann morgens um sieben. Sobald die ersten Müllwagen auf die Halde rollten, wühlten die Roma mit eisernen Schürhaken nach Essbarem. Weil es auf der Müllkippe kein Frischwasser gab, stillten sie ihren Durst mit angebrochenen Cola-Flaschen und halbleeren Getränkedosen. Kinder verschlangen angefaultes Obst und kratzten die letzten Marmeladenreste aus schmutzigen Gläsern, während die Frauen nach Gemüse und altem Brot stocherten. In einem aufgeschnittenen Blechkanister briet Wilma Lakatos für ihre Kinder ein paar Kartoffeln. Als Brennmaterial diente schwarz qualmender Kunststoff.

In meinem Roman *Wie die Madonna auf den Mond kam* habe ich mir bei der Beschreibung eines Zigeunerviertels in Bukarest eine literarische Freiheit erlaubt. Der fiktive Fotograf Fritz Hofmann sieht, wie Jugendliche mit stumpfen Messern Fleischstücke aus einem Kadaver säbeln, bei dem sich nicht mehr identifizieren ließ, ob er von einem Pferd oder von einer Kuh stammte. Als ich diese Szene ganz real in Episcopia Bihor beobachtete, kämpfte ich gegen die Übelkeit und den bestialischen Gestank an, der noch tagelang in meinen Kleider steckte, entgeistert darüber, was Menschen zu ertragen vermochten.

Als Journalist und Fotograf war ich ein Vierteljahrhundert lang oft im Auftrag katholischer Hilfswerke wie Adveniat, Misereor, dem Päpstlichen Kindermissionswerk oder Renovabis unterwegs. Ohne Anmaßung darf ich sagen, dass mir die Müllhalden in den Megastädten in Asien, Afrika und Lateinamerika überaus vertraut waren. Ich hatte die koptischen Müllsammler, die Zabbaleen, in Kairo fotografiert und mehrfach bei den Pepenadores recherchiert, die auf der vierzehn Kilometer langen und wohl größten Müllkippe der Welt am Stadtrand von Mexiko-City leben und arbeiten. In São Paulo begleitete ich die Catadores, die obdachlosen Papiersammler, und in der riesigen Müllstadt Payatas in Manila wohnte ich bei den Scavengern, den »Aasfressern«. Obschon die Müllhalden der Metropolen zu Recht als Stätten des Elends gelten, war keine von ihnen mit der Kippe in Oradea zu vergleichen.

Bei flüchtiger Betrachtung wirken alle Deponien chaotisch und unstrukturiert. Ihr Betrieb scheint anarchischen Mechanismen, aber keinen erkennbaren Regeln zu folgen. Erst peu à peu erschließen sich die Ordnungsprinzipien, die Hierarchien und Abhängigkeiten. Oft ist es von außen gänzlich unmöglich, die Macht- und Ohnmachtsverhältnisse beim Milliardengeschäft der Abfallentsorgung und des Wertstoffrecyclings zu durchschauen. Wer etwa darf Metall sammeln? Wer Glas oder Papier? Und wem bleiben nur die wertlosen Plastiktüten? Wer steht auf der Stufenleiter der Ausgestoßenen ganz unten, und wer hat das Recht, den Müll aus den Stadtvierteln der Reichen als Erstes zu durchwühlen? Wer kann dieses Recht vergeben? Wer kann es nehmen? Wer kauft auf, wer verkauft weiter, wer nimmt in Kommission, wer vermittelt, wer streicht Provisionen ein und verteilt Lizenzen? Wer schmiert die Behörden und wer kassiert die schwarzen Gelder? Nicht zu vergessen: Wer vergibt Vorschüsse und Kredite und fordert die Zinsen ein, für Lebensmittel und Satelliten-TV, für frisches Wasser und die Medikamente gegen all die Krankheiten, die man sich im Müll zwangsläufig einfängt? Gesund bleiben nur diejenigen, die sich nie die Hände schmutzig machen; die Bosse, bei denen alle Fäden zusammenlaufen und deren Namen auf der Halde nur ehrfürchtig geraunt werden, weil man ihre Gesichter niemals zu sehen bekommt.

Doch bestand ein fundamentaler Unterschied zwischen den Scavengern, die überall auf der Welt zu den Ärmsten und Geschmähten zählten, und den Tzigani in Oradea. Die Obdachlosen in São Paulo hatten sich mit Hilfe von Patres des Franziskanerordens gemeinschaftlich organisiert, um für ihr Papier faire Marktpreise zu erzielen. Die Payatas Scavenger Association hatte ein eigenes Spar- und Darlehnsprogramm gegründet, das Hunderten Familien ermöglichte, ein bescheidenes Häuschen nicht im Müll, sondern am Rand der Deponie zu bauen. In Mexiko reagierten die Müllarbeiter begeistert auf die »Stiftung zur Unterstützung von Bildung und Erziehung« des Jesuiten Roberto Rubio und schickten ihre Kinder in Vorschulen und in Ganztagskindergärten. Egal ob in Brasilien, in Ägypten oder auf den Philippinen, überall gab es so etwas wie eine Solidarität unter den Armen. Sie verfügten über den Willen, die Möglichkeiten zu nutzen, die einen Schritt aus der Armut herausführten. Selbstverständlich gab es auch Streit und Neid, aber bei all den Konflikten des Alltags und bei aller materiellen Not hatten sich die Scavenger das elementare Wissen bewahrt, dass ohne Gemeinschaft und gegenseitige Unterstützung ein besseres Leben nicht möglich war.

Und die Roma von Episcopia Bihor? Wenn Wilma Lakatos für ihre Kinder Abfallkartoffeln brutzelte, ließ sie ihre Kochstelle nicht eine Sekunde aus ihren wachsam blitzenden Augen. »Man muss ständig aufpassen«, sagte sie, »sonst klauen einem die anderen den Topf leer.«

Dass die Roma aus dem Kreislauf des Recyclings, des Sammeln, Vertreibens und Wiederaufbereitens von Müll herausgefallen waren, mag an den miserablen Preisen für Rohstoffe gelegen haben. Jozeph Orosz, der schon zwanzig Jahren auf der Müllkippe lebte, erinnerte sich, dass er früher ab und an etwas Alteisen und Säcke mit Getränkedosen losschlagen konnte, an »einen Chef im Centro«, dessen Namen er nicht mehr wusste. Doch irgendwann sanken die Preise für Glas, Papier und Altmetall derart in den Keller, dass sich nicht einmal der Transport lohnte. Zudem waren die Menschen auf der Kippe aus gesundheitlichen Gründen nicht in der Lage, selbst kurze Zeit an einem Stück zu arbeiten. Der Monatsverdienst von Jozeph Orosz reichte gerade für ein paar Schachteln filterloser Carpati-Zigaretten und einige Flaschen billigsten Alkohols. Anders als die Schrottsammler, die im ungarischen Kerepes mit ihren Pferdekutschen altes Eisen aufklaubten, oder die Frauen, die in der mazedonischen Roma-Siedlung Madari Altpapier sortierten, irrten die Scavenger aus Oradea nur planlos auf der Halde umher. Die Dinge, die sie fanden, waren mal weniger, mal vollkommen unnütz. Das Kühlgerippe eines Eisschranks, ein Sessel ohne Polster, eine ausgelaufene Autobatterie, vielleicht bestand ihr trister Gebrauchswert allein darin, dass sich derlei Sachen den einen Tag hierher und am Tag drauf dorthin tragen ließen, um zu verschleiern, dass sie schon lange keinen Tauschwert mehr besaßen. Nur eine einäugige blondgelockte Puppe in schmuddelrosa Rüschenkleid weckte eine Weile Begehrlichkeiten unter den Müllkindern, bevor sie wieder achtlos weggeworfen wurde.

Umgerechnet 25 Euro standen jedem mittellosen Bewohner aus Oradea an städtischer Sozialhilfe zu. Für die Roma auf der Müllkippe galt dieses Gesetz nicht. Denn Anspruch auf staatliche Hilfe hatte nur, wer einen festen Wohnsitz nachweisen konnte. Das konnten die Müllmenschen nicht. Denn ein paar leere Ölfässer mit Presspappe in Episcopia Bihor galten nicht als Wohnung.

»Oradea war immer eine recht wohlhabende Stadt. Und wer hat, dem wird gegeben. So steht es in der Bibel.« Das sagte der ungarnstämmige Istvan Kapy, ein gepflegter Mittfünfziger und seit acht Jahren stellvertretender Bürgermeister. Wenn er in dem renovierten Rathaus von Oradea von den Zukunftschancen seiner Stadt erzählte, dann blühte er auf. Er sprach vom Boom in der Textil- und Schuhindustrie, von westlichen Investoren, die bereits Tausende von Arbeitsplätzen geschaffen hatten, schwärmte von Millionen-Dollar-Projekten für infrastrukturelle Maßnahmen, von den Plänen für Fernwärmeheizungen, einer effizienten Trinkwasserversorgung und hochmodernen Müllverbrennungsanlage.

Und die Zigeuner auf der Halde? »Kompliziert«, antwortete Herr Kapy und überlegte eine Weile. Dann redete er über die neue Freiheit und den Preis der Demokratisierung und sagte etwas unvermittelt: »Wissen Sie, die Roma gehen mal hierhin, mal dorthin. Dann kommen sie zu uns und wollen heiraten, wollen Kindergeld und Sozialhilfe. Aber sie haben keine Papiere. Keine Ausweise, keine Urkunden, nichts. Wir wissen ja noch nicht einmal, ob sie überhaupt zu unserer Stadt gehören. Ohne Ausweise und Geburtsurkunden kann man ihnen nicht helfen. Und ich bin nicht dafür verantwortlich, wenn diese Leute keine Papiere haben.«

Von einer Existenz als rumänische Staatsbürger trennten Maria Lakatos und ihre Kinder nicht nur die fehlenden amtlichen Dokumente, von denen Maria behauptete, sie wären in dem Unglücksauto verbrannt. »Die Menschen von der Müllkippe leben außerhalb der Zivilisation. Sie sind im Grunde nicht existent«, sagte Uitz Gyöngyi, die Direktorin der Caritas-Polyklinik in Oradea. Von den 13 000 Patienten, die jährlich die medizinische Versorgungsstation aufsuchten, besaß über die Hälfte kein Geld. Doch alle wurden kostenlos versorgt. »Von den Tzigani war niemand hier. Wir schließen sie nicht aus, doch sie fragen nicht um Hilfe nach. Sie fallen völlig aus dem System heraus.«

So blieben schwere chronische Erkrankungen unbehandelt. Vor allem bei den Kindern. Parasiten und Würmer zerstörten ihre Verdauungsorgane, der beißende Qualm und die frostigen Winter griffen ihre Lungen an, schlimme Hautentzündungen mochten nicht heilen. Keiner der Erwachsenen war ansatzweise in der Lage, so etwas wie elterliche Fürsorge auszuüben, während die geistige Abstumpfung selbst pfiffigste Kinder verkümmern ließ. Das Gesetz zur Schulpflicht interessierte auf der Halde nicht. Die Behörden hatten die Zigeuner längst abgeschrieben und ihrem Schicksal überlassen. »Die Roma und ihre Kinder sind die Verlierer der Demokratie«, meinte die Caritas-Ärztin Gyöngyi. »Für sie hat das freie Rumänien nichts gebracht.«

Mit dem Wort Demokratie wusste der alte Lakatos nichts anzufangen. Er hatte keinen Schimmer, was damit gemeint sein könnte. Er sprach noch nicht einmal den Satz aus, den man unter den Arbeits- und Obdachlosen in Rumänien ständig hörte: »Unter Ceauşescu war alles besser.« Ob ein Despot regierte oder irgendeine Partei, das war für Lakatos, der seit drei Jahrzehnten im Müll lebte, »alles ganz egal«. Seine Frau nickte zustimmend. Dann wendete sie sich wieder ihrer Lieblingsbeschäftigung zu. Sie las. Das konnten nur wenige auf der Halde. Unbeirrt vom Geschrei ihrer Enkel lag sie stundenlang auf einer löchrigen Matratze, blätterte in alten Illustrierten und löste die Kreuzworträtsel. Am allerliebsten betrachtete sie die schönen Frauen aus den Modezeitschriften. Dabei vergaß sie das Inferno aus brennenden Autoreifen und faulenden Rinderknochen um sich herum und lächelte still in sich hinein.

»This life is not a good life.« Ilona Horwarth sagte das auf Englisch. Als einzige Nicht-Roma auf der Halde fiel »die weiße Frau« auf. Vor ewigen Jahren hatte die Rumänin ungarischer Abstammung das Abitur bestanden. Sie hatte gearbeitet, genau wie ihr Ehemann Laszlo, der in der Elektrizitätsversorgung beschäftigt war. Bis er krank wurde. Laszlo krempelte sein Hemd hoch und zeigte die

Ursache seiner Arbeitslosigkeit. Sein entstellter Leib zeugte von einem halben Dutzend stümperhafter Operationen.

»Wir mussten unsere Wohnung in der Stadt aufgeben. Hier brauchen wir kein Geld für Essen und Miete«, erklärte Ilona. Doch vier Jahre auf der Halde hatten sie gezeichnet. Die Zähne waren ihr ausgefallen, ihre Beine waren vereitert. Nur ein verblasster Traum war ihr geblieben. Sie wollte nicht, dass ihr kleiner Sohn Norbi im Abfall groß wurde. Ilona Horwarth wehrte sich dagegen, dass ihr die Müllkippe zur inneren Heimat wurde, dass ihr der Müll den letzten Funken ihrer Würde nahm. Doch sie ahnte auch: Aus eigener Kraft würde sie den Traum vom besseren Leben nicht verwirklichen können. Denn das hing ab von der Antwort auf die Frage: »Wo sollen wir bloß hin?«

Nicht die Slums von Jakarta und Kalkutta, nicht die Favelas in Bogotá oder die Elendsviertel im Kongo, sondern Episcopia Bihor wurde für mich zum Ort, an dem ich alle gängigen Definitionen von Armut korrigieren musste. Gemeinhin wird darunter ein Mangel an Geld, Nahrung, Wohnung und Gesundheit, aber auch ein Defizit an Bildungschancen und Teilhabe am öffentlichen Leben verstanden. Als absolut arm gilt, wem täglich nicht mehr als ein US-Dollar für seinen Lebensunterhalt zur Verfügung steht. All diese Definitionen indes beschreiben ein letztlich äußerliches Bild von Armut, deren grausamste Form es jedoch ist, wenn Menschen jeder Sinn für ihren Wert und ihre Würde fehlt. Der Müll war den Zigeunern nicht bloß äußerlich geblieben. Er hatte sich ihres Denkens und Fühlens bemächtigt, wobei sie jeglichen Sinn für ihre Haltlosigkeit verloren hatten.

Bei einer späteren Reise nach Oradea hatte ich für die Müllkinder und ihre Mütter mein Auto vollgepackt. Unter Freunden daheim hatten wir Kleider gesammelt, meine Frau hatte alle Stücke gewaschen, gebügelt und gefaltet. Mit ziemlicher Naivität bat ich ein paar Frauen auf der Halde, mir beim Verteilen der Kleider zu helfen. Die Aktion geriet zum Debakel. Kaum hatte ich die Heckklappe geöffnet, zerrten sie die Säcke heraus und fielen nicht nur über die Kleider her, sondern auch über einander. Sie schrien, stritten und heulten, bis ihre wütenden Männer heranstürmten. Anstatt ihre Frauen zur Räson zu bringen, richtete sich ihr Zorn gegen mich. Sie warfen mir vor, nicht genügend Klamotten mitgebracht zu haben und einige Familien zu bevorzugen. Zuletzt flogen Hosen und Röcke, Hemden, Jacken und Babywäsche in den Dreck. Als ich in mein Auto flüchtete, warfen die Kinder mit Steinen. Ich brauste davon und nahm die ernüchternde Erkenntnis mit, dass die Roma von Episcopia Bihor mit Kleidern genauso umgingen wie mit sich selbst.

»Wovon lebt der Mensch?«, fragt die Spelunken-Jenny in Bertolt Brechts *Dreigroschenoper* und erhält die sattsam bekannte Antwort, erst komme das Fressen, dann komme die Moral. Und der Gangster MacHeath singt:
>»Denn wovon lebt der Mensch? Indem er stündlich
>den Menschen peinigt, auszieht, anfällt, abwürgt und frisst.
>Nur dadurch lebt der Mensch, dass er so gründlich
>vergessen kann, dass er ein Mensch doch ist.«

Natürlich machten die Roma auf der Müllkippe die Erfahrung, gepeinigt, gewürgt und gefressen zu werden, so wie sie selber peinigten, würgten und fraßen. Sie waren Opfer und sie waren Täter, in wechselnden Rollen. Wobei sie jedoch unter sich blieben. Sie waren aus allen gesellschaftlichen Bezügen herausgefallen, vollkommen sich selbst überlassen lebten sie in einem asozialen Raum, der sich von allen anderen Räumen entkoppelt hatte. Die Existenz der Menschen in diesem anarchischen Raum der Verwilderung und Entwürdigung empörte niemanden, rührte an niemandes Mitgefühl und weckte nichts als kalte Gleichgültigkeit, sofern man menschliches Desinteresse überhaupt wecken kann. Im postsozialistischen Oradea der neuen Reichen und der immer gleichen Armen hatte der Kampf um die Selbstbehauptung die schärfste Waffe hervorgebracht, die der Mensch gegen den Menschen ins Feld führen kann: die Mitleidslosigkeit. Der Mangel an Empathie für die Zigeuner auf der Kippe ließ sich nur dadurch erklären, dass sie, so grausam das klingen mag, keinen Wert mehr besaßen. Für nichts und niemanden, nicht einmal für sich selbst. Sie waren nicht von Nutzen. Deshalb interessierten sich die von Mackie Messer beschworenen räuberischen Wolfsnaturen auch nicht für sie. Die Zigeuner im Müll hatten nichts mehr, was man ihnen nehmen konnte. Das unterschied sie von den Straßenkindern im Zentrum von Oradea, die zumindest noch ihre Körper besaßen, die sich ausbeuten und missbrauchen ließen.

Eine Zeitlang begleitete ich Josi, Radu, Simona, Vendana und Zilindro, die sich mit anderen Roma-Kindern zu einer traurigen Überlebensgemeinschaft zusammengerauft hatten. Die Gruppe zählte ein Dutzend Jungen und Mädchen im Alter von acht bis siebzehn, verbunden allein durch dasselbe Schicksal, niemanden zu haben außer sich selbst. Tagsüber traf man die Kinder auf dem Platz vor dem McDonald's im Einkaufszentrum Crisul oder auf den Bahnsteigen des Hauptbahnhofs, wo sie die Abfallkörbe durchwühlten, Zigarettenkippen aufklaubten und leere Flaschen sammelten. Nur blieben sie dabei nicht unter sich. Sie fielen unter die Räuber, unter die Wölfe, von denen der Leitwolf einen Namen hatte. Immer wieder fiel ein Name, an dem die Furcht klebte: Botero.

Botero hieß einer der Streifenpolizisten, die in dem Revier um den Bahnhof Dienst taten. »Botero ist der schlimmste.« Das behaupteten alle Straßenkinder. Ausnahmslos. Zuerst dachte ich, er würde die »Copii de strada« vertreiben und ihnen verbieten Passanten um Geld anzubetteln. Doch genau das machte der Polizist nicht. »Botero will, dass wir betteln«, sagte der zwölfjährige Radu. »Und leere Flaschen und Blechdosen einsammeln sollen wir auch. Danach müssen wir ihm alles Geld abgeben. Botero kontrolliert sogar unsere Taschen.« Und wenn ihr das Geld für euch behaltet? »Dann schlägt er uns mit seinem Knüppel auf die Hände oder tritt uns mit dem Stiefel auf die Füße.« Und wer beschützt euch? Habt ihr keine Eltern? »Manche haben Eltern. Manche nur noch eine Mutter. Manche nichts. Aber das kommt auf dasselbe hinaus. Wir beschützen uns selbst.«

Nachts zogen sich die Kinder unter die Straßenbrücke Podul Decebal zurück, wo sie sich am Ufer der Schnellen Kreisch ein Lager aus Pappkartons und verschlissenen Wolldecken gebaut hatten. Hier schlief die achtjährige Rosi, die kaum sprach und von der die älteren Kinder erzählten, sie sei vor ihrem bösen Vater geflüchtet. Oder die zierliche Esther, deren Vater sich zu Tode getrunken hatte und deren Mutter ohne ein Wort des Abschieds von heute auf morgen verschwand. Oder Chery, die ihrer obdachlosen Mutter davongelaufen war, die andauernd in fremden Wohnungen bei fremden Männern schlief. Zwei der Halbwüchsigen, Simona und Vendana, hielt ich trotz ihrer Mädchennamen tagelang für Jungen. In ihrem Combat-Outfit bewegten sie sich wie unnahbare Ghetto-Krieger, die ständig auf den Boden spuckten und vor jeden Stein traten. Zudem hatten sie sich die Haare kurz geschnitten. Zu ihrem Schutz, wie sie erklärten. Ihr burschikoses Auftreten hatte einen simplen Grund: »Dann lassen uns nachts die Männer in Ruhe.«

Wie wenig vertraut mir die harten Gesetze der Straße waren, musste ich einsehen, als ich glaubte, einem Jungen eine Freude zu machen. Ich bewirkte das Gegenteil, weil ich den Brechtschen Satz der Rangfolge von Fressen und Moral nicht ernst genommen hatte. An einem heißen Septembernachmittag tauchten die jüngeren Roma-Jungen Josi, Radu und Zilindro aus der Straßenunterführung am Crisul Center auf. Josi war barfuß, humpelte und hatte Tränen in den Augen. »Botero«, schluchzte er, und seine Gefährten erzählten aufgebracht, der Polizist habe Josi mit dem Schuhabsatz auf die Zehen getreten. Und das »ganz ohne Grund«. Josi war ein schweigsamer Junge. Er sagte, er stamme aus dem Dorf Bradka, aber schon bei der Frage nach seinem Alter wirkte Josi überfordert. Er mochte acht, vielleicht aber auch schon zehn Jahre alt sein und hinkte in seiner Entwicklung den anderen Straßenkindern hinterher. Josi war mir schon in den ersten Tagen aufgefallen, weil er keine Schuhe besaß und seine Arme mit Narben übersät waren. Manche rührten von Schnittwunden her, andere mochten die Folge von Brandverletzungen sein. Woher sie stammten, konnte niemand erklären. Josi redete nicht darüber. Die anderen Straßenjungen waren sich sicher, dass Josis Narben aus der Zeit stammten, bevor er, vor wem auch immer, in die Stadt davonlief.

Josis linker Fuß war von Boteros Tritt angeschwollen, Verletzungen ließen sich jedoch nur schwer erkennen, da die Füße des Jungen vom Asphalt pechschwarz waren. Während Radu und Zilindro Coca-Cola und Cheeseburger holten, fiel mein Blick auf die Schaufensterfassaden des Crisul Shopping-Centers. Neben McDonald's entdeckte ich den Eingang eines Geschäfts für Schuhe und Sportbekleidung. Ohne nachzudenken, fragte ich Josi, ob er gern Schuhe haben wolle. Er nickte. Wir betraten den Laden. Die jungen Verkäuferinnen waren nett, aber auch verunsichert. Josi war so schmutzig, dass sie sich zuerst weigerten, ihm Schuhe zur Anprobe zu zeigen. Nach einigem Zureden schließlich holten sie verschiedene Laufschuhe, doch der Junge hatte sich längst für das allererste Paar entschieden, für weiße Sportrunner. Die passende Größe wurde von allen Beteiligten geschätzt. Nach dem Bezahlen behielt Josi die Schuhe gleich an. Er strahlte vor Glück, und der Fußtritt Boteros geriet in Vergessenheit.

Am nächsten Morgen fand ich Josi auf einer Holzbank auf dem Bahnsteig der Zugstation. Er war wieder barfuß. Als er mich sah, weinte er. Er weinte wirklich bittere Tränen, Rotz und Wasser, und wollte sich nicht mehr beruhigen lassen. Radu setzte sich zu uns und meinte, noch am Nachmittag hätten die älteren Straßenjungen Josi die Schuhe weggenommen, um sie auf irgendeinem Markt einzutauschen gegen Geld.

Im Sumpf des Hasses

Rassismus: Wenn Menschen zu Freiwild werden – Ein böser Gruß zum Namenstag – Tatarszentgyörgy: Als nachts die feigen Mörder kamen – Vier Serienkiller und die Saat der Angst – Der Nebel des Vertuschens – Pogrome in Rumänien: Es herrscht das Gesetz des Dschungels – Das Drama der Osternacht von Bolintin Deal – Versionen einer Tragödie – Recherchen unerwünscht: das jähe Ende einer Geburtstagsfeier

Erzsebets Freude über eine kitschbunte Postkarte beruhte auf einem Missverständnis und dem Umstand, Geschriebenes nicht lesen und Symbolisches nicht deuten zu können. Gemeinhin brachte der Briefträger nur selten Post in das letzte Haus in der Siedlung der Romungro-Zigeuner, dort, wo sich ein holpriger Feldweg im Unterholz eines Wäldchens verliert und nachts keine Straßenlaterne mehr Licht spendet. Obwohl die Adressangabe denkbar ungenau war, erreichte die Karte dennoch ihr Ziel: »Erzsebet Csorba, Tatarszentgyörgy, Hungary«. Näheres wusste der Absender offenbar nicht. Nur den Namen einer ungarischen Romni, wohnhaft sechzig Kilometer südlich von Budapest, in einer Ortschaft, die ihren Namen einer Kirche zu Ehren des heiligen Sankt Georg aus der Zeit der Tataren verdankt. Elisabeth glaubte, Freunde aus Deutschland hätten ihr die Karte geschickt. Als netten Gruß, oder zur Gratulation, hatte sie doch gerade erst Namenstag gehabt und hatten die freundlichen Deutschen doch versprochen den Kontakt zu pflegen, nachdem sie der Familie so tatkräftig geholfen hatten. Aus Solidarität und Mitgefühl waren sie nach Tatarszentgyörgy gekommen. Um ein Zeichen zu setzten gegen Rassismus und Hass, hatten sie eine Weile hier gelebt und der Familie Csorba ein neues Haus gebaut, nach dem schrecklichen Feuer und dem grässlichen Attentat im Februar 2009. Niemand sonst als die hilfsbereiten Fremden, aus denen Freunde geworden waren, konnte die Postkarte geschickt haben. So glaubte Erzsebet. Und weil ihr das farbenfrohe Bildmotiv gut gefiel, steckte sie die Karte hinter die Glasscheibe des Küchenschranks. Weder ihr Mann Csaba noch die Tochter Silvia und die verbliebenen sechs Söhne noch die Nachbarn hatten eine Ahnung, dass die Karte die vierarmige Hindu-Göttin Saraswati zeigte, die auf einer Lotosblüte hockend die Sitar zupfte.

Aufgegeben und maschinell gestempelt wurde die Postkarte als Luftpost mit der Registriernummer 13905863 am 18.11.2010 um 7:52 pm im Royal Mail Centre im britischen Sheffield. Eine Absenderangabe fehlte. Die knappe Nachricht, mit wohlgeformten, schwungvoll gerundeten Lettern zu Papier gebracht, ließ auf eine Frauenhand schließen. Die Botschaft lautete:

»The Government of the Republic of India will help you. Super!«

Da niemand am Ende der Zigeunersiedlung von Tatarszent-györgy die Nachricht lesen konnte und niemand den kleinen Haken-kreuzen in den vier Ecken der Postkarte Beachtung geschenkt hatte, blieb der 46-jährigen Erzsebet Csorba und ihrer Familie der abgründig boshafte Sarkasmus der Botschaft verborgen. Die hieß schlicht: Geht dorthin zurück, wo ihr hergekommen seid. Verschwindet! Haut ab nach Indien!

Schon einmal hatte ich von einer solchen Botschaft gehört und gelesen, im Jahr 1995, als eine Pressemeldung für Entsetzen sorgte. Am 4. Februar hatten rechtsradikale Killer im österreichischen Ober-wart unweit der Siedlung burgenländischer Zigeuner den Spruch angebracht: »ROMA zurück nach INDIEN!«; und das auf einem widerwärtigen Schild, das seine Heimtücke erst offenbarte, als einige Männer es entfernen wollten. Eine von Neonazis versteckte Rohr-bombe explodierte und riss Peter Sarkösi, Josef Simon sowie Erwin und Karl Horwarth in den Tod. Danach schrieb der Schriftsteller

Rajko Djurić in einem zornigen Essay: »Menschen, die von Freundschaft und Liebe nichts wissen, aber bewaffnet sind mit dem Wissen, wie man andere ausrottet, haben die Macht ihrer Unmenschlichkeit erprobt. Die Höllenmaschine, die sie am Weg installierten, ist so laut explodiert, dass man es in ganz Europa hörte.«

Das Pulverfass rassistischen Wahns explodierte auch in Tatarszentgyörgy. Am 23. Februar 2009 kurz nach Mitternacht schlich sich der Hass aus feigem Hinterhalt heran. Der Aufschrei, den er auslöste, hallte nicht nur durch Europa, sondern durch die Welt. Um zu verstehen, was in dieser Nacht in Tatarszentgyörgy geschah, traf ich Vitza wieder, meine gute Bekannte, Dolmetscherin und Begleiterin aus früheren Jahren. Viktória Mohácsi, die ehemalige Fernsehmoderatorin des *Cigány-Magazins*, war zwischenzeitlich in die Politik gegangen. Als Bürgerrechtlerin. In Ungarn fand sich in jenen Tagen schwerlich jemand, der so viele Informationen über die rassistisch motivierte Gewalt gegen die Roma gesammelt hatte wie die Mittdreißigerin.

Am Morgen des 23. Februar 2009 gegen 7.00 Uhr hatte Viktória Mohácsi ihren Koffer gepackt und sich von ihren Kindern, dem Ehemann und ihrer Mutter verabschiedet. Es war ein Montagmorgen, und vor ihr lag eine harte Arbeitswoche. Damals war Viktória noch Abgeordnete im Europäischen Parlament in Strasbourg, in dem sie für die Liberale Partei Ungarns die Roma-Minderheit ihres Landes vertrat. Just als sie am Stadtrand von Budapest in ihr Auto stieg, um zu einem mehrtägigen Kongress nach Kroatien zu fahren, klingelte ihr Telefon. Die Anruferin hieß Lidia Horvath, die sich aufgeregt als Vizepräsidentin der lokalen Roma-Selbstverwaltung in Tatarszentgyörgy vorstellte. Die ganze Nacht über hatte sie vergeblich versucht, einflussreiche ungarische Roma-Politiker ans Telefon zu bekommen. Viktória Mohácsi war die erste, die den Hörer abnahm. Atemlos und verwirrt erzählte Frau Horvath, in ihrer Siedlung seien in der

Nacht ein Mann und kleiner Junge ermordet worden, und die örtliche Polizei versuche die ganze Geschichte zu vertuschen. »Ich war völlig geschockt und empört«, so Viktória Mohácsi, »denn es war bereits der fünfte oder sechste Mord an ungarischen Roma in kurzer Zeit, und ich fühlte nur noch Schmerz und Wut.« Sie sagte ihren Kongress ab. Zwei Stunden später traf sie mit ihrem Mann in Tatarszentgyörgy ein, wo sie vom Tod des siebenundzwanzigjährigen Róbert Csorba und seines fünfjährigen Sohnes Robika erfuhr. Die beiden waren nachts aus ihrem brennenden Wohnhaus gestürmt, zusammen mit der Ehefrau Renata sowie der siebenjährigen Bianca und dem kleinen Marte. Vor den Flammen war die Familie hinein in die Dunkelheit geflohen, genau dorthin, wo die Killer im Schutz des Unterholzes mit ihren Schrotgewehren lauerten.

»Ich wurde wach, weil ich Schüsse hörte«, erzählte Erzsebet Csorba. »Sofort stand ich auf und sah, wie gegenüber das Dach des Hauses unseres Sohnes Robby brannte. Zuerst dachte ich, es wäre bloß ein kleines Feuer, das sich löschen ließ. Deshalb lief ich mit meinem Mann um Robbys Haus herum, nach hinten zur Haustür auf der Waldseite. Doch aus der Tür schlug uns ein glühender Feuerstoß entgegen, weil drinnen schon alles voller Flammen war. Ich rief Robby beim Namen, doch er antwortete nicht.«

Während Róberts Ehefrau Renata, den kleinen Marte auf dem Arm, ihren Schmerz und ihre Verzweiflung in die Nacht hinausschrie, fand Robbys Bruder Richard seinen Neffen Robika. Eine volle Ladung Schrot hatte den Jungen ins Gesicht getroffen. Er starb in den nächsten Minuten. Seinen Sohn Róbert fand Csaba Csorba im Schatten des Feuers auf dem Bauch liegend, stöhnend vor Schmerz. Csaba trug ihn in das elterliche Haus, wo man bemerkte, dass Róbert aus drei Löchern in seinem T-Shirt blutete. Die siebenjährige Bianca hatten Kugeln in Schulter, Arm, Hüfte und Finger getroffen. Schwer verletzt würde sie den Mordanschlag überleben, doch wochenlang im Spital liegen. Als man nach Krankenwagen,

Feuerwehr und Polizei rief, zeigte die Uhr Viertel nach eins. Dreißig Minuten später rückte die Brandwache an und löschte eine Ruine. Eine Viertelstunde nach dem Notruf trafen vier Polizeibeamte des Wachpostens im sechs Kilometer entfernten Orkeny ein. Unstrittig ist, dass die Polizisten alles daran setzen, den Eindruck zu erwecken, sie hätten nicht den Tatort eines Verbrechens betreten, sondern eine Unglücksstelle. Das Ganze sei ein Unfall, ein tragisches Unglück, sollen sie nach einhelligen Zeugenaussagen immer wieder betont haben. Das Feuer, so wollten sie glauben machen, sei von einem Kurzschluss durch einen defekten Heizstrahler ausgelöst worden, nicht etwa, wie sich später herausstellte, von brennenden Benzinflaschen. Die Blutflecke auf Róbert Csorbas T-Shirt erklärten sie mit Holzbalken und vorstehenden Nägeln, an denen er sich bei der Flucht vor den Flammen verletzt habe.

Da es nachts etwas geschneit hatte, waren die Bedingungen für die Spurensicherung ideal. Doch anstatt Beweise zu sammeln, sollen die Beamten auf umherliegende Patronenhülsen und auf die Abdrücke, die ein stürzender Attentäter im Schnee hinterlassen hatte, gepinkelt haben.

Aus welchen Gründen man auch in der Notaufnahme des Krankenhauses in Orkeny falsch reagierte, blieb unklar. Anstatt eine Rettungsambulanz mit Notarzt nach Tatarszentgyörgy zu entsenden, tauchte nach eineinhalb Stunden nur ein Sanitätswagen auf, dessen Personal mit der chaotischen Situation völlig überfordert war. Zwei Stunden später, noch bevor er in ein Krankenhaus eingeliefert wurde, war Róbert Csorba tot.

Nach ihrer Ankunft in Tatarszentgyörgy machte sich Viktória Mohácsi morgens zuerst ein Bild von den Geschehnissen vor Ort und fuhr dann zur Polizeistation nach Orkeny. Als die Beamten sich weigerten, die leeren Patronenhülsen als Beweismittel anzunehmen, nutzte die Romni die Möglichkeiten, die ihr der Status als Abgeordnete des Europäischen Parlaments bot. Sie setzte ihre Kontakte ein.

Zuerst rief sie den ungarischen Polizeichef József Bencze persönlich an, dann sprach sie mit einem der bekanntesten Polizeibeamten in Ungarn, dem früheren Colonel und Lehrer an der Budapester Polizeischule Lajos Kovács.

»Er ist ein aufrichtiger Mann«, sagte Viktória Mohácsi, »ein sehr geschätzter Kriminalkommissar. Er gilt als der beste Ermittler im Land. Umso perplexer war ich, als er mir mittags am Telefon sagte, er habe schon von der Geschichte in Tatarszentgyörgy gehört. Die Toten seien wohl nicht die Opfer einer Mordattacke, sondern durch ein Feuer infolge illegal angezapfter Stromleitungen ums Leben gekommen. Ich widersprach. Lajos Kovács meinte, die ihm bekannte Version eines tragischen Unfalls werde von der lokalen Polizeiwache aus Orkeny verbreitet. Schon seit sechs Uhr morgens im Internet. Ich bat Kovács, sich die Leichen, die zwischenzeitlich nach Budapest überführt worden waren, persönlich anzuschauen. Schon wenig später rief er mich zurück und bestätigte, die schweren Verletzungen, denen Róbert Csorbas erlegen war, stammten nicht von irgendwelchen Nägeln. Es waren Schusswunden aus Jagdgewehren. Am Nachmittag ermittelten hier zwischen zwanzig und dreißig Kripoleute aus Budapest. Dass die Morde als Morde anerkannt wurden, ist Lajos Kovács zu verdanken.«

Und der mutigen Viktória Mohácsi.

Gut dreißig Mal saß sie seit der Mordnacht im Wohnzimmer der Csorbas, wo ungezählte Reporter und Menschenrechtler aus der ganzen Welt sich die Klinke in die Hand gaben. Die Politikerin klärte die Presseleute auf über die Schlampereien der Polizeiarbeit, informierte über den Stand der Ermittlungen, gab politische Statements ab und übersetzte für Journalisten aus Kanada, Japan und den USA, für CNN und BBC und die *New York Times*, zuletzt für eine ganze Busladung französischer Berichterstatter, über die sich Familie Csorba wunderte, »weil sie bei ihren Fragen immer mit den Fingern aufzeigten. Wie in der Schule«.

Bei meinem Besuch hing in der Wohnstube der Csorbas ein Kunstdruck mit Leonardo da Vincis Abendmahl an der Wand, umrahmt von schief hängenden Fotografien, die fast alle dasselbe Motiv zeigten: Róbert Csorba, ein kräftiger Mann, jung, vital, mit muskulösen Oberarmen, neben seinem Sohn Robika, ein nettes Kerlchen in einem etwas zu großen Jackett. Sein Großvater, der neunundvierzigjährige Csaba, trug einen ausgewaschenen blauen Jogginganzug, saß auf einem Sofa, rauchte und nippte an seinem schwarzen Kaffee. Er sprach ruhig, fast monoton, ohne seine Stimme zu heben oder zu senken. Ungezählte Male hatte er seine Version der Tragödie schon erzählt. Mal verzweifelt, mal wütend, mal einfach nur erschöpft.

»Robby hätte gerettet werden können«, sagte Csaba. Er sagte das nicht mehr wie ein Rebell, eher wie ein klagloser Dulder. Sein ausgezehrtes Gesicht war das eines müden Menschen, der keine Tränen mehr hat.

»Man wollte Robbys Leben nicht retten«, sagte seine Mutter Erzsebet. »Da bin ich mir ganz sicher. Er sollte sterben.«

Anzunehmen ist, dass Erzsebets Behauptung den Weg in die Notizblöcke vieler Journalisten fand. Und von dort in die Zeitungen. Auch in englische. Was die Karte mit der indischen Göttin und den Hakenkreuzen erklären würde, die künftig nicht mehr hinter einer Glasscheibe bei der Familie Csorba stecken wird, seit Erzsebet mit versteinerter Miene gewahrte, dass der Weg zwischen dem Verschicken von bösen Briefen und dem Töten von Menschen sehr kurz sein kann.

Nach Ermittlungen einer Sondereinheit der ungarischen Kriminalpolizei wurden im Sommer 2009 in einem Nachtclub im ostungarischen Debrecen vier Männer im Alter zwischen dreißig und vierzig Jahren verhaftet. An neun verschiedenen Tatorten hatten István Csontos, Zsolt Petö sowie die Brüder Árpád und István Kiss DNA-Spuren hinterlassen. Denen zufolge gehen diverse schwere Straftaten sowie sechs Morde an Roma auf ihr Konto. Auch im nordostungarischen Nagycsécs hatten sie im November 2008 zunächst Molotow-Cocktails in eine Zigeunersiedlung geworfen. Als sich die Bewohner vor den Flammen retten wollten, erschossen sie einen Mann und eine Frau mit ihren Jagdgewehren. Ein taubstummes Mädchen überlebte die Mordaktion nur deshalb, weil sie die Schreie nicht hörte und erst spät aus dem brennenden Haus floh. Ein halbes Jahr darauf ermordeten die Serienkiller in Tiszalök im Nordosten Ungarns den 54-jährigen Jenő Kóka. Der Arbeiter wurde abgeknallt, als er sich auf den Weg zur Nachtschicht in einer nahegelegenen Chemiefabrik machte. Dieselben Täter stürmten am 3. August 2009 in der Ortschaft Kisléta das Haus der alleinerziehenden Maria Balogh, traten die Wohnungstür ein und feuerten ihre Schrotgewehre leer. Die 45-jährige starb in ihrem Bett, ihre 13-jährige Tochter Timea wurde lebensgefährlich verletzt.

Beängstigend war: An einigen Tatorten wie in Tiszalök wollten Nachbarn und Anwohner vor den Morden »ein großes, schwarzes Auto« gesehen haben. Auch die Mitglieder der Familie Csorba in Tatarszentgyörgy erzählten die Geschichte von dem unheimlichen Geländewagen, der wenige Tage vor der Mordnacht im Februar 2009 nachts in der Gegend umherfuhr. Nun tauche der ominöse Wagen wieder auf, sagten die Csorbas, obwohl man die Mörder an Róbert und Robika längst gefasst hatte. »Manchmal hören wir das Auto fast jeden Abend, im Dunkeln, gegen neun und zehn. Wir hören, wie das Auto stoppt, hören Schritte von drei, vier Männern, die stumm bleiben und kein Wort sprechen. Wir trauen uns nicht, vor die Tür zu gehen. Dann machen wir im Haus das Licht aus. Irgendwann fahren sie wieder, doch bei uns bleibt diese Angst.«

Viktória Mohácsi glaubte nicht, dass die vier in Debrecen gefassten Serienkiller mit den Attentätern von Tatarszentgyörgy identisch waren. Nur von zweien der verhafteten Mörder wurde DNA-Material in Tatarszentgyörgy sichergestellt. Es sollen aber vier Täter gewesen sein. Erzsebet Csorba meinte sogar, dass es fünf waren, und ist sich sicher, dass die Mörder ihres Sohnes Róbert und ihres Enkels Robika keine zwanzig Kilometer von Tatarszentgyörgy wohnten und den Polizisten aus Orkeny bekannt sein müssten. Beweisen konnte Erzsebet Csorba diese Mutmaßung nicht. Doch weshalb sonst, fragte sich die Familie, hätten die Beamten versucht, in der Tatnacht alle Spuren zu verwischen.

Hier sollte, ja müsste ich eigentlich die Berichterstattung über die Ereignisse aus Tatarszentgyörgy beenden mit einem Verweis auf ausstehende Ermittlungen, hoffend, dass die Kriminologen eines Tages sämtliche Hintergründe der Tat aufklären werden. Ich wünschte, an dieser Stelle einen Schlusspunkt hinter das Kapitel Tatarszentgyörgy setzen zu können. Dann bliebe das grausame Attentat mit dem heimtückischen Vorsatz, am Rande eines Wäldchens in einer ungarischen Zigeunersiedlung eine ganze Familie auszulöschen, das, was es womöglich auch ist: ein hässliches Verbrechen von feigen rassistischen Mordbrennern an unschuldigen Opfern. Punkt! Schluss! Ohne Wenn und ohne Aber! Ich will nicht verschweigen, dass ich ein Bedürfnis nach solch einer abschließenden Erklärung verspüre. Vielleicht steckt dahinter das Verlangen nach einer klaren, unzweideutigen Position. Die Sehnsucht nach einer Wahrheit, die nie gefährdet ist, nach einem gesicherten Standort, der weiß, wo die Frontlinien verlaufen, zwischen Tätern und Opfern, zwischen Böse und Gut, zwischen Schwarz und Weiß. Ist ein solch kompromissloser Standpunkt nicht unverzichtbar? Angesichts einer Mordattacke von Rassisten, die in ihrem blindwütigem Hass nicht zögern, selbst einen kleinen Jungen hinzurichten? Verbietet solch eine abscheuliche Tat nicht von selbst das Benennen beunruhigender Zwischentöne in den Grauzonen der Spekulation? Gern würde ich »ja« antworten.

Wären da nicht diese Fragen, bliebe nach der bösen Geschichte nicht ein irritierendes Unbehagen. Ich werde den Eindruck nicht los, die Wahrheit hinter den sichtbaren Geschehnissen möglicherweise nicht einmal gestreift, geschweige denn getroffen zu haben. Was ich mit den ungezählten Reporterkollegen gemeinsam habe, die in Tatarszentgyörgy Interviews führten und Fotos knipsten. Ich zweifele nicht an den Schilderungen des Tathergangs durch die Familie Csorba. Und ich zweifele auch nicht daran, dass die örtliche Polizei alles daransetzte, den Doppelmord zu leugnen und zu vertuschen. Nur weshalb?

Sämtliche Medienberichte gehen davon aus, dass die vier gefassten Mörder Ortschaften für ihre Attentate aussuchten, in denen es in der Vergangenheit zu ethnischen Konflikten zwischen Roma und Gadsche gekommen war. Als unstrittig gilt, dass Rassenhass das Motiv der Täter gewesen ist. Demnach waren die Morde zwar geplant, die Wahl der Opfer jedoch ein Akt purer Willkür, eine Auswahl nach dem Prinzip des Zufalls, der jede andere Familie auch hätte treffen können. Zugegeben, manches spricht für eine »gezielte« Zufälligkeit. Etwa die einsame Lage des Hauses von Róbert Csorba am Rand einer Siedlung, die den Tätern eine schnelle Flucht in einen Wald erlaubte. Was aber, wenn Róbert Csorba und seine Familie nicht in das Visier von wahllos mordenden Zigeunerhassern geraten sind? Wenn ein Exempel statuiert wurde? Eine gezielte Exekution? Ein Akt der Selbstjustiz, zur Abschreckung?

Der einzige Journalist, der meines Wissens diese Möglichkeit erwog, war Georg Paul Hefty in der *Frankfurter Allgemeinen Zeitung*. Hefty wies auf die Sonderbarkeit hin, dass der Schwiegervater von Róbert Csorba seine Tochter Renata mit der Enkelin Marte von der Familie Csorba wegholte und in ihr Elternhaus zurückbrachte. Und das sofort, noch am Tag der Mordtat. Ein Affront. Seitdem sind die Familien geschieden. Vorsichtig wertete Hefty dies als Indiz, Renatas Familie mache die Familie Csorba mit dafür verantwortlich, dass sie »auf die Abschussliste gekommen sei«.

Zwei Jahre nach dem Mord an Sohn und Enkel erzählte mir Csaba Csorba von ständigen Schikanen durch örtliche Polizeibeamte. Andauernd würden seine sechs Söhne kontrolliert, in Handschellen gelegt und mit der Warnung bedroht, sie alle würden enden wie Róbert. Sohn Ricky sollen Polizisten eine Pistole an den Kopf gehalten haben, ihn drei Tage ins Gefängnis gesteckt haben, erst in Kecskemét, dann in Budapest. Und das, wie Csaba Csorba sagte, »ohne jeden Grund«.

Es ist nicht auszuschließen, dass ungarische Polizisten sich so verhalten, wie man es aus billigen Kriminalfilmen kennt. Doch sind ermittelnde Polizeibeamte tatsächlich so einfältig, eine offensichtliche Brandstiftung, einen Jungen mit zerschossenem Gesicht, einen ermordeten Vater, eine angeschossene Mutter und ein schwerverletztes Mädchen auf einen Unfall mit einem defekten Heizstrahler zurückzuführen? Was bringt Beamte dazu, das Augenscheinliche zu leugnen? Weswegen sollten Polizisten in einem Land der Europäischen Union ein massives Interesse daran haben, eine derartige Tat nicht aufzuklären? Müssen sie nicht fürchten, dass sich in der Öffentlichkeit der Verdacht verfestigt, sie hätten mit den Attentätern gemeinsame Sache gemacht? Oder erhalten die Beamten Rückendeckung von höheren Instanzen der Politik?

Die ehemalige Europa-Parlamentarierin Viktória Mohácsi zweifelte nicht, dass der ungarische Geheimdienst in den Anschlag involviert ist. Zunächst war ich geneigt, dies als eine obskure Verschwörungstheorie abzutun. Merkwürdigerweise waren alle meine ungarischen Interviewpartner, gleich ob sie sich zum linken oder zum rechten politischen Spektrum bekannten, derselben beunruhigenden Ansicht, dass zweifellos klandestine Kreise die Tat deckten. Selbst Gábor Vona, der Vorsitzende der Jobbik, der Partei »für ein besseres Ungarn«, nahm an, dass Geheimdienstler hinter den Morden an den Roma stecken, um die Konflikte zwischen Magyaren und Zigeunern zu schüren. Die mutmaßliche Absicht, durch unkontrollierte Racheakte seitens der Roma solle ein Bürgerkrieg angezettelt werden, galt unter ungarischen Intellektuellen als ausgemachte Sache. Es sei letztlich nur eine Frage der Zeit, wann diese Wahrheit ans Licht gelange. Auch das mag sein. Die Attentäter jedenfalls schwiegen sich vor Gericht zu der Frage potentieller Hintermänner aus.

Vor meiner Abreise aus Tatarszentgyörgy machte ich noch ein Foto von dem ausgebrannten Haus am Rande der Romungro-Siedlung. Die nackte gelbe Fassade und der verkohlte Dachstuhl boten ein befremdendes Bild, so als wäre hier in der Nacht des 23. Februar 2009 die Uhr angehalten worden, so als dürfe das Werk der Mordbrenner noch nicht abgerissen und weggebaggert werden, als müsse der Anblick der tristen Ruine noch ertragen werden. Solange zumindest, bis aufgeklärt und erhellt ist, nicht, was hier passierte, sondern warum es geschah. Ich hoffe, eines Tages wird die Antwort gefunden. Ich fürchte, sie wird hineinführen in einen Sumpf aus Verbrechen und Boshaftigkeit, aus Vertuschung und Lügen. Erneute Versuche meinerseits, in der Dienststelle in Orkeny mit den Polizisten zu sprechen, die in der Mordnacht in Tatarszentgyörgy vor Ort waren, ergaben, dass die Beamten ausgetauscht worden waren. Lediglich ein Polizeischüler meinte: »Was genau in Tatarszentgyörgy passierte, wird wohl ein Rätsel bleiben.« Als ich mit Viktória Mohácsi wieder Richtung Budapest fuhr, musste ich an eine ähnlich hoffnungslose Geschichte denken. Jahre zuvor hatte sie sich ereignet, in Bolintin Deal, einem Ort unweit der rumänischen Hauptstadt Bukarest.

»Der Kommunismus ist gegangen, der Nationalismus gekommen«, beklagte damals das Ethnische Bündnis der Roma und registrierte eine Eskalation der Rassengewalt in Rumänien. In der ersten Hälfte der neunziger Jahre überrollte eine Welle brutaler Übergriffe das

Land, bei denen Roma getötet, Siedlungen in Brand gesteckt, Familien ausgeraubt und Menschen vertrieben wurden. Wenn seitdem eine Liste der Städte und Dörfer publiziert wird, in denen mit Duldung der staatlichen Organe Lynchjustiz an Zigeunern verübt wurde, steht Bolintin stets ganz oben. In einem Bildband des Fotografen Joakim Eskildsen und der Autorin Cia Rinne, der wegen seiner beeindruckenden Fotografien in der Öffentlichkeit höchste Anerkennung fand, wird die Ortschaft Bolintin eher beiläufig genannt. Dafür trifft die Erwähnung die Bewohner allerdings mit vernichtender Wucht. Als Unterstützer für ihr Buch *Die Romareisen* hatten Rinne und Eskildsen den Literaturnobelpreisträger Günter Grass gewinnen können, der in einem Vorwort schrieb: »Die Roma sind wie kein anderes Volk, außer dem der Juden, anhaltender Verfolgung, Benachteiligung und Vernichtung ausgesetzt gewesen. Dieses Unrecht hält bis heute an.«

Für ein solches Unrecht standen irgendwann Ortsnamen wie Turu Lung, wo ein kleines Mädchen verbrannte, oder Kogălniceanu, wo über vierzig Häuser von Zigeunern zerstört wurden, ähnlich wie in Casinul Mare, in Valenii Lapuslui oder in Bolintin Deal. Leider kranken die Berichte über die Pogrome ernstlich daran, dass die meisten Berichterstatter sich nie die Mühe machen, die Fakten vor Ort zu überprüfen. Sie schreiben voneinander ab, was bisweilen zu absurden Verdrehungen der Geschehnisse führt. Einen vorläufigen Gipfel markiert Cia Rinne, die in den *Romareisen* zu Bolintin bemerkte, dass »der rassistische Pöbel von Roma bewohnte Häuser niederbrannte und mehrere Menschen ums Leben brachte«. Solche Bemerkungen glauben, mit wohlfeiler Pseudohumanität den Rassismus zu bekämpfen. Aber das tun sie nicht. Sie nähren ihn. Anstatt die abgründig dunklen Ursachen des kollektiven und individuellen Hasses zu durchleuchten, reicht ihnen der bloße Verweis auf den aufgeheizten Mob, um sich auf der moralisch korrekten Seite zu positionieren. Richtig ist, dass in Bolintin Häuser niedergebrannt und Roma vertrieben wurden. Entgegen der Behauptung von Frau Rinne wurde jedoch kein einziger Zigan ums Leben gebracht, wohl aber ein junger rumänischer Student ermordet.

Die Landschaft war öde. Keine Abwechslung, nichts, was das Auge erfreute, nur endlose Maisfelder, verdorrt, grau, staubig. Als ich mit meinem Dolmetscher Victor Sineac dreißig Kilometer westlich von Bukarest das Ortsschild Bolintin Deal passierte, hatte die Sonne über der Walachei ihren höchsten Punkt erreicht. In der brütenden Hitze stand die Luft. Der Asphalt klebte an unseren Schuhen, und die Straßen waren leergefegt an diesem Samstagmittag im Hochsommer 1991.

Eine bedrückende Ruhe lag über dem 8000-Einwohner-Städtchen Bolintin. Keine Menschenseele auf der Plaza, nur ein Gedenkstein. In einem guten Dutzend Einweckgläsern steckten frische Blumen, hinter Glas das Passfoto eines jungen Mannes. Auf einer schmiedeeisernen Inschrift war zu lesen: »Melinte, Cristian Constantin. Nascut 13.06.1969. Degedad 07.04.1991«.

Die Gedenkstätte erinnerte an ein hässliches Schauspiel, das als »Drama der Auferstehungsnacht« in der rumänischen Presse für Schlagzeilen sorgte. In der Nacht von Ostersamstag auf Sonntag starb der einundzwanzigjährige Student Cristian Melinte, ermordet von dem dreißigjährigen Jon Tudor. Laut Meldung der Zeitung *Adevarul*, deutsch »Wahrheit«, durchschnitt er seinem Opfer »mit einem Messer die Kehle«. Eine Tat, die den Schrei nach Rache weckte. Einen Schrei, der allzu offene Ohren fand. Denn Cristian Melinte war Rumäne. Das war auch Jon Tudor. Zugleich aber war er ein Ursari-Zigeuner.

Nur noch Ruinen zeugten davon, dass in den beiden Ortsteilen Bolintin Deal und Bolintin Vale einst Roma vom Stamm der Bärenführer lebten. Niedergerissene Häuserfassaden, ausgebrannte Wohnzimmer, eingestürzte Dachstühle erinnerten an jene Pogromnacht nach dem Mord an Melinte, in der in Bolintin all das Gift erbrochen wurde, das die Menschen in den Jahrzehnten des rumänischen Staatsterrors unter Ceaușescu geschluckt hatten. Misstrauen und Neid, dumpfer Hass, aber auch ohnmächtige und verzweifelte Wut lieferten den Stoff zu einer Tragödie, die in ebenso vielen Versionen erzählt wurde, wie es Beteiligte gab. Es waren Erzählungen, die hineinführten in ein Labyrinth aus Halbwahrheiten und Lügen, aus Furcht und Korruption. Erzählungen, deren Kern an Glaubwürdigkeit allein darin bestand, dass sie sich gegen die allzu billige Wahrheit sträubten, dass die einen immer nur Opfer, die anderen immer nur Täter sind.

Jon Bucur war ein reicher, für rumänische Verhältnisse sogar schwerreicher Mann. Als Oberhaupt der Ursari war er nicht nur der mächtigste Roma in Bolintin, er bewohnte standesgemäß auch das stattlichste Anwesen. Als Einziger der vertriebenen Zigeuner war Bucur mit einem Teil seiner Großfamilie nach dem Pogrom nach Bolintin zurückgekehrt. Sein zerstörtes Haus war unbewohnbar. Zehn Menschen drängten sich in dem Stall, in dem der Bulibascha ein Jahr zuvor noch Schweine mästete. Der 43-jährige erzählte:

»Natürlich hatte ich viel Geld. Schließlich habe ich allen hier Arbeit besorgt, auf dem Bau und in der Landwirtschaft. Seit Ostern ist das alles vorbei. Es begann abends in Bolintin Deal. Die jungen Männer hatten getrunken, zwei Studenten, ein Roma. Es gab Streit. Der Rumäne Melinte beleidigte den Roma, schlug ihm eine Flasche auf den Kopf. Das konnte er sich doch nicht gefallen lassen. In Notwehr zückte er sein Messer und stach zu. Ein Stich nur, durch die Brust ins Herz. Am nächsten Tag rückten die Rumänen an mit Hacken, Äxten und Knüppeln. Mit Traktoren und Ketten rissen sie unsere Häuser nieder, steckten sie in Brand. Hundert Polizisten kamen aus Bukarest. Sie schauten nur zu. Dann sind wir nach Bukarest geflohen. Mit vierzig Familien und vielen Kindern. Alle zu Fuß.

Dort betteln unsere Leute auf den Straßen. Doch das Schlimmste steht uns noch bevor, wenn erst der Winter kommt. Wir haben nichts zu essen und nichts Warmes anzuziehen. Doch niemand hilft. Die Miliz? Die Polizei? Von denen ist nichts zu erwarten. Die haben doch nachts schon den Rumänen geholfen. Nur heute, da wissen sie von nichts.«

Mircea Obiala, der Bürgermeister von Bolintin Deal, sagte: »Sie müssen verstehen, wir sind einfache Leute, aber keine Rassisten. Nie hatten wir Ruhe. Das waren alles Diebe und Messerstecher. Sogar Gewehre hatten die. Das Gemüse haben sie uns aus den Gärten gestohlen, Fahrräder haben sie geklaut. In der Schule haben sie unseren Kindern das Brot weggenommen. Eine ganze Horde ist über eine junge Frau hergefallen. Alle haben sie vergewaltigt. Und dann noch der Mord. Sie müssen sich das so vorstellen. Nehmen Sie einen leeren Krug. Gießen Sie Wasser hinein. Immer mehr und immer mehr. Irgendwann wird er überlaufen. Verstehen Sie, wir wollten hier nichts als Ruhe und Frieden. Da mussten wir eine kleine Revolution machen.«

Florin Cioabă (seit 2007 Nachfolger seines Vaters Ioan als oberster König der rumänischen Kalderasch-Roma) war nach der rumänischen Revolution Chefredakteur der in Sibiu erscheinenden Roma-Zeitschrift *Neo Drom*, Neuer Weg, in der er schrieb:

»Es herrscht das Gesetz des Dschungels. Natürlich gibt es unter den Roma Kriminelle, und selbstverständlich müssen Täter bestraft werden. Nur wird dabei immer wieder die Justiz umgangen, und Unschuldige müssen dran glauben. Die vielen Fälle von Lynchjustiz machen uns allmählich Angst. Die Bevölkerung hat doch völlig freie Hand, gegen die Roma vorzugehen. Dabei hat das alte Regime auch unter den Rumänen Diebe, Hehler und Schläger hervorgebracht. Heute werden diese Machenschaften nur noch den Roma angelastet. Man braucht einen Sündenbock. Zuerst haben sich die Rumänen mit den Ungarn herumgeprügelt. Daran haben sie sich gesättigt.

Der neue Feind, die neue nationale Gefahr sind heute die Zigeuner. Sicher hat uns der schreckliche Mord von Bolintin bestürzt. Doch dies war nicht der erste und wird auch nicht der letzte Mord sein.«

Dreißig Polizisten sorgten in Bolintin und den Nachbardörfern für Ruhe und Ordnung. In seiner Stube in der Polizeistation von Bolintin Vale redeten wir mit dem Beamten Vasile Lepadatescu, der sagte:

»Ich bin neutral. Aber ich muss Ihnen sagen: Die Ursari sind sehr gewalttätig. Der Mörder Tudor war betrunken und versuchte Melinte zu nötigen, ihn mit seinem Auto ins Nachbardorf zu einer Tanzveranstaltung zu fahren. Als der Junge sich weigerte, drohte der Täter zunächst, dem Beifahrer, dem Bruder Melintes, ein Ohr abzuschneiden. Als sich das Opfer in einem unbedachten Moment herumdrehte, stieß ihm der Ursari das Messer in den Rücken. Als später die Häuser brannten, kamen zehn, vielleicht fünfzehn Polizisten. Aber da waren die Zigeuner alle schon fort.«

Das weitere Gespräch mit dem Polizisten währte nur kurz.

Waren Sie in der Nacht dabei?

»Nein, ich hatte Urlaub.«

Und ihre Kollegen im Nebenzimmer?

»Die hatten auch Urlaub.«

Und die Beamten aus Bolintin Deal?

»Die wurden erst vor ein paar Wochen hierher versetzt.«

Wer waren die Polizisten aus Bukarest?

»Das kann ich Ihnen nicht sagen.«

Wo sind die Zigeuner jetzt?

»Ich weiß nicht.«

Werden auch die Brandschatzer und Plünderer bestraft?

»Selbstverständlich. Alles wird untersucht. Doch das braucht seine Zeit.«

Wo ist der Zigeuner Tudor?

»Im Gefängnis von Giurgiu.«

Die fünfundfünfzigjährige Romni Joana Vadura aus Bolintin Vale behauptete:

»Ins Zuchthaus von Pitesti haben sie den jungen Tudor gebracht. Neunzehn Jahre hat er gekriegt. Und warum? Nur weil er gefragt hat, ob ihn die Rumänen mit dem Auto ins Hospital zu seinen kranken Kindern fahren. Sogar bezahlen wollte Tudor dafür. Denn Tudor hatte viel Geld. Ja, sein Geld, das wollten die Rumänen, aber ihn zu seinen Kindern fahren, das wollten sie nicht. Mit einer Flasche haben sie ihn niedergeschlagen. Da hat er sich gewehrt. Hätten sie ihn Ruhe gelassen, würde der Rumäne noch leben.«

Auf einer Konferenz der Vereinten Nationen legte der Generalsekretär des Ethnischen Bündnisses der Roma in Rumänien, Nicolae Gheorghe, 1991 einen Bericht vor: Die Eskalation der Rassengewalt.

»Vor allen diesen Angriffen läuten die Kirchenglocken. Das soll ein Zeichen für die Einwohner sein, die Roma anzugreifen. Die Ortsbehörden und die Beamten, die Bürgermeister, Polizisten, Priester und Lehrer unterstützen häufig die Angreifer, indem sie die Überfälle organisieren, die Identität der Gewaltanstifter verbergen und sich der Rückkehr der Roma-Familien in ihre Häuser widersetzen. Bis zum heutigen Tag fand kein Gericht statt, das sich auf die polizeilichen Ermittlungen gestützt hätte, um die Anstifter der Pogrome und die Verantwortlichen der Zerstörung zu identifizieren.«

Einer der Popen der orthodoxen Kirchengemeinden aus Bolintin erklärte:

»Nennen Sie bloß nicht meinen Namen. Ich habe wirklich Angst. Die Ursari haben mir gedroht. Sie wollen mein Haus anzünden und meinen kleinen Sohn entführen. Sie denken, ich sei ein Anführer der Rumänen gewesen. Das stimmt nicht. Von den Ursaris, da hat niemand gearbeitet. Die haben nur gestohlen, Hühner, Schweine, Pferde, einfach alles. In die Kirche? Nein, die haben keine Gemeindesteuer bezahlt. In die Kirche sind sie nur zum Stehlen gekommen.

Öl, Handtücher, Decken, keine wertvollen Sachen, aber immerhin. Wenn mal einer geschnappt wurde, da passierte doch nichts. Die Polizei hat doch nie etwas unternommen. Vielleicht mal eine Tracht Prügel auf dem Polizeirevier. Ansonsten steckten die Polizisten doch mit den Ursari unter einer Decke. Die haben die Zigeuner nachts aus dem Gefängnis gelassen, raus zum Stehlen, und die Beute haben sie sich hinterher geteilt.

Der Mord geschah genau um null Uhr zehn. Die Leute waren alle zur Ostermesse in der Kirche. Der Rumäne Melinte war auch dabei, doch er ging wieder hinaus, weil er seine Freundin nicht in der Kirche fand. Dann hörten wir die Schreie. Zuerst hat der Zigeuner ihm eine Flasche auf den Kopf geschlagen und ihn dann regelrecht zerstückelt. Sieben Messerstiche hat er ihm versetzt. Der Bruder Melintes hat ihn noch verfolgt. Dem hat Tudor das halbe Ohr abgeschnitten. Was glauben Sie, was hier los war. Am nächsten Morgen um elf fing die ganze Sache erst richtig an. Zweitausend, vielleicht auch dreitausend Leute haben sich auf dem Kirchplatz versammelt. Dann auf zu den Ursaris. Sehen Sie, die anderen Zigeuner, die hat man in Ruhe gelassen. Musikanten, Bauleute, Kesselschmiede, alles fleißige Leute. Ja, die haben sogar mitgeholfen die Ursari-Häuser anzustecken.«

Der Kalderasch Marin Florea aus Bolintin Vale, Bulibascha einer sechzigköpfigen Sippe von Kesselschmiede-Zigeunern sagte:

»Kein Roma würde einen anderen Roma berauben. Wir klauen auch nicht. Weil wir im Tabakanbau arbeiten. Von uns jedenfalls hat niemand Häuser angezündet und geplündert. Das waren nur die Rumänen. Sogar uns, die wir alle keine Ursari sind, sondern ehrliche Calderari, haben sie die Scheiben eingeworfen, den Kamin und die Möbel zerschlagen und den Fernseher zertrümmert. Und die Mastschweine sind auch weg. Der Polizist Lepadatescu, natürlich war der hier. Der hat mich doch angebrüllt, ich solle die Schnauze halten, sonst käme ich gleich hinter Gitter.«

Der 43-jährige Marin Dumitru, Vater von sieben Kindern, war früher einmal Verzinner und verdingte sich nun als Erntehelfer, Maurer oder bei der Eisenbahn, immer dort, wo kurzfristig Arbeitskolonnen gebraucht werden. Er sagte:

»Schau dir meine schwieligen Hände an. Schau nur, ich habe kräftige Arme. Damit arbeite ich. Trotzdem sind wir bettelarm. Weil wir ehrliche Spoitori sind. Die Ursari, die stehlen alles. Erst vor zwei Jahren sind sie hier eingebrochen und haben uns das ganze Haus leergeräumt. Hör mir auf mit denen. Die bringen sogar ihre Kinder um. Lange vor der Geburt machen die Frauen sie weg. Das würde ein Spoitori niemals machen. Niemals.«

Drei Monate später. Der Winter war eingebrochen. Kalter Regen peitschte über die Walachei. Sie zeigte sich noch trostloser als bei unserem ersten Besuch im September. Die Menschen wirkten noch lethargischer. Noch immer säumten die endlosen Maisfelder unseren Weg. Die Stauden faulten vor sich hin. Niemand hatte sie abgeerntet. Nur die vielen Blumensträuße für Cristian Melinte auf der Plaza von Bolintin Vale waren frisch.

Wir fuhren zum Haus des Bulibascha Jon Bucur. Nichts hatte sich seit dem Spätsommer geändert, nur das Hoftor war mit schweren Kettenschlössern verriegelt, als hätte es in der Ruine noch etwas zu entwenden gegeben. Nach langem Rufen öffnete sich eine Stalltür. Heraus trat Margarete Bucur, die Schwester des Bulibascha. Sie erzählte:

»Mein Mann, mein Bruder und die Kinder sind alle wieder in Bukarest. Sie suchen Arbeit. Hier war nichts mehr zu machen. Die Kinder hatten keine Kleider, sie mussten frieren, weil wir kein Material haben, das Haus zu reparieren. Geld vom Bürgermeister oder der Polizei? Fragen Sie selbst. Versprochen haben sie viel. Schauen Sie doch das Haus an. Nichts ist passiert.«

Erneute Nachfrage im Polizeirevier von Bolintin Deal. Wir läuteten Sturm. Als niemand öffnete, betraten wir den Hausflur.

Aus einem der Räume drang Stimmengewirr. Wir klopften an und traten ein. Ein Dutzend Polizeibeamte hatte sich um einen Fernseher geschart und schaute einem Handballspiel der rumänischen Nationalmannschaft zu. Unter den Polizisten war auch Vasile Lepadatescu.

»Heute werden keine Auskünfte gegeben. Sie können mich morgen früh sprechen.«

Am nächsten Vormittag erfuhren wir von anderen Polizisten: »Kollege Lepadatescu hat heute seinen freien Tag.«

Und morgen?

»Morgen auch.«

Die Lehrerin Anghel Neluta betreute die Internatskinder der Oberschule von Bolintin. Bereits im Sommer hatten wir sie kennengelernt, als sie uns in der Schule ein leerstehendes Zimmer zur Übernachtung angeboten hatte. Sie freute sich über unseren Besuch, besonders an diesem Sonntag, ihrem einunddreißigsten Geburtstag. In ihrer winzigen Ein-Zimmer-Wohnung erzählte sie:

»Ich habe schon versucht, in einer anderen Stadt eine Stellung zu finden, denn hier möchte ich nicht mehr leben. Ich komme mit den Menschen einfach nicht zurecht. Sicher verstehe ich manche Eltern. Sie haben sich oft bei mir beklagt, dass den Kindern in der Schule von den Zigeunern so viel gestohlen wird. Aber nicht von den Kindern der Ursari. Deren Eltern haben sich doch immer geweigert, ihre Kinder überhaupt zur Schule zu schicken.

Was an Ostern geschah, das war ein abgekartetes Spiel, ein misslungenes Szenario. Den Zigeunern wäre nichts geschehen. Es ist ja auch nachts nach dem Mord erst einmal nichts passiert. Und wissen Sie warum? Die Ursari standen mit den Polizisten aus Bolintin in bestem Einvernehmen. Die haben der Polizei hohe Schutzgelder bezahlt. Die Ausschreitungen am Sonntag kamen doch nur zustande, weil nach dem Mord so viele Polizisten aus Bukarest anrückten. Die haben von den Zigeunern kein Geld bekommen. Und ohne Geld kein Schutz.«

Am Abend wurde Geburtstag gefeiert. Mit viel Liebe hatten die Schülerinnen und Schüler der ältesten Klasse ihrer Lehrerin zu Ehren ein Klassenzimmer geschmückt. Es gab Wein, süßen Likör und kaltes Buffet. Wir wurden eingeladen zu Essen, Trinken und Tanz. Ein schönes Fest, auch wenn Tina Turner aus dem Kassettenrekorder ein wenig eierte. Kurz vor Mitternacht nahm die Feier ein jähes Ende. Ein dumpfer Knall schallte durch das Schulgebäude. Die Eingangstür wurde aufgebrochen, die Sicherheitskette mit einem Bolzenschneider geknackt, Scheiben klirrten. Fünf Polizisten stürmten den Festsaal. Frau Neluta wurde verhaftet und abgeführt. Am nächsten Morgen ließ man sie wieder frei.

»Die Polizei hat mich verhört. Die wollten wissen, wen ich hier übernachten lasse. Diese Methoden kennt man in Rumänien ja. Um mich braucht ihr euch keine Sorgen zu machen. Ein halbes Jahr noch, dann bin ich hier weg.«

Wir wollten auch weg aus Bolintin und verabschiedeten uns von Anghel Neluta. Sie begleitete uns zu unserem Auto, das neben der zerborstenen Schultür parkte. Doch unsere Abfahrt verzögerte sich, denn alle vier Reifen waren platt. Es dauerte Stunden, bis wir jemanden gefunden hatten, der den Schaden reparieren konnte. Da mir Sinn und Zweck der polizeilichen Drohgebärde nicht recht einleuchteten, fragte ich meinen Begleiter und Dolmetscher Victor: Wenn Polizisten einem signalisieren wollen, schleunigst zu verschwinden, warum machen sie einem dann das Auto kaputt? Ist das nicht höchst kontraproduktiv?

»Ja«, sagte Victor, »das ist es.«

Und warum tun die Polizisten so etwas?

»Weil sie komplett dämlich sind.«

Jede andere Lösung schloss Victor Sineac definitiv aus. Und auch mir fiel bislang, ehrlich gesagt, keine bessere Erklärung ein.

Unversöhnte Fronten

Gegen die Furcht: Alarmsirene und Überwachungskamera – Viktória Mohácsi: von der leidenschaftlichen Journalistin zu Ungarns meistgehasster Frau – Zwei unheilvolle Listen: Roma als Opfer, Roma als Täter – Der Tod eines Handballers – Ein politischer Fehler und das Ende einer Karriere – Einige verstörende Morde zu viel

Lange Jahre hatte ich Viktória Mohácsi vor unserer gemeinsamen Fahrt nach Tatarszentgyörgy nicht gesehen. Doch als sie das eiserne Tor zum Hof ihres unscheinbaren Hauses am Westrand von Budapest öffnete, stellte sich eine Vertrautheit ein, als hätten wir gestern noch in einem Kaffeehaus bei einem Mokka geplaudert. Dennoch spürte ich, dass etwas anders geworden war. Etwas lag in der Luft, eine Stimmung jenseits persönlicher Befindlichkeiten, ein atmosphärischer Hauch, der nichts Gutes heranwehte. Als mich Vitza auf die Alarmanlage und die Überwachungskameras an ihrem Haus aufmerksam machte, wurde die Ahnung zur Gewissheit: Die Zeiten waren nicht mehr dieselben. Gut zwei Jahrzehnte nach dem Untergang der sozialistischen Volksrepublik Ungarn taten sich trennende Gräben auf, feindliche Fronten gar.

Die Zeiten des postsozialistischen Aufbruchs, die von Offenheit geprägt und von einer den Ungarn ureigenen pessimistischen Zuversicht getragen wurden, waren vorbei. Unwiederbringlich. Die Pseudosattheit an den Fleischtöpfen des Gulaschkommunismus hatte einst den Freiheitsdrang der Magyaren aufblühen lassen. Mit der totalen Kapitalisierung des Landes, unter der Macht von Banken und Konzernen, drohte er nun zu ersticken. Der Hunger nach Recht und Gerechtigkeit war geblieben, doch das Vertrauen in demokratische Wahlmöglichkeiten und in die Aufrichtigkeit politischer Entscheidungsträger war schwer gestört. Spätestens seit 2006, als ein Mitschnitt der berüchtigten »Lügenrede« des sozialistischen Ministerpräsidenten Ferenc Gyurcsány an die Öffentlichkeit gelangte. Gyurcsány, durch Investmentgeschäfte zu einem der reichsten Männer Ungarns aufgestiegen, hatte in einer internen Ansprache vor Parteigenossen zugegeben, dem Volk aus wahltaktischen Gründen die katastrophale Haushaltslage und die Notwendigkeit drängender Sparreformen verschwiegen zu haben. »Wir haben gelogen, morgens, abends und nachts«, fluchte er. »Kein Land in Europa hat eine solche Scheiße gebaut wie wir.« Um einen Aufstand erboster Bürger zu unterbinden, wurden in Budapest wochenlang selbst friedliche Massenproteste mit harter Polizeigewalt niedergeschlagen. Was nicht verhinderte, dass sich Gyurcsánys Rede als ein Sargnagel für die politische Kultur erwies und noch heute Wasser nicht nur auf die Mühlen rechter Parteien treibt. Auch bei politisch gemäßigten Ungarn hat die MSZP, die Magyar Szocialista Párt, auf einige Zeit jeden Kredit verspielt.

Als sich das Ende des Sozialismus 2009 zum zwanzigsten Mal jährte, war ich für Renovabis, das Osteuropahilfswerk der deutschen katholischen Kirche unterwegs, um die Alltagserfahrungen der Ungarn nach zwei Dekaden ohne Eisernen Vorhang zu dokumentieren. Ich interviewte Unternehmer, Ingenieure und Intellektuelle, redete mit Arbeitern und Obdachlosen, Kirchenleuten und Künstlern. Mit wem ich auch sprach, überall stieß ich auf tiefe Enttäuschung. Im wahrsten Sinn des Wortes. Die Menschen waren ent-täuscht, waren doch ihre Hoffnungen als Illusion enttarnt worden. Die Sehnsucht vieler Ungarn, nicht nur einer ökonomischen, sondern auch einer ideellen europäischen Wertegemeinschaft anzugehören, war der ernüchternden Einsicht gewichen, einer utopielosen Union beigetreten zu sein, die sich als bloßer Wächter über die Freiheit der Märkte entpuppte. Geblieben war der starrköpfige

Wille, nicht unterzugehen in einem Europa, das durchweg als charakterschwach und rückgratlos empfunden wurde. Ausgerechnet im Herzen des alten Kontinents machte sich eine europamüde Verdrossenheit breit, eine Leerstelle, die vielfach mit nationalstolzem Trotz gefüllt wurde.

»Ein halbes Jahrhundert war Ungarn von der westeuropäischen Freiheitsgeschichte abgeschnitten. Doch nun hat der Liberalismus beängstigende Züge angenommen«, sagte Asztrik Várszegi, der Erzabt der Benediktinerabtei in Pannonhalma. »Die Menschen halten kaum noch Schritt mit der ungeheuren Beschleunigung, die alle Lebensbereiche durchdringt. Mit dem Kapitalismus, so hatten wir gedacht, käme der Wohlstand. Wir haben uns geirrt. Der freie Markt brachte Enttäuschung und Verbitterung für die vielen, die von der wirtschaftlichen Entwicklung ausgeschlossen sind, während eine exklusive Minderheit über Geld im Überfluss verfügt. Eine echte, von freien Bürgern getragene Gesellschaft mit gemeinsamen Werten muss sich noch bilden.«

Schon in den Wendejahren ließ sich absehen, dass die Zigeuner, aber auch die Pensionäre und die Arbeitslosen nicht zu den Siegern der Geschichte zählen würden. Nie jedoch war Ungarns sozialer Friede derart gefährdet, dass sich jemand genötigt sah, aus Furcht vor Brandsätzen und Molotowcocktails sein Haus mit Rauchmeldern und Alarmsirenen sichern zu müssen. Im Auge einer Überwachungskamera, die sich im Hof der Familie Mohácsi auf Kinderfahrräder und eine bunte Plastikrutsche richtete, wurde für mich sinnfällig, wie sehr Ungarn sich geändert hatte. Das Klima war beklemmend geworden, durchdrungen von subtiler Feindseligkeit und diffuser Furcht, wobei ich zunächst nicht zu entscheiden vermochte, ob die Ursachen der Bedrohung real waren oder nur der Einbildung entsprangen. Oder beides.

In den neunziger Jahren fand ich in der damaligen Fernsehmoderatorin Viktória Mohácsi die engagierteste Begleiterin, die ich mir wünschen konnte. Wir besuchten Romungro-Familien in den Dörfern an der Theiss, fuhren zu Schrottsammlern, Paprikapflückern und Bleikochern. Wir landeten bei irgendwelchen Hausschlachtungen an der Donau, tranken selbstgebrannten Pflaumenschnaps und aßen gekochten Schweinebauch aus Eisenkesseln. Wir hockten in dem legendären Budapester Untergrundschuppen Tilos az Á, wurden nachts zu Geburtstagen mit freundlichen Leuten eingeladen, Menschen, die ich nie zuvor gesehen hatte und wahrscheinlich auch nicht wiedersehen würde. Und im Advent feierten wir inmitten fröhlicher Roma-Kinder die weihnachtliche Bescherung mit kostümiertem Nikolaus. Vitza war dabei, als mir Mutter Rosa mit ihrem sechsten Sinn riet, die Finger von schmutzigem Geld zu lassen, und mich auf einem Schrottplatz ein durchgedrehter Kläffer in die Wade biss.

Als ich Viktória Mohácsi fast auf den Tag genau nach fünfzehn Jahren wiedertraf, war sie nicht mehr nur eine streitende Roma-Bürgerrechtlerin und streitbare Ex-Politikerin, sie war auch Mutter einer bezaubernden Tochter geworden und hatte mit ihrem Ehemann zwei liebenswerte Adoptivkinder in ihre Familie aufgenommen. Sie begrüßte mich lachend und meinte: »Du bist ja immer noch zwei Meter groß«. Diese Beschreibung entspricht beileibe nicht den Tatsachen und wäre auch nicht weiter erwähnenswert, würde sich in ihr nicht die Perspektive einer eher grazilen Frau spiegeln. Vitza wiederum kam mir noch feingliedriger vor als früher. Kämpferisch wie eh und je, ohne Frage. Aber auch dünnhäutiger und verletzlicher. Viel war passiert in den letzten Jahren. Vielleicht zu viel. Vitza nahm die Welt anders wahr als ich. Und es sollte eine Weile dauern, bis ich verstand, welche Lebenserfahrungen uns die Welt mit verschiedenen Augen sehen ließen.

»Magyarorszég a magyaro ké!« – Ungarn den Ungarn! Obwohl die Plakate, mit denen die rechtsnationale Jobbik-Partei Budapest bei der Parlamentswahl 2010 zukleisterte, längst aus dem Stadtbild verschwunden waren, sah Viktória Mohácsi die Sprüche noch immer an den Fassaden prangen. Genau wie die rot-weiß-grünen Autoaufkleber mit den alten Grenzen Großungarns. Frustrierte Magyaren bekundeten damit an der Heckscheibe ihren Verdruss über die 1920 in Paris geschlossenen Friedensverträge von Versailles-Trianon. Dass ihr Heimatland nach dem Ersten Weltkrieg als Verbündeter Deutschlands über zwei Drittel seines Staatsgebiets an die Sowjetunion, Jugoslawien, die Tschechoslowakei und Rumänien abtreten musste, wird von vielen Ungarn noch immer als Schmach und Demütigung empfunden. Während mir jedoch bei den letzten Autobahnfahrten von Wien über Budapest nach Szeged kaum ein ungarischer PKW mit einem solchen Sticker aufgefallen war, wähnte Vitza die Aufkleber mit den revidierten territorialen Grenzen an jedem dritten Auto. Überhaupt glaubte sie in manchen Momenten der Verzweiflung, das Unheil des Nationalismus lauere hinter jeder dritten Straßenecke und jeder dritte Ungar sei ein Neonazi. Auf meinen Einwand, ich hätte in den letzten zwei Jahrzehnten in Ungarn wohl etwas nörglerische, aber rundum redliche Leute getroffen, keineswegs jedoch von Hass zerfressene Rassisten, lenkte sie mit dem Zugeständnis ein, vielleicht leide sie längst an Verfolgungswahn. Nein, das tat sie gewiss nicht. Aber mir schien, als schaue sie in einen Abgrund, in einen bösartigen Schlund, der sich für jemanden auftut, der ständig auf der Hut sein muss und gelernt hat, sein Lebensumfeld durch den Filter permanenter Bedrohung zu sondieren. Vitza lebte in echter Sorge. Um ihre Familie, um sich und um ihr Volk.

Die junge TV-Moderatorin Viktória Mohácsi hatte die Welt kommentiert, die Politikerin wollte sie gestalten, wobei ihre ganze Leidenschaft nur einem Thema galt: dem Kampf gegen die Diskriminierung der Zigeuner. Zunächst arbeitete sie für das European Roma Rights Centre, das von dem in Ungarn geborenen US-amerikanischen Börsenspekulanten und Multimilliardär George Soros

und dessen Open Society Institute unterstützt wird. 2002 zog sie,
obschon kein Parteimitglied, für die ungarischen Freidemokraten
in das Parlament in Budapest ein. Im Erziehungsministerium
der sozial-liberalen Koalition unter Ministerpräsident Ferenc
Gyurcsány stritt sie hartnäckig gegen die sogenannte Segregation
und setzte durch, dass die Kinder der Zigeuner, zumindest nach
dem Gesetz, nicht mehr getrennt von den Kindern der ethnischen
Ungarn in separaten Klassen unterrichtet werden dürfen. 2004
wurde Viktória Mohácsi für den Bund Freier Demokraten in das
Europäische Parlament in Strasbourg gewählt, wo sie die Interessen
der Roma-Minderheit vertrat und, wie sie heute sagt, mit Dutzenden Strafanzeigen und Resolutionen gegen rassistische Umtriebe in
Italien, Frankreich oder in ihrem Heimatland »für mächtig Ärger
sorgte«. Bis zum Sommer 2009.

Bei der Europawahl und den Landeswahlen im darauffolgenden
Jahr führten die Siege des nationalkonservativen Bundes Fidesz
unter Victor Orban und der populistischen Jobbik zu einem massiven Rechtsruck im ungarischen Parlament. Mit der dramatischen
Wahlniederlage der Sozialdemokraten und dem Niedergang der
Liberalen verlor auch Viktória Mohácsi die Gunst der Wähler. Aber
sie büßte nicht nur ihr europäisches Mandat ein, sondern auch ihre
politische Heimat. Es gab kein behütendes Parteiennest, in das sie
hätte flüchten, kein soziales Netz, in das sie hätte fallen können.
Und vor allem, kaum eine Chance auf einen Job. Obschon sie gerade
in den USA mit dem »Human Rights First«-Menschenrechtspreis
ausgezeichnet worden war und ihr der amerikanische Botschafter in
Budapest für ihr mutiges Eintreten für Frauen- und Minderheitenrechte den »Women of Courage Award« überreicht hatte, fand Viktória Mohácsi seit dem Ende ihrer parlamentarischen Karriere keine
Anstellung mehr. Auch der Weg zurück in den Journalismus blieb
ihr versperrt. Keine Zeitung, kein Magazin wollte einen Text unter
ihrem Namen drucken. Keine TV-Anstalt hielt die Ex-Reporterin

noch für bildschirmtauglich. »Ich war einfach zu oft mit meinen Kommentaren im Fernsehen und auf den Meinungsseiten«, sagte sie nachdenklich. »Mein Fehler war, dass ich mich mit zu vielen Leuten angelegt habe. Ich fürchte, heute bin ich die am meisten gehasste Person in Ungarn.«

Auf den letzten Satz wusste ich nichts zu erwidern. Er traf mich unvorbereitet und machte mich sprachlos. Ich konnte, ich wollte ihn nicht glauben. Zu irreal schien er mir. Wahnhaft womöglich. Aber er entsprang keinem Hirngespinst, keiner phobischen Überempfindlichkeit. In zu vielen Anrufen, in zu vielen E-Mails und persönlichen Angriffen wurde Viktória Mohácsi zur Zielscheibe entfesselten Hasses. »Nächste Woche bist du tot«, »Auch dein Haus wird brennen«, »Auf den Friedhof mit dir«, hieß es immer wieder. In zu viele Roma-Häuser waren Brandsätze geworfen worden, als dass eine Frau Mitte dreißig und Mutter dreier Kinder solche Drohungen ungerührt hätte wegstecken können. Vitza überlegte ernsthaft, mit ihrer Familie Ungarn zu verlassen. Ich wusste, dass sie mehr an ihrer Heimat hing, als es vielleicht den Anschein hatte. Deshalb ahnte ich damals nicht, dass sie tatsächlich eines nicht allzu fernen Tages in Kanada um politisches Asyl bitten sollte.

Nach dem Doppelmord in Tatarszentgyörgy riet ihr ein Rechtsanwalt, als gefährdetes Mitglied des Europäischen Parlaments Personenschutz zu beantragen. Ein paar Monate standen Viktória und ihrer Familie zivile Bodyguards zur Seite, die auch darüber wachten, dass sich die Eltern keine Sorgen um den Schulweg ihrer Kinder machen mussten. Dann erlosch das Mandat als Europaabgeordnete. Am 15. Juni 2009, Schlag Mitternacht, verlor Viktória Mohácsi ihren Status als VIP und damit das Recht auf persönlichen Schutz.

Ein Blick in ungarische Internetforen erschreckt noch immer. Ich kann mich schwerlich entsinnen, dass je ein Mensch, dem ich begegnet bin, so oft und so heftig verflucht wurde wie Viktória, wobei Schmähungen wie »stinkende Zigeunerhure«, »lausige Hündin«

oder »dreckige Schlampe« weiß Gott zu den harmloseren Beleidigungen zählten. Die Unsäglichkeit der Beschimpfungen lag keineswegs in der Obszönität der Wortwahl. Wer die satten Flüche mancher Zigeuner kennt, ist härteren Tobak gewohnt. Die Schäbigkeit der Hasstiraden bestand in ihrer Feigheit. Während Viktória Mohácsi eine couragierte Frau war, die sich mit ihrem Namen der Diskussion ihrer streitbaren Überzeugungen stellte, verbargen sich ihre Gegner in der Anonymität des Internets und flüchteten sich in die Identität ihrer Pseudonyme. Diese Leute warfen keine Benzinflaschen und feuerten keine Schrotgewehre aus dem Hinterhalt ab. Sie säten Angst mit der Waffe des Wortes. Auch wenn Viktória Mohácsi der Ruf als zähe und kompromisslose Aktivistin anhaftete, so entsprach sie nicht dem Typus des glatten und abgebrühten Politprofis, dem der Hass in der Wäsche hängen blieb. »Die Angst und die Unsicherheit«, klagte sie, »machen mich allmählich krank.«

Was musste ein Mensch getan und gesagt haben, um die Aversionen, wenn nicht einer ganzen, so doch eines Gutteils einer Nation auf sich zu ziehen und derart viel böses Blut zum Kochen zu bringen? Ich erlebte Vitza als eine Frau, die selbstkritisch genug war, um zu wissen, dass sie sich des Öfteren recht weit aus dem Fenster gelehnt hatte. Und sie wusste auch, dass sie sich keine Freunde geschaffen hatte, als sie redliche Bürgermeister pauschal als »Kriminelle« bezeichnete, weil in deren Gemeinden noch Roma-Kinder in separaten Schulklassen unterrichtet wurden. Solche Entgleisungen mochten einer politischen Karriere hinderlich sein, aber erklärten sie all die bittere Galle, die erbrochen wurde? Mitunter schien mir, als spiegelte sich in der Person von Viktória Mohácsi ein Konflikt wider, der sich auf der Oberfläche der ethnischen Spannungen gar nicht begreifen ließ, als wäre die Roma-Politikerin zur Chiffre eines Unfriedens geworden, einer Entzweiung, die den Kern der ungarischen Nation angegriffen hatte und zu zerstören drohte.

Das Land hatte sich geändert. Vielleicht waren die Ungarn und die Zigeuner vor und nach dem Untergang der Volksrepublik nicht die besten Freunde, aber sie lebten, wenngleich nicht miteinander, so doch nebeneinander. Nun hatten zwei Jahrzehnte gereicht, die Gesellschaft zu spalten und tiefe soziale Gräben aufzureißen. Penetrant einseitige Schuldzuweisungen hatten die Fronten verhärtet. Die Roma klagten, sie würden ausgegrenzt; die Ungarn behaupteten, die Zigeuner seien nicht integrationsfähig. Nichts machte diese Entzweiung für mich anschaulicher als die Existenz zweier Listen, Dokumentationen krimineller Delikte, die in Ungarn begangen wurden. Eine dieser Listen hatte Viktória Mohácsi angefertigt.

Es handelte sich um eine tabellarische Zusammenstellung von Informationen, die Vitza aus allen Teilen des Landes zugetragen worden waren und deren Daten sie in ihrem Computer gespeichert hatte. In Budapest überreichte sie mir einen zehnseitigen Ausdruck, eine Aufstellung von siebzig rassistisch motivierten Übergriffen gegen Roma aus den Jahren 2008 bis 2010. In der Übersicht fanden sich Angaben über den Ort, den Zeitpunkt und die Art der Gewalttat, die Anzahl der Opfer, die Identität der Täter, die zumeist unbekannt blieb, sowie Hinweise auf ein potentielles Tatmotiv. Schließlich folgten noch Bemerkungen zum Stand der polizeilichen und staatsanwaltlichen Ermittlungen. Viktória hatte die Vorfälle chronologisch geordnet, teilweise vor Ort recherchiert und akribisch dokumentiert. Die Gewaltakte reichten von anonymen telefonischen Morddrohungen und Nazi-Parolen an Hauswänden, von eingeworfenen Fensterscheiben, nächtlichen Gewehrschüssen und Benzinbomben auf Roma-Häuser über Prügeleien und Skinhead-Angriffe auf offener Straße, bösen Attacken mit Rasierklingen bis hin zu versuchten Tötungsdelikten und hinterhältigen Morden. Neun Menschen wurden in dem Zeitraum umgebracht. Sechs Morde wies die Kriminalpolizei mittels DNA-Analysen jenen vier Serienkillern nach, die auch Róbert Csorba und seinen fünfjährigen

Sohn Robika aus einem Hinterhalt erschossen hatten. Fraglos hatte der heimtückische Mord in Tatarszentgyörgy auch die Ungarn entsetzt und ihre Abscheu geweckt. Denn in dem Puszta-Dorf hatten die Mörder ein Tabu gebrochen. Als sie einem kleinen Jungen mit einem Jagdgewehr eine Ladung Schrot ins Gesicht feuerten, hatten sie jene Grenze überschritten, vor der nur Psychopathen nicht zurückschrecken. Nach ihrer Festnahme in einer Bar in Debrecen verbüßen die Brüder Árpád und István Kiss sowie Zsolt Pető und István Csontos nun lebenslange Haftstrafen. Noch immer schweigen sie zu den möglichen Hintermännern, an deren Existenz kaum ein Ungar Zweifel hegt.

Ende Februar 2009, wenige Tage nach der Tat in Tatarszentgyörgy, häuften sich die Drohungen gegen die Europaparlamentarierin Viktória Mohácsi. Sie hatte zwar die skandalösen Vertuschungsmaßnahmen der Polizei aufgedeckt, zugleich aber auch einen Fehler begangen. Viktória hatte sich auf hauchdünnes Eis begeben. Es brach, als sie zwei Bluttaten miteinander verglich: den Mord an einem unschuldigen Jungen und den Mord an einem Sportler, der kurz zuvor eine Welle nationaler Trauer und Wut ausgelöst hatte. Der ebenso prominente wie geschätzte rumänische Handballer und Nationalspieler Marian Cozma, der in seiner ungarischen Wahlheimat für den Landesmeister MKB Veszprém spielte, war von gewalttätigen Roma erstochen worden. Viktória Mohácsi hatte den Eindruck erweckt, im Gegensatz zu dem feigen Mord aus dem niederen Motiv des Rassenhasses sei Marian Cozma lediglich das bedauerliche Opfer einer Diskothekenprügelei geworden. In der ungarischen Fernsehanstalt Magyar Televízió mutmaßte sie, Cozma habe die Täter wohl provoziert und als »Zigeuner« beleidigt, woraufhin es zu einer Schlägerei kam, bei der der Sportler getötet wurde. Eine verhängnisvolle Fehleinschätzung, die Viktória Mohácsi erst korrigierte, als die Volksseele kochte.

In der Nacht zum Sonntag, dem 8. Februar 2009, hatten sich die Handballer des Veszprémer Traditionsvereins in der örtlichen Patriota-Bar getroffen, wo sie mit ihren Frauen und ihrem Mannschaftskollegen Gergö Ivancsik die Geburt von dessen Sohn feierten. Unter den Gästen war auch der 26-jährige Marian Cozma, Kreisläufer beim MKB mit der Trikotnummer acht, ein Hüne mit einem Körpermaß von zwei Meter und elf, von dem nicht nur sein Trainer sagte, er sei wie ein großes Kind gewesen, friedlich, gutmütig und freundlich zu jedermann.

Gegen zwei Uhr morgens betrat eine fünfzehnköpfige Gruppe Roma das Lokal, darunter polizeibekannte und vorbestrafte Gewalttäter, Zuhälter und gefürchtete Schutzgelderpresser. Bei ihrer erfolglosen Suche nach einem aus der Haft entlassenen Rivalen, mit dem sie laut Medienberichten abzurechnen gedachten, pöbelten sie die Gäste auf der Tanzfläche im Untergeschoss an. Schließlich bedrohten sie eine Kellnerin, die dagegen protestierte, dass die Bande die Zeche prellen und ihre Getränke nicht bezahlen wollte. Als sich die Handballer vor die junge Frau stellten, eskalierte die Situation. Es kam zu Handgreiflichkeiten. Menschen schrien, die Musik setzte aus, die Gäste stoben auseinander, Messer wurden gezückt. Nur enthüllten die Aufzeichnungen einer Überwachungskamera später, dass Marian Cozma keineswegs die Roma provoziert und beleidigt hatte. Im Gegenteil. Er hatte mit seiner Freundin getanzt, floh vor dem Tumult und stürzte mit seinem Teamkameraden Zarko Sesum über eine Treppe zum Ausgang. Sie wurden von bewaffneten Roma verfolgt, wobei Sándor Raffael zwei Mal mit seinem Messer zustieß. Er traf Cozmas Herz. Als der Handballtorwart Ivan Pesic seinem verblutenden Freund zur Hilfe eilte, wurde auch er durch einen Messerstich lebensgefährlich verletzt. Zarko Sesum erlitt nach Tritten gegen den Kopf einen Jochbeinbruch und ein Schädel-Hirn-Trauma.

Nach einem internationalen Fahndungsgesuch wurden Sándor Raffael und Győző Németh kurz nach der Tat bei ihrem Fluchtversuch nach Italien in Österreich festgenommen. Tage später stellte sich Iván Sztojka auf Druck seiner Sippe den ungarischen Behörden. Im Sommer 2011 wurde er zu zwanzig Jahren Gefängnis verurteilt. Die Hauptangeklagten Raffael und Németh erhielten lebenslange Haftstrafen. Raffaels Verteidigung hatte vor Gericht plädiert, ihren Mandanten nicht wegen Mordes, sondern lediglich wegen Körperverletzung mit Todesfolge anzuklagen. Raffael habe nicht beabsichtigt, Cozma zu töten. Vielmehr habe er sich von mehreren Angreifern bedrängt gefühlt und sei in Panik geraten. Die Staatsanwältin, im Laufe des Prozesses mit Unflätigkeiten beschimpft, widersprach dieser Sicht der Geschehnisse. Auch das Gericht folgte der Strategie der Verteidigung nicht. Die Angeklagten hätten töten wollen, hieß es in dem erstinstanzlichen Urteil. Deshalb hätten sie auch mehrfach auf Marian Cozmas Kopf getreten, als er schon sterbend auf dem Boden lag. In einem Berufungsverfahren 2012 wurden die Urteile jedoch abgemildert, in achtzehn beziehungsweise acht Jahre Gefängnis je nach Schwere der Tatbeteiligung.

Als sich Viktória Mohácsi aufrichtig und in aller Form im Fernsehen entschuldigte, keinesfalls habe sie die kriminellen Täter rechtfertigen und das Verbrechen banalisieren wollen, war die Lawine der Entrüstung bereits zu mächtig, als dass die Öffentlichkeit ihre Abbitte noch mit Wohlwollen annehmen mochte. Das Entsetzen über den Mord einte alle Ungarn. Nicht aber die Antwort auf die Frage, wie die kaltblütige Tat gesellschaftspolitisch zu werten sei.

»Die Mörder des Veszprémer Handballidols Marian Cozma und deren Angehörige sehen sich jetzt nicht nur wegen ihrer Tat dem Hass und den Rachegelüsten der Mehrheitsgesellschaft ausgesetzt, sondern auch, weil sie Zigeuner sind«, schrieb der Chefredakteur der konservativen *Budapester Zeitung* Jan Mainka. »All der aufgestaute namenlose Frust angesichts des hochproblematischen tagtäglichen Miteinanders scheint sich mit einem Mal an der neuen

Märtyrergestalt Cozma Bahn zu brechen. Die Prominenz und allgemeine Beliebtheit des Opfers, aber auch die Brutalität der Tat, lassen die Dämme bersten.« Zwei Wochen nach Marian Cozmas Tod starben Róbert und Robika Csorba in Tatarszentgyörgy.

Rechte Populisten benutzten das mafiöse Umfeld der Mörder Cozmas, um unterschiedslos eine ganze Ethnie in Misskredit zu bringen. Der publizistische Scharfmacher Zsolt Bayer hetzte in der Tageszeitung *Magyar Hírlap:* »Das Maß ist voll«, und erklärte kriminelle Roma zu »Tieren«, während die uniformierten Ungarischen Garden mit knallenden Stiefeln gegen die »Zigeunerkriminalität« marschierten. Galt das Schlagwort zuvor noch als ideologischer Kampfbegriff der extremen Rechten, so wurde es mit dem Mord an Marian Cozma auch in der bürgerlichen Mitte salonfähig. Unter den besonnenen Stimmen, die vor einer Zuspitzung der ethnischen Konflikte und einer bürgerkriegsähnlichen Eskalation des Rassenhasses warnten, bewegten vor allem die weitherzigen Worte von Petre Cozma, dem Vater des ermordeten Handballers. Doch seine Mahnung, wegen eines morschen Baumstammes fälle man keinen ganzen Wald, verhallte kaum gehört. Zu entfesselt waren Trauer und Wut. Zu präsent war zudem die Erinnerung an jene unheilvolle Tragödie, die als der »Lynchmord von Olaszliszka« die Ungarn aufgebracht hatte. Weniger aus boshaftem Hass denn aus fassungsloser Ohnmacht.

Am 15. Oktober 2006 hatte der Geografielehrer Lajos Szögi in Olaszliszka, einer kleinen Ortschaft im Weinbaugebiet Tokaj, in einer Roma-Siedlung mit seinem PKW ein zwölfjähriges Mädchen angefahren, das wohl ein wenig benommen war, ansonsten jedoch nahezu unverletzt blieb. Als der Vierundvierzigjährige nach dem Kind schauen wollte, fielen blindwütende Roma, die das Mädchen für tot hielten, über den Familienvater her. Zwei von Szögis Töchtern, fünf und vierzehn Jahre alt, sahen hilflos und voller Todesfurcht zu, wie ihr Vater fast eine Viertelstunde lang getreten und zu Tode geprügelt wurde.

Obwohl acht der Totschläger, darunter auch der mehrfach vorbestrafte Vater des angefahrenen Mädchens, langjährige Gefängnis-
strafen absitzen müssen, lag mir der Gedanke fern, in der fraglos
barbarischen Tat eine spezifische Form von Zigeunerkriminalität zu
erkennen. Gab es so etwas überhaupt? War es zulässig, bestimmte
Verbrechen exklusiv einer bestimmten Ethnie zuzuordnen? Im
Grunde hatte ich diese Frage für mich längst beantwortet. Selbstverständlich gab es keine Roma-Kriminalität, wohl aber kriminelle
Roma, so wie es auch verbrecherische Deutsche, Spanier und Italiener gab. Oder straffällige Bayern, Westfalen oder Sachsen. Oder
Katholiken, Protestanten und Freimaurer. Insofern war der Mord an
Marian Cozma nicht zigeunertypisch. Die Schuldigen waren abge-
brühte Verbrecher. Dass sie ungarische Roma waren, spielte keine
Rolle. Und durfte keine spielen. Ich teilte die Einschätzung von Journalisten wie Keno Verseck, der schrieb, Cozma sei von Roma nicht
»in ihrer Eigenschaft als Roma erstochen worden, sondern von mut-
maßlichen Mafiosi und Schwerkriminellen, die zufällig Roma sind«.
   An eine bloße Zufälligkeit indes glaubt eine beträchtliche Zahl
von Ungarn nicht. Das ist ein Faktum, das sich natürlich ignorieren
lässt. Sobald von »Zigeunerkriminalität« die Rede ist, kommentieren die medialen Meinungsführer in Westeuropa dies gemeinhin als
Indiz einer grassierenden rassistischen Gesinnung der Magyaren.
Als reisender Journalist hatte mich jedoch etwas stutzig gemacht.
Nach gut zwei Dutzend Recherchetouren nach Budapest und in den
Osten des Landes erinnerte ich keinen Ungarn, den ich mit ruhigem
Gewissen als einen von Ressentiments verblendeten Rassisten hätte
bezeichnen können. Statt verbohrter Faschisten, die es zweifelsfrei
gab, hatte ich Männer und Frauen getroffen, deren Aufrichtigkeit
ich, wie ich zugeben muss, nicht recht zu schätzen wusste. Wenn
die Leute sich über die zunehmende Gewalt beschwerten, wenn sie
argwöhnten, der Staat habe vor den Machenschaften krimineller
Familienclans kapituliert und die Polizei sei nicht mehr in der Lage,

die Bürger zu schützen, so tendierte ich dazu, die Klagen eher als Bekundungen von Hysterie, denn als zutreffende Beschreibung der Alltagswirklichkeit zu werten.

Dann sagte Viktória Mohácsi etwas, das mich im Nachhinein irritierte. Nach einem Besuch der Familie Csorba in Tatarszentgyörgy saßen wir im Auto und fuhren über die monotone M5 nach Budapest. Wie so oft drehte sich unser Gespräch um Diskriminierung, Segregation und Gewalt gegen die Zigeuner, als Vitza plötzlich meinte, der Mord an dem Handballer Cozma sei der Tropfen gewesen, der das Fass zum Überlaufen brachte. Erst zeitverzögert realisierte ich, welche Brisanz diese Einschätzung barg. Mit dem bildhaften Vergleich drängte sich unweigerlich eine Frage auf. Was war in dem Fass? Was hatte es so voll werden lassen, dass es überlaufen konnte?

Bei der Suche nach einer Antwort kam ich nicht recht voran. Bis zum Mai 2011. Unter der Schlagzeile »Mordswut« hatte das Nachrichtenmagazin *Der Spiegel* eine Titelgeschichte über die »unheimliche Eskalation der Jugendgewalt« in Deutschland veröffentlicht. Illustriert wurde der Titel mit einem Foto aus einer Überwachungskamera aus dem Berliner U-Bahnhof Friedrichstraße. Die erschütternde Aufnahme zeigte, wie der 21-jährige Schläger Torben P. den hilflosen Handwerker Markus P. mit aggressiven Fußtritten gegen den Kopf beinahe umbringt. Da ich mit einem befreundeten ungarischen Priester des Öfteren über das Thema Jugendkriminalität diskutiert hatte, machte ich ihn in einer Mail auf die *Spiegel*-Ausgabe und die Reportage »Kinder der Finsternis« aufmerksam. Wenige Tage später erhielt ich eine Antwort.

»In Deutschland seid ihr über die Gewalt eurer Jugend entsetzt. Nur gesteht anderen diese Empörung auch zu. Macht uns Ungarn nicht zu Faschisten, wenn wir die Gewalt der Roma beim Namen nennen.« Den knappen Worten hatte mein Freund Imre noch einen

Internet-Link angefügt. »Kein Kommentar«, schrieb er dazu, als erübrige sich jede Anmerkung von selbst.

Die Verknüpfung führte mich zu einer Dokumentation. Sie ließ sich lesen als Gegenstück zu der akribischen Übersicht, die Viktória Mohácsi erstellt hatte und wie sie ähnlich auch von Amnesty International publiziert wurde. Während die Menschenrechtsorganisation in der Studie »Violent attacks against Roma in Hungary« eine rassistisch motivierte »Hasskriminalität« anklagte, gab die umfangreiche Auflistung im Netz vor, eine andere Seite der Wahrheit zu belegen. Nicht Verbrechen, die an Zigeunern, sondern die von Roma verübt wurden.

Weil die Dokumentation ohne Hinweis auf die Urheberquelle im Umfeld von Websites nationalistischer Jobbik-Anhänger auftauchte, glaubte ich zunächst, mein Freund Imre sei einer raffinierten Fälschung aufgesessen. Doch die Vermutung, es handele sich bei dieser Liste um plumpe Hetzpropaganda, löste weder mein Erschrecken auf, noch verschwand die Furcht, die minutiösen Schilderungen der Taten könnten sich als zutreffend erweisen. Mehr noch als die Fülle der Straftaten schockierte die entfesselte Gewalttätigkeit. Ihre Rohheit erschütterte das Fundament meiner Überzeugungen, die ich zuvor mit unbeirrter Selbstverständlichkeit vertreten hatte.

Vor Jahren hatte der *Playboy* eine längere Bildstrecke mit meinen Roma-Fotografien sowie ein ausführliches Interview über meine Erfahrungen unter Zigeunern abgedruckt. Auf das Problem der Kriminalität angesprochen, hatte ich damals geantwortet: »Mit schwerer Kriminalität haben Zigeuner nichts zu tun. In vielen Fällen ist es einfach Armuts-Kriminalität, die es in allen Ländern, in allen Kulturen gibt.«

Für die neunziger und die Jahre nach der Jahrtausendwende war diese Einschätzung sicherlich zutreffend. Wenn allerdings diese zweite Liste keine Erfindung einer pervertierten Phantasie war, dann musste ich meine Ansichten revidieren. Dann hatten sich die

Zeiten geändert. In nur wenigen Jahren. Erwies sich dieses ominöse Dokument in der Sache als seriös, dann hatte die Entwurzelung der Roma grausame und extrem verstörende Taten hervorgebracht. Demnach hatten im nordungarischen Pásztó drei minderjährige Roma den Ungarn István A. gefoltert, damit dieser verriet, wo er sein geerbtes Vermögen versteckt hielt. Den Leichnam des gequälten Mannes zerstückelten sie mit einer Säge. In dem Dorf Makó wurde ein Roma beschuldigt, die 18-jährige Henrietta Pénzes vergewaltigt, an einen Baum gefesselt und anschließend angezündet zu haben. Die Frau starb an ihren schweren Verbrennungen. Der Täter war fünfzehn, ebenso wie der Jugendliche, der in dem Dorf Szalonna eine 93-jährige Frau ausgeraubt und ermordet hatte. Im nordungarischen Gadna soll sich ein junger Roma an einer 88-Jährigen vergangen und ihr die Augen ausgestochen haben, bevor er den Kopf seines Opfer mit einer Axt zertrümmerte und der Frau die Beine abschnitt.

Bislang hatte ich den Lynchmord an dem Erdkundelehrer Lajos Szögi in Olaszliszka als abnormen Einzelfall angesehen, als kriminelle Entgleisung von Menschen, die in ihrer Raserei nicht wussten, was sie taten. Doch stimmte dieses Dokument, dann gab es in Ungarn viele Lajos Szögis. Auffallend oft wurden betagte Menschen die Opfer, Männer und Frauen über siebzig, achtzig, gar neunzig Jahre alt. Selbst eine 99-Jährige raubte man aus, bevor man sie erschlug. Greise Witwen wurden skrupellos vergewaltigt. Rentner, die sich dagegen wehrten, dass man ihnen die letzte Habe stahl, wurden zu Tode gepeinigt, erschlagen, erwürgt oder erstochen. Und getreten. Mit dem Furor jener Mordswut, die der *Spiegel* jugendlichen Gewalttätern in Deutschland attestierte, traten Täter in Ungarn ihre Opfer tot. Immer wieder auf den Kopf. Viele der Delinquenten waren erst vierzehn, fünfzehn Jahre alt, wenige älter als zwanzig oder fünfundzwanzig. Der Bursche, der in Tuzsér eine Ungarin schlafend in ihrem Bett niederstach, weil die junge Frau ihn tags zuvor gerügt hatte, soll zwölf gewesen sein. Zu jung, um zu verantworten, was er tat, doch alt genug, um ein paar Tropfen in jenes Fass zu füllen, von dem Viktória Mohácsi sagte, die Messerstecher in einer Tanzbar in Veszprém hätten es zum Überlaufen gebracht.

Wie sollte ich mit den Informationen dieser zweiten Liste umgehen? Manchmal hoffte ich, sie wäre ein Fake, ein faschistoides Hirngespinst. Dann wiederum wünschte ich, mein Freund Imre hätte mich nie auf dieses Dokument aufmerksam gemacht. Imre hatte mir den Schutzmantel der Unwissenheit genommen. Er hatte mir die Unschuld des naiven Blicks geraubt; die Selbstgewissheit des unbeirrten Urteils, das a priori wusste, wer gut und wer böse ist, wer Opfer und wer Täter zu sein hatte.

Nun birgt die Aufzählung von Straftaten, die von ethnischen Minderheiten begangen werden, zwangsläufig die Gefahr, Phänomene kriminellen Verhaltens mit einer vermeintlichen Wesensart der Täter zu verknüpfen. So suggeriert der Begriff »Zigeunerkriminalität« einen ursächlichen Zusammenhang zwischen einer spezifischen Ethnie und spezifischen Verbrechen. Aber es ist nicht das fragwürdige Privileg von Zigeunern, Menschen, die wehrlos auf dem Boden liegen, den Kopf zu zertreten. Die bestialisch massakrierten Toten in den Bandenkriegen um die weltweiten Rauschgiftmärkte, die entsetzlichen Frauenmorde in der mexikanischen Grenzstadt Ciudad Juárez mit Hunderten von verstümmelten Leichen, die abgedrehten Gewaltorgien enthemmter Psychopathen, die Exzesse religiöser Eiferer, ethnischer Säuberer oder von Soldaten in Extremsituationen zeigen, dass Menschen aller Kulturen unter bestimmten Bedingungen zu allen erdenklichen Grausamkeiten fähig sind. Männer, die zu Mördern, Schindern und Folterern wurden, wären zu anderen Zeiten an anderen Orten unter anderen Verhältnissen vielleicht ihren Lebtag lang umgängliche Kerle geblieben.

Aber weshalb beließen es die beiden jungen Roma im siebenbürgischen Kovászna nicht dabei, den Ungarn József Paltán einfach nur zu bestehlen? Warum mussten sie dem 84-jährigen Alten auch noch die Rippen brechen und seinen Kopf mit einem Schraubenzieher zerstechen? In dem ominösen Katalog mit Roma-Gewalttaten rangierte das qualvolle Sterben des József Paltán unter Nummer 97.

Weil bei solchen Fällen von Hasskriminalität rassistische Motive nicht ins Auge springen, interessieren sich internationale Menschenrechtler nicht dafür. Anstatt sich die unbequeme, schmerzende Frage zu stellen, was manche Zigeuner erlebt haben müssen, um solche Taten zu begehen; anstatt deren ungarische Nachbarn zu fragen, wie sie mit ihrer Furcht und ihrer Wut umgehen, schweigen sie. In der westeuropäischen Presse fand lediglich der Mord an Marian Cozma, Listennummer 110, aufgrund der Prominenz des Handballers leidliche Beachtung. Ansonsten beharrt die kommentierende Berichterstattung darauf, eine Kriminalität der Zigeuner existiere nur »angeblich« und sei eine propagandistische Erfindung rechtsextremer Politiker, der nationalistischen Jobbik und paramilitärischer Garden.

Der österreichische Publizist Karl-Markus Gauß, der für sein verständiges Buch *Die Hundeesser von Svinia* tief in das soziale Milieu der slowakischen Zigeuner eingetaucht ist, schrieb zur Lage in Ungarn in der Wochenzeitung *Die Zeit*, brachiale Rechtsextremisten klagten »umso empörter über die Kriminalität der Roma, je öfter diese selbst zum Opfer rassistischer Anschläge« würden. Was jedoch, wenn der geschätzte Karl-Markus Gauß in diesem Punkt irrte? Was, wenn es sich genau umgekehrt verhielt? Wenn diese beklemmende Liste keine Lüge war, dann wurden allein zwischen 2006 und 2009 mehr als dreißig Ungarinnen und Ungarn von Roma ermordet. Ob in Cegléd, Kerekhegy, Kunszentmiklós, Öcsöd, Ózd, Polgár, Sárospatak, Tarnabod, Tiszacsege, Szalonna, Somogyzsitfa, Vásárosnamény oder Zagyvarékas, stets schockierte die Hemmungslosigkeit der Täter.

Die Liste ließ mir keine Ruhe. Wenn jemand wirklich Erhellendes über die »angebliche Zigeunerkriminalität« zu erzählen wusste, dann waren das die Roma selbst, ihre ungarischen Nachbarn und der befreundete Kulturökologe Professor Sándor Györi-Nagy, der über Jahre hinweg das Zusammenleben der beiden Volksgruppen erforscht hatte. Nicht zu vergessen Szilveszter Póczik vom Nationalen Institut für Kriminalistik in Budapest. Irgendwo hatte ich gelesen, dass er das angespannte Verhältnis zwischen radikalisierten Ungarn und Roma mit einem »brennenden Haus« verglichen hatte, das schon »zur Hälfte abgefackelt« sei. Von einem Kriminalhistoriker, der seinem Heimatland attestierte, in der sozialen Frage seit der Wende komplett versagt zu haben, durfte ich annehmen, dass er Klartext reden würde. Zu Recht. Um es vorweg zu sagen: Als ich eine Kopie der Internetdokumente aus der Tasche zog, warf Szilveszter Póczik nicht einmal einen Blick auf die Papiere.

»Diese Listen sind mir bekannt«, sagte er.

Und? Stimmen sie?

»Ja. Und sie könnten beliebig ergänzt werden.«

Das Versagen der Politik

Ein erhellender Besuch in Ungarns Institut für Kriminalistik – Zigeunerkriminalität: ein Kampfbegriff – Sprachtabus und Denkverbote – Der Aufstand der Realität – Hühnerdiebe oder organisiertes Verbrechen? – Die Früchte des Zorns und die Gewalt der Ghettoisierten – Die Allianz des Schweigens – Ein Woiwode, der seinem Volk die Leviten liest – Kálló: ein sterbendes Dorf in Angst – Professor Györis Theorie des Konfrontationismus

Nun reiste ich nicht nur als Berichterstatter nach Ungarn, sondern auch als deutscher Staatsbürger, aufgewachsen in der Bundesrepublik. Will sagen, ich hatte Schablonen der Welterklärung im Gepäck, Interpretationsmuster, die mir von Kindheit und Jugend an vertraut waren und die sich bisweilen wider bessere Einsicht hartnäckig noch im Erwachsenenalter behaupten wollten. So war ich mit einem parteipolitischen Lagerdenken aufgewachsen, das weltanschauliche Optionen immer farblichen und räumlichen Kategorien zuordnete. Schwarz und Gelb, Rot und Grün und als Unfarbe das hässliche Braun. Die Verortungen auf der Palette des politischen Farbspektrums steckten Frontlinien und Grenzmarken ab, sie entschieden über Freund und Feind, über Sympathie und Antipathie, über potentielle Partnerschaften, strategische Kooperationen und absolute No-go-Bündnisse. Im Spannungsfeld der Positionsbestimmungen zwischen Rechts und Links mied der Demokrat die Extreme. Außen saß immer der Gegner. Und da sitzt er noch heute. Der Demokrat drängt ins Zentrum, zur bürgerlichen Mitte. Auf dem sicheren Terrain der vermeintlichen Mehrheitsmeinung, wo sich die Farben zu trübem Grau vermischen, wird entschieden, wer im demokratischen Diskurs den Ton angibt, wessen Stimme geduldet wird und wer das Recht auf Gehör verwirkt hat.

Den Zigeunern war ein politisches Schubladendenken fremd, wenn nicht suspekt. Um nicht einseitig informiert zu sein, hatte mir Viktória Mohácsi sogar angeboten, für mich in Budapest Gesprächstermine mit Jobbik-Politikern zu arrangieren. Mit dem politischen Gegner! Solch eine Geste wäre in Deutschland undenkbar.

Im Grunde interessieren die Roma unsere etablierten Rituale der Politik nicht. Wenn sie wie in Rumänien Hunderte von Parteien und Organisationen gründeten, war das eher ihrer Stammesmentalität geschuldet als programmatischen Abgrenzungen. Bei vielen Zigeunern in Osteuropa hatte ich ihre freie und unabhängige Art zu denken schätzen gelernt. Sie waren lebensklug und besaßen die Fähigkeit, die Welt gegen den Strich zu lesen, ein Talent, das auch viele gebildete Ungarn teilten. Die propagandistischen Ergüsse sozialistischer Zentralkomitees hatten sie geschult, die hohlen Signifikanten der Meinungsorthodoxie subversiv zu deuten und mit mehr oder weniger deftigem Sarkasmus zu kommentieren. Nirgends sonst als in Budapest traf ich so viele Meister in der Kunst, den Wahrheitsgehalt politischer Deklarationen nicht daran zu messen, was gesagt, sondern was verschwiegen wurde. Die Freigeister hatten sich aus der Enge des politischen Navigationssystems zwischen links und rechts befreit und schielten nicht mehr danach, ob ihr Denken massenkompatibel war. Sie waren auf erfrischende Weise undeutsch.

Als mich Szilveszter Póczik in das Nationale Institut für Kriminalistik in einer geschichtsträchtigen Hinterhofvilla in Budapests Maros-Straße einlud, ahnte ich nicht, dass ich Stunden in seinem kargen Büro verbringen würde. Ich mochte den zuvorkommenden Mittfünfziger auf Anhieb. Er gehörte zu den anregenden Menschen, bei denen in Gesprächen der Kaffee kalt wird. Äußerlich hemdsärmelig strahlte der promovierte Historiker, Linguist und Soziologe die kompetente Verbindlichkeit jener Intellektuellen aus, die sich ihr Wissen nicht nur angelesen, sondern durch Erfahrung und Denken erworben hatten. Póczik parlierte neben einem halben Dutzend anderer Sprachen auch in eloquentem Deutsch. Noch in kommunistischer Zeit hatte er in Debrecen und an der Ernst-Moritz-Arndt-Universität in Greifswald Geschichte und Soziologie studiert. In den Wendejahren war er Stipendiat am Institut für Zeitgeschichte in München, bevor ihn die Generalstaatsanwaltschaft in Budapest in ihre Forschungsabteilung holte. In Europa gilt er als Kenner der Strukturen des organisierten Verbrechens, und er avancierte zum Experten für politischen Extremismus, ethnische Minderheiten und rassistische Gewaltkriminalität.

»Die Roma-Frage ist in Ungarn eine lebenswichtige Frage geworden. Seit den siebziger Jahren verzeichnen wir ein explosives Bevölkerungswachstum. Seitdem hat sich die Zahl der Roma von 300 000 weit mehr als verdoppelt. Ihre Integration ist ein unbedingtes Muss«, erklärte Dr. Póczik, nicht verhehlend, dass im freien Ungarn zwei Jahrzehnte zur Integration der Zigeuner ungenutzt verstrichen waren. Schlimmer noch. Eine verkorkste Minderheitenpolitik hatte das ethnische Zerwürfnis beschleunigt und eine brennende Lunte an einen Sprengstoff gelegt, dessen Brisanz beständig anschwoll. Szilveszter Póczik warnte. Nicht als Kriminalist, nicht als Politiker und schon gar nicht als Verwaltungsbürokrat. »Ich bin Forscher«, betonte er. Das klang banal. Aber nur vordergründig. Der schlichte Satz signalisierte, dass der Kriminalhistoriker die sozialen Konflikte Ungarns nicht durch parteipolitische Brillen und ideologische Filter erklären, sondern in der Auseinandersetzung mit der Realität verstehen wollte. Ein gefährliches Unterfangen. Póczik wusste zu gut, dass Worte nicht unschuldig sind und dass ein unabhängiger Wissenschaftler, egal ob er eine tatsächliche oder bloß vermeintliche Kriminalität unter den Roma erforschte, sich auf hochsensibles, politisch vermintes Terrain begab.

Zu Zeiten der ungarischen Diktatur war der Begriff »Zigeuner-kriminalität« ein Terminus technicus der Polizei. Auch den Kommunisten war nicht entgangen, dass ein Leben auf der untersten Stufe der sozialen Leiter Diebstähle, Raubüberfälle und Gewalttaten – wenngleich kaum Tötungsdelikte – begünstigte. Schwerlich ließ sich übersehen, dass die nationale Minderheit in den staatlichen Gefängnissen überproportional viele Insassen stellte. So führte man in den siebziger und achtziger Jahren über die Roma eigene Kriminalstatistiken, die jedoch 1988 aufgelöst wurden. Teils aus humanrechtlicher Einsicht, schließlich hatte die Göttin Justitia angesichts der Ethnie von Straftätern farbenblind zu sein, teils aufgrund der Fragwürdigkeit der Daten. Die Statistiken hatten sich als untauglich erwiesen, ohne Erkenntniswert, da viele Roma sich in ihrer Selbstidentifizierung gar nicht als Roma bezeichneten, so dass niemand mehr wusste, von wem überhaupt die Rede war.

Szilveszter Póczik war daran beteiligt, als im postsozialistischen Ungarn der Sinn für Bürgerfreiheiten und Menschenrechte erstarkte und das Wort »Zigeunerkriminalität« zwar nicht aus der Umgangssprache, wohl aber aus dem polizeilichen und juristischen Vokabular verbannt wurde. Zum einen, um die große Mehrheit der rechtschaffenen Roma zu schützen, die mit Kriminalität nichts zu tun hatten. Zum anderen, so Póczik, um »auch auf der begrifflichen Ebene die Kontinuität von der Diktatur zur Demokratie zu unterbrechen«. Das war gut gemeint, zeitigte aber einen unkontrollierten Nebeneffekt. Der verbale Traditionsbruch fand nicht im Alltag der Bürger statt sondern vielmehr im reinen Denken einer Meinungselite. Dort erblühte, wie Póczik selbstkritisch monierte, »eine Political Correctness, zu der ich selber eine Weile einiges beigetragen habe. Nur geriet diese Korrektheit immer mehr zu einer Sammlung von Sprach-, Begriffs- und Denkverboten, so dass man vor lauter Bäumen den Wald nicht mehr sah. Wer die massive Kleinkriminalität unter den Roma beim Namen nannte, wurde von radikalliberalen

Politikern als Rassist angeklagt. Eifernde Menschenrechtler übten
einen enormen Druck aus. Auch in der Wissenschaft. Es herrschte
ein Klima, in dem einem sehr schnell angehängt wurde, man sei ein
Nazi und Faschist.«

In den Nullerjahren der sozialliberalen Koalition in Ungarn
sprach kaum jemand aus, was auch ohne Statistiken offensichtlich
war. Nach internen Unterlagen der Mitteleuropäischen Polizeiaka-
demie von einem Fachkongress im österreichischen Ybbs galten
die Roma in mehrfacher Hinsicht als »kriminologisch relevante
Gruppe«. Sie waren gefährdet als Opfer von Diskriminierung und
Gewalt, aber sie fielen auch auf als Täter. Als solche waren sie verantwortlich für Delikte, die sich nicht mehr als Armutskriminalität kleinreden ließen. Die Mörder Marian Cozmas waren reiche
Schutzgelderpresser und Kreditwucherer, die auf Fotos mit einem
Mercedes protzten. Unbehelligt von der Polizei hatten ihre Familienclans ganze Dörfer unter ihre Kontrolle gebracht. Im Zuge einer
gesellschaftlichen Liberalisierung knüpften sie ein mafiöses Netz,
das sich unter der repressiven Staatsmacht zu Zeiten der ungarischen Volksrepublik nie hätte entfalten können.

Im Kommunismus, so Póczik, spielte die organisierte Kriminalität unter den Zigeunern keine Rolle. Wohl hätten einige Großfamilien von der Prostitution gelebt und ihre Frauen und Mädchen auf
den Strich geschickt. Erst nach dem Fall der Grenzen weitete sich
das Geschäft aus, von Ungarn, Rumänien oder Bulgarien in Richtung Italien, Deutschland, der Schweiz, Holland und ganz Westeuropa. »Das ist keine lokale Zuhälterei mehr, das ist organisierter
Menschenhandel.« Im Gegensatz zur klassischen Mafia operierten
kriminelle Roma nicht in hierarchischen Strukturen, sondern in
familiären Netzwerken. Banden- und Serienkriminalität verzeichnete man zusehends bei Wohnungseinbrüchen und dem sprunghaft
angestiegenen Diebstahl von Buntmetallen. Geklaut wurden nicht
nur tonnenweise Kupferkabel und Dachrinnen, auch bronzene Sta-

tuen, Grabschmuck auf Friedhöfen oder Kirchenglocken. Immer wieder wurde die teure Schaltelektronik von Eisenbahnschienen und Stellweichen herausgerissen, selbst komplette Signalanlagen an Bahnübergängen wurden gestohlen, was die öffentliche Sicherheit enorm gefährdete und den Unmut unter der Bevölkerung erregte.

Von der Gewohnheit, derlei Vermögensdelikte als Armutskriminalität zu etikettieren, hatte sich Póczik verabschiedet. »Die Bezeichnung Überlebenskriminalität erweckt den Eindruck, als würde nur so viel gestohlen, wie man zur eigenen Existenzsicherung braucht. Wenn jedoch dutzendköpfige Banden mit Lastwagen anrücken und nachts flächendeckend ganze Felder mit Paprika oder Erdbeeren abernten, dann sind das geplante Seriendiebstähle von organisierten Kriminellen.«

Szilveszter Póczik verstand die Straftaten der Zigeuner nicht als ein ethnisches, sondern als ein soziales Problem. »Die Kriminalität der Roma ist eine beunruhigende Angelegenheit, zweischneidig«, sagte er, einen Augenblick innehaltend, zögernd in dem Bewusstsein, nun eines dieser Minenfelder zu betreten. »Es gibt Auffälligkeiten bei den Tätern. Eigentümlichkeiten, die nicht zu übersehen sind. Eine enthemmte Brutalität, auch bei Konflikten untereinander, die Zerstörungswut, die Eskalation der Gewalt in Gruppen und aggressive emotionale Überreaktionen. Ich will nicht behaupten, diese Phänomene würden nicht auch bei anderen Tätergruppen auftreten. Aber definitiv nicht in dieser Häufigkeit.«

Die verstörende Gewalt war kein Zufall. Den Lynchmord an dem Geografielehrer Lajos Szögi hatte der Roma-Bürgerrechtler Aladár Horváth als »brutale Form eines Ghettoaufstandes« bezeichnet, wobei er die Siedlung von Olaszliszka mit einem amerikanischen Schwarzenviertel verglich, in das sich ein Fremder verirrt, der daraufhin umgebracht wird. Für mich war offensichtlich, dass in Ungarn ein verhängnisvoller Same aufgegangen war, der in den postkommunistischen Wendejahren gestreut worden war und nun keimte. Eine ungute Saat aus ökonomischer Ausgrenzung und sozialer Missachtung, aus Verwahrlosung, haltloser Amoralität und alimentierter Lethargie. Nun war die Zeit reif, das Unheil zu ernten, die Früchte des Zorns. Oft wurden die Opfer von Überfällen gequält und erniedrigt. Bestohlene verzweifelten nach Einbrüchen weniger an dem Verlust von Geld und Wertsachen, sondern daran, dass ihre Heime verwüstet waren. Immer öfter wurden Menschen nach harmlosen Verkehrsunfällen angegriffen, schwer verletzt, totgeschlagen gar. Selbst Polizisten, Ärzte und Rettungssanitäter, aber auch Kindergärtnerinnen, Schulpädagogen und Lehrer wurden von wütenden Roma beschimpft und verprügelt.

Kein Mordopfer jedoch hatte so eine Präsenz im Bewusstsein der Ungarn wie der Lehrer Lajos Szögi. Sicherlich war den Totschlägern nicht bewusst, dass sie in ihrem Furor nicht nur einen Menschen umbrachten, sondern ihren Teil dazu beitrugen, den Riss durch die entzweite Gesellschaft noch weiter zu vergrößern. Auf der einen Seite der Lehrer, der aus dem Auto springt, um einem verletzten Mädchen zu helfen, und dann totgetreten wird; auf der anderen Seite der aufgeheizte Mob. Die Tat hat verheerende soziale Auswirkungen. Etwa auf eine unbefangene Hilfsbereitschaft. Seit dem Mord von Olaszliszka braucht es in Ungarn schon etwas Mut, um in einer ähnlichen Situation noch aus dem Auto zu steigen.

Allen Sprachregelungen zum Trotz wurde mit dem Tod Lajos Szögis die Kategorie der Zigeunerkriminalität in Ungarns Umgangssprache wieder hoffähig. Die Ächtung des Begriffs und seine Verbannung aus der offiziellen Terminologie hatten eine Leerstelle hinterlassen, eine Lücke zwischen der Alltagserfahrung und der Tabuisierung ihrer Benennung. Rechte Populisten konnten den semantischen Hohlraum nur deshalb mit antiziganen Ressentiments füllen, weil liberale Politiker und Medien den Eindruck erweckten, als hätten sie mit einem Begriff auch eine reale Bedrohung zum Verschwinden gebracht. Die Illusion funktionierte so lange, bis es die politische Korrektheit mit der Wirklichkeit zu tun bekam. Es kam zu einer Rebellion der Erfahrungen, zu einem Aufstand der Fakten, bei dem, so Póczik, »die Roma-Frage durch die politischen Extreme instrumentalisiert wurde.« Zum großen Wahlerfolg der Rechten 2010 vor allem im ländlichen Osten Ungarns, so analysierte das Nachrichtenportal *Hungarianvoice*, habe der Eindruck beigetragen, die als hoch wahrgenommene Kriminalitätsrate unter den Roma werde »von der Politik seit Jahren verschwiegen«.

Irgendwann fiel mir auf, dass wir Journalisten uns mit empathischer Solidarität an die Seite der Zigeuner stellten, wenn es galt, rassistische Übergriffe gegen die Roma publik zu machen. Auch der Film *Czak a szél*, deutsch *Nur der Wind*, des ungarischen Regisseurs Bence Fliegauf, der die Angst einer Roma-Familie vor rechten Killertrupps in beklemmend dichten Bildern einfängt, wurde auf der Berlinale 2012 euphorisch bejubelt und mit dem Silbernen Bären ausgezeichnet. Andererseits schienen die Schicksale der Opfer aus der Mehrheitsgesellschaft, sei es in Ungarn, Rumänien, in Tschechien oder der Slowakei, auf befremdend kühle Weise niemanden zu berühren. Selbst die Erfahrungen der integren Roma, die unter der Kriminalität innerhalb ihrer Ethnie am meisten litten, waren in der Berichterstattung nicht präsent. Die Medien folgten damit der politischen Leitlinie, wie sie in der Bundesrepublik auch der Zentralrat der Deutschen Sinti und Roma vertrat. Der Vorsitzende Romani Rose, der seit über drei Jahrzehnten in der Öffentlichkeit als der Repräsentant der deutschen ziganen Minderheit firmiert, hatte sich wiederholt mit Erklärungen zu den Ursachen der Gewalt gegen die Roma in Ungarn zu Wort gemeldet. Nach einem Besuch in Tatarszentgyörgy, wo Rose den Angehörigen des ermordeten Róbert Csorba und dessen Sohn Robika kondolierte, bekundete der Sinto, in Ungarn sei »eine von Hass vergiftete Atmosphäre« entstanden. Es sei beängstigend, »wie weit der Rassismus gegen

Roma in die ungarische Bevölkerung vorgedrungen sei und als alltäglich hingenommen werde«. Ähnlich äußerte sich Rose 2011 auch in Auschwitz, wo er an den Völkermord an den Juden und an seinem eigenen Volk erinnerte und einen Bogen von der Nazi-Barbarei zur Jetztzeit schlug. »Diskriminierung und rassistische Gewalt sind an der Tagesordnung«, beklagte er. »Der jüngst erfolgte Rechtsruck in Europa, nicht zuletzt aufgrund wirtschaftlicher Verwerfungen als Folge der Finanzkrise, muss uns mit tiefer Sorge erfüllen. Nationalistische Kräfte, die Minderheiten gezielt als Sündenböcke benutzen, gewinnen immer mehr an Boden.«

Damit sagte der Vorsitzende des Zentralrats der Deutschen Sinti und Roma ziemlich genau das, was man von einem Zentralratsvorsitzenden erwartet: Die diskriminierten Roma sind Opfer, ungarische Rassisten sind Täter. Das ist unstrittig eine Wahrheit. Allerdings eine halbierte, weshalb sie auch nichts Erhellendes zum Verständnis des Dilemmas der Roma beiträgt. Nun lehrt die Geschichte Osteuropas indes auch, dass man die Verlautbarungen von Zentralkomitees nicht allzu hoch hängen sollte. Waren die Eliten des revolutionären Proletariats doch wahre Meister im Verbreiten von Halbwahrheiten. Da haben sich die Roma-Funktionäre einiges abgekupfert. Etwa den selektiven Blick. Mit einem Auge nimmt er konturenscharf jedes Unrecht wahr, das den Zigeunern angetan wird. Nur bleibt das zweite Auge geschlossen, blind für den Hass, der hochkocht, wenn die Entwurzelten und Ghettoisierten zurückschlagen.

Nachdem die Romni Maria Balogh im ungarischen Kisléta von dem Debreciner Killerquartett kaltblütig erschossen wurde, wandte sich der Zentralratsvorsitzende Romani Rose in einem Schreiben an Bundeskanzlerin Angela Merkel. Obwohl die Täter seinerzeit noch unbekannt waren, machte Rose in seinem Brief die Propaganda der rechtsradikalen Partei Jobbik und ihre inzwischen verbotene Organisation Ungarische Garde für den Mordanschlag ver-

antwortlich, »wenn nicht direkt, so indirekt wegen ihrer massiven
romafeindlichen Aktivitäten, die unmittelbar zur Gewalt aufrufen«.
So argumentierte auch die dem Zentralrat nahestehende Gesellschaft für Antiziganismusforschung in Marburg, die eine Parallele
zum deutschen Nationalsozialismus ausmachte. Demnach wurde
die Ungarische Garde von der Jobbik-Partei in Anlehnung an die
SA-Sturmabteilung der Nazis aufgebaut. Zu Brand- und Mord-
anschlägen sei es gekommen, nachdem die Garde mit Hetzparolen
und Kampfliedern durch Roma-Siedlungen marschierte.

Solche Behauptungen klingen plausibel. Nur offenbart sich ihre
Glaubwürdigkeit weniger über das Gesagte. Ihr Wahrheitswert
erschließt sich darüber, was sie verschweigen. Verschwiegen wird,
dass in den drei Monaten vor der Mordnacht in Tatarszentgyörgy
im März 2009 mindestens acht oder neun Ungarn von zumeist jungen Roma erschlagen oder erstochen wurden. Die Opfer waren, bis
auf zwei Ausnahmen, betagte Männer und Frauen, die meisten achtzig Jahre und älter. Verschwiegen wird der beklemmende Umstand,
auf den der Kriminalsoziologe Szilveszter Póczik hinweist. Jeder
zweite Erwachsene und drei von vier jugendlichen Delinquenten
in den ungarischen Haftanstalten sind Roma. Und das bei einem
Bevölkerungsanteil von acht Prozent. Verschwiegen wird, dass die
interethnische von der intraethnischen Gewalt bei weitem übertrof-
fen wird. Die meisten Opfer der Roma sind selbst Roma, verprügelte Frauen, missbrauchte Mädchen und ausgebeutete Kinder. Und
verschwiegen werden letztlich auch die Stimmen jener Zigeuner,
die aus dem Kartell des Verschweigens aussteigen. Stimmen wie
die von Attila Lakatos.

Lakatos ist ein Roma-Führer in dem Verwaltungsbezirk Borsod-
Abaúj-Zemplén. In dem Komitat im Nordosten Ungarns mit dem
landesweit höchsten Anteil an Zigeunern gilt er als Autorität, ein
Woiwode traditionellen Schlages, der mit seiner freimütigen Art
und mit unorthodoxen Aktionen von sich reden macht. Als im

nordungarischen Szikszó uniformierte Gardisten strammstanden und als die »wahren Ungarn« gegen die Zigeuner agitierten, traten Hunderte erboster Cigány zu einer Gegendemonstration an. Die Konfrontation drohte gefährlich zu eskalieren. Lakatos entschärfte die brenzlige Lage auf friedliche Weise. Als Zeichen, dass auch die Zigeuner wie stolze Ungarn fühlten, sangen er und seine Gefolgsleute die Nationalhymne. Immer wieder hatte Lakatos die Verelendung seines Volkes angeprangert, weil er einsah, dass die soziale Katastrophe allein durch die Eingliederung der Roma in die schulischen Bildungs- und die ökonomischen Arbeitsprozesse zu beenden ist. Weil Lakatos nicht verschwieg, was er sah, wetterte er gleichermaßen gegen die ausufernde Straffälligkeit in den eigenen Reihen. Bekannt dafür, seinen Leuten die Leviten zu lesen, warnte er gar vor einem Bürgerkrieg, weil die Magyaren es irgendwann nicht mehr hinnehmen würden, ständig bestohlen zu werden.

Um Attila Lakatos zu beschreiben, muss ich ein Klischee bemühen, dass mir von Kindesbeinen an vertraut ist, seit aus der Musiktruhe meines Onkels *Der Zigeunerbaron* von Johann Strauss tönte. Lakatos, er möge mir den Vergleich verzeihen, entsprach ziemlich exakt jenem Bild, dass ich mir in meiner kindlichen Phantasie von dem reichen Schweinefürsten Zsupán machte, dessen Fach nach eigenem Bekunden nie das Schreiben und das Lesen war. In meiner Vorstellung musste der Operetten-Bariton ein wahrhaft gestandener Mann sein: erdig und ehrlich, großspurig und eine Spur grobschlächtig, gewitzt und schlitzohrig, mit stolzer Brust, weitem Herzen und prahlerischem Mundwerk. Kurzum, ein Zigan, wie er im Buche stand. Zumindest früher einmal, als solche Persönlichkeiten noch nicht als romantisierendes und antiziganes Zerrbild der Dominanzkultur entlarvt waren.

»Itt az idö« stand als Motto an dem Rednerpult, als Attila Lakatos an das Mikrofon trat und vor einem Dutzend ungarischer Staatsflaggen eine wahrhaft unglaubliche Rede hielt. »Itt az

idö«, »Die Zeit ist gekommen«, war im ungarischen Parlaments-
wahlkampf 2010 das Motto des Bundes Junger Demokraten Fiatal
Demokraták Szövetsége, kurz: Fidesz. Mit prächtigem Schnauzbart,
im lässigen Jackett und mit offenem Hemdkragen sprach Lakatos
vor hochrangigen Parteimitgliedern und hinterließ einen sichtbar
beeindruckten und nachdenklichen Victor Orbán, der wenig später
als Ministerpräsident die politische Achse Ungarns mächtig nach
rechts verschieben sollte. Lakatos redete Klartext, selbstkritisch und
sehr, sehr selbstbewusst.

Die Ansprache dauerte nur wenige Minuten. Doch die reichten
zu einer machtvollen Brandrede, zu einem aufrüttelnden Weckruf
an sein eigenes Volk, der nur eine Botschaft hatte: den Opferstatus aufzugeben und endlich einmal die Ursachen des Dauerelends
nicht bei der ungarischen Mehrheit zu suchen, sondern bei sich
selbst. Lakatos wetterte gegen die Unsitte, jeden als »Rassisten« zu
beschimpfen, der einem nicht in dem Kram passe: Lehrer, die einem
Zigeunerkind einen Tadel gaben; Ärzte, die einen Rom nicht vom
Krebs heilen konnten; Polizisten, die Roma das Auto stilllegten, weil
sie ohne Versicherungsschutz fuhren. »Rassistische Lehrer! Rassistische Ärzte! Rassistische Polizisten!«, rief Lakatos aus. »Was soll
das! Sind denn alle in diesem Land Rassisten?«

Just als gegen den Vorsitzenden der Selbstverwaltung der ungarischen Roma wegen der Veruntreuung von EU-Fördergeldern ermit-
telt wurde, attestierte Lakatos den ziganen Führern, sie gehörten
allesamt vor Gericht gestellt und inhaftiert. Sie seien dafür verantwortlich, dass die Roma seit zwanzig Jahren in einem Zustand der
Lethargie verharrten. »Ich habe keinen Einzigen der nationalen
Zigeunerführer gesehen, der gesagt hätte, kommt, lasst uns zusam-
mensetzen und darüber reden, was wir für unsere Familien tun können, für unsere Kinder und Enkelkinder.«

In bis dato unbekannter Offenheit benannte Lakatos jenes Phänomen, das die Leiter der ziganen Lokalverwaltungen stets banali-

sierten: »Sie sagen, es gibt keine Zigeunerkriminalität. Aber wenn zehn von zehn, wenn zwanzig von zwanzig Straftätern Zigeuner sind, wie soll man das denn sonst nennen?« Als er ausgesprochen habe, natürlich gebe es in Ungarn eine Zigeunerkriminalität, hätten dreißig Prozent der Cigány seinen Kopf gefordert. »Aber das Problem ist nicht meine Behauptung, das Problem ist, dass wir Zigeuner nichts gegen die Kriminalität unternehmen. Ich war in Dörfern, in denen die Nichtzigeuner nur dann die Kirche besuchen können, wenn der Mann am Morgen geht und seine Frau am Nachmittag. Denn wenn sie beide zugleich ihr Haus verlassen, werden sie ausgeraubt ... Dagegen müssen wir endlich etwas unternehmen. Lasst unsere zehn-, zwölfjährigen Kinder die Jugendgefängnisse besuchen. Sie sollen sich das mal anschauen, wie das Leben dort ist ...«

Dann sagte Attila Lakatos etwas, was meines Wissens noch nie ein Woiwode öffentlich gesagt hatte. Er kündigte den Common Sense darüber auf, wer nach den Regeln der politischen Korrektheit als Täter und wer als Opfer zu gelten habe. Ein Tabubruch. Weniger in Ungarn als in Westeuropa, wo der Diskurs über die Roma von Theoretikern dominiert wird, die vermutlich wenig Zeit in Roma-Gemeinschaften verbracht haben. »Es gibt keine Roma- oder ›Zigeuner-Kriminalität‹«, erklärt der Berliner Historiker Wolfgang Wippermann recht regelmäßig. »Ständig wird über die ›Roma-Frage‹ berichtet, ohne zu erwähnen, dass für sie nicht die Roma, sondern die Nichtroma verantwortlich sind. Nicht die Roma sind das Problem. Das Problem ist die Roma-Feindschaft.«

Glaubt man hingegen Attila Lakatos, dann verdreht Professor Wippermann Ursache und Wirkung. Lakatos bekundete, nicht der ungarische Rechtsruck habe die Gewalt gegen die Roma hervorgerufen, vielmehr habe die Gewalt der Cigány das Aufblühen des rechten Radikalismus erst begünstigt. »Ich bin sicher, wir Zigeuner selber waren bei dieser Garde, bei diesen Monsterkreaturen, die Geburtshelfer. Umso mehr wir gestohlen haben, umso mächtiger wurde die Garde. Wenn man mir vier Mal meine Hühner, meine Kartoffeln und meinen Weizen stehlen würde, dann würde auch ich früher oder später der Garde beitreten.«

Attila Lakatos beleuchtete zwar die verschwiegene Seite der Wahrheit, war aber seinem Naturell entsprechend etwas über das Ziel hinausgeschossen. Zumindest in einem Punkt. Nicht nur die Eskalation der Kriminalität hatte die Garden genährt. Hinzu kam ein weiterer, ein entscheidender Faktor: die Abwesenheit von Justiz und Polizei, die bei Konflikten nicht intervenierten und bei dem Schutz der Bürger versagten. Ganz gleich ob Gadsche oder Roma. Für Szilveszter Póczik war der weitgehende Verzicht auf das staatliche Gewaltmonopol Konsequenz einer »falsch verstandenen Liberalität«. Bei Delikten, deren materieller Schaden unter einer Wertgrenze von umgerechnet 80 Euro lag, waren die Polizeibehörden angehalten, gar nicht erst zu ermitteln. Bis die ungarische Dorfkultur vor die Hunde ging. Nur währte das Machtvakuum, das die Liberalisierung hinterließ, nicht lange. Es wurde gefüllt von der populistischen Jobbik und den Garden in Schwarz.

Bei den ungarischen Parlamentswahlen 2010 erreichte die Jobbik auf Anhieb einen Stimmenanteil von knapp siebzehn Prozent. Den politischen Rechtsruck in Ungarn erklärte das Nachrichtenmagazin *Focus* als Folge einer antiziganen Stimmungsmache wegen kleinkrimineller Bagatellen, wobei das Journal eine Frontlinie ausmachte. Auf der einen Seite Neofaschisten, die in Hundertschaften in Reih und Glied durch die Dörfer marschierten, martialisch und bedrohlich. Auf der anderen Seite arme Diebe, die Feuerholz klauten und ab und an den Ungarn die Hühnerställe leer räumten. Derlei Missetaten werden hierzulande nicht einmal belächelt, erinnern sie doch irgendwie an Wilhelm Buschs Spitzbuben Max und Moritz, die der Witwe Bolte durch den Schornstein die gebratenen Hühnchen vom Herd angeln. Nur ist die Realität in Ungarn weit weniger amüsant.

Vielerorts ist das Zusammenleben von Magyaren und Roma extremen Belastungen ausgesetzt. Vor allem im Norden und Osten des Landes haben die »Mundraubdelikte« verheerende Folgen gezeitigt. In ungezählten Dörfern ist die ländliche Lebenskultur zerstört, besonders dort, wo sich traditionell die ärmsten Ungarn, die Geringverdiener und Arbeitslosen, die Witwen und Rentner aus Kleingärten selbst versorgten. Nicht immer war das Verhältnis der Ethnien so zerrüttet. Niemand in Ungarn weiß das besser als Sandor Györi-Nagy. Er hatte das Mit- und Nebeneinander der Magyaren und der Zigeuner in einer Langzeitstudie erforscht und dafür fünf Jahre in dem Dorf Kálló gelebt.

Györi-Nagy war Professor für Kulturökologie und Umweltkommunikation an der Sankt-Stephans-Universität in Gödöllö. Bis der Lehrstuhl 2005 abgeschafft wurde. Heute leitet er mit dem Ökosozialen Forum ein kleines Forschungsinstitut, das einem »rücksichtslosen Zweckwissen« widersteht, »das Mensch und Umwelt nur für Profite missbraucht«. Ähnlich wie Szilveszter Póczik versteht sich der 60-Jährige als unabhängiger Wissenschaftler, der sich weigert, sich auf eine parteipolitische Linie zwischen links und rechts festzulegen.

Ich hatte Györi-Nagy früher schon anlässlich einer Reportage über den Untergang der ungarischen Pusztakultur in seiner Heimat besucht. Er war ein bekennender Christ, ein gradliniger Mensch mit ausgeprägtem Sinn für Gerechtigkeit. Als studierter Linguist sprach er ein perfektes, bisweilen etwas altertümliches Deutsch. Schnell hatte ich mich daran gewöhnt, dass er seine Beobachtungen mit den Worten »Sehen Sie …« oder »Verstehen Sie …« einzuleiten pflegte. Danach folgten stets äußerst erhellende Erläuterungen. Sandor Györi-Nagy war einer der wissbegierigsten, klügsten und mitfühlendsten Menschen, die mir je begegnet sind. Mit ihm fuhr ich in die Provinz Nógrád nach Kálló, wo ich lernte, die Ungarn und die Roma in ihrer Umwelt mit geschärftem Blick wahrzunehmen. Zuerst staunend, dann nachdenklich, schließlich besorgt, entsetzt gar.

Von Budapest über die M3 kommend passierten wir Ortschaften wie Aszód, Kartal und Verzeg. Auf Györis Frage, ob mir in den Dörfern irgendetwas auffalle, wusste ich nur zu antworten: nichts. Es waren halt nette Orte, mit netten Häusern und netten Vorgärten und zwischendurch grüne Bäume. Ordentlich, aber nicht penibel spießig, normal eben. Auch bei der Ankunft in Kálló fiel meinem ungeschulten Auge nichts auf, was mich irritiert hätte. Wir parkten am Rande des Dorfes, wo die Erdöso-Straße endete und in einen hügeligen Feldweg überging. Bevor wir mit den Bewohnern das erste Wort wechselten, lud mich Györi zu einem Spaziergang ein. Er wollte mir zeigen, wo genau der Niedergang Kállós seinen Anfang genommen hatte. Der ansteigende Pfad, überwuchert von Gestrüpp, schien seit längerer Zeit nicht mehr begangen worden zu sein. Er führte aus dem Dorf heraus, über eine Anhöhe hinweg und verlor sich schließlich in einer idyllischen Senke, in einer saftigen Wiese mit Blumen und Gräsern. Es war still, nur die Grillen zirpten. Natürlich fiel mir auch hier nichts auf, mitten auf einer Wiese, die aussah, wie Wiesen nun einmal aussehen.

»Wir stehen auf einer ehemaligen Müllkippe«, sagte der Ökologe und suchte nach Spuren. Doch kaum etwas erinnerte daran, dass hier einmal Zigeuner lebten. Hier ein Ziegelstein, dort ein Mauerrest, ein paar zerschlagene Dachpfannen. Die Natur hatte sich das Terrain zurückerobert, die Hütten der Romungros waren verschwunden. 1975 waren sie hier weggeholt worden, heraus aus ihren armseligen Baracken neben der Abfallhalde, hinein in die Häuser der Bauern im Ortskern von Kálló. Die Höfe standen leer, weil die kommunistischen Machthaber die Besitzer enteignet, zwangsumgesiedelt und in landwirtschaftliche Produktionsgenossenschaften gezwungen hatten. Was in Kálló wie auch in anderen ungarischen Dörfern als Maßnahme zur Integration der Roma gedacht war, entpuppte sich in der Folgezeit als erster Schritt in ein soziales Desaster. Die Zigeuner lebten fortan nicht mehr an der Peripherie, sondern im Zentrum einer dörflichen Kultur, in soliden Bauernhöfen mit Gemüsegärten und Obstwiesen, doch sie waren weder fähig noch willens, ihre neue Rolle anzunehmen. »Die Zigeuner sind nun mal keine Bauern«, erklärte Györi, »deshalb darf man ihnen auch nicht anlasten, dass sie die Häuser und Gärten verwahrlosen ließen.« Nicht umsonst benutzten die Romungros, um sich abzugrenzen, zur Benennung der Ungarn nicht den üblichen Begriff Magyar, sondern das Wort Paraszt. Bauer.

In sozialistischer Zeit prägte zwar kein inniges Miteinander, wohl aber eine friedliche Koexistenz das Zusammenleben von Ungarn und Zigeunern. Bei ihren integrativen Bemühungen hatten die Kommunisten jedoch weniger auf die Bereitschaft der Roma zur Assimilation als auf den restriktiven Zwang der Staatsorgane vertraut. So gab es im ungarischen Strafgesetzbuch den Paragrafen 266. Demgemäß wurden unwillige Roma und Ungarn aufgrund »allgemeingefährlicher Arbeitsscheu« dazu verdonnert, unattraktive, mitunter auch ineffiziente Hilfsarbeiten zu verrichten. Die niedrigen Kriminalitätsraten in Zeiten der Diktatur waren auf ein rigoroses Kontrollsystem und ein flächendeckendes Netz von Polizeistellen zurückzuführen. In jedem Kaff existierte eine Wachstube, oft nur mit einem Ordnungshüter besetzt, dem beispielsweise zugetragen wurde, ob die Kinder regelmäßig zur Schule geschickt wurden. Wenn nicht, übten die staatlichen Organe Druck auf die Eltern aus.

Dann kam die politische Wende. Und mit ihr der zweite Schritt in die soziale Katastrophe der Zigeuner. Die Agenten des freien Marktes setzten auf Effizienz und Profit. Und weil im Postsozialismus schlichtweg nicht genug Arbeit für alle vorhanden war, warfen die Gadsche in den Führungsetagen als Erstes die Roma auf die Straße, die von der Armut ins Elend stürzten. Gleichzeitig löste man wegen knapper Finanzen die lokalen Polizeiposten auf. In den Nullerjahren, in der Ära des Ministerpräsidenten Gyurcsány, wurden die kleinkriminellen Straftaten der Roma wenn nicht legalisiert, so doch geduldet. »Nach dem Motto leben und leben lassen«, so der Kriminologe Póczik, »sahen die ideologiebildenden Kräfte darin eine Art Beitrag zur Sozialhilfe.« Mit der Konsequenz, dass die Roma beim letzten Schritt in den Abgrund auch die Dorfkultur mit nach unten rissen.

Wir näherten uns den Häusern von Kálló nicht von der Straße her, sondern von der Rückseite der Anwesen. Allmählich verstand ich, worauf Sandor Györi-Nagy hinauswollte. Wo ich weite Wiesen und kahle Felder sah, sah er die Konsequenzen eines Raubbaus. »Einst standen hier überall Bäume. Mit ihren Motorsägen haben die Zigeuner komplette Wälder weggeholzt. Zum Heizen ihrer Häuser, aber auch, um das Feuerholz zu verkaufen.« Sandor führte mich zu den Gärten der Ungarn, die sich streifenförmig hinter den Höfen anschlossen. Der Unterschied zu Orten wie Aszód und Kartal war unübersehbar. In Kálló waren alle Gärten auf trostlose Weise verwildert. Wo andernorts Gemüse gedieh, Paprika, Tomaten, Kartoffeln und Zwiebeln, lagen leere Farbeimer umher, verrotteten kaputte Fernseher und Kühlschränke im wuchernden Gras. Weinstöcke wurden von Unkraut erstickt, verkümmerte Apfel-, Pflaumen- und Pfirsichbäume boten ein Bild des Jammers. Wenn sie nicht längst abhackt waren.

»Vor wenigen Jahren«, sagte Györi, »wurden die Gärten noch bewirtschaftet. Sehen Sie! Hier wird kein Spatenstich mehr getan. Niemand im Dorf baut noch etwas an. Niemand hält noch Nutzvieh. Es macht keinen Sinn. Alles wird gestohlen. Das ist das Ergebnis des ungarischen Konfrontationismus.«

Konfrontationismus? Ich kannte diesen Begriff nicht und vermochte mir darunter auch nichts Rechtes vorzustellen. Bis mir Professor Györi-Nagy seine Theorie über das bewusste Schüren gesellschaftlicher Konflikte mit einer Anekdote aus dem reichen Fundus seiner Geschichten illustrierte; Erzählungen, von denen ich in den nächsten Tagen von den Bewohnern Kállós derart viele hören sollte, dass mir das Papier zum Mitschreiben ausging. Berichtet wurden sie sowohl von Ungarn als auch von Roma.

Györi-Nagy erzählte von seiner ehemaligen Nachbarin, einer körperbehinderten Frau, die sich sommers ein Ferkel gekauft hatte, das sie hinter ihrem Haus in einem Koben mästete. Im Winter war das Schwein schlachtreif, doch kurz vor Weihnachten fand die Frau den Stall leer. In ihrem Garten unter einem Nussstrauch lag der abgeschnittene Kopf des Schweines. Damit hatten die Diebe nichts anfangen können und ihn weggeworfen. Man rief nach der Polizei. Zwei Beamte erklärten, man könne in der Angelegenheit nichts unternehmen. Die Suche nach den Tätern würde sich sowieso im Nichts verlieren.

»Wir fühlten uns für dumm verkauft«, so Györi-Nagy. »Jeder sah, dass Blutspuren und Fußabtritte im Schnee über ein Feld führten. Jeder wusste, dass dort Roma-Familien wohnten, die vom Diebstahl lebten. Zugleich wussten wir, dass die Polizisten ihrer Dienstanweisung folgten, vermeintlichem Mundraub nicht nachzugehen. Wie immer in solchen Fällen. Verstehen Sie! Das ist die Politik des Konfrontationismus. Wo Unrecht aus politischen Motiven kein Unrecht mehr ist, wird das Gerechtigkeitsempfinden der Menschen zerstört. So entstehen Hassverhältnisse.«

Zehn Jahre zuvor, bestätigten die Bewohner von Kálló, habe es solche Zwietracht zwischen den Ungarn und den Zigeunern nicht gegeben. Sie sei erst in den Jahren der sozialliberalen Politik gewachsen. Mit einer fatalen Konsequenz: Weil der Staat die Kleinkriminellen gewähren ließ und seine Bürger nicht schützte, gerieten die redlichen Zigeuner mit in einen Strudel der Sippenhaft. »Man hat ignoriert«, so Györi, »dass mit jedem Übeltäter, der gefasst und bestraft wird, auch ein zu Unrecht Verdächtigter entlastet wird.«

Die Magyaren aus Kálló sprachen Sandor Györi-Nagy respektvoll mit »Tanár úr« an, »Herr Lehrer«. Die Cigány, egal ob alt oder jung, freuten sich wie die Kinder über ihren »Sanyi bácsi«, ihren »Onkel Sandor«. Seit sechs Jahren wohnte er nicht mehr im Dorf, doch hatte er sich durch sein Wohlwollen mit solcher Präsenz in den Herzen der Roma eingeprägt, dass manche Stein und Bein schworen, ihn erst vor wenigen Tagen noch gesehen zu haben. Männer wie Jozsef Picacz.

Der 60-Jährige lebte mit seiner Frau Margid sowie einigen ihrer Söhne mitsamt Schwiegertöchtern und Enkelkindern in einem ausrangierten Campingwagen mit Barackenanbau am oberen Ende der Ferenc-Deac-Straße, die ausschließlich von Roma bewohnt wird. Auf meine Frage, warum hier kein einziger Garten bewirtschaftet werde, sprudelten alle gleichzeitig los, diebische Cigány trügen Schuld. Nicht alle natürlich! Aber einige Familien im Dorf würden alles klauen, was ihnen brauchbar scheine. »Nicht die Alten! Nicht meine Generation«, gab mir Picacz sein Ehrenwort. »Die jungen Leute stehlen. Es ist schlimm geworden. Sie haben vor nichts mehr Respekt. Der Unterschied zwischen Mein und Dein ist ihnen egal.« Die Picaczs waren eine der letzten Familien, in deren Garten noch zwei Schweine grunzten. Sie hatten sogar Namen. Milan und Margarethe. »So wie meine Taufkinder«, meinte das Familienoberhaupt. Abends wurden die Tiere in einem Verschlag verbarrikadiert. »Ganz nah am Haus. Damit meine Söhne sofort hören, wenn Diebe kommen. Früher, als hier noch Ungarn wohnten, wurde kaum gestohlen. Da haben die Gärten geblüht.«

2003 gaben die Gemeindebücher von Kálló die Einwohnerzahl mit 1731 an. Neun Jahre später hatten über zweihundert Ungarn ihr Heimatdorf verlassen. Aber auch tüchtige Roma-Handwerker waren fortgezogen. Sie leben heute integriert in Aszód und Kartal. 2003 war auch das Jahr, in dem Györi-Nagy mit seinen Tonbandaufnahmen begann, nicht ahnend, dass er mit seinen Aufzeichnungen den Niedergang eines Dorfes dokumentieren würde. Sein erstes Gespräch führte er mit einer Witwe, die damals von einem jungen Rom vergewaltigt worden war. »Die Frau hatte um Hilfe gerufen und den Burschen angezeigt, obwohl er ihr gedroht hatte, sie zu töten und in den Brunnen zu werfen«, erzählte Györi. Der Täter wurde gefasst und für einige Monate inhaftiert. Nach seiner Entlassung drohte er, die beiden Söhne der Frau umzubringen. Die Männer verzichteten auf eine Anzeige. »Aus Angst«, so Györi. »Der Vater des Vergewaltigers war ein Mörder, der nach der Wende bereits eine Haftstrafe verbüßt hatte. Zudem saßen seinerzeit zwei weitere Roma aus Kálló wegen Mordes im Gefängnis.« Deshalb hatte der Ortsvorsteher bei Strafanzeigen gegen Zigeuner Zurückhaltung angemahnt. Offiziell, um die Konflikte nicht eskalieren zu lassen. Inoffiziell habe der Mann, wie Zeugen glaubwürdig versicherten, nicht enden wollen wie sein Vorgänger. Der war erstochen worden.

In Kálló regierte die Furcht. Sie hatte sich hinter verriegelten Türen versteckt, mächtig genug, in die letzten Winkel der Stuben zu kriechen. Die Angst ist auch der Grund, weshalb die Ungarn aus Kálló, sofern sie noch leben, an dieser Stelle namenlos bleiben. Alle meine Gesprächspartner, viele aufgelöst oder den Tränen nah, vertrauten sich mit ihren Sorgen an. Sie quollen über mit Geschichten, doch niemand mochte seinen Namen auf Papier gedruckt wissen.

Frau A.: Die Achtzigjährige war seit Wochen krank, weigerte sich aber beharrlich, ein Krankenhaus aufzusuchen. Während ihres letzten Hospitalaufenthalts hatte man ihr Ofen, Kühlschrank, Waschmaschine, Schleuder, Bettzeug und Schmuck gestohlen.

Frau B.: »Vor zwei Jahren starb der alte Lajos Komar. Er war noch nicht unter der Erde, da hatten die Cigány sein Anwesen schon geplündert. Ich selbst war zu meinen Kindern nach Budapest gefahren. Als ich zurückkam, fand ich mein Haus leergeräumt. Sogar die Wasserleitungen waren aus den Wänden gerissen. Dann machten mir Zigeuner das Angebot, das kaputte Haus zu kaufen. Für einen Schleuderpreis.«

Frau C.: »Warum ich drei Wachhunde habe? Weil hier alle so viele Hunde haben. Weil ein Hund allein nicht reicht.«

Herr D.: Im Winter 2011 entdeckte man ihn bewusstlos und blutig geschlagen im Schnee. Er wäre fast erfroren, doch ein Freund fand ihn und brachte ihn in ein Spital. Man rief nach der Polizei, doch Herr D. verzichtete auf eine Anzeige und verweigerte jede Aussage über die Täter.

Herr E: Als er seine Kuh abends zum Melken in den Stall führen wollte, lag auf der Weide der abgetrennte Kopf.

Frau F.: Letzten Winter hörte sie, wie ihr Keller geplündert wurde. Sie rief nicht die Polizei, sondern ihre Söhne an, die ihr dringend abrieten, irgendetwas zu unternehmen. »Wenn die Diebe auf frischer Tat erwischt werden, dann laufen sie nicht weg. Sie werden wütend und gewalttätig. Vor allem, wenn sie getrunken haben.«

Familie G.: »Glauben Sie uns, wir sind hier geboren und lieben dieses schöne Fleckchen. Aber wir müssen fortziehen. Schon wegen der Kinder. Das Lehrpersonal an der Hauptschule wechselt andauernd. Hier unterrichtet niemand gern, obwohl die Lehrer sogar eine Gefahrenzulage erhalten. Kürzlich hat wieder ein wütender Vater den Turnlehrer zusammengeschlagen. Leider können wir nicht von hier weg. Wir haben unser Haus in Ordnung gehalten. Aber niemand will es kaufen. Vor vier Jahren hätten wir dafür sicherlich 50 000 Euro erhalten. Heute ist das Haus praktisch unverkäuflich. Kein Ungar zieht nach Kálló.«

Nicht nur in Kálló, in vielen gemischtethnischen Dörfern standen sich die Magyaren und Roma feindselig gegenüber. Anstatt die Spaltung zu überwinden, meinte Györi-Nagy, habe die Politik die Konflikte entfacht und die Feindschaften regelrecht gefördert. Für den Kulturökologen entsprang die Konfrontation einem Kalkül. Der Linken wie der Rechten. »Beide, die linksliberalen Ideologen und die rechtspopulistischen Hetzer, haben den Hass zwischen Zigeunern und Ungarn geschürt, um sich selber jeweils als die bessere Alternative darzustellen.« Die einen marschierten als aufrechte Retter von Ordnung, Volk und Vaterland, die anderen bliesen sich auf als humane Garanten abstrakter Menschenrechte. Missbraucht wurden die Zigeuner von beiden Lagern. Sie taugten als Spielgeld politischer Machtkämpfe. An der wirklichen Lösung ihrer Probleme, unter Einforderung ihrer Mitwirkung, war niemand interessiert.

»Der Konfrontationismus hat die Gräben vertieft«, so Professor Györi. »Es wurde mit zweierlei Maß gemessen. Wenn beispielsweise die Ungarn ihre Kinder nicht zur Schule schickten, drohte den Eltern im wiederholten Fall eine Haftstrafe. Wenn die Roma sich so verhielten, geschah gar nichts. Man glaubte, das sei liberal. Die Kultur der Konfrontation hat den Cigány eingeredet, ihr seid gedemütigt und beleidigt worden. Wenn ihr jetzt zurückschlagt, dann ist das euer gutes Recht.«

Als ich in Kálló im Frühjahr 2011 fragte, wie oft in dem laufenden Jahr bereits eingebrochen und gestohlen worden sei, zehnmal oder zwanzigmal, lachten mich die Leute aus, als hätte ich das Ausmaß des Problems nicht einmal ansatzweise begriffen. Tags zuvor waren die Sonnenkollektoren und die Pumpen der zentralen Wasserversorgung geklaut und zum weiß Gott wievielten Mal der Dorfladen aufgebrochen worden. Man erzählte sogar, die Stromableserin des Dorfes habe sich zu ihrem Schutz nun bewaffnet und ihr Privathaus mit einem Elektrozaun gesichert. Bei der Frau werde oft eingebrochen, ständig werde sie bedroht, weil sie melden müsse, wer illegal Strom und Wasserleitungen anzapfe.

Um einen Irrtum zu vermeiden: Der Graben, der Kálló entzweite, verlief nicht allein zwischen den Ungarn und den Zigeunern. Er spaltete auch die etwa sechshundert Cigány, deren Zahl schneller gewachsen war, als das Dorf verkraftet hatte. In den letzten Jahren der sozialistischen Volksrepublik stammten drei Prozent der Jungen und Mädchen im Kindergarten aus Roma-Familien. Nun waren es sechsundsiebzig Prozent. Nur drei der Kinder lebten in Familien, die keine Sozialhilfe bezogen. Der harte Kern der Kriminellen im Dorf beschränkte sich auf etwa ein gutes Dutzend Personen. Jeder kannte sie. Gegen eine sehr gefährliche Familie, die ihre Nachbarn terrorisierte und deren Oberhaupt drohte, er werde alle abstechen, hatten die Anwohner in der Hunyadi-Straße gerade eine schriftliche Beschwerde an die Gemeinde geschickt. Zehn der dreizehn Unterschriften stammten von Zigeunerfamilien.

Kein Ort symbolisierte den schleichenden Tod des Dorfes drastischer als die Ruinen am unteren Ende der Deac-Straße. Das Terrain von der Größe eines halben Fußballfeldes sah aus wie nach einem Bombenangriff. Eingestürzte Dächer, nackte Fundamente und kahle Mauerstümpfe, mehr war von Kállós Handwerkszentrum nicht übriggeblieben. Einst firmierte hier eine Kooperative von Kleinunternehmern aus der Baubranche. Maurer, Zimmerleute, Schlosser und Tischler. Der Betrieb florierte und hatte sich zum zweitgrößten Arbeitgeber des Dorfes gemausert. Bis zum Oktober 2010. Als der Geschäftsinhaber bei einem Autounfall ums Leben kam, war die Firma einige Zeit führungslos. Und kurz darauf demontiert. Werkzeuge und Maschinen, die Büroeinrichtungen und der Fuhrpark, alles wurde gestohlen. Bei hellem Tageslicht. Jeder sah, dass einige Roma-Familien und ihre Kinder alles wegschleppten, was von Wert war. Sogar Dachlatten und Fensterrahmen.

»Oben auf den Dächern standen Männer mit ihren Handys Schmiere. Wenn die Polizeiautos auftauchten, war das Gelände im Nu leergefegt. Die haben nie einen erwischt«, erzählten Attila Vas und seine Frau Mariann. Sie wohnten mit ihren acht Kindern gegenüber dem ehemaligen Handwerkszentrum und zählten zu den wenigen Roma in Kálló, die von selbständiger Arbeit lebten. Im Hof der Familie roch es wie auf einem vorweihnachtlichen Christbaummarkt. Einmal pro Woche kam ein LKW vorbei, der frisch geschlagene Fichten aus den Karpaten ablud. Der freundliche Attila Vas hatte eine Marktlücke entdeckt, die seiner Familie den Lebensunterhalt garantierte. Für Bestattungsunternehmen in Budapest flochten der 45-Jährige, seine Frau und die älteren Kinder aus dem Tannengrün Grabschmuck und Trauerkränze. Weil sie für ihre Arbeit Platz brauchten, waren sie vor vier Jahren nach Kálló gezogen. Hier waren die Häuser billig. Eine der ersten Anschaffungen waren Flutlichtlampen und Bewegungsmelder, die nachts ihr Grundstück in gleißendes Licht tauchten. »Wegen der Diebe«, sagte Attila. »Als die Baufirma zerstört wurde, stand im Hof ein Transporter, den ich gern für meinen Betrieb gekauft hätte. Damit hätten wir die Grabkränze selber in die Stadt bringen können. Aber bevor ich nach dem Preis fragen konnte, war der Lastwagen schon zerlegt.«

Dennoch: Jenseits des Zerwürfnisses zwischen den Roma und den Ungarn schien am Horizont die Möglichkeit einer Aussöhnung auf. Über den Weg, der zurück zu einem friedlichen Nebeneinander führte, waren sich alle einig. Sogar die Witwe aus der Arpad-Straße, die aus Furcht vor Einbrechern sonntags nicht mehr die Heilige Messe besuchte. Die alte Dame hatte mir ihren Rentenbescheid gezeigt, weil ihr Garten so verwahrlost war und sie fürchtete, ich würde ihr nicht glauben, dass sie als eine ordentliche Person ihr Leben lang fleißig gearbeitet hatte. Schluchzend saß sie am Küchentisch und fragte: »Warum gibt man den Zigeunern keine Arbeit? Eine Arbeit, die sie gern und mit Freude machen? Sie müssen wissen, Herr Reporter, wenn die Zigeuner nicht stehlen, dann sind das ganz patente Leute, mit denen man ein gutes Auskommen hat.«

»Wir brauchen ehrliche Arbeit«, sagte auch Jozsef Picacz. »So wie früher.« In sozialistischer Zeit wurden die Cigány aus der Ferenc-Deac-Straße morgens mit einem Bus nach Budapest gebracht. »Einige haben Straßen gereinigt, einige waren in der Omnibusfabrik beschäftigt. Dort habe ich kontrolliert, ob bei den Rädern alle Schrauben fest genug angezogen waren.« Auch heute werden in der Deac-Straße wieder Arbeitskräfte eingesammelt. Dieses Mal zu kapitalistischen Konditionen. In den Sommermonaten taucht um vier in der Früh ein Chef auf, der täglich zwischen vierzig und fünfzig Erwachsene anheuert. Die werden in die landwirtschaftlichen Betriebe nach Kartal gekarrt. »Wir ernten Erdbeeren. Und Erbsen«, erzählten Picaczs Ehefrau Margid und Tochter Magdolna. »Drei bis vier Stunden arbeiten wir auf den Feldern. Danach brennt die Sonne zu heiß.« Fünfzig Forint erhalten die Pflücker für ein Kilo Erbsen. Am Ende zahlt der Subunternehmer den Frauen im Schnitt eintausend Forint aus. Das ist ein Stundenlohn von unter einem Euro. »Eigentlich verdienen wir mehr«, meinten die Frauen. »Aber der Chef zieht uns das Geld für den Transport ab.« Ein Gadsche? »Nein, ein Zigan.«

Plädoyer für einen ehrenwerten Begriff

Zigeuner, die keine Roma, und Roma, die keine Zigeuner sein wollen – Ordnungsrufe im Parlament und ein irritierender Brief – Der Antiziganismus und seine Kritiker – Das »Z-Wort« oder wie ein Zigeunermädchen zur wilden Jo mutierte – Ein grotesker Streit um ein Denkmal – Historiker und die Sprache der Mörder – Zigeuner: eine Kategorie im »Land der Täter«?

Als in dem Karpatenweiler Roşia die erste rumänische Alternativschule für Zigeunerkinder eingeweiht wurde, waren alle zufrieden. Die Politiker, die Pädagogen und die Presse. Wohlmeinende Reporter besuchten das Dorf und schrieben begeistert von der Şcoală Waldorf und dem innovativen Modellprojekt zur Förderung der Kinder. Die Journalisten ahnten nicht, dass ihre Berichte eine mächtige Verunsicherung auslösen und die Ordnung der Begriffe durcheinanderbringen würden. Politisch korrekt hatten sie von »Roma-Kindern« geschrieben. Dann bekamen die Zigeuner Wind von den Zeitungsmeldungen. Zum Entsetzen der Lehrer meldeten Eltern ihre Söhne und Töchter wieder ab. Die Begründung: Wir sind keine Roma!

Ich vermutete zunächst, die Roma aus Roşia würden die Bezeichnung ablehnen, um nicht von der rumänischen Mehrheit diskriminiert zu werden. Ein Irrtum. Roma hatten in Roşia einfach nur einen schlechten Ruf. Die Leute schimpften auf kriminelle Clans, mit denen sie nichts gemein haben wollten. Einige Arbeiter, die mit ihren Fuhrwerken voll Feuerholz aus den Wäldern zurückkehrten, erklärten: »Wären wir Roma, würden deren Chefs ihre Eintreiber schicken und wir müssten Tribut zahlen. Aber wir sind keine Roma. Wir sind Tzigani.«

1990 bereits hatte ich ungarnstämmige Gabor-Sippen kennengelernt, die darauf bestanden, Tzigani zu sein. Mit bildungsbürger-
lichem Dünkel hatte ich darin einen Mangel an ethnischem Selbstbewusstsein gesehen. Nur habe ich seitdem ungezählte Male erlebt,
dass die Zigeuner in Südosteuropa mit dem deutschen Begriffspaar
Sinti und Roma nichts anzufangen wussten. Und auch nicht wollten. Journalistenkollegen erging es genauso. Der polnische Doku-
mentarfilmer und Grimme-Preisträger Stanisław Mucha erzählt
von seinen Dreharbeiten in der Slowakei, dass selbst die Kinder
Zigeuner genannt werden wollten, weil sie all die gutgemeinten
Bezeichnungen wie Roma oder Sinti nicht mochten. Auch die Lite-
raturnobelpreisträgerin Herta Müller schreibt: »Ich bin mit dem
Wort Roma nach Rumänien gefahren, habe es in den Gesprächen
anfangs benutzt und bin damit überall auf Unverständnis gestoßen.
Das Wort ist scheinheilig, hat man mir gesagt, wir sind Zigeuner,
und das Wort ist gut, wenn man uns gut behandelt.« Und der rumäniendeutsche Autor und Ethnologe Franz Remmel zitiert den Bulibascha von Crăciuneşti, der erklärte: »Sagst du zu mir Rom, dann
beleidigst du mich. Nennst du mich Zigeuner, dann sprichst du mir
zu Herzen.« Remmel, der für seine tsiganologischen Studien mehrfach von der Königsfamilie Cioabă geehrt wurde, weist darauf hin,
dass der verstorbene oberste Bulibascha der Kalderasch Ioan Cioabă
»konsequent den Begriff Zigeuner« verwendete. Ebenso sein Sohn
und Nachfolger Florin. Für den Roma-Experten Remmel sind die
Benennungen Sinti und Roma lediglich »Kunstbegriffe der Political
Correctness, welche die Bürgerrechtsbewegung deutscher Sinti und
Roma durchgesetzt hat«.

»Zigeuner«, behauptet Romani Rose in diversen Interviews, »so
haben wir Sinti und Roma uns niemals selbst genannt.« Für den
1946 in Heidelberg geborenen Rose, der seit über drei Jahrzehnten
dem Zentralrat Deutscher Sinti und Roma vorsitzt, ist Zigeuner
eine beleidigende Fremdbezeichnung der Dominanzgesellschaft,

mit »rassistischen Zuschreibungen«, die sich »über Jahrhunderte reproduziert, zu einem geschlossenen und aggressiven Feindbild verdichtet haben«. Auch in dem Handbuch *Von Antiziganismus bis Zigeunermärchen* von Daniel Strauß und Michail Krausnick, heißt es, der »deutsche Begriff Zigeuner« werde als »ein mit Klischees und Vorurteilen belastetes Schimpf- und Schmähwort« von den Betroffenen »besonders heftig abgelehnt«.

Derlei Behauptungen irritieren. Sie decken sich nicht mit meinen Erfahrungen. Sie stellen überprüfbare Fakten auf den Kopf, und sie widersprechen auch den Einsichten, die der Ethnologe Rüdiger Benninghaus gewonnen hat. Etwa bei Spaziergängen über deutsche Friedhöfe. Bis zum Jahr 2011 arbeitete er im Archiv des Kölner Rom e. V., in dem 1999 von dem Bundestagspräsidenten Wolfgang Thierse eingeweihten Dokumentationszentrum zur Geschichte und Kultur der Roma, wo Benninghaus zu den ersten Adressen zählte, wenn man in Deutschland irgendetwas über die europäischen Zigeuner wissen wollte. Was auch immer irgendwer, irgendwann, irgendwo über sie geschrieben, vertont oder verfilmt hat, die Wahrscheinlichkeit, es bei Rüdiger Benninghaus zu finden, war recht hoch. Von ihm mit zielsicherem Blick durch den Dschungel der Publikationen gelotst zu werden und beim Kaffeeplausch zwischen Bergen von Papieren und Zeitschriften, Büchern und Chroniken erhellende Einsichten zu erlangen, war immer wieder ein Gewinn. So auch der Blick auf seine beeindruckende Fotosammlung von Grabinschriften.

Wenn Zigeuner ein despektierliches Schimpfwort ist und sich die Sinti laut Romani Rose selbst nie so genannt haben, wieso steht auf dem Grabstein des 2007 im Rheinland verstorbenen Josef Demeter »Präsident der Zigeuner«? Warum nennen die Angehörigen den in Koblenz beerdigten Bernhard Chicco Reinhardt Zigeunerbaron? Weshalb trägt der auf einem Friedhof in Frechen ruhende Franz Demeter den Titel Zigeunerbürgermeister? Auch der in Mönchengladbach beigesetzte Zigeunerkommissar Rudolf Goman will nicht so recht in das propagierte Bild derer passen, die die Zigeuner vor Schmähungen bewahren wollen. Und die Sintezza Saura Demeter, die 1988 mit siebzig Jahren als Zigeunerprinzessin in Köln ihre letzte Ruhe fand, schon gar nicht. Künstler wie die 2008 viel zu früh gestorbene Geigenlegende Titi Winterstein, das Schnuckenack-Reinhardt-Quintett oder die Combo des Gitarristen Häns'che Weiss haben ihre Musik unter dem Label »Musik deutscher Zigeuner« veröffentlicht. Und natürlich hat sich Lolo Reinhardt mit seiner Lebensgeschichte *Überwintern – Jugenderinnerungen eines schwäbischen Zigeuners* nicht selbst beleidigt. Der Sinto erzählt darin von den Leiden seiner Familie unter den Nationalsozialisten, die ihm vieles genommen haben, aber nicht das zigane Selbstwertgefühl. Genauso wenig wie Philomena Franz, der die Nazis in Auschwitz die Nummer Z10550 eintätowierten. Ihre zutiefst berührende Geschichte *Zwischen Liebe und Hass* trägt den Untertitel: *Ein Zigeunerleben.* »Ich habe dieses Buch als Zigeunerin geschrieben«, bekundet Frau Franz. »Als Zigeunerin vom Stamm der Sinti.«

Tzigani, Cigány, Zingaros oder Gitanos: ähnliche Bezeichnungen in den europäischen Sprachen, die vermutlich ihre Wurzel in den Athinganoi haben, einer häretischen Sekte von »Unberührbaren«, die bis zum neunten Jahrhundert im heutigen Anatolien lebte. Zudem glaubte man in Europa fälschlicherweise noch bis in die Neuzeit, die Fremden seien ursprünglich Ägypter gewesen. Gypsies eben! Die Verfechter diskriminierungsfreier Terminologie sehen auch darin eine desavouierende Fremdbezeichnung. Während sie meinen, ihre »Sinti und Roma« vor jedweder Beleidigung behüten zu müssen, machten Musiker wie die »Gypsy Kings« ihren Namen zum weltweiten Synonym für Temperament und Lebensfreude. Und die spanische Flamenco-Legende Camarón de la Isla sang »Soy gitano«, leidenschaftlich, trotzig und stolz: »Ich bin Zigeuner!«

In Deutschland drohten ein souveränes Bekenntnis zur eigenen Herkunft und ein uneitler Stolz auf die eigene Ethnie lange Zeit im Schatten der etablierten Opferverbände zu verkümmern. Eine leidenschaftliche und couragierte Gegenstimme verstummte 2012, als mit nur zweiundsechzig Jahren Natascha Winter starb. Sie war die Vorsitzende der Sinti Allianz Deutschland mit Sitz in Köln, eines Vereins, der die »Förderung der Verständigung zwischen deutschen Zigeunern und der deutschen Mehrheitsgesellschaft« anstrebt. Dabei richtete sich Frau Winter nie danach aus, was lobbytaktisch opportun war. Anstatt sich bei jeder Gelegenheit mit immer gleicher Empörungsrhetorik über die Diskriminierungsgeschichte ihres Volkes zu entrüsten, drehte Natascha Winter den Spieß um. Sie stärkte selbstbewusst eine zigane Identität.

»Ich bin glücklich und stolz, eine echte Zigeunerin zu sein. Beide Elternteile waren Zigeuner. Ich gehöre dem Volk der Sinti an, genauer gesagt, ich bin von den Württembergern«, bekundete die Sintezza unbefangen. Sie widersetzte sich damit dem Erbe auch der verbalen Barbarei der Nazis, die mit dem Völkermord an den Zigeunern auch deren Namen pervertieren wollten. Für Natascha Winter gereichte der Name »Zigeuner« den Zigeunern zur Ehre. Mit dieser Ansicht löste sie 2010 Irritationen aus. Was war geschehen?

Der Abgeordnete Tino Müller, Mitglied der Fraktion der Nationaldemokratischen Partei Deutschlands, hatte während der Sitzung Nummer 101 in Mecklenburg-Vorpommern im Schweriner Landtag einen Antrag vorgebracht, in dem er forderte, bestehendes Ausländerrecht und einen bilateralen Vertrag zwischen der Bundesrepublik und dem Kosovo »konsequent anzuwenden«. Für Müller war es von drängendem nationalem Interesse, fünfundfünfzig in Mecklenburg geduldete Roma unverzüglich in ihre ehemalige Heimat abzuschieben. Mit stockender Stimme las er seine unterkühlte Rede vom Blatt ab. Er sprach von einer vagabundierenden Volksgruppe, von Scheinasylanten und Wohlfahrtsimmigration und erklärte, aufgrund von

Erfahrungen in einem mecklenburgischen Dorf sei ein »verordnetes Zusammenleben« von Roma und Deutschen »eine Belastung und Zumutung«. Dann entzog der Vizepräsident des Landtags, der Freidemokrat Hans Kreher, dem NPD-Mann das Wort. Der Nationalist hatte in seiner Rede diverse Male das Wort »Zigeuner« verwendet. Der studierte Gymnasiallehrer Kreher wertete den Begriff als diskriminierend und schaltete dem gelernten Maurer Müller nach drei mahnenden Ordnungsrufen das Mikrofon ab. Der christdemokratische Abgeordnete Peter Stein erklärte daraufhin, wieder einmal habe sich »die rassistische, reaktionäre und menschenfeindliche Gesinnung der NPD« offenbart, und der Zentralrat der Deutschen Sinti und Roma in Heidelberg stellte gegen Müller eine Strafanzeige wegen Volksverhetzung, Beleidigung und Verleumdung. Abgesehen davon, dass der Zentralrat die Anzeige an das falsche Justizministerium schickte, womöglich in der Annahme, der NPDler habe seine Rede nicht im mecklenburgischen Schwerin sondern im sächsischen Landtag in Dresden gehalten, hatten sich die Kontrollmechanismen und Sanktionsrituale der Demokratie bewährt. Dann erhielt die sozialdemokratische Landtagspräsidentin von Mecklenburg-Vorpommern, Sylvia Bretschneider, einen Brief.

Abgeschickt hatte ihn Natascha Winter, die erklärte, der Ordnungsruf gegen Herrn Tino Müller habe in ihrer Gemeinschaft Diskussionen und Besorgnis hervorgerufen. »Die Verwendung des Begriffs Zigeuner«, schrieb Frau Winter, »sollte nicht zu einem Ordnungsruf führen. Dies trägt dazu bei, dass die Volksbezeichnung von zwölf Millionen Menschen, die in Europa leben, tabuisiert wird.« Damit hatte die Vorsitzende der Sinti Allianz selbst ein Tabu berührt. Sie hatte das Monopol derer angetastet, die über die korrekte Verwendung der Begriffe wachen. Natascha Winters Begründung: »Eine positive Einstellung zu uns und unseren Kulturen erreichen wir nicht, indem wir leugnen, Zigeuner zu sein, und jedem mit Strafverfolgung drohen, der den Begriff Zigeuner wertfrei verwendet. Die Entgleisungen von Herrn Müller wären nicht dadurch akzeptabler gewesen, wenn er statt von Zigeunern von Roma gesprochen hätte.«

Natascha Winter beanspruchte, für die eher schweigende Mehrheit ihres Volkes zu sprechen. Entschieden grenzte sie sich von dem Vertretungsanspruch und der Opferpolitik des Zentralrats ab und beklagte, dass eine »Minderheit von Vereinsfunktionären über die Medien in der Öffentlichkeit ein völlig falsches Bild verbreitet«. Jeder, der die Bezeichnung Zigeuner verwende, werde als Rassist beschimpft und in die rechte Ecke stellt. »Auch die eigenen Leute werden nicht von diesem Vorwurf verschont. Eine Reihe von Nichtzigeunern, die sich ebenfalls in Zigeunervereinen engagiert haben oder sie sogar führen, vervollständigen diese negativen Erscheinungen und sind päpstlicher als der Papst.«

Letztere Bemerkung bestätigte sich tragischerweise an jenem Tag, als Natascha Winter ihrem Krebsleiden erlag. An Fronleichnam 2012 traten in Köln die bekanntesten europäischen Roma-Musiker beim »Rheinischen Zigeunerfestival« auf, wo man bestürzt über die Nachricht vom Tod der »Kölsche Zigeunerin« auch der »Weggefährtin Natascha« gedachte. Der interkulturelle Kölner Rom e.V., dessen Vorstandsgeschäfte von Gadsche geführt werden, hatte sich indes über den Namen »Zigeunerfestival« mokiert und massiv protestiert. Organisiert wurde das Musikfest von Sinti, die sich selbst ausdrücklich als Zigeuner bezeichnen. Der aus dem heutigen Kroatien stammende und seit einem Vierteljahrhundert in Deutschland lebende Gitarrist Rudi Rumstajn und der renommierte Violinist Markus Reinhardt erklärten das Begriffspaar »Sinti und Roma« zu »einer Kopfgeburt von Institutionen«, die es sich zur Aufgabe gemacht haben, »Zigeuner vor Diskriminierung zu schützen«. In einem Interview mit dem Kölner Stadtanzeiger antwortete der Jazzmusiker Reinhardt auf die Frage: »Darf man wieder Zigeuner sagen?«

»Ihr dürft uns Zigeuner nennen. Die Vorsicht im Umgang mit dem Wort ist Blödsinn. Die neuen Begriffe haben Politiker erfunden. Wir Zigeuner haben uns krummgelacht, als man entschieden hat, dass man nicht mehr Zigeuner sagen darf.«

Natascha Winter scheint Recht zu behalten. Tatsächlich sind die Nichtzigeuner unter den Meinungswächtern weitaus eifriger dabei, politische Unkorrektheiten in einem Koordinatensystem aus rassistischen und faschistoiden Kreuzungspunkten zu verorten, als die Zigeuner selbst. Ein Rom käme schwerlich auf den Gedanken, einen solchen Aufruf zu verfassen:

»Bitte machen Sie uns Vorschläge und versorgen Sie uns mit Nachrichten. Bitte machen Sie rassistische und diskriminierende Aktionen gegen Sinti und Roma in Ihrem Umkreis bekannt und achten Sie dabei auf die Reaktion Ihres Visavis!«

Um einer Fehlinterpretation entgegenzutreten: Die informellen Mitarbeiter sollen ihre Berichte nicht in die Normannenstraße nach Berlin schicken. Der Appell stammt von der Gesellschaft für Antiziganismusforschung in Marburg, deren Vorsitzender der emeritierte Professor für Literaturwissenschaft Wilhelm Solms ist. Die Mitglieder der Gesellschaft verstehen sich nicht als Soziologen oder Völkerkundler, die das Leben der Roma erforschen. Sie grenzen sich sogar ausdrücklich von den Tsiganologen ab, die den Alltag und die Kultur der Sinti und Roma erkunden und begreifen wollen. »Tsiganologie« oder »Zigeunerforschung« knüpft für die Marburger Akademiker »an rassistische Forschung« an und steht daher in der Tradition des Nationalsozialismus. Die Gesellschaft für Antiziganismusforschung hingegen, so eine Selbstdefinition, »macht nicht die Sinti und Roma zum Forschungsobjekt, sondern setzt sich mit den Ressentiments der Mehrheit auseinander, die zur Verfolgung und Vernichtung dieser Minderheit geführt haben.«

Nun merkt der Ethnologe Rüdiger Benninghaus an, dass man das Leben der Zigeuner schon ein Stück weit kennen sollte, bevor man

sich zutraut, etwa »ein Klischee von der Realität zu unterscheiden«.
Dessen ungeachtet sitzen die Kritiker der antiziganen Mehrheits-
kultur bei ungezählten Tagungen, Kongressen und Symposien als
Sinti-und-Roma-Experten auf den Podien. Sie konzipieren Ausstel-
lungen, in denen sie die Mär vom lustigen Zigeunerleben widerlegen.
Sie schulen Lehrer bei antirassistischen Bildungsseminaren und klären Schulkinder über die Vorurteile der gesellschaftlichen Mehrheit
auf. Dagegen ist nichts einzuwenden. Nur ist mir aufgefallen, dass
zwar am laufenden Band neue Studien erscheinen, ich in zweiundzwanzig Jahren in weit mehr als hundert europäischen Roma-Kommunitäten jedoch noch nie einem Antiziganismusforscher begegnet
bin. Oder wenigstens von seiner Anwesenheit gehört hätte. Die
notorische Abwesenheit freilich erspart verstörende Erfahrungen.
Es schmerzt zu sehen, wenn Säuglinge auf Müllhalden von halbwüchsigen Müttern in ausgebrannten Ölfässern abgelegt werden. Es
schockiert zu erleben, wenn betrunkene Väter zuschauen, wie sich
ihre Kleinkinder Pornovideos reinziehen. Und es macht zornig zu
recherchieren, wie skrupellose Zinswucherer die Kinder ihrer Gläubiger zum Betteln nach Westeuropa schicken. Sicher ist es irritati-
onsfreier, immerfort neue und subtilere Varianten von Rassismen
der Dominanzgesellschaft zu entlarven.

*Antiziganistische Zustände – Zur Kritik eines allgegenwärtigen Res-
sentiments* heißt eine 2009 erschienene Aufsatzsammlung, in der
Markus End und seine Mitherausgeber_innen klarstellen, dass es
gar keine Zigeuner gibt, sondern nur »als Zigeuner titulierte Menschen«. Die sind ihrerseits auch keine echten Männer und Frauen,
sondern das Produkt einer gesellschaftlichen und rassistischen
»Konstruktionsleistung«. Die Autor_innen folgen dabei den begrifflichen Standards des Zentralrats und der Marburger Gesellschaft.
»Zigeuner«, so heißt es, wird »als diskriminierendes Bild durchgän-
gig in Anführungszeichen und nicht geschlechtsneutral geschrieben,
weil es ein geschlechtsneutrales Denken im Ressentiment vorausset-

zen würde, das nicht vorhanden ist.« Was auch immer das bedeuten mag, eine Gruppe, die sich Emanzipatorische Antifa Münster nennt, geht noch einen Schritt weiter und billigt dem Begriff »Zigeuner« nicht einmal mehr seine acht Buchstaben zu. Mit der Erklärung: »Da das ›Z-Wort‹ allerdings ein sehr gewalttätiges Wort ist, wird es dementsprechend ... nicht mehr ausgeschrieben, sondern mit ›Z.‹ abgekürzt.« Dass sie damit jenes Kürzel benutzen, das die SS-Schergen von Auschwitz-Birkenau den Zigeunern zusammen mit der Häftlingsnummer auf den Unterarm tätowierten, ist den Antifaschist_innen entgangen.

Mit »Z.« ist die Saat bizarrer sprachlicher Absurditäten erblüht, für die die Ideologen der Korrektheit über Jahrzehnte einen gedeihlichen Boden geschaffen haben. Die Meinungsbildner in den Medien haben die Ächtung des Begriffs »Zigeuner« durch den Zentralrat weitgehend zu ihrer eigenen Sache gemacht. Mehr noch. Journalisten und Politiker, Lehrer und Pädagogen, ja selbst Küchenmeister haben die Sichtweise der Funktionäre zur Norm erhoben. Gewiss entspringt manch verbaler Missgriff einer hehren Absicht, und manche Absonderlichkeit ruft schmunzelndes Kopfschütteln hervor. So wenn in der Mensa des Studentenwerks in Gießen das »Zigeunerschnitzel« vom Speiseplan verschwindet und durch »Schweineschnitzel mit Sauce Zingara« ersetzt wird. Weiß der Himmel, weshalb der Kantinenchef einer italienischen Zingara den Vorzug vor der deutschen Zigeunerin gibt.

Damit schon die Jüngsten in Deutschland in einer antiziganismusfreien Verbalzone aufwachsen, erfahren die jungen Internet-Nutzer auf der *Kinderinsel*, dem Wissenslexikon des Bayerischen Rundfunks, unter dem Stichwort Zigeuner: »Das Wichtigste zuerst: Zigeuner ist ein Schimpfwort! Sinti oder Roma heißt dieses Volk wirklich.« Auch für sensible Eltern, die fürchten mussten, ihre Kinder könnten sich bei der Lektüre von Pippi Langstrumpf mit dem Virus des Rassismus infizieren, besteht kein Anlass mehr zur

Besorgnis. Auf seiner Webseite beruhigt der Verlag Friedrich Oetinger unter »Häufige Fragen« verunsicherte Leser mit der Klarstellung, in den aktuellen Neuauflagen der Bücher Astrid Lindgrens seien die Wörter »Neger« und »Zigeuner« nicht mehr zu finden. Rabiater machten sich die Hüter der Wörter an dem Vokabular und an den Geschichten der englischen Kinderbuchautorin Enid Blyton zu schaffen. Nach ihrem Tod 1968 wurden ihre millionenfach verlegten Jugendschmöker inhaltlich gesäubert und weichgespült. Seitdem in Blytons Fünf-Freunde-Abenteuern die Zigeuner zu Zirkusleuten mutiert sind, tragen die Bücher wieder den Stempel pädagogischer Unbedenklichkeit. Der 1964 unter dem Titel *Fünf Freunde und ein Zigeunermädchen* erschienene Band heißt seit den neunziger Jahren *Fünf Freunde und die wilde Jo.*

Die Österreicherin Lucia Marjanovic hat in ihrer literaturwissenschaftlichen Diplomarbeit an der Universität in Wien die verschiedenen Neubearbeitungen von Enid Blytons *Fünf-Freunde*-Büchern miteinander verglichen und dabei bemerkenswerte textliche Eingriffe zutage gefördert. So haben sich Elend, Schmutz und Gestank in den neueren Übersetzungen auf sonderbare Weise verflüchtigt. Auch das Zigeunermädchen, die »Lumpen-Jo« Enid Blytons, macht erstaunliche optische und charakterliche Veränderungen durch. Früher konnte das verwahrloste Kind, das bei ihrem prügelnden, kleinkriminellen Vater aufwuchs, weder lesen noch schreiben. Heute tut sich Jo mit dem Lesen und Schreiben lediglich »ein wenig schwer«. Einst roch sie mangels hygienischer Maßnahmen »entsetzlich«, nunmehr ist »ein Bad überfällig«. Wo die Freunde einst mutmaßten, Jo habe »niemals eine Haarbürste oder ein Stück Seife besessen«, lautet der aktualisierte Kommentar, Waschen und Zähneputzen habe sie »vergessen«. Und wenn bei Enid Blyton die Zigeuner in Gegenden zogen, wo es kein Bauernhaus gab, wo man um Milch und Eier betteln konnte, so ziehen sie in der jetzigen Übersetzung dorthin, wo es weit und breit keinen Laden gibt, in

Zigeunerpalast in Soroca, Moldawien

Stephan Dimov mit Tanzbärin Violetta in Sosopol, Bulgarien

Schrottsammler Gáspár György in Kerepes, Ungarn

Kupferschmied Victor Calderar in Brateiu, Rumänien

Ionina und Stelian Coseriar in Blaj, Rumänien

Tereza Calderaru in Voila, Rumänien

Viscri, Rumänien

Kinder der Familie Gabor in Vulcan/Wolkendorf, Rumänien

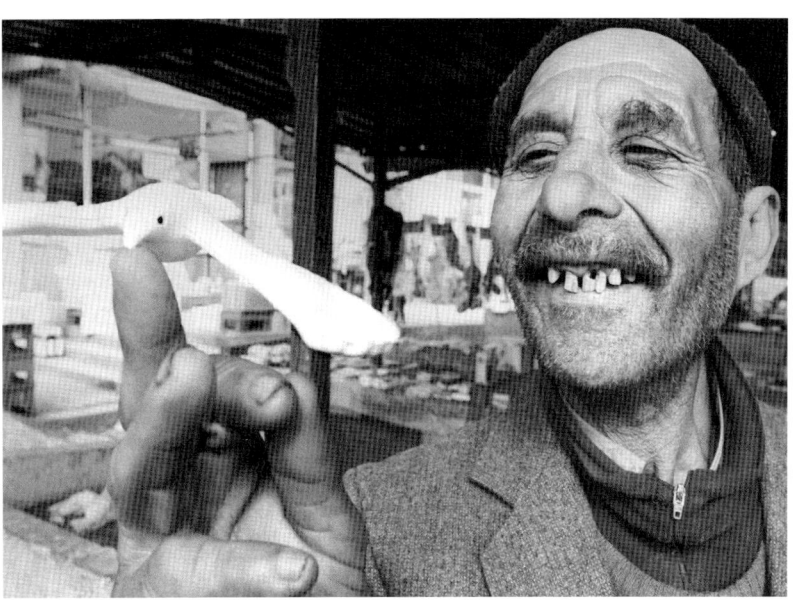

Zabit Memedov in Shutka, Mazedonien

Auf der Müllhalde von Oradea, Rumänien

Joana Vadura und Enkelkinder in Bolintin Vale, Rumänien

Das Haus der Famile Csorba in Tatarszentgyörgy, Ungarn

Viktória Mohácsi (r.) in Tatarszentgyörgy, Ungarn

Zigeunerpalast in Transsilvanien, Rumänien

Junge Roma in Soroca, Moldawien

Roma-Haus in Pantschowa, Serbien

Siedlung Lunik IX in Kosice, Slowakische Republik

Familie Szekely in Blaj, Rumänien

Junger Bettler in Fatima, Portugal

Tarzan und Töchter in Lourdes, Frankreich

Şcoală Waldorf in Roşia, Rumänien

Lili in der Şcoală Waldorf in Roşia, Rumänien

Tibor Balogh in Budapest, Ungarn

Bettlerinnen und Touristen in Les Saintes-Maries-de-la-Mer, Frankreich

Wallfahrt der Gitanos in Fregenal de la Sierra, Spanien

»Braut« Altenka in Stolipinovo, Bulgarien

Kerzenopfer der Gitans in Lourdes, Frankreich

Porträt des Roma-Königs Ioan Cioabă in Sibiu, Rumänien

Pfarrer Lucian Mosneag (r.) bei Roma in Blaj, Rumänien

Roma-König Florin Cioabă, Ionina Coseriar und Autor Rolf Bauerdick

Sándor Györi-Nagy (l.) und Familie Picacz in Kálló, Ungarn

Tzigani, Ungarn und Rumänen beim Feierabendbier in Netus, Rumänien

dem man einkaufen kann. Nicht zu vergessen die *Fünf Freunde im Nebel*. Darin wird ein Zigeunerjunge politisch ziemlich unkorrekt gefragt: »Wäschst du dir eigentlich ab und zu das Gesicht?«, und der Junge antwortet ebenso unkorrekt: »Nein.« Heute wird aus dem englischen »No« ein deutsches »Ja.«

Jenseits der Welt der Kinderbücher entpuppen sich die sprachlichen Vermeidungsmuster als weniger närrisch. Immer häufiger kippt der Normierungszwang um in einen Korrektheitswahn, der nicht realisiert, dass er das Ansehen vieler Zigeuner massiv beschädigt. Vor allem das der deutschen Sinti. In ihrem alltäglichen Leben als deutsche Staatsbürger werden ihnen Verhaltensweisen unterstellt, die ihnen fremd sind.

So gehört es nicht zu den sozialen Gepflogenheiten der Sinti, zwischen Wohnblocks in Rostock-Lichtenhagen ihre Notdurft zu verrichten. Der Eindruck entsteht jedoch beim Lesen von Roger Willemsens *Deutschlandreise*. Es mag ehrenwert sein, an die Eskalation fremdenfeindlichen Hasses von 1992 zu erinnern, als die Verlierer der deutschen Einheit johlten und der Mob applaudierte, als rechtsradikale Mordbrenner Asylantenheime abfackelten. Wenn Willemsen sich aber jenes Ortes entsinnt, »wo damals die Roma & Sinti kampierten«, obschon in Rostock keine einzige Sinti-Familie lagerte, so steckt dahinter zwar keine böse Absicht, wohl aber die Gedankenlosigkeit, westeuropäische Sinti und südeuropäische Roma ständig in einem Atemzug zu nennen. Und wenn in den Innenstädten Menschen mit devoten Demutsgesten um Almosen betteln, so hocken in den Fußgängerzonen nie Sinti und Roma, auch wenn die Medien das immer wieder vermelden. Die Bettler sind meistens rumänische Tzigani.

Nun trägt niemand einen Schaden davon, wenn das Reisehandbuch *Bulgarien* aus der Reihe *Reise Know-how* den »Sinti und Roma« ein eigenes Kapitel widmet. Und das, obwohl in Bulgarien überhaupt keine Sinti leben. Es verwundert nur, dass die Autoren das Wort »Zigeuner« meiden, obwohl sie schreiben: »Diese große Minderheit nennt sich selbst Zigani, was für sie keine Beleidigung oder Diskriminierung darstellt.« Als Hunderte bulgarische Prostituierte den Straßenstrich in Dortmund überschwemmten, fuhren hiesige Reporter in die Stadt Plovdiv, um von der »Quelle des Elends« zu berichten. »Zu Tausenden kehren die hier lebenden Roma der Stadt den Rücken, um nach Dortmund zu ziehen«, heißt es in dem Nachrichtenportal *Der Westen* der WAZ-Mediengruppe. »Dortmund leidet unter dem Zuzug, es geht um Kriminalität und Prostitution.« Das stimmt zweifelsohne. Merkwürdig aber ist, dass die Berichterstatter in Plovdivs Roma-Viertel Stolipinovo ständig »Sinti und Roma« begegnet sein wollen, von denen einige sogar »Sinti« sprechen, eine Sprache, die außer den Journalisten niemand auf der Welt kennt. In Stolipinovo wohnen keine Sinti, wohl aber Romani sprechende Burgudži und türkischsprachige Xoraxane, die wiederum von sich behaupten, keine Roma, sondern Türken zu sein. Aus letzterer Gruppe, der Mehrheit unter den 40 000 Einwohnern in Stolipinovo, stammten jene Frauen, die bis zur Schließung des Dortmunder Straßenstrichs im Sommer 2011 ihre Körper zu Schleuderpreisen feilboten. Über das Schicksal der jungen Zigeunerinnen wird in einem späteren Kapitel zu erzählen sein. Hier sei nur erwähnt, dass die *Süddeutsche Zeitung* den Sinti keinen Gefallen tat, als sie verbreitete, in Dortmund würden »türkisch sprechende Roma und Sinti von ihren Familien auf den Strich geschickt«.

Abgesehen davon, dass kaum eine bulgarische Sintezza in Dortmunds Ravensberger Straße am Bordstein gestanden haben kann, ist die Prostitution für deutsche Sinti ein machtvolles Tabu. Nach ihrem tradierten Verständnis von ritueller Reinheit wäre nicht nur die Frau, die sich prostituiert, mahrime, also unrein, auch ihre Familie wäre geächtet und sozial isoliert. Entwurzelte bulgarische Xoraxane besitzen einen solchen Ehren- und Sittenkodex hingegen nicht. Oder jedenfalls nicht mehr. Falsch ist auch die Annahme, die

Bulgarinnen in Dortmund würden von »ihren« Familien als Prostituierte verkauft. Kriminelle Zuhälter unter den Xoraxane beuten zwar Frauen aus, im Regelfall allerdings nicht die eigenen. Mit Frauen und Töchtern anderer Familien und Sippen haben sie weniger Probleme. Den in Fragen der Sexualität recht schamhaften Sinti zu unterstellen, sie würden ihre Frauen auf den Strich schicken, ist eine schwere Beleidigung, die sicher nicht intendiert, sondern dem Automatismus geschuldet ist, das »Z-Wort« einem pawlowschen Reflex gleich durch »Sinti und Roma« zu ersetzen.

Um es klar zu sagen: Es ist respektlos, einen Sinto oder eine Sintezza »Zigeuner« zu nennen, wenn diese nicht Zigeuner oder Zigeunerin genannt werden wollen. Das ist eine Frage gegenseitiger Achtung, über die nicht verhandelt werden sollte. Die Sachlage ist im Grunde einfach. Oder könnte es zumindest sein. Romani Rose ist ein Sinto, der nicht Zigeuner genannt werden will. Natascha Winter war eine Sintezza, stolz, eine Zigeunerin zu sein. Nun könnten beide Ansichten friedlich koexistieren. Das aber tun sie nicht. Weil es nicht um Begriffe geht, sondern um politische Macht, um gesellschaftlichen Einfluss und um unsäglich unkluge Rechthaberei. Wobei nicht zählt, wer die plausibleren Argumente auf seiner Seite hat, sondern jenes Mehr an medialer Präsenz und lobbyistischer Potenz, das nötig ist, um sich im öffentlichen Meinungsranking durchzusetzen.

Der Tsiganologe Bernhard Streck, der emeritierte Direktor des Leipziger Instituts für Ethnologie, meinte, es gehe bei dem Namensstreit um die Zigeuner »einzig um Macht, Einfluss und Gelder. Und um ein schlechtes Gewissen bei Journalisten, die unter keinen Umständen unkorrekt erscheinen möchten«. Der Völkerkundler Benninghaus wie auch das bulgarische Forscherpaar Elena Maruschiakova und Vesselin Popov beargwöhnen eine europaweit aufgeblähte und ausufernde »Gypsy-Industry«, in der immer mehr Organisationen um Fördermittel und Projektbudgets buhlen. Auch der Kriminologe Szilveszter Póczik bemerkt, dass allein in Ungarn im Umfeld humanitärer Einrichtungen ungezählte, oft lukrative Stellen geschaffen wurden, um sich den Roma-Fragen »von der eher gedanklichen Seite zu nähern«, anstatt reale Probleme zu lösen. »Man darf nicht vergessen«, so Natascha Winter in einem Interview Ende 2010, »dass hier erhebliche finanzielle Mittel zur Verfügung gestellt werden. Geschätzte 95 Prozent der Forschungsresultate stammen doch aus der Feder von Nichtzigeunern. Ähnlich ist es mit dem Zentralrat, alle hauptamtlichen Mitarbeiter sind durchweg keine Zigeuner. Es wird unsere Kultur zugunsten von Fördergeldern geopfert.« Ob dem so ist, kann ein Gadscho schwerlich beurteilen. Wie auch immer, jedenfalls wird, wer bei einem Antrag auf Fördermittel den Begriff »Zigeuner« statt »Sinti und Roma« favorisiert, vom Geldkuchen definitiv keinen Krümel abbekommen.

Sehr spät, erst 1992, folgte die damalige deutsche Bundesregierung dem Anliegen des Zentralrats, den Völkermord an den Sinti und Roma nicht zu verdrängen und der Opfer der nationalsozialistischen Gewaltherrschaft mit einem Mahnmal zu gedenken. Dem Bund oblag die Finanzierung, das Land Berlin stellte ein Grundstück in exponierter Lage unweit des Reichstages zur Verfügung. Dennoch fand die Einweihung erst im Herbst 2012 statt, in einem würdigen Staatsakt, der zwei Jahrzehnte unseliger Querelen beendete. Dass die Streitigkeiten um die rechte Form des Erinnerns nicht zu einer endlosen Farce gerieten, ist sicher auch dem israelischen Künstler Dani Karavan zu danken. Der Bildhauer, Jahrgang 1930, hat ein Denkmal geschaffen, voller poetischer Kraft, still und bewegend, eindringlich, aber nicht aufdringlich. Ein kreisrunder künstlicher See von zwölf Metern Durchmesser weckt bei dem Betrachter den Anschein, sich in der bodenlosen Tiefe eines dunklen Brunnens zu verlieren. Aus dem schwarzen Wasser taucht jeden Morgen auf einer versenkbaren dreieckigen Steinstele eine Blume auf. Verwelkte Blüten werden durch frische ersetzt, als Symbol für den Schmerz des Erinnerns, des Vergehens, wie auch für den Beginn neuen Lebens.

Bevor sich Karavans Intention, im Herzen Berlins einen »Ort der Stille und Besinnung« zu schaffen, endlich erfüllte, hatten sich die Interessenvertreter der Sinti und Roma heillos zerstritten. Über die Inschrift des Denkmals. Stein des Anstoßes war das Wort »Zigeuner«. Durfte es in der Inschrift auftauchen oder durfte es nicht?

Nach Romani Rose durfte es nicht. Er bestand auf einer Formulierung, die aus einer Rede Roman Herzogs stammte. Der einstige Bundespräsident hatte die Ansprache 1997 bei der Einweihung des Dokumentations- und Kulturzentrums Deutscher Sinti und Roma in Heidelberg gehalten, wo er exakt die historische Sicht des Zentralrats wiedergab, der das Dokumentationszentrum betreibt. Welcher Redenschreiber auch immer dem Präsidenten die Ansprache formuliert haben mochte, sie veranlasste den Kenner der Geschichte des Holocaust Götz Aly später in der Berliner Zeitung zu der Bemerkung, Herzog sei schlecht beraten gewesen, als er vom Manuskript ablas:

»Der Völkermord an den Sinti und Roma ist aus dem gleichen Motiv des Rassenwahns, mit dem gleichen Willen zur planmäßigen und endgültigen Vernichtung durchgeführt worden wie der an den Juden. Sie wurden im gesamten Einflussbereich der Nationalsozialisten systematisch und familienweise vom Kleinkind bis zum Greis ermordet.«

Gegen diesen Text gab es Einwände. Von Historikern, von Parlamentariern, von Kulturpolitikern. Der letzte Satz, argwöhnte Götz Aly, treffe auf die europäischen Juden zu, »für die Sinti und Roma stimmt er in einer solchen Allgemeinheit nicht.« Natascha Winter von der Sinti Allianz merkte an, eine Inschrift mit dem Herzog-Zitat missachte jene Nazi-Opfer unter den Zigeunern, die sich weder als Sinti noch als Roma verstünden und schließe »Hunderttausende Opfer« aus verbandspolitischen Egoismen vom Gedenken

aus. Die Manouches etwa, die Lalleri oder die Kalé. Aber auch die
Jenischen, die zwar keine ethnischen Wurzel in Indien haben, wohl
aber von den Nazis »als Zigeuner« verfolgt und umgebracht wurden. Argumentativen Beistand lieferte der renommierte Historiker
Eberhard Jäckel:

»Als die Zigeuner verfolgt wurden, hat niemand sie – außer wenn
in den Akten von einzelnen Stämmen die Rede war – Sinti und
Roma genannt. Dies ist ein Terminus, der erst seit 1982 durch den
Zentralrat in Umlauf gebracht worden ist. Der Begriff ›Zigeuner‹
ist jahrhundertealt, und er ist keineswegs pejorativ. Die Juden haben
sich auch nicht umbenannt, weil sie von Antisemiten so bezeichnet
wurden.«

Damit hatte Jäckel an den politischen Grundfesten des Zentral-
rates gerüttelt. Die Reaktion fiel aus, als habe Jäckel eine Kriegs-
erklärung ausgesprochen. Der Zentralrat stellte fest, die Verwendung
des Begriffs »Zigeuner« komme »einer erneuten Stigmatisierung
der Opfer gleich«. Romani Rose sprach von einem Skandal, von der
»Beleidigung und Demütigung« seines Volkes. Und das im »Land
der Täter«. Der dem Zentralrat nahestehende Publizist Michail
Krausnick kommentierte Jäckels Insistieren auf dem Begriff »Zigeuner« mit der Forderung: »Auch Historiker sollten fähig sein, hin-
zuzulernen und sich nicht auf die Sprache der Mörder versteifen.«

Einem Wissenschaftler, der sein lebenslanges Schaffen dem Verstehen des Nationalsozialismus gewidmet hat und für seine Dokumentation *Der Tod ist ein Meister aus Deutschland* gemeinsam mit
Lea Rosh den Geschwister-Scholl-Preis erhielt, zu unterstellen, er
bediene sich der Sprache der Mörder, haftet der Ruch der Unverschämtheit an. Nur sind derlei giftige Unterstellungen im anti-anti-
ziganen Diskurs nicht die Ausnahme. Sie sind die Regel. Längst
sind Völkerkundler und Historiker keine Kollegen mehr, mit denen
um Wahrheiten debattiert und gerungen wird. Im Gegenteil. Wissenschaftler, deren Ergebnisse sich der Deutungshoheit und dem

Meinungsumfeld des Zentralrats entziehen, werden zu Gegnern, denen die intellektuelle und moralische Redlichkeit abgesprochen wird. Das Schema ist immer dasselbe: Die Ankläger attestieren den Angeklagten eine geistige Nähe zur Ideologie der Nazis und der SS-Mörder. So dem amerikanischen Historiker Guenter Lewy.

2001 erschien sein Buch *Rückkehr nicht erwünscht – Die Verfolgung der Zigeuner im Dritten Reich* in deutscher Sprache und ließ nicht nur die Fachwelt aufhorchen. Bewegend schilderte Lewy das grausame Martyrium, dass die Zigeuner während ihrer Verfolgungsgeschichte, während der Deportationen und in den Konzentrationslagern durchlitten. Für die bundesdeutsche Nachkriegsgeschichte beklagte der gebürtige Breslauer, dass der nationalsozialistische Rassentheoretiker und Nervenarzt Robert Ritter unbehelligt seine medizinische Karriere fortsetzen konnte, während den Opfern der Nazis mit beschämender Schäbigkeit jahrzehntelang jede Entschädigung verweigert wurde. Fakt ist auch, dass sich die Bundesrepublik ohne das kämpferische Auftreten des Zentralrats in den achtziger Jahren fraglos aus ihrer historischen Schuld und Verantwortung herausgeschlichen hätte. In einer entscheidenden Frage jedoch wichen Lewys Forschungsergebnisse von der Position des Zentralrats ab. Lewy relativierte keineswegs die Zahl und das Leid der Opfer, doch vertrat er die Ansicht, hinter dem Massenmord der Nazis an den Zigeunern habe nicht derselbe rassistisch motivierte Wille zur totalen Liquidierung gestanden wie bei dem Plan, das ganze Volk der Juden zu vernichten. Lewy widersprach damit Romani Rose, dem auch der Journalist Henrik M. Broder im *Spiegel* attestierte, er wolle »ein Geschichtsbild durchsetzen, wonach Sinti und Roma mit exakt derselben Radikalität vernichtet wurden wie die Juden«. Zuspruch erhielt Lewy zudem von Tsiganologen wie Bernhard Streck oder von Historikern wie Hans Mommsen oder Eberhard Jäckel: Letzterer erklärte im *Kölner Stadtanzeiger*:

»Es hat eine schreckliche Verfolgung der Zigeuner sowohl in Deutschland als auch in den von Deutschland besetzten Gebieten gegeben. Im Sommer 1944 sind viele Tausend Zigeuner in Auschwitz im Gas erstickt worden. Aber trotzdem verbietet sich eine einfache Gleichsetzung. So hat Hitler in fast jeder Rede die angebliche Gefahr des internationalen Judentums beschworen, dagegen hat er die Zigeuner öffentlich nicht ein einziges Mal erwähnt.«

Als historischem Laien fällt es mir schwer, die Stichhaltigkeit der Argumentationen zu bewerten. Unstrittig ist jedoch, dass Guenter Lewy als integrer Forscher gilt, dessen tief empfundenes Mitgefühl für die Zigeuner über jeden Zweifel erhaben ist. Gewiss kann man Lewys Ansicht zur Diskussion stellen, Massenvergasungen von Sinti und Roma in dem polnischen Vernichtungslager Chelmno und in Auschwitz-Birkenau seien erfolgt, um die Ausbreitung einer Typhusepidemie zu verhindern oder um Platz für die Unterbringung ungarischer Juden zu schaffen. Nur, wenn Wilhelm Solms, der Vorsitzende der Gesellschaft für Antiziganismusforschung, Lewys Thesen ablehnt, zielt er auf dessen Ehre: »Man möchte fast meinen, dass er die Nazis nicht nur entschuldigen, sondern ihnen auch noch danken will.«

So etwas sagt man nicht.

Zurück zum Berliner Mahnmal. Die Gegner der Verwendung des Wortes »Zigeuner« führten immer wieder ein Argument an, das ernst genommen werden muss: einen Vergleich, eine Parallele zwischen dem deutschen Schmähwort »Zigeuner« und dem amerikanischen Schimpfwort »Nigger«. So fragte Michail Krausnick: »Wäre in den USA ein Gedenkstein mit der Inschrift für den ›als Nigger‹ ermordeten Martin Luther King diskutierbar?« Auch Romani Rose griff den Vergleich mit dem schwarzen Bürgerrechtler auf. »Zigeuner«, erklärte Rose, »ist eine Kategorie der Täter. Sie ist gleichbedeutend mit jenen verleumderischen Stereotypen, die die Nationalsozialisten zur Legitimation ihrer mörderischen ›Rassenpolitik‹ gezielt benutzten. Wer würde heute allen Ernstes fordern, ein den schwarzen Deutschen gewidmeter Gedenkort müsse in seiner Inschrift die Begriffe ›Neger‹ oder ›Rheinlandbastarde‹ aufgreifen, nur weil die Menschen unter dieser stigmatisierenden Kategorie von den Nazis verfolgt wurden?«

Nun hat sich meines Wissens nie ein Amerikaner gegenüber den Deutschen als »Bastard« bezeichnet. Und Martin Luther King hat sich gewiss niemals »Nigger« genannt. Der Vergleich zwischen diesen Begriffen wäre dann stimmig, sollte »Zigeuner« tatsächlich eine Kategorie der Täter sein, eine diffamierende Fremdbezeichnung und ein rassistisches Schimpfwort.

Immer wieder erklärt Romani Rose mit einer gewissen Hartnäckigkeit, die Sinti und Roma hätten sich selbst niemals Zigeuner genannt. Natascha Winter behauptete bis zu ihrem Tod das Gegenteil. »Ich würde mich und andere nicht als Zigeuner oder Zigeunerin bezeichnen, wenn dies von unseren Eltern und Vorfahren als abwertend oder beleidigend empfunden worden wäre … Die Bezeichnung Zigeuner war für die Zigeuner selbst kein Thema, sie haben sich gegenüber Außenstehenden selbst so bezeichnet.«

Wer hat recht?

Bei solchen Fragen ist ein Rückgriff auf das Wissen des Ethnologen Benninghaus hilfreich. Demnach wurde schon kurz nach dem Krieg in München ein »Komitee Deutscher Zigeuner« ins Leben gerufen. 1958 gründeten Sinti um Walter Strauß, Wilhelm und Johannes Weiß ein »Zentralkomitee der Zigeuner«, 1968 der Rom Rudolf Karway in Hamburg eine »Internationale Zigeunerrechtskommission«. 1973 wiederbelebte Wilhelm Weiß das alte »Zentralkomitee« als Verein »Zigeuner International e. V.«. Die Sintezza Theresia Seible gründete einen Frauenverein unter dem Namen »Comitée der Zigeuner«, und in Niedersachsen gab es einen »Verband der Zigeuner«.

Nun mögen diese Organisationen in der politischen Bedeutungslosigkeit und im Dunkel des Vergessens verschwunden sein. Schwer vorstellbar hingegen ist, dass Romani Rose sich nicht daran erinnert, dass nach seiner Wahl zum Vorsitzenden 1982 Zigeuner aus ganz Deutschland vehement gegen ihn und den Vertretungsanspruch des Zentralrats opponierten. In einer Aufsehen erregenden Pressekonferenz in Köln verwahrten sich die »Nicht organisierten Deutschen Zigeuner« gegen die »zigeuneruntypische« Politik des Zentralrats. Die *Süddeutsche Zeitung* titelte: »Zigeuner wollen keine Sinti sein.« Die Initiatoren wie Hugo Franz gaben an, für Zehntausende deutscher Sinti zu sprechen und stellten klar, den »Verbandszigeunern kein Mandat erteilt« zu haben. Ungewöhnlich heftig warfen die bekennenden Zigeuner Romani Rose und »seinen Sympathisanten« von der Gesellschaft für bedrohte Völker in einer Erklärung vor, ihre »schädliche Öffentlichkeitsarbeit« werde für sie selbst und ihre deutschen Mitbürger »immer unerträglicher«.

»Wir wollen auch dieses makabre Geschrei vom Holocaust und der Diskriminierung nicht länger über uns ergehen lassen.« Gerade die Älteren seien »ausreichend genug mit unseren grauenvollen Erinnerungen an diese Schreckenszeit beschäftigt und bemüht, das Unvergessliche zu verkraften, zu überwinden und zu überleben ... Auf dem Weg zur Versöhnung stört uns diese Bürgerrechtsarbeit von Romani Rose. Sie führt zum Hass, zum Unfrieden unter uns und mit unseren deutschen Mitbürgern. Wir wollen weder hassen noch Hass heraufbeschwören. Wir wollen keine Feindschaft, sondern Freiheit und gegenseitige Achtung.«

Auch der Würzburger Sinto Erwin Winterstein grenzte sich in einem offenen Brief von den »Berufszigeunern« ab. »Allein die Behauptung, das Wort Zigeuner dürfe man nicht mehr benutzen, weil es uns diskriminiert, ist ein reines Märchen. Schlichtweg erfunden. Wieso darauf gebildete Leute hereinfallen, können wir nur so deuten, dass niemand an uns wirklich interessiert ist.« Wahrscheinlich ahnte Erwin Winterstein vor dreißig Jahren nicht, dass er mit dieser Bemerkung das Wesen der politischen Korrektheit in Bezug auf sein Volk auf den Punkt gebracht hatte.

Bemerkt werden muss um der sachlichen Richtigkeit willen, dass Romani Rose bei der Verwendung des Begriffs Zigeuner wohl selbst keine Bedenken hatte. Früher zumindest, als er noch nicht der Vorsitzende des Zentralrats war. Da bedankte er sich überschwänglich bei dem Darmstädter Bürgermeister Winfried Sabais in einem Brief für ein von der Stadt ausgerichtetes Festival, das unter dem Namen »Musikfest der Zigeuner« firmierte. Zugleich warnte er den Bürgervorstand, Kirchenleute und Pressevertreter vor »skrupellosen Roma« und »dubiosen Geschäftemachern«. Sie würden »den guten Willen der Stadt Darmstadt und die Zwangssituation heimatloser Zigeuner zur persönlichen Bereicherung ausnutzen«, in dem sie ausländischen Roma »gegen beträchtliche Summen« Asylmöglichkeiten in Darmstadt versprachen.

Mit solchen Aussagen ist man als Nichtzigeuner heute ein Rassist. Wenn man Glück hat. Hat man Pech, kommt noch eine Strafanzeige wegen Volksverhetzung hinzu.

»Ich bin ein Zigeuner«, bekundet der Sinto Freddy Walter, der sich auf seiner Homepage »Ziggomann« nennt und über den ich nicht mehr weiß, als was er bei Facebook von sich preisgibt. Der Aschaffenburger ist nach eigenen Angaben 1977 geboren und einssechzig groß. Er ist ein leidenschaftlicher Musiker, der in diversen Jazz- und Rockbands Gitarre spielt. Gemeinsam ist uns die Sympathie für die John Mayer Band und für den Sound elektrischer Gitarren wie die Fender Stratocaster und die Gibson Les Paul, mit denen er sehr passabel umzugehen weiß. Zudem teilen wir die Abneigung gegen die stereotype Verwendung des Begriffspaars »Sinti und Roma«. Bei dem Musiker Freddy Walter fand ich die berührendste Erklärung für die »übertriebene Korrektheit« der Deutschen. Sie sei ein Mittel, mit der Nazi-Zeit und den 500 000 getöteten Sinti und Roma umzugehen. »Die Deutschen denken, dass sie den Zigeunern etwas schuldig sind. Aber das stimmt nicht.«

So sind sie, die Zigeuner. Die meisten jedenfalls.

Sie beschämen uns. Deshalb glauben wir ihnen nicht. Ihre Großherzigkeit ist uns suspekt. Wir trauen ihr nicht. Vielleicht können wir den Zigeunern nicht verzeihen, dass sie uns das »Dritte Reich« vergeben haben. Oder unpathetischer formuliert, dass es sie schlichtweg nicht interessiert, wie deutsche Gadsche ihre Schuldgeschichte bewältigen. Das akzeptieren wir nicht. Deshalb glauben wir lieber jenen Funktionären, die so denken und so fühlen wie wir.

Der Aufstand des Anstands

Offene Worte – »Aber zitieren Sie mich nicht!« – Roma in Darm-
stadt und eine Annonce in der »Zeit« – Wie ein sozialdemokratischer
Bürgermeister zum schlimmsten Rassisten nach 1945 avancierte – Der
Abriss eines Hauses und ein Tsunami der Empörung – Wenn Politiker
ins Schweigen flüchten – Aufruf zum Pogrom?

Vor wenigen Jahren führten zwei hochangesehene Männer ein
Gespräch, das in der Zeitschrift des Romano Centro in Wien abgedruckt wurde. Der österreichische Sprachwissenschaftler, Romani-
lehrer und Kenner ziganer Kultur Mozes Heinschink interviewte
den nicht minder welterfahrenen und belesenen russischen Rom
Lev Tcherenkov. Dabei stellte der siebzigjährige Heinschink die
schlichte Frage: »Was haben die Roma in Russland für Probleme?«

Ich zitiere die Antwort nicht, um jugendliche Roma zu diffamie-
ren, sondern weil die Redlichkeit und Wahrhaftigkeit der Gesprächspartner sich wohltuend von dem politisch korrekten Habitus abhebt,
von dem Umberto Eco meint, er kaschiere ungelöste soziale Schwierigkeiten lediglich durch einen höflicheren Sprachgebrauch.

»Ehrlich gesagt«, antwortete Tcherenkov, »es gibt ein großes Problem unter den Roma in Russland, um nicht schönzufärben, was
eine dunkle Angelegenheit ist: Ein großes Problem ist der Drogenhandel. Das bedeutet nicht, dass jeder Rom mit Drogen handelt.
Keineswegs! Aber doch viele. Der Prozentsatz unter den Roma ist
höher, verglichen mit jenem der Gadsche. Nur die Kêldêrarja handeln nicht mit Drogen. Und zwar deshalb, weil ein weises Oberhaupt kategorisch erklärte: Roma, wenn ihr euch auf diese Sache
einlasst, so bedeutet das, dass ihr unrein, mahrime werdet. Ihr

befleckt euch! Wir wollen nicht unrein werden und von Geld leben, das mit dem Unglück anderer verdient wird. So sagte er, und kein Rom der Kêldêrarja, wie arm er auch immer sein mag, lässt sich auf Drogenhandel ein.«

»Dunkle Angelegenheiten« anzusprechen ist auch in Deutschland möglich. Vorzugsweise hinter verschlossenen Türen. Nahezu ausgeschlossen ist es, aufrichtige Worte wie die eines Lev Tcherenkov öffentlich in einer Atmosphäre des Wohlwollens zu diskutieren, in dem Bemühen, gemeinsam Lösungen für eine soziale Schwierigkeit zu finden. Stattdessen würde sofort Anklage erhoben, wobei die Ankläger die effiziente Doppelstrategie fahren, man kriminalisiere erstens eine Minderheit und arbeite zweitens dem braunen Sumpf zu. Bei Recherchen zu diesem Buch suchte ich Gespräche mit lokalen Politikern und Verwaltungsbeamten, mit Angestellten der Sozialämter und Mitarbeitern karitativer Dienste, die in ihrem beruflichen Alltag mit zugewanderten Roma aus Südosteuropa zu tun hatten. Sie alle sprachen bereitwillig über ihre Frustrationen. Aber meistens nur, wenn das Aufnahmegerät ausgeschaltet war. Auch Kriminalbeamte waren ab und an gewillt, ihre deprimierenden Erfahrungen in Andeutungen mitzuteilen. Kaum jemand war jedoch bereit, für seine Ansichten mit seinem Namen einzustehen. Dieselbe Erfahrung machten auch die Kollegen des illustrierten Magazins *Stern*. Bei ihren Recherchen über den Alltag rumänischer Roma in Berlin gelangen der Autorin Franziska Reich und dem Fotografen Daniel Rosenthal ebenso erhellende wie erschreckende Einblicke in die sozialen Mechanismen einer »verschlossenen Welt«. Auf eine Mauer aus Ablehnung, Schweigen und Misstrauen trafen die Reporter nicht nur bei den Roma, sondern mehr noch bei Behörden, Polizei, Lehrern oder Nachbarn. Sie alle, das teilte die Chefredaktion des *Stern* im Editorial den Lesern mit, »fürchteten die öffentliche Darstellung der Schwierigkeiten, die es mit den Roma gibt, weil dann schnell der Vorwurf der Ausländerfeindlichkeit im Raum stehe«.

Ich weiß nicht, wie oft ich von meinen Gesprächspartnern den Satz gehört habe: »Aber zitieren Sie mich nicht.« Niemals übrigens von Zigeunern. Immer von gestandenen Männern und Frauen, die gemeinhin in ihrem Job in der Lage waren, die Verantwortung dafür zu übernehmen, was sie dachten und für richtig befanden. Wenn es jedoch um die Roma ging, verließ sie der Mut, ohne Scheu auszusprechen, was sie sahen und wahrnahmen. Diese Furcht wirft Fragen auf. Worin hat sie ihren Grund? Woraus speist sich ihre Macht? Und wer besitzt die Mittel, diese lähmende Furcht auf den Plan zu rufen?

Im Juni 1984 publizierte die Wochenzeitung *Die Zeit* eine ganzseitige Anzeige, wie sie wohl nie zuvor in der Bundesrepublik aufgegeben wurde. Von ihrem optischen Erscheinungsbild her wirkte sie wie Patchwork, wie eine Kollage aus Zitaten, Kurzmeldungen, Brieffragmenten, Beschwerden und Appellen. Um die hohen fünfstelligen Kosten für die *Zeit*-Annonce zu decken, war unten auf der Seite ein Spendenaufruf abgedruckt, für Überweisungen auf das »Humanitäre Konto« der Gesellschaft für bedrohte Völker. Die Menschenrechtsorganisation mit Sitz in Göttingen hatte das Inserat lanciert, gemeinsam mit dem Zentralrat Deutscher Sinti und Roma. Die Anzeige unter dem Motto »Abreißen – umsiedeln – abschieben« richtete sich gezielt gegen eine Person. Gegen einen Bürgermeister.

»Darmstadts Roma-Familien wurden durch SPD-Oberbürgermeister Günther Metzger vertrieben.« So lautete die Schlagzeile.

Wer bislang noch nicht von Günther Metzger gehört hatte, dem wurde der hessische Politiker mit einem Schlag bekannt. Mit ihm hatte der hässliche Deutsche wieder einen Namen. Günther Metzger biete »das seit 1945 schlimmste Beispiel für Rassismus in einer deutschen Stadt«, schrieben Romani Rose und Tilman Zülch. Letzterer im Namen der Gesellschaft für bedrohte Völker. »Fassungslos« wandten sie sich in einem offenen Appell in der *Zeit* an den damaligen SPD-Parteivorsitzenden Willy Brandt und warnten, der Fall

Darmstadt dürfe »nicht als Negativbeispiel für sozialdemokratische Ausländer- und Minderheitenpolitik in die Geschichte der Bundesrepublik eingehen.« Flankiert wurde der Aufruf mit Zitaten aus Briefen und Telegrammen, die Personen des öffentlichen Lebens an Metzger geschickt hatten. Romani Rose hatte ungezählte Prominente aus Politik und Kirche, Kultur und Geistesleben, allesamt Persönlichkeiten mit höchster moralischer Reputation, aus der Perspektive des Zentralrats über die Darmstädter Ereignisse informiert und einen Tsunami der Entrüstung ausgelöst. Der Literaturnobelpreisträger Heinrich Böll, der Lyriker Erich Fried, der ehrenwerte Berliner Pastor Heinrich Albertz und Heinz Galinski von der Jüdischen Gemeinde Berlin, sie alle bekundeten gegenüber Günther Metzger ihre Empörung, ihr blankes Entsetzen und ihre Abscheu. Die *Zeit*-Anzeige ließ keinen Zweifel aufkommen, mit dem Darmstädter Oberbürgermeister waren die faschistischen Methoden der Gestapo zurückgekehrt. Antisemitische Zitate, aus dem nationalsozialistischen Hetzblatt *Der Stürmer* zum Vergleich herangezogen, schienen zu belegen: Günther Metzger war mit vier jugoslawischen Roma-Familien genauso barbarisch und widerwärtig verfahren wie einst die Nazis mit den Juden. Im August 1983 hatte er in Darmstadts Arheilger Straße ein Haus samt Kupferwerkstatt niederreißen lassen, während die Bewohner verreist waren. Außerdem hatte Metzger die Ausweisung einer siebenköpfigen Familie angeordnet. Ein rechtswidriger Akt, wie das Darmstädter Verwaltungsgericht befand. Der Oberbürgermeister hatte sich bei der Abschiebung darauf berufen, dass gegen den Familienvater unter dreizehn Aktenzeichen strafrechtliche Ermittlungsverfahren anhängig waren, von denen allerdings nur das Autofahren ohne Führerschein und ohne Versicherungsschutz von der Justiz als ausländerrechtlich relevant eingestuft wurden.

Heinrich Böll schrieb daraufhin an Günther Metzger: »Dieser Akt der Vernichtung und Vertreibung, der offenbar vom Rat ihrer Stadt genehmigt war, macht alle Erinnerungen an Verfolgung, Rassismus, an Untermenschen-Politik und menschenverachtende Maßnahmen lebendig.« Der Zukunftsforscher Robert Jungk bat Metzger, sich von den »Nazitaten« zu distanzieren und »Wiedergutmachung zu leisten«. Der evangelische Theologieprofessor Helmut Gollwitzer erwartete im Namen aller »Hitlergegner« ein »klares Schuldgeständnis«. Und Simon Wiesenthal, der verdienstvolle Leiter des Dokumentationsarchivs des Bundes jüdischer Verfolgter des Naziregimes in Wien, beteuerte »sprachlos« zu sein, bekundete dann aber wortmächtig, die Darmstädter Vorkommnisse »im Zentrum Europas« würden in erschreckender Weise die Gefahr signalisieren, »dass Millionen Unschuldiger umsonst gestorben sind«.

Gegen die moralische Wucht der Anklagen nahm sich die Stimme des Sozialdemokraten Metzger eher nüchtern aus: »Die jugoslawischen Roma-Familien kamen ungebeten nach Darmstadt. Gleichwohl wurden sie von der Stadt als Gäste aufgenommen. Sie haben das Gastrecht ständig missbraucht. Nur deshalb hat ihnen die Stadt Darmstadt das Gastrecht entzogen.«

Die Vorgeschichte der Ereignisse, wie sie die Stadt Darmstadt selbst dokumentiert hat, datiert aus dem Oktober 1979. Metzgers Vorgänger im Bürgermeisteramt, Winfried Sabais, hatte anlässlich des gelungenen Darmstädter »Musikfests der Zigeuner« eine Einladung ausgesprochen, die unvorhergesehene Folgen zeitigte. Vor dem Hintergrund der demütigenden Erfahrung, dass den Sinti oft verwehrt wurde, mit ihren Caravans auf öffentlichen Campingplätzen zu logieren, hatte Sabais versprochen, in Darmstadt für durchreisende Zigeuner einen festen Standplatz einzurichten. »Wenn Sie wieder in diese Stadt kommen, wird Sie kein Gendarm an der Stadtgrenze abweisen«, hatte er vor deutschen Sinti erklärt. »Sie sind uns herzlich willkommen, nicht nur heute, sondern immer.«

Vier Wochen später tauchten die ersten Zigeunerfamilien mit ihren Kindern in Darmstadt auf, keine virtuosen Sinti-Musiker, sondern Roma, die aus Südeuropa stammten. Sie traten an das Sozialamt heran, gaben an, obdachlos und mittellos zu sein und zudem keine Personalpapiere zu besitzen, was sich im Nachhinein indes als falsch herausstellte. Die Ankömmlinge besaßen jugoslawische Pässe. Drei Tage nach ihrer Ankunft kaufte die Stadt für 13 000 Mark zwei Wohnwagen, die Familien erhielten Sozialhilfe und Heizöl zum Überwintern. Im Februar 1980 siedelten sich weitere sechs Familien an, für die die Sozialbehörde Wohnwagen und Wohnungen beschaffte. Im Frühjahr 1980 hielten sich bis zu einhundertfünfzig jugoslawische Roma in Darmstadt auf, und Romani Rose schrieb seinen bereits erwähnten Brief an Oberbürgermeister Sabais. Der Tonfall des Schreibens war ausnehmend gewogen, touchierte gar die Grenze zur Anbiederei. Romani Rose, vom Vorstand des damals noch existierenden Verbands deutscher Sinti, lobte, wie vorbildlich die Stadt begonnen habe, sich gegen die Diskriminierung der Sinti zu wenden, und bekundete, weiterhin Wert auf das gute Verhältnis zu legen. Zugleich warnte Rose den Oberbürgermeister mit »umso größerer Bestürzung« vor eben jenen jugoslawischen Roma, die ihre eigene Ethnie mit dem Versprechen abzockten, ihnen in Darmstadt politisches Asyl zu besorgen. Rose sagte Winfried Sabais zu, seitens seines Verbands »alles zu tun, damit der gute Wille der Stadt Darmstadt nicht auf so eine Weise länger missbraucht wird«.

Keine drei Monate später war der Ton ein anderer. Er verschärfte sich in der Folgezeit so drastisch, dass er später die Gerichte beschäftigte. Auslöser war ein Report der Polizeibehörden. Es ging darin um Zigeunerkinder, die laut *Darmstädter Echo*, »in Nachbarstädten bei Straftaten ertappt und von der Polizei zu ihren auf Darmstädter Standplätzen lebenden Eltern zurückgebracht worden waren«. Zudem hatte ein Polizeisprecher in der Presse den Verdacht geäußert, einige Kinder würden von ihren Eltern bewusst ausgeschickt, um Einbrüche und Eigentumsdelikte zu begehen. Roses Sinti-Verband warf der Stadt und der Polizei daraufhin gezielte Volksverhetzung und Diffamierung einer ganzen Minoritätengruppe vor.

Oberbürgermeister Wilfried Sabais, wie auch später sein Nachfolger Günther Metzger, verwahrten sich gegen die Anschuldigungen und riefen damit eine energische Gegenreaktion Romani Roses hervor, die sich auch in Wortwahl und Sprachstil niederschlug. Auch wenn es gewagt ist, einer Ethnie kollektive Eigenschaften zuzuschreiben oder abzusprechen, so würde ich doch behaupten, dass den Sinti und Roma zynische Arroganz eher fremd ist. Nun mag der Politologenjargon, der Roses Schreiben plötzlich prägte, damit zu erklären sein, dass der Sinto fortan im Verbund mit der Gesellschaft für bedrohte Völker auftrat. Jedenfalls erweckte der eloquente, äußerst sarkastische Ton der Briefe den Eindruck, als habe der Verfasser im Schnellverfahren ein Soziologiestudium absolviert. Wie auch immer, der Darmstädter Streit eskalierte ins Maßlose. Ihn zu dokumentieren würde Bibliotheken füllen. Ein Einblick in die argumentativen Strategien, mit denen ein bis dato aufrechter Sozialdemokrat zum übelsten Rassisten der deutschen Nachkriegsgeschichte avancierte, sei hier dennoch gestattet. Weniger um der Historie willen. Vielmehr um jene ideologische Vergiftung des gesellschaftlichen Klimas zu begreifen, das seinen Schatten in die Jetztzeit wirft. Gewisse Unappetitlichkeiten sind auf ein Minimum reduziert, zum Verständnis des Konfliktes aber nicht vollends zu vermeiden.

Auf den Vorwurf der Volksverhetzung antwortete Sabais dem Sinti-Verband, die Toleranzbereitschaft der Darmstädter Bürgerschaft sei nach dem schönen Sinti-Musikfest in der Folgezeit arg strapaziert worden. »Der Zustrom von Romani ohne Ausweispapiere hat uns vor große Probleme gestellt … Im Umkreis der Pfnorstraße wird in

Kleingärten eingebrochen, wird Gemüse und Gerät mitgenommen, werden Bäume gefällt. Kinder werden zu aggressivem Betteln ausgeschickt. Trickdiebstähle sind versucht worden. Beschimpfungen von Passanten sind vorgekommen. Alte Leute wurden geschädigt. Von den angeblich aus Jugoslawien stammenden Romani, die sich illegal hier aufhalten, sind achtzehn Personen in den oft mehrfachen Verdacht von Straftaten geraten und beschäftigen die Polizei und die Gerichte.«

Romani Rose und Fritz Greußing von der Gesellschaft für bedrohte Völker entgegneten Wilfried Sabais daraufhin in einem offenen Brief:

»Wenn Sie Stellen für Sozialarbeiter, entsprechende Einrichtungen für Kinder- und Vorschulbetreuung sowie Berufsmöglichkeiten für die neu zugezogenen jugoslawischen Roma geschaffen hätten, bräuchten Sie Ihre überstrapazierte Toleranz dann nicht zu beklagen, wenn deren Kinder bedauerlicherweise wie andere deutsche Jugendliche unter solchen sozialen Verhältnissen benachbarte Schrebergärten verwüsten und durch Gemüse- und ähnliche Diebstähle zu einem Problem für die Polizei werden.«

Die Stadt hingegen beteuerte, das Arbeitsamt Darmstadt habe sich durchaus um Erwerbsmöglichkeiten für die Roma gekümmert. Ein junger Familienvater, dem man eine Stelle als Küchenhelfer in der Mensa der Universität verschafft hatte, sei jedoch nach zwei Tagen der Arbeitsstelle ferngeblieben. Sein Bruder nahm eine Beschäftigung auf dem Bau an, doch, so die Stadt: »Er hielt nur einen Tag durch.«

Bis 1984 hatte Darmstadt nach eigener Auflistung 1,6 Millionen Deutsche Mark aus öffentlichen Mitteln für die jugoslawischen Roma aufgebracht, für Sozialhilfe, für schulische und pädagogische Betreuungsmaßnahmen, vor allem für Wohnungs- und stete Renovierungskosten. Zudem zahlte das Arbeitsamt über 200 000 Mark an Kindergeld. Obwohl den Roma von den Behörden feste Häuser und Wohnungen beschafft wurden, erklärte das *Darmstädter Echo* im Sommer 1981: »Das Experiment der Zigeuner-Integration ist gescheitert.« Über die Situation in der Wormser Straße war zu lesen:

»Viele in unmittelbarer Nähe des Zigeunerhauses lebende Familien sind mit den Nerven fertig. Was sie in den vergangenen Monaten erlebt haben, beschreiben sie als Martyrium. ... Die eigenen Kinder dürfen nicht mehr auf der Straße spielen, weil sie von den Zigeunerkindern aggressiv behandelt und unflätig angepöbelt würden. Die immer wiederkehrenden Zitate lauten ›Du Schwein, du Hitler‹ oder auch ›Hallo, komm rüber, ich dich ficken‹ ... So hätten die Zigeuner wiederholt Gänse, Hühner und Schweine geschlachtet und das Blut eimerweise in den Garten und in die Mülltonnen gekippt. Wochenlang lagen Abfallberge im Garten. Schwärme von Schmeißfliegen rund um das Grundstück sind die Folgen ... Klagen werden auch darüber geführt, dass die Zigeuner schon früh am Tag mit dem Trinken beginnen und mit zunehmendem Rausch lauter und aggressiver würden. Heftige Familienstreitigkeiten, Prügelszenen und alkoholisierte Kinder gingen mit dem Genuss von Bier und Rotwein einher. Flaschen, Knochen und Lumpen landeten in Nachbargrundstücken und irritierten und schockierten die ordentliche Bürgerlichkeit.«

Glaubt man Günther Metzger, dem Nachfolger von Oberbürgermeister Sabais, so eskalierte die Wohnsituation nach diversen Umzügen der Roma etwa in die Gräfenhauser und Arheilger Straße immer weiter. Als im August 1983 einige Familien Darmstadt verlassen hatten, ordnete Metzger in dem Glauben, sie würden nicht zurückkehren, den Abriss eines Hauses in der Arheilger Straße an, was den Sturm der Entrüstung und die besagte Anzeige in der *Zeit* nach sich zog. Günther Metzger rechtfertigte den Abriss laut Protokoll einer Stadtratssitzung wie folgt:

»Zurückgelassen wurden Unrat, Dreck und Ungeziefer, in der Gräfenhauser Straße halbverweste Tiere. Die Tierkadaver verbreiteten einen unerträglichen Gestank. Ratten traten auf. Es wird uns jetzt der Vorwurf gemacht, dass wir nicht dafür gesorgt hätten, dass die Ratten bekämpft werden. Das ist immer wieder geschehen. Das Hinterhaus in der Arheilger Straße war nicht mehr bewohnbar. Die Zimmer waren übersät mit Unrat und Exkrementen ... Das vorhandene Mobiliar war mit Ausnahme weniger Wertgegenstände, die von den Mitarbeitern der Stadt sichergestellt wurden, zerstört oder beschädigt. Die in den Räumen herumliegenden Kleidungsstücke waren zerrissen, verschmutzt und teilweise mit Kot verschmiert, und die Mitarbeiter der Stadt weigerten sich, diese Gegenstände aus dem Haus zu transportieren und sicherzustellen.«

Danach schrieb Romani Rose, nunmehr als Vorsitzender des neu gegründeten Zentralrats, an Metzger:

»Das menschenverachtende und rassistische Ausmaß Ihrer Anordnung wird dadurch deutlich, weil während der kurzen Abwesenheit der Roma-Familien zu einer 14-tägigen Geschäfts- und Urlaubsreise der gesamte private Besitz wie Möbel, Geschirr und Wäsche, aber auch unwiederbringbar persönliche Dinge mit ideellen Werten wie sakrale Gegenstände, Dokumente und Familienfotos ... unter den Trümmern des Hauses begraben und auf die Müllhalde abgefahren wurden ... Es war abscheulich genug, dass die SS in der Reichskristallnacht die persönliche Habe der Juden und bei den Deportationen auch die unseres Volkes mit Stiefeln zertreten hat, als dass wir es heute widerspruchslos 1983 – 50 Jahre nach der Machtergreifung Hitlers – hinnehmen können, wenn ein Oberbürgermeister persönliche Habe von Roma-Familien mit Baggerschaufeln willkürlich zertrümmern lässt.«

Rose war »entsetzt über den unfassbaren Skandal«. Er warf Günther Metzger vor, er habe die »Darmstädter Roma-Familien zu verdreckten Untermenschen erklärt« und ziehe deren Würde in den Schmutz. Rose sprach von einem »primitiven Niveau von Beleidigungen«, von einer »perversen Diffamierung«, von »pathologischen Vorurteilen« und erklärte gegenüber Metzger: »Ihr Beteuern, wertfrei zu berichten und nur die objektiven Tatsachen festzustellen, all das ist ekelhafter, nationalsozialistischer Stürmer-Stil aus den dreißiger Jahren gegen Juden ... Sie verstehen es auf Ihre Art, die Sozialdemokratie und diejenigen, die für deren Ideale in die Konzentrationslager gingen und dort umkamen, in die Gosse zu zerren.«

Romani Rose teilte sein Urteil über den Darmstädter Oberbürgermeister der deutschen und europäischen moralischen Avantgarde mit, wobei vorzugsweise Persönlichkeiten aus dem linkspolitischen Spektrum der Sicht des Zentralratschefs folgten. Allen voran die Schriftstellerin Luise Rinser. Aus Italien hatte sie ein Telegramm an den »O.B. Metzger« geschickt. Der Wortlaut: »Entsetzt über Vorgehen gegen Sinti. Erinnert die Welt beschämend an Hitler. Fordere im Namen aller anständigen Deutschen Wiedergutmachung.« Im Rückblick erweist sich dieses Telegramm als eines der dreistesten Dokumente politischer Unverschämtheit seit 1945.

2011 legte José Sánchez de Murillo zum 100. Geburtstag der Schriftstellerin eine aufsehenerregende Biografie vor: *Luise Rinser. Ein Leben in Widersprüchen.* Demnach hat sich Rinser nach dem Zweiten Weltkrieg ihre Lebenslegende als Widerständlerin im Dritten Reich komplett zusammengelogen. Bereits 1935 hatte sie sich mit ihrem Gedicht »Junge Generation« in der Zeitschrift *Herdfeuer* als glühende Hitler-Verehrerin exponiert, als »des großen Führers verschwiegene Gesandte«. »Wir jungen Deutschen«, schwadronierte sie, »wir wachen, siegen oder sterben. Denn wir sind treu!« Luise Rinser beließ es nicht dabei, pathetisch von »todtreu verschworenen Wächtern heiliger Erde« zu raunen. Nach dem Untergang des Nationalsozialismus veredelte die Literatin ihre Geschichte mit der Mär, am Berliner Volksgerichtshof unter dem berüchtigten Roland Freisler wegen Hochverrats angeklagt und mit dem Tod bedroht worden zu sein. Sánchez de Murillo hingegen wies nach, dass Rinser beim Bund Deutscher Mädel Gruppenführerinnen der

Hitlerjugend ausbildete, als Lehrerin ihren jüdischen Schuldirektor denunzierte und im NS-Staat Karriere machte. Auf der Seite Sintiweb.de hieß es, unter den vielen falschen Widerstandskämpfern, die in der Nachkriegszeit ihre Biografie manipulierten, habe Rinser »den Vogel abgeschossen«. Dass ausgerechnet die Jeanne d'Arc der Selbstgerechtigkeit in der *Zeit*-Annonce gegen Günther Metzger oben auf der Seite in der ersten Reihe der kulturpolitischen Prominenz stand, und dabei auch noch Sinti und Roma verwechselte, mag Zufall gewesen sein. Man darf dies aber auch als Indiz werten, dass die Initiatoren der Anzeigenkampagne gegen den Oberbürgermeister Metzger keine glückliche Hand hatten, als sie auf die Stimmen der Gadsche setzten.

Beim Landgericht Frankfurt bewirkte Günther Metzger gegen die Anschuldigungen in der *Zeit*-Anzeige 1984 eine einstweilige Verfügung. Demgemäß wurde die Verbreitung der Behauptung, der Oberbürgermeister habe das schlimmste Beispiel für Rassismus seit 1945 geboten, unter Strafandrohung gestellt. Ebenso wie die Äußerung, Metzger habe den Abriss des Hauses in der Arheilger Straße »mit genau den gleichen Vorwänden gerechtfertigt, mit denen in den dreißiger Jahren Juden und Zigeuner zu Volksschädlingen abgestempelt worden seien«. Dieser Vergleich, befand das Landgericht, sei »völlig überzogen« und laufe letztlich auf eine »Diffamierung des Antragstellers« hinaus. Das Oberlandesgericht Frankfurt sah das anders. Es hob die Verfügung später auf und gab Romani Rose weitgehend Recht. Mit dem Vorwurf des Rassismus und dem Vergleich mit dem *Stürmer*, so der Tenor des Oberlandesgerichtes, hätten Rose, der Zentralrat und die Gesellschaft für bedrohte Völker von ihrem Recht der Meinungsfreiheit Gebrauch gemacht. Und das werteten die Richter höher als Metzgers Recht auf Unverletzlichkeit seiner Persönlichkeit. Einen seiner Briefe an Metzger hatte Rose mit den Worten geschlossen: »Gefragt ist jetzt endlich die Ehre der Roma, Ihre, in der Sie sich getroffen fühlen, was Sie Ihrer eigenen Vorgehensweise zuzuschreiben haben, ist jetzt sekundär.«

Günther Metzger, dessen Vater Ludwig die Bekennende Kirche mitbegründete, eine linksoppositionelle evangelische Widerstandsbewegung gegen den deutschen Faschismus, befürchtete nach dem Frankfurter Urteil, es erkläre »Politiker zu Freiwild«. Um ebendies zu vermeiden, haben Volksvertreter heute im Umgang mit heiklen Konflikten eine eigene Verhaltenstaktik etabliert. Nicht eben couragiert, doch aus persönlichem Schutzbedürfnis heraus verständlich, favorisieren sie das Schweigen. Stellvertretend für die Allianz des Verstummens zitierte Andreas Petzold, der Chefredakteur des Magazins *Stern*, anlässlich der Reportage über die Roma in Berlin einen hohen Stadtpolitiker mit den Worten: »In allen deutschen Großstädten haben wir inzwischen große Probleme mit Roma. Aber meine Kollegen und ich sind uns einig, lieber den Mund zu halten. Sonst wird man gleich als Nazi verschrien.«

Wenn Verantwortungsträger das Schweigen brechen, dann zumeist unter dem schützenden Mantel der Anonymität. Erst nach der Zusage, auf keinen Fall die Informationsquelle zu nennen, ließ mir ein städtischer Migrationsbeauftragter die Kopie eines Briefes zukommen. Unter dem Aktenzeichen 50.51.70 D hatte sich die Geschäftsführung des Deutschen Städtetages in Berlin am 20. April 2012 an Bundesinnenminister Hans-Peter Friedrich gewandt, mahnend und um Hilfe bittend zugleich. Der Betreff: »Zuwanderung aus den EU-Beitrittsgebieten Südosteuropas«.

In dem Schreiben ist die Rede von einem »dynamischen Zuzug von bulgarischen und rumänischen Staatsangehörigen« seit der EU-Erweiterung 2007. Die Stadtgesellschaft, so heißt es, »ist mit Umfang und vielfältigen Folgen dieser – aus unserer Sicht unübersehbaren – Armutswanderung überfordert. Das Gefährdungspotential für den sozialen Frieden in den Quartieren ist enorm.« Die Einreisenden würden weder über einen Krankenversicherungsschutz noch über ausreichende Existenzmittel verfügen, »obschon dies eigentlich Voraussetzung des Freizügigkeitsrechts ist«. Entstanden sei eine prekäre Situation mit sichtbaren Konsequenzen:

»So erfolgt die Lebensunterhaltssicherung häufig auf dem denkbar niedrigsten Niveau durch legale oder halblegale (schein-)selbstständige Tätigkeiten. Zwangsprostitution soll mutmaßlich eine maßgebliche Rolle spielen. Ganze ›Straßenstriche‹ sind mittlerweile fest in bulgarischer Hand. Mangelnde Kenntnis des so anderen deutschen Gesellschafts- und Rechtssystems sowie die aus dem Heimatland transportierten ethnisch-spezifischen Lebensgewohnheiten verschärfen die Problematik.«

Das klingt wie ein die Probleme offen konstatierendes, in jedem Fall diskussionswürdiges Papier. Wäre da nicht eine Merkwürdigkeit. Jeder weiß, dass mit den Zuwanderern Angehörige der Roma gemeint sind. Nur das erwähnt der fünfseitige Brief an keiner Stelle. So als habe dreißig Jahre nach den Ereignissen von Darmstadt die Politik der Mut verlassen. Die Furcht, als Rassist verleumdet zu werden, ist mächtig; so mächtig, das sie jedes offene, vielleicht auch einmal ungeschützte Wort im Keim erstickt. Nicht ohne Grund.

Wer heute das Handbuch *Von Antiziganismus bis Zigeunermärchen* von Daniel Strauß und Michail Krausnick aufschlägt, entdeckt darin auch einen Absatz über den »OB Metzger«.

Unter dem Buchstaben P.

P wie »Pogrome«.

Oberbürgermeister Metzger ist die einzige Person, die unter diesem Stichwort Erwähnung findet, in einem assoziativen Begriffsumfeld aus Attentaten, Brandanschlägen, Rassenhass und Völkermord. Demgegenüber muten die Straftaten aus dem Kreis der Roma in Darmstadt wie Kinkerlitzchen an. Ihre »angebliche Kriminalität« beschränkte sich laut Krausnick und Strauß »auf wenige Führerschein- und Verkehrsdelikte«. Das habe auch das Verwaltungsgericht Darmstadt festgestellt. Die Dokumentation der Stadt Darmstadt sieht das anders. Da ist von räuberischer Erpressung die Rede, von Angriffen auf Polizisten, von Hehlerei und von Dutzenden Einbrüchen und Diebstählen, bei denen oft strafunmündige Kinder erwischt wurden, die regelmäßig falsche Namen angaben. In trockenem Behördendeutsch heißt es:

»Unter den Darmstädter Roma befanden sich 37 amtlich registrierte Kinder unter 14 Jahren. Zwanzig der in Darmstadt ansässigen Roma-Kinder begingen im Jahr 1983 Einbrüche, sieben Kinder verübten Ladendiebstähle. Von Roma-Kindern mit anderen Vornamen als den registrierten, jedoch mit Anschrift Darmstadt, wurden weitere 51 Einbrüche und zwölf Diebstähle begangen, so dass sich eine Gesamtzahl von neunzig Straftaten von Roma-Kindern im strafunmündigen Alter im Stadtbezirk für 1983 ergibt. Im Jahre 1981 waren 107 und 1982 102 Straftaten registriert worden.«

Was das Schlagwort »Pogrome« angeht, so sind Gewaltexzesse von Darmstädter Bürgern gegen die Roma einst nicht vermeldet worden. Ein Toter jedoch war zu beklagen. Es war ein Mensch, der im System der moralischen Arroganz keinen Gebrauchswert hatte und durch das Raster der Wahrnehmung fiel. Wo die Liebfrauenstraße auf die Arheilger Straße trifft, betrieb der Gastwirt Heinz Donnerhak die Martinsstuben. Bis zum 12. Februar 1982, als ihm und den Anwohnern morgens um drei eine Gruppe Männer die Nachtruhe raubte, lautstarke Roma, teils aus Frankfurt, die ihre Leute in Darmstadt besucht hatten. »Um sich Gehör zu verschaffen, ging der Gastwirt auf die Straße«, berichtete das *Darmstädter Echo*. »Dabei kam es zu einer Auseinandersetzung, in deren Verlauf einige der Männer auf Donnerhak einschlugen und ihn mit Füßen traten, bis er bewusstlos auf dem Bürgersteig liegenblieb.« Wenige Tage später starb der 59-Jährige im Krankenhaus infolge seiner schweren Schädelverletzungen. Aber das erfuhr die Leser der *Zeit*-Anzeige nicht.

Die Welle der Aversion, die bei dem Aufstand des Anstands über den Darmstädter Günther Metzger hinwegfegte, ist längst abgeebbt und neuen Wogen der Empörung gewichen, wobei der inflationäre Rekurs auf den Völkermord unter den Nationalsozialisten heute zum Standardrepertoire grobschlächtiger Totschlagsargumente zählt. Ein typisches Beispiel für den Wahrnehmungssumpf aus Realitätsverlust und semantischer Maßlosigkeit ist der Vorwurf des »Aufrufs zu einem Pogrom«, der 2011 von Iris Bernert-Leushacke, Sprecherin des Kreisverbandes der Dortmunder Linkspartei, gegen die *Ruhr Nachrichten* erhoben wurde. Mit dem Beitrag »Die Schattenseiten der Ost-Erweiterung in Europa« hatte die bürgerliche Tageszeitung über den dramatischen Anstieg der Kriminalität in Dortmund berichtet, was wiederum Frau Bernert-Leushacke veranlasste, sich über die Redakteure der *Ruhr Nachrichten* zu erregen. »Respekt«, ätzte sie. »Als ich Ihren Artikel gelesen hatte, habe ich mich gefragt, ob Sie sich eine Ausgabe des faschistischen Hetzblattes *Der Stürmer* als Vorlage genommen haben.« Und weil das noch nicht genug war, zog die Lokalpolitikerin auch gleich noch einen Vergleich mit dem NS-Hetzfilm *Der ewige Jude*.

Europa ohne Grenzen

Wenn Gadsche den Roma eine Stimme geben –Das Ende eines Straßen-
strichs: Dortmunds Nordstadt – »Rotationseuropäer« und »mobile ethni-
sche Minderheiten« – Diakonie und Security: Als die Helfer überfordert
waren – Von Stolipinovo ins Ruhrgebiet – Verraten und verkauft: die Furcht
der Radka Inkova – Warum Bulgarinnen, die nicht lesen können, für ein
Mobiltelefon einen horrenden Preis zahlen – Frauen in Not

Obwohl sogenannte Kongress-Roma – Natascha Winter benutzte
den despektierlichen Terminus »Berufszigeuner« – ständig die Diskriminierung ihres Volkes und das Elend in jenen Siedlungen beklagen, die sie selbst nur dann betreten, wenn sie von Reportern und
Kameras begleitet werden, meinen europäische Intellektuelle wie
der französische Philosoph André Glucksmann oder der Schriftsteller Günter Grass, den Roma mangele es an Fürsprechern. Für
Grass, der sogar eine Stiftung zugunsten der Sinti und Roma ins
Leben rief, sind sie ein Volk »ohne Stimme«. Folglich ist für die
Roma zu sprechen.

Als 2010 die rumänischen Tzigani aus Frankreich abgeschoben
wurden, trat André Glucksmann in der *Welt* für das Recht der
Zigeuner ein, uneingeschränkt umherziehen zu können. »Der freie
Austausch von Gütern und Ideen steht außer Zweifel, jetzt geht
es darum, die Freiheit der Schwächsten unter uns zu sichern, jene
der grenzüberschreitenden Wohnwagen, jene der Reisenden ohne
festen Wohnsitz, die Musiker und Poeten früherer Zeiten so sehr
faszinierten.«

Günter Grass erklärte nicht frei von Pathos, »als geborene Europäer« seien die Roma »aus jahrhundertealter Erfahrung in der Lage,

uns zu lehren, Grenzen zu überschreiten, mehr noch, die Grenzen in uns und um uns aufzuheben und nicht nur ein in Sonntagsreden behauptetes, sondern erwiesen grenzenloses Europa zu schaffen.« Ich will diese Haltung nicht verunglimpfen. Sie hat sich jedoch an den Realitäten des Alltags zu messen.

De facto ignoriert Grass die Schwächsten, jene, die den Preis der grenzenlosen Reisefreiheit zahlen. Sie leben in moldawischen Verwahranstalten oder in rumänischen Kinderheimen, wie dem »Stern der Hoffnung« in der Stadt Alba Iulia. »Die Roma sind die Sühneopfer der verlorenen Kinder der Globalisierung«, meinte wortmächtig auch André Glucksmann. Nur dachte er dabei vermutlich nicht an Kinder wie Marcelo, Alex und Alexandra, elf, zehn und acht Jahre alt. Die drei blieben zurück, als ihre Mutter von heute auf morgen Richtung Westeuropa verschwand. Abgeschoben wurden auch die Geschwister Simona, Andrea und der dreijährige Cosmin. Vernachlässigt, verwahrlost und vom Hunger ausgemergelt ließen ihre Eltern sie im Stich, als sie zum Betteln nach Spanien abhauten. Sie meldeten sich nicht wieder. »Das Einzige, was sie ihren Kindern für das Leben hinterließen«, so die deutsche Heimleiterin Sybille Hüttemann, »ist die Erfahrung, als Mensch keinen Wert zu besitzen.« Seit der Anteil der Roma-Kinder unter ihren Schützlingen beständig wächst, reagiert die gelernte Kinderkrankenschwester etwas empfindlich, wenn Moralisten überall Erklärungen für das Verhalten der Roma suchen, nur nicht bei den Roma selbst.

Längst hat sich eine selbstgerechte Empörungsclique etabliert, die nicht gewillt ist, die Schattenseiten ihrer Freiheitsideologie zur Kenntnis zu nehmen. Sie fordert die Freiheiten von EU-Bürgern zu Recht auch für Roma ein, verzichtet allerdings darauf, verbindliche Pflichten einzuklagen. Der subtile Rassismus der Sinti- und Roma-Freunde besteht darin, dass sie der Gesellschaft alles, den Zigeunern indes nichts abverlangen. So verhält man sich gewöhnlich gegenüber Menschen, denen man nichts zutraut.

Nun sind die Empörten nicht wahrnehmungsblind. Sie wissen sehr wohl, dass sich hausgemachte Probleme der Roma nicht leugnen lassen. Einerseits. Andererseits darf keinesfalls an ihrem Opferstatus gerüttelt werden. Um die Verantwortung für die Zigeuner weiterhin an die Gadsche zu delegieren, die Roma zugleich jedoch von jeglicher Eigenverantwortlichkeit zu entbinden, bedarf es eines Griffs in die Trickkiste der Argumentationskunst. Dabei wird ein Problem mit dem Verweis auf ein ungleich gewichtigeres Problem quasi kleingeschrumpft und vom Tisch gefegt. Luise Rinser war zwar nicht die erste, die sich dieser Methode bediente, aber in ihrer 1987 erschienenen »Anklage« *Wer wirft den Stein? Zigeuner sein in Deutschland* brachte sie es mit dem Kunstgriff des relativierenden Vergleichs zu wahrer Meisterschaft.

Den Vorwurf mangelnder Hygiene auf verschmutzten Caravan-Stellplätzen beispielsweise konterte Frau Rinser mit dem Verweis auf das Wald- und Fischsterben und die Abgase und Abwässer unserer Fabriken, wobei sie fragte: »Wer verschmutzt die Umwelt mehr? Zigeuner oder Industriewerke?« Die Mutmaßung, Zigeuner würden schwindeln und betrügen, erledigte sie ebenfalls mit einer Gegenfrage: »Verführt die öffentliche Reklame nicht genauso die Dummen zur Dummheit?« Und gegen den Verdacht, Zigeuner seien unlautere Händler, die einem Ramschteppiche als echte Orientware andrehen, führte Rinser den kapitalistischen Konkurrenzkampf und die tödlichen Skandale einer betrügerischen Pharmaindustrie ins Feld. »Kein Zigeuner hat Seveso beliefert, keiner Contergan oder Mexaform hergestellt und weiterverkauft.«

In ihrem Buch *Die Zigeuner* erzählen der Soziologieprofessor Reimer Gronemeyer und die Ethnologin Georgia Rakelmann, dass die Roma im mittelalterlichen Europa mit Schutzbriefen von Kaisern und Fürsten unterwegs waren, wobei die Zertifikate aus adliger Hand nicht selten gefälscht waren. Ein selbstfabrizierter Schutzbrief wird indes zur »Bagatelle«, wenn man einen treffenden Vergleich sucht. Gronemeyer findet ihn in dem »ungeheuren Reliquien- und Ablassschwindel«, den der Klerus im Mittelalter betrieb. Auch Karl-Markus Gauß demonstriert anschaulich, wie ein großes Übel neben einem sehr großen Übel verblasst. In *Die Hundeesser von Svinia* berichtet Gauß, wie in dem slowakischen Roma-Ghetto Lunik IX am Stadtrand von Kosice zwanzig Taxen aus Belgien vorfuhren. Der Stadtrat einer flämischen Provinzstadt hatte die Tour finanziert, mit der sechzig Bettler in ihre Heimat zurücktransportiert wurden. Sofort nach der Ankunft der Leute trieben örtliche Kreditwucherer ihre Prämien ein. Die Bettler, so Gauß, hatten sich mit der Zahlung jedoch nicht aus ihrer Schuldknechtschaft befreit, sondern nur die Zinsen getilgt. »Im großen mörderischen Stil machen Weltbank und Internationaler Währungsfond das mit den Hungerländern der Dritten Welt nicht anders«, relativiert Gauß das grassierende Phänomen der Wucherei mit einem Hauch Ironie und fragt, »warum sich also empören, dass im Kleinen Roma so mit Roma verfahren?«

Eine vorläufige Antwort sei hier gegeben, mehr dazu in Kapitel 12: Weil eine Frau wie Elvira Tudor mit ihren neun Kindern aus dem rumänischen Cetatea de Baltă herzlich wenig mit der Weltbank zu tun hat, wohl aber mit einem lokalen Kredithai, einem Patron, der in seiner Gier dafür sorgt, dass die verarmte Frau kein Bein an den Boden bekommt, während seine Villa regelmäßig um ein Stockwerk wächst. Und es gibt in Osteuropa viele Patrone, neureiche Sippenchefs, die sich in einem bizarren Wettbewerb um den Protz ihrer Paläste und Kitschburgen permanent übertrumpfen. Doch obszön zur Schau gestellter Reichtum und pseudofeudaler Pomp passen nicht in das romantisierende Zigeunerbild derer, die den Roma ihre Stimme leihen. Die Chefs der Bettelclans, die Bosse von Schlepperbanden und die Wucherer, die mit ihrem brutalen System der Zinsknechtschaft die Ärmsten ihres Volkes bis auf das letzte Hemd ausbeuten, existieren für die Menschenrechtler nicht. Sie sind keine Opfer. Für sie lässt sich nicht die Stimme erheben.

Bereits Mitte der neunziger Jahre hatte Günter Grass für die Roma einen »Europapass«, gefordert, »der ihnen von Rumänien bis Portugal das Bleiberecht garantiert«. Ein solcher Ausweis ist heute überflüssig. Mit den offenen Grenzen und dem Beitritt Rumäniens und Bulgariens zur Europäischen Union 2007 zogen Zehntausende Zigeuner in die Bundesrepublik, nach Berlin oder in das Ruhrgebiet. Allein in Dortmunds Nordstadt fanden in den Folgejahren 3000 südosteuropäische Roma Quartier. In Duisburg zählte die Stadt im Januar 2013 über 6000 Personen. Offiziell. Faktisch sind und werden es mehr. Wie alle EU-Bürger besitzen die Zuwanderer Reisefreiheit und das Recht auf einen dreimonatigen Aufenthalt in Deutschland. Sie erhalten jedoch keine Erlaubnis für eine Beschäftigung als Arbeitnehmer. Ab 2014 entfällt diese Beschränkung. Bis dahin haben Rumänen und Bulgaren die Möglichkeit, als Selbstständige für ihren Lebensunterhalt zu sorgen und ein Gewerbe zu betreiben. Etwa als Schrotthändler, als Transporteur oder in der Bau- und Reinigungsbranche. De facto werden diese Tätigkeiten nur selten ausgeübt. Die Anmeldung eines Gewerbes bei den Ordnungsämtern dient dazu, die Aufenthaltseinschränkungen zu umgehen und für die Familien das Anrecht auf die Zahlung von Kindergeld zu erwirken. In Berlin hatte die ehemalige Sozialsenatorin Heidi Knake-Werner von der Linkspartei Roma-Familien aus Rumänien empfohlen, ihren dauerhaften Verbleib in Berlin als Gewerbetreibende zu legalisieren. Mitte 2012 zitierte Spiegel-TV aus einem »Roma-Statusbericht« des Bezirks Neukölln, wonach bereits über 2400 rumänische und bulgarische Roma als gewerbliche Unternehmer registriert waren, zumeist im Abrissgeschäft. Keiner besaß überhaupt Werkzeug, um selbständig Geld zu verdienen. In einem Gewerbe allerdings wird tatsächlich Kasse gemacht: in der Prostitution.

Die stete Zuwanderung in Dortmund oder Duisburg hatte Konsequenzen, die sich spätestens seit 2010 nicht mehr ignorieren ließen. Durfte man der Presse glauben, dann stand mit der Dortmunder Nordstadt ein ganzes Wohnviertel auf der Kippe, ernsthaft bedroht in die Verwahrlosung abzurutschen. Nicht nur die siebenhundert registrierten rumänischen und bulgarischen Prostituierten, darunter auffallend viele aus dem Roma-Viertel Stolipinovo in Plovdiv, wurden zu einer Belastung des sozialen Klimas, auch die Männer, die auf den Plätzen und Bürgersteigen rund um den Nordplatz den öffentlichen Raum in Beschlag nahmen. Das linkspolitische Lager sah in ihnen die rechtlosen Opfer von Globalisierung und Ausgrenzung, heimatlos, auf der Suche nach Arbeit, Lohn und Brot. Die bürgerliche Fraktion erkannte in ihnen zwielichtige Zuhälter, die ihre Frauen in die Ravensberger Straße zum Anschaffen schickten. Zum billigen Vergnügen von Zeitgenossen wie »Himbeer-Toni«, »Palerider« oder »Oralfreund«, die sich in Internetportalen darüber ausließen, welche Zigeunerinnen in Dortmund für 20 Euro und weniger zu haben waren. »Ohne Gummi« natürlich.

Wahrscheinlich hat es Günter Grass nie in Dortmunds Nordstadt verschlagen. Doch ein Blick auf die Webseite www.hinter-hornbach.de hätte genügt, um sich die dunkle Seite seiner grenzenlosen Naivität anzuschauen. »Der geilste Strich ever! Viele junge Hasen, die alles mit sich machen lassen«, schwärmte »Biker«. Und ein User namens »Greif«, der mit schwangeren Prostituierten »einfach mal was Neues erleben möchte«, erhielt von dem »erfahrenen Benutzer Knutsen« den Tipp: »Vielleicht probierst du mal dein Glück auf der Ravensberger bei den vielen Ziggos«. Die richtig schäbigen Kommentare seien an dieser Stelle erspart.

Von früheren Stippvisiten her war mir die Nordstadt in guter Erinnerung, als ein lebenswertes Stadtviertel, das besser war als sein Ruf. Sicher ließen sich Armut, Arbeitslosigkeit und Verwahrlosung nicht übersehen. Und im Gegensatz zu Dortmunds wohlhabenderem Süden sorgten die Trinker, Junkies und Dealer nicht unbedingt für gutbürgerliche Behaglichkeit. Dennoch war zwischen Hafen, Hauptbahnhof und Borsigplatz noch der alte Geist des Ruhrpotts lebendig, jene ehrliche Mixtur aus urbaner Weltoffenheit und heimeliger Provinzialität. In der Nordstadt verdichtete sich das Ruhrgebiet auf wenigen Quadratkilometern zur Essenz seiner selbst. Das Leben war nicht geprägt von konfliktfreier Blauäugigkeit, wohl aber von einem nachbarschaftlichen Nebeneinander, wo sich eine studentische und alternative Szene mit dem alteingesessenen Malochermilieu vertrug. Zwischen gediegenen Bürgerhäusern aus der Gründerzeit und den abgegammelten Mietblöcken anonymer Spekulanten war und ist die Welt zu Hause. »Multi-Kulti« ist hier kein Zankwort, bei dem dumpfe Fremdenfeinde den Untergang des Abendlandes wittern und Freunde des Exotischen ins Schwärmen geraten. Wo Menschen mit mehr als fünfzig Nationalitäten auf engstem Raum zusammenleben, ist die ethnische Vielfalt Normalität. Dass zwei von drei der 55 000 Dortmunder Nordstadt-Bewohner einen Migrationshintergrund haben, war eher eine Herausforderung denn ein Problem. Bis aus Plovdiv ein paar Busse zu viel kamen.

»Rund um den Straßenstrich der Nordstadt haben sich in den vergangenen zwölf Monaten bulgarische Kriminelle niedergelassen, die in ganz Nordrhein-Westfalen auf Diebestouren und Raubzüge gehen«, schrieben die *Ruhr Nachrichten* im Frühjahr 2011. Der Dortmunder Polizeipräsident Hans Schulze stellte einen lawinenartigen Anstieg der Straftaten fest, und das Landeskriminalamt sprach von Strukturen organisierter Kriminalität. 2010 bereits war die Zahl der Raubüberfälle gegenüber dem Vorjahr um vierzig Prozent gestiegen. Die Diebstahlsdelikte hatten sich verdreifacht, die der Taschendiebstähle sogar versechsfacht, und Schulze forderte, den Zuzug aus Osteuropa zu stoppen: »Wenn uns das nicht gelingt, werden wir eine Entwicklung in der Nordstadt haben, die alles andere als erfreulich ist.« Verkehrte Welt: Die Zuhälter im Dortmunder

Norden wurden von den Behörden jahrelang geduldet. Die wirklich bedrohten Roma, die einst vor Krieg und Verfolgung aus dem Kosovo geflohen waren und teilweise schon seit zwei Jahrzehnten bestens integriert mit ihren Kindern in der Bundesrepublik lebten, wurden abgeschoben.

Als immer mehr Prostituierte in die Wohngebiete drängten und immer mehr Freier im Viertel herumkurvten, als Luden und Schutzgelderpresser offen ihre Revierkämpfe austrugen und Frauen lebensgefährlich verletzten, als schließlich nicht nur die Muslime mit dem freizügigen Outfit der Huren ihre Schwierigkeiten hatten und Eltern ihre Kinder nur noch auf Umwegen in die Schulen schickten, reagierte die Stadt Dortmund auf die Proteste ihrer Bürger. Im Sommer 2011 schloss sie den Straßenstrich und erklärte das ganze Stadtgebiet zum Sperrbezirk, eine Maßnahme, die der sozialdemokratische Oberbürgermeister Ullrich Sierau zu einem »Akt der Notwehr« erklärte. Einen Tag nachdem die Fußballer der Dortmunder Borussia mit ihren Fans am Borsigplatz die Deutsche Meisterschaft 2011 bejubelten, rückten in der Ravensberger Straße die Bagger an. Frühmorgens rissen sie die Zäune der sogenannten »Verrichtungsboxen« ab. Zum Leidwesen der alteingesessenen Prostituierten, die mit einem »Marsch der Huren« vergeblich gegen die Schließung des Straßenstrichs protestierten. Die alarmgesicherten Sexparkboxen, in denen sie ihre Kunden in deren Autos bedienten, galten bundesweit als vorbildlich. Zudem sorgte die Präsenz von Sozialarbeiterinnen als Teil der als »Dortmunder Modell« bekannten Regelung des Straßenstrichs dafür, dass die Frauen vor gewalttätigen Kerlen einigermaßen sicher waren.

Ich hatte die Berichte über die grassierende Prostitution »hinter Hornbach«, wie man in Dortmund sagte, in den lokalen Medien regelmäßig verfolgt. Obwohl die Dortmunder Nordstadt von meinem Zuhause im Münsterland in einer knappen Stunde zu erreichen ist, hatte ich Fahrten zu den Roma lange gescheut. Gemieden gar. Recherchen im Rotlichtmilieu haftet etwas Deprimierendes an. Ich hatte kurz zuvor für das Kinderhilfswerk Die Sternsinger im indischen Bombay mit jungen Mädchen gearbeitet, mit halben Kindern, die von Menschenhändlern verkauft und zur Prostitution gezwungen worden waren. Dabei war ich mit Typen in Berührung gekommen, die bösartig waren. Denen wollte ich mich nie wieder aussetzen.

Irgendwann griffen die Dortmunder Verhältnisse von der Stadt auf das Umland über. Die Zeitungsmeldungen über Wohnungseinbrüche, Handtaschen- und Trickdiebstähle häuften sich. Seit dem Frühjahr 2011 verging kaum ein Tag, an dem die Leser nicht schon beim morgendlichen Blick in die Zeitung erfuhren, dass wieder Rentnern, vor allem betagten Damen, Bargeld, Portemonnaie oder Schmuck gestohlen worden war. Sehr oft unter Ausnutzung der Hilfsbereitschaft der Alten. Die Kriminalität nahm solche Ausmaße an, dass sich die Polizei in Nordrhein-Westfalen regelmäßig genötigt sah, Warnungen an den Einzelhandel auszusprechen. An den Schaufenstern und Eingangstüren der Geschäfte in meinem Heimatkreis Coesfeld im Münsterland klebten flächendeckend Hunderte Plakate mit der Aufschrift »Achtung Taschendiebe«. Die Kunden werden vor »Diebesbanden aus Südost-Europa gewarnt« und zur Wachsamkeit aufgerufen.

Weil in den letzten Jahren die Preise auf den internationalen Rohstoffmärkten in die Höhe schnellten, explodierte auch die organisierte Klauerei von wertvollen Metallen. Für Nordrhein-Westfalen verzeichnete das Landeskriminalamt in Düsseldorf mit über 5300 Metalldiebstählen 2011 mehr als doppelt so viele Fälle wie im Jahr zuvor. Gullydeckel wurden geklaut, Brückengeländer abmontiert und Erdungskabel herausgerissen. Bis heute sind Denkmäler und bronzene Skulpturen in den Innenstädten vor den Banden ebenso wenig sicher, wie Kapellendächer oder die Sanitäranlagen in Rohbauten. Selbst auf Friedhöfen werden flächendeckend Bronzevasen und Grableuchten kurzerhand abgeschlagen und abtransportiert. Freilich sind nicht alle Täter Roma. Lokale Kleinkriminelle versilbern des Öfteren mal eine Regenrinne aus Kupfer, und manche Dieberei geht auf das Konto von heimischen Drogenkranken, die ihre Sucht finanzieren. Wenn aber ständig Tätergruppen mit ganzen LKW-Ladungen voll hochwertiger Metalle geschnappt werden, so weisen die Berichte der Fahndungsbehörden immer wieder in Richtung Südosteuropa. »Metalldiebe scheffelten Millionen«, vermeldeten westfälische Zeitungen. Die Polizei im Märkischen Kreis hatte dreizehn »rumänische Staatsbürger« festgenommen, Mitglieder einer mafiösen Bande, die von Dortmunds Nordstadt aus operierte. Rund einhundert Einbrüche, bei denen tonnenweise Kupferkabel und teure Buntmetalle aus Fabriken gestohlen worden waren, wurden der Bande angelastet. Der Erlös der Beute, das belegten Banktransfers, war nach Rumänien geflossen und soll dort in Immobilien investiert worden sein. Für die Deutsche Bahn hat die Plünderei von Eisenbahnschienen, Stromleitungen und Signalanlagen längst Ausmaße angenommen, die nicht nur immense Kosten verursachen, sondern auch die Sicherheit des Zugverkehrs und das Leben von Menschen gefährden. Auch das der Täter. In Ungarn und Rumänien, aber auch in Österreich hatten Roma beim Entwenden von Elektrokabeln oder beim Einbruch in Transformatorenhäuschen tödliche Stromschläge erhalten. In Duisburg starb ein Mann, als er nächtens mit zwei Komplizen in einer stillgelegten Fabrik mit einer Säge ein Stromkabel kappen wollte, nicht ahnend, dass durch den Kupferstrang 10 000 Volt flossen. Die Täter waren rumänische Staatsbürger.

Der tödliche Unfall ereignete sich im April 2011, ein nicht unerhebliches Datum, was die polizeiliche Informationspolitik angeht. Genau einen Monat zuvor, als sich die Meldungen über die Straftaten im Ruhrgebiet überschlugen, hatte der Präsident des deutschen Bundeskriminalamts eine Dienstanweisung erlassen, die ihm einen Auftritt in der fragwürdigen *Bild*-Zeitungsrubrik »Verlierer des Tages« verschaffte. Dort hieß es:

»BKA-Chef Jörg Ziercke (63) hat seine Kriminalbeamten angewiesen, in Protokollen und bei Fahndungen künftig im Fall der Fälle auf die Täter-Beschreibung ›Roma oder Sinti‹ zu verzichten. Grund: Der ›Zentralrat Deutscher Sinti und Roma‹ findet die Bezeichnung ›rassistisch‹. BILD meint: Und wann benennt sich der Verband um?«

Ich hatte die Nachricht für eine halbernste Stichelei gehalten, vorsichtshalber jedoch beim Landeskriminalamt Düsseldorf nachgefragt, von wo aus mir ein hoher Kriminaler zurückschrieb: »Die Bildzeitung hat recht.«

Der beharrlichen Lobbyarbeit des Zentralrats war damit ein bedeutsamer Erfolg im Kampf um die Begriffe beschieden. Offensichtlich ist die Bezeichnung »Sinti und Roma« im kriminologischen Umfeld dann einwandfrei, wenn Sinti oder Roma die Opfer sind. Sind sie aber die Täter, wird die Bezeichnung diskriminierend. Fritz Greußing, eine der öffentlichen Stimmen des Zentralrats, hatte diesen verbalen Verhaltenskodex schon vor Jahren nicht nur von der Polizei, sondern auch von Journalisten verlangt. Ein Ansinnen, das der deutsche Presserat ablehnte. Greußing forderte: »Es muss Behörden und Medien generell untersagt sein, die Zugehörigkeit zu einer ethnischen, religiösen oder sexuellen Minderheit zu nennen – es sei denn, es ist für das Verständnis des Sachverhalts zwingend erforderlich.« Zugleich hatte Greußing vorgeschlagen: »Wenn ein Beamter nur eine Buße von 50 Euro an eine gemeinnützige Einrichtung bezahlen müsste, würde er die Kennzeichnung eines Beschuldigten künftig bleiben lassen.« Und Romani Rose hatte Medienvertretern in Ungarn erklärt, in einem demokratischen Rechtsstaat gelte »das fundamentale Rechtsprinzip, dass für sein Fehlverhalten nur jeder Einzelne verantwortlich zu machen ist, nicht eine Minderheit, Religionsgemeinschaft oder sonstige Gruppe, der er eventuell angehört.« Das sollte so sein. Im Prinzip.

Doch wenn von siebenhundert Rumäninnen und Bulgarinnen, die in der Dortmunder Nordstadt zu Spottpreisen ihre Körper feilbieten, siebenhundert Frauen aus Roma-Familien stammen, dann mag das für Greußing und Rose zum Verständnis des Sachverhalts irrelevant sein. Für die Frauen, die sich im bulgarischen Plovdiv in einen Bus setzen, jedoch nicht. Diese Einsicht unterscheidet den ungarischen Zigeunerbaron Attila Lakatos oder den russischen Lev Tcherenkov von dem deutschen Zentralrat. Die einen verlangen von ihren Leuten eine Änderung ihres Verhaltens und sagen: Hört auf zu klauen, nehmt keine Drogen und prostituiert euch nicht! Der Zentralrat verlangt im Grunde von den Medien: Nennt die Roma nicht Roma, wenn ihr Ungutes zu vermelden habt. Getreu der Konfrontationismustheorie des Ungarn Sandor Györi-Nagy stärkt dieses Denken die politischen Extreme. Da seriöse Debatten über die Kriminalität der Roma aus dem öffentlichen Raum verbannt werden, überlässt man das Problem der *Bild*-Zeitung und nationalistischen Internetforen, um sich dann beklagen zu können, die Rechte schüre antizigane Vorurteile. Das war nicht immer so.

In dem Buch *Roma – Eine Reise in die verborgene Welt der Zigeuner* wird Romani Rose auf die Frage, warum deutsche Sinti gegenüber »ihren Brüdern aus Osteuropa und dem Balkan« so »offen ihre Feindschaft« zeigen, mit den Worten zitiert: »Darin liegt ganz sicher eine gewisse Tragik. Das Verhalten mancher ›Zigeuner‹-Stämme gegenüber anderen ist oftmals schlimmer als das der Einheimischen gegen unsere Rasse ... Die Roma leben oft in Zelten und Slums, manche sind Diebe und Bettler. Die Sinti meiden sie, weil sie nicht mit ihren Brüdern verglichen werden wollen.« Ein Gadsche, der sich ähnlich äußert, gilt heute als Volksverhetzer.

Wie zum Trotz auf die diskursiven Tabus kursierten in Polizeiprotokollen und Presseberichten eine Weile verbale Albernheiten wie »Mobile ethnische Minderheiten« oder »Rotationseuropäer«. Heute ist von Südländern, Rumänen, Bulgaren oder Serben die

Rede, womit eine vermeintliche ethnische Diffamierung lediglich gegen eine nationale ausgetauscht wird. Was meine rumänischen und bulgarischen Bekannten ziemlich auf die Palme bringt, weil sie es nicht als einen typischen Wesenszug ihrer Landsleute ansehen, Frauen auf den Strich zu schicken, Kinder zum Betteln anzuhalten oder in Fabriken Kupfer zu klauen. Und meine Dolmetscherin Katya aus Duisburg, eine studierte Philologin und ein besonnener Mensch, ärgert sich schwarz, weil einige zigane bulgarische Staatsbürger ihr »den Ruf ruinieren«. Wenn sie irgendwo erwähnt, dass sie Bulgarin ist, fallen gleich die Sympathiewerte.

Irgendwann saß ich doch im Auto nach Dortmund. Ich hatte zu viel in der Zeitung gelesen. Über Männer, die ihre Arbeitskraft auf einem »Arbeiterstrich« für zwei, drei Euro pro Stunde verhökerten und als Schwarzarbeiter kriminalisiert wurden, während ihre Auftraggeber und Ausbeuter unbehelligt blieben. Über »Ekelhäuser«, eine mediale Wortschöpfung für Dutzende von Mietskasernen, die im Unrat versanken und die regelmäßig geräumt wurden. Aber auch über abgezockte Spekulanten, die Häuser jahrelang verfallen ließen und nun mit den Roma fette Geschäfte machten, indem sie Menschen 200 Euro im Monat für ein Matratzenlager abknöpften. Ich zweifelte nicht, dass die in der Presse gezeichneten Szenarien den Tatsachen entsprachen, doch sie alle hatten einen Makel. Nie hatten die Roma einen Namen und ein Gesicht. Sie waren bloße Repräsentanten ihrer Ethnie, ohne individuelle Biografie. Ich verlor das Gespür dafür, dass sich hinter all den Zuständen Menschen verbargen, mit einer Geschichte, die zu erfahren sich lohnte. Andererseits trieb mich nicht nur purer Edelmut in die Nordstadt. Auch gekränkte Eitelkeit. Ich mochte die Berichterstattung mancher Kollegen nicht mehr ertragen, die sich mit schneller Feder einen ziemlichen Blödsinn zusammenschrieben. Sie verwechselten Bulgaren mit Türken, Türken mit Roma, Roma mit Sinti und kolportierten

widerspruchslos die Klagen der Xoraxane, im bulgarischen Stolipinovo gebe es keine Schulen für die Kinder, kein fließendes Wasser und keinen Strom. Ich hatte bereits in den neunziger Jahren
in Stolipinovo fotografiert. Die Siedlung war zwar damals schon
ein Ghetto der Armut, aber auch ein Ort erstaunlicher Widersprü-
che. Das Pferdefuhrwerk neben dem Benz, junge Tattoo-Typen mit
Goldkette neben Greisen, die Müllcontainer durchwühlten. Während vielen Eltern die Zukunft ihrer Kinder egal war, schickten
verantwortungsbewusste Roma ihre Jüngsten selbstverständlich zur
Schule. Apropos Strom. Vor der Kulisse der Plattenbauten hatte ich
eine junge Frau namens Altenka um ein Porträt gebeten, verwundert
darüber, dass im Gegensatz zu den Siedlungen der Bulgaren die
Wohnungen der Zigeuner allesamt über Satellitenschüsseln verfügten. In den Jahren nach 2002 kam es in Stolipinovo tatsächlich
zu heftigen Protesten. Das Stadtviertel wurde von der Elektrizität
abgeschnitten, weil die meisten Bewohner beharrlich alle Strom-
rechnungen ignorierten. Jedoch traf die Zwangsmaßnahme auch
jene Familien, die immer pünktlich gezahlt hatten. Als Bulgarien
2007 der Europäischen Union beitrat, hatte sich das Problem nach
der Modernisierung der Elektrizitätsversorgung und nach vielen
Gesprächen zwischen einem neuen Energieversorger und den örtlichen Roma-Führern weitgehend erledigt.

Mein erster Weg in Dortmunds Nordstadt führte mich in die vier-
spurige Bornstraße, die schon bessere Tage gesehen hatte und deren
Niedergang gewiss nicht den Roma anzulasten war. Gegenüber dem
Restaurante Portugal und dem Sportcafé für Live-Wetten waren die
Rollläden des Eiscafés Latino heruntergelassen. Es stand offenbar
schon seit längerem zum Verkauf, ebenso wie das »60 m² Gewerbe-
lokal voll eingerichtet« oder die »Wohnung + Restaurant« unter
der Hausnummer III. Die Scheiben der Born-Apotheke waren mit
Plastikfolie ausgeschlagen, die Fassaden des einstigen Geschäftes

»Faxen-Drucken-Kopieren« mit vergilbtem Zeitungspapier verklebt, wobei ein Schild »Dieser Laden wird elektronisch überwacht« die Stätte der Trostlosigkeit noch trostloser machte. In einem Hinterhof, wo das »Kurdische ISLAM Zentrum« ansässig war und die »Eagle Church« Gäste willkommen hieß, hatte jemand Berge von Postwurfsendungen und einige Einkaufswagen voller Prospekte »Tipp der Woche« entsorgt. Und irgendwo zwischen Pitanga-Pub »tropical style« und Trojka »Geschenkartikel aus Russland«, zwischen Treumonia-Haushaltsauflösungen »An- und Verkauf«, »Internet Happy Phone« und »Hairstyle by Arslan & Yusuf« standen ein paar Zigani in der Bornstraße 101 vor einer der Western-Union Filialen, von wo aus die Bulgaren ihre Euro zu den neuen Zweigstellen in Stolipinovo transferierten. Keiner der Männer erweckte den Eindruck, als würde er ein paar Gehminuten weiter in der Rolandstraße beim Diakonischen Werk um Ratschläge für sozialintegrative Maßnahmen ersuchen.

»Diakonie – das ist Hilfe für Menschen in Not, Krankheit und ungerechten Verhältnissen«, so stellt sich der Wohlfahrtsverband der Evangelischen Kirche im Herzen der Nordstadt vor und bekennt sich dazu, seine sozialen Programme nicht nur als professionelle Dienstleistung, sondern auch als Ausdruck christlicher Nächstenliebe zu verstehen. In der Diakonie saßen engagierte Mitarbeiter, Frauen wie Uta Schütte-Haermeyer, die sich darüber den Kopf zerbrach, wie man die neuen Bewohner der Nordstadt erreichen und unterstützen könne. Die Projektentwicklerin warnte angesichts der vielen Roma vor hysterischen Überreaktionen, mahnte zur Besonnenheit, »ohne die Probleme herunterspielen zu wollen«. Sie vertraute auf den Schmelztiegel Nordstadt, erinnerte an die integrative Kraft seiner Bewohner und setzte auf den Willen der Migranten zum sozialen Aufstieg, der vielen bereits den Umzug in die besseren Wohnviertel Dortmunds ermöglicht hatte. Nun aber war die Nordstadt an eine Grenze gestoßen. Und Uta Schütte-Haermeyer war aufrichtig genug, die eigene Ohnmacht und Ratlosigkeit zu benennen. Und nicht nur die ihre: »Die Menschen hier sind mit dem Verhalten der Roma überfordert.« Reiner Rautenberg, als Pressesprecher der Diakonie des moderaten Wortes mächtig, nickte bestätigend und fügte hinzu: »Wir mussten erst einmal das eigene Erschrecken überwinden. Wir wurden mit Verhaltensweisen konfrontiert, die unsere Phantasie überschritten. Das ging nicht nur uns so, sondern mehr oder weniger der ganzen Stadt.«

In ihren Räumlichkeiten betreibt die Diakonie auch eine Beratungsstelle für Suchtkranke und Wohnungslose. Der angeschlossene »Brückentreff« bietet Bedürftigen die Möglichkeit zum Tagesaufenthalt. Obdachlose finden hier einen Ankerpunkt, eine Schutzzone abseits der Straße, wo sie Kaffee trinken, ausruhen und miteinander reden können. Hier waschen sie ihre Wäsche, duschen und versorgen sich kostenlos mit frischer Kleidung. »Klar schlug der eine oder andere mal über die Stränge«, so Rautenberg, »aber die Streitereien hielten sich in Grenzen.« Bis die Konflikte »eine neue Qualität« erhielten. Im Februar 2011 schauten die ersten bulgarischen Roma in dem Brückentreff vorbei, der Tage später gewaltsam okkupiert wurde. Erstmals in ihrer Geschichte sah sich die Diakonie genötigt, einen Sicherheitsdienst zum Schutz der Einrichtung und der angestammten Klientel zu engagieren.

Die bulgarischen Männer und Frauen, etwa fünfzig an der Zahl, vertrieben die Wohnungslosen, verbarrikadierten sich stundenlang in den Duschen und besetzten die Aufenthaltsräume. Und das über Wochen. Die hauseigene Kleiderkammer wurde leergeräumt, die Klamotten auf einem Parkplatz an neuankommende Roma aus Plovdiv verscherbelt. »Unsere eigentliche Zielgruppe war von allen Leistungen abgeschnitten«, sagte Reiner Rautenberg. Geschockt sei man gewesen, »von der Aggressivität und der Missachtung einer Gruppe, die auf alle Regeln pfiff«. Auf das gesprächsbereite Personal reagierten die Besetzer feindselig, und spätestens als sie einen kirchlichen Mitarbeiter mit einem Messer bedrohten, war klar, dass die Diakonie nicht mehr Herr im eigenen Haus war. Um nicht mit einem Polizeieinsatz Vertrauen zu verspielen, heuerte das Werk einen privaten Sicherheitsdienst an. Vorher wurden sogar Flugblätter auf Bulgarisch verteilt, um die Roma über die Maßnahme zu informieren. Die Drohgebärde reichte. Die Zigeuner blieben fort, und nach vierzehn Tagen zog die Security wieder ab. »Die Roma hatten an allem Interesse«, bilanzierte Pressesprecher Rautenberg, »nur nicht an einer Beratung.«

Im Lauf unseres Gespräches machte die Projektentwicklerin Uta Schütte eine Bemerkung, die mir lange nachhing: »Man kommt in der Begegnung mit den Roma an seinen eigenen Rassismus heran. Aber das darf man nicht sagen, ohne dafür gleich verurteilt zu werden. Es ist fürchterlich, aber uns fehlt jede Diskussionskultur und jeder Mut, offen über diese Fragen zu sprechen, um dann das Richtige zu tun und den Menschen wirklich helfen zu können.« Ich hatte Uta Schütte als eine aufrechte Sozialarbeiterin kennengelernt und erlaube mir, ihr zu widersprechen. Ich bezweifle, dass sie irgendeinen schlummernden Rassismus geweckt hatte. Sie war einfach nur verärgert, dass Menschen, denen sie mit Wohlwollen begegnete, die elementarsten Regeln des Umgangs miteinander missachteten. Uta Schütte-Haermeyer war sauer. Nicht mehr und nicht weniger.

»Ich bin doch keine Rassistin, weil ich mich dagegen verwahre, wenn bei meinem türkischen Nachbarn zum dritten Mal eingebrochen wird«, sagte die Stadträtin Marita Hetmeier. »Situationen eskalieren, wenn man die Probleme nicht beim Namen nennt, sondern ständig unter den Teppich kehrt.« Die sozialdemokratische Abgeordnete vertrat den Wahlkreis Nordmarkt im Rat der Stadt Dortmund und genoss den Ruf, kein Blatt vor den Mund zu nehmen. Und zu polarisieren. Die umgängliche, aber auch energische Politikerin, die im Herzen der Nordstadt ein kleines Maklerbüro betrieb, hatte vehement für die Schließung des Straßenstrichs Front gemacht. Was ihr im alternativen Milieu den Ruf einbrachte, sie bediene sich »antiziganistischer Ressentiments« und kehre »mit eisernem Besen«. Nun kann man darüber streiten, ob es klug war, vor den Frauen auf der Ravensberger das Ende der Straßenprostitution mit einer Musikantenkapelle und dem Motto »Wir blasen ohne Gummi« zu feiern. Natürlich verdarb sie damit den chattenden Freiern auf hinter-hornbach.de die Laune. Ein gewisser »Metzi« nutzte die Anonymität seines Namens denn auch zu einem Appell, der »Möchtegern-Politikerin Dr. Hetgeier« im Dunkeln die Fensterscheiben einzuschmeißen. Als Frau Hetmeiers Büro mit Farbbeuteln beworfen wurde, »markiert«, wie es im Jargon heißt, rechtfertigte das linksautonome Forum indymedia.org die Aktion als Ausdruck irgendeines Widerstandes, mit der Begründung, die Wohnungsmaklerin versuche »aus der Aufwertung der Nordstadt Kapital zu schlagen«. Das sah die Sozialdemokratin, die sich seit fast zwanzig Jahren für ihren Stadtteil engagierte, ein wenig anders. »Die Spekulanten und Mietwucherer haben doch gerade von der Existenz des Straßenstrichs profitiert. Wir wollen hier ein Viertel, in dem Menschen gerne leben und kein Paradies für Sozialarbeiter, die tagsüber hier ihre Projekte betreiben, es ansonsten aber vorziehen, mit ihren Familien und Kindern in Gegenden zu wohnen, wo keine Haustüren eingetreten sind.«

Die Schließung des Straßenstrichs und das Ende des jahrelang funktionierenden »Dortmunder Modells«, so die Stadträtin, »sind allein der Situation geschuldet, dass die Behörden viel zu spät auf die Beschwerden der Bewohner reagiert haben«. Selbst die Migranten, tendenziell geneigt, unhaltbare Zustände zu dulden, beteiligten sich an einem »Marsch der tausend Eltern« zum Dortmunder Rathaus, um für ihre Kinder und gegen die Verwahrlosung der Nordstadt zu protestieren. »Paradiesische Zustände herrschten hier nur für die Freier«, sagte Marita Hetmeier. »Die bulgarischen Frauen, von denen kaum eine lesen und schreiben kann, waren völlig unbedarft und haben die Preise auf dem Strich ins Bodenlose fallen lassen. Das lockte Männer aus dem ganzen Dortmunder Umland an. In Schlangen kurvten sie umher, Auto an Auto. Dabei sah jedermann, dass es den Roma-Frauen nicht gut ging. Viele sahen schlecht aus, und manche wurden offensichtlich verprügelt.«

Radka Inkova* hörte den Namen Dortmund erstmals, als sie in der Bornstraße aus einem Minibus stieg. Das war vor fünf Jahren, und Radka war sechzehn. Hinter ihr lagen 2000 Straßenkilometer und die Stadt Plovdiv, wo die junge Mutter zwei kleine Kinder zurückgelassen hatte. Radka bezog ein Zimmerchen in einer Nordstadtwohnung, neben einem gewissen Arslan, den sie für ihren Freund hielt, und einer gemeinsamen Bekannten namens Habibe. Keine vierundzwanzig Stunden später betrat sie das »Café Mastika«. Schlagartig wurde ihr klar, dass sie in Dortmund nicht als Kellnerin Kaffee und Kuchen servieren würde, wie Arslan ihr versprochen hatte.

»Der Laden war sehr voll«, erzählte Radka. »Vielleicht dreißig Frauen, die sehr aufreizende Klamotten trugen. Manche knutschten mit Männern herum. ›Du wirst hier arbeiten‹, hat Arslan gesagt.« Und weil der Bulgare Arslan P. aus Stolipinovo nicht zu der Sorte Männer gehörte, die Widerspruch dulden, lernte Radka jenes Gefühl kennen, das ihre Grundstimmung bis heute prägt: Furcht. Manchmal reicht schon das bloße Klingeln ihres Handys, um diese zu wecken.

Es war nicht einfach, Radka Inkova zu treffen. Frauen wie sie sprechen nicht über ihr Leben und schon gar nicht mit einem Mann, einem Journalisten und dazu Gadscho. Doch Radka vertraute den Frauen der Dortmunder Mitternachtsmission, der Beratungsstelle der evangelischen Kirche für Prostituierte und für Opfer des Men-

---

* Die Namen aller Roma-Frauen wurden zu ihrem Schutz geändert.

schenhandels. Der Sozialarbeiterin Andrea Hitzke verdanke ich, dass Radka bereit war, mir ihre Geschichte zu erzählen, mit der Dolmetscherin ihres Vertrauens. Auch nach sechs Jahren in Dortmund spricht die Romni kaum Deutsch. Wir trafen uns an einem geschützten Ort, in ruhiger Atmosphäre, die nur hin und wieder gestört wurde, wenn Radkas Mobiltelefon klingelte.

Radka wurde in Stolipinovo geboren, hinein in eine Familie mit zwölf Kindern »irgendwo in der Mitte«. Zur Schule schickten ihre Eltern sie nicht. Stattdessen verheirateten sie ihre Tochter, nicht nach staatsbürgerlichem, wohl aber nach ziganem Recht. Radka zählte zwölf Jahre, als sie zu der Familie ihres achtzehnjährigen Mannes in Stolipinovo zog. »Eine Hochzeitsfeier, nein«, sagte sie, »die hat es nie gegeben. Dafür hatte niemand Geld.« Einen Monat später lief sie ihrem Mann weg. »Er war sehr eifersüchtig. Er wollte, dass ich immer zu Hause bleibe, und hat mich geschlagen.« Öfter? Radka überlegte einen Moment. »Eigentlich jeden Tag.« Nachts in einer Disco lernte sie Arslan P. kennen. »Er hatte getrunken und sagte nur: ›Du kommst mit mir.‹« Spätestens seit dieser Begegnung wusste Radka, dass das, was sie wollte, nicht zählte. Es würde in ihrem Leben egal sein, ob sie ja sagte oder nein, ob sie nickte oder widersprach. In letzter Konsequenz liefen ein Ja oder ein Nein auf dasselbe hinaus. Sie war das Eigentum eines anderen.

Wenn sie fortlief, holte Arslan sie zurück. Wenn sie sich versteckte, spürte er sie auf. Letztlich blieb sie, weil es im Grunde gleich war, welchen der beschissenen Orte, die das Leben für sie vorsah, sie wählte. Arslan gab sie an andere Männer weiter. Und kassierte. Und weil sie keinen Schimmer hatte, dass man von dem, was sie mit den Kerlen machte, schwanger werden kann, gebar Radka mit dreizehn ein Mädchen, das sie Irina nannte, und mit fünfzehn einen Jungen namens Dimi. Von den beiden weiß sie nur, dass sie heute in Bulgarien in einem Heim leben. Gesehen hat sie die Kinder nicht mehr, seit sie 2007 mit Arslan und Habibe in Stolipinovo ein Busticket nach Dortmund kaufte. »Arslan hatte mir versprochen, mit den fremden Männern, das werde aufhören. Weil wir in Deutschland ein besseres Leben beginnen wollten. Gemeinsam. Aber in Dortmund ging er auf einmal mit Habibe. Die beiden wurden ein Paar, während ich für ihn arbeiten musste.«

Radka blieb nicht lange im Mastika, das zwischenzeitlich wegen illegaler Prostitution dichtgemacht wurde und heute wieder ein schlichtes Café ist. Weil die Romni damals minderjährig war und der Betreiber Ärger fürchten musste, wurde sie von Arslan in die Ravensberger Straße geschickt. Immer wieder wurde Radka von der Polizei aufgegriffen. Mal verbrachte sie eine Nacht auf dem Revier in der Münsterstraße, mal schlief sie in der Jugendschutzstelle des Sozialdienstes der katholischen Frauen, mal kam sie im Bonifatiusheim des Caritasverbandes unter, eine Einrichtung, die gemeinhin unbegleitete minderjährige Flüchtlinge aufnimmt. Radka haute ab, stand wieder am Bordstein, wurde kontrolliert. »Bestimmt zwanzig Mal.« Irgendwann wusste sie, was sie zu sagen hatte, wenn Polizisten auftauchten. Sie gehe bloß ein wenig spazieren, erklärte sie den Beamten. »Dann konnten die nichts machen, weil das nicht verboten war. Man durfte sich nur nicht allzu freizügig kleiden und sich nicht mit einem Freier erwischen lassen. Aber die Polizisten waren immer höflich. Sie fragten jedes Mal, wer mich hierher gebracht hatte. Dann habe ich geantwortet, ich wäre allein aus Bulgarien gekommen.«

Das behaupten die Opfer der Menschenhändler immer, weiß Andrea Hitzke von der Mitternachtsmission. »Bei Vernehmungen und Razzien der Polizei erzählen die Frauen, sie würden freiwillig der Prostitution nachgehen, weil sie von Drohungen eingeschüchtert sind und die Gewalt fürchten.«

Radka war eine der ersten bulgarischen Roma-Frauen in der Ravensberger Straße. Ihre Arbeit begann um sechs Uhr abends und endete morgens um fünf. Weil sie jung war und die Zahl der Prostituierten vor Jahren noch überschaubar, zahlten die Freier gut. Für bulgarische Verhältnisse. »Dreißig, manchmal 40 Euro für alles«, habe sie für ihre Dienste erhalten, von Männern, von deren Gesichtern sie sich an kein einziges erinnert.

In Stolipinovo sprach sich derweil herum, dass in Dortmund in einer halben Stunde so viel Geld zu verdienen sei, wie der bulgarische Staat im Monat an Sozialhilfe zahlte. Und es kamen neue Frauen. Allein im Jahr 2010 wurden von der evangelischen Mitternachtsmission 685 Bulgarinnen und 314 Rumäninnen betreut. »Mit dem Zuzug der Frauen aus Bulgarien«, sagt Frau Hitzke, »wurde die Konkurrenz im Milieu so groß, dass die Preise völlig in den Keller sackten.« Die Freier verlangten alles, und sie bekamen alles. Zum Billigsttarif. Dass die Zigeunerinnen, fast alle Analphabetinnen, keine Kondome verlangten, dass sie nichts über Aids und Geschlechtskrankheiten wussten und keine Ahnung von Verhütung hatten, blieb nicht ohne Konsequenzen. Viele wurden schwanger. Manche Prostituierte gaben ihre Kinder zur Adoption frei, und die *Bild*-Zeitung förderte nicht eben das Verständnis für die Not der Frauen mit der Meldung, jede Woche würden in Dortmund bis zu fünf Abtreibungen vom Steuerzahler bezahlt. Irgendwann wurde auch Radka wieder schwanger. Ihr Sohn Nico ist heute drei und lebt in einer Dortmunder Pflegefamilie. Radka hält den Kontakt zu ihrem Jungen.

Verdient hat sie in all den Jahren keinen Cent. Jeden Geldschein strich ihr Zuhälter ein. »An schlechten Tagen zweihundert, an guten vierhundert Euro. Arslan hat sich von dem Geld drei teure Autos gekauft.« Welche Marken das waren, weiß Radka nicht. »Groß waren sie. Und schnell.«

Dann kam jener Tag im Sommer, an dem Radka achtzehn wurde. »Mir ging es schlecht. Ich fühlte mich krank und elend und sagte, ich wolle nicht arbeiten.« Es war das erste Mal, dass Radka Inkova widersprach. Und es war das erste Mal, dass Arslan P. es nicht bei Handgreiflichkeiten beließ. Der Bulgare schlug richtig zu. Wie ein Berserker. Die anderen Frauen auf dem Strich waren beim Anblick Radkas so schockiert, dass sie ihr dringend rieten, sich an die Polizei zu wenden, und ihre Freundin Anetta sie zur Mitternachtsmission brachte. Andrea Hitzke erinnerte sich, dass »Radka schrecklich zugerichtet war und vor Angst zitterte«. »Ich sah so schlimm aus«, so die Romni, »dass mich sogar die Polizei fotografiert hat.«

Im Schutz der Mitternachtsmission sah sich Radka vor der mächtigsten Hürde ihres Lebens. Sie wollte Arslan P. anzeigen. Doch um diesen Schritt zu tun, musste sie die Furcht überwinden. An dieser Stelle ist auf ein Missverständnis aufmerksam zu machen, dem manche Zeitgenossen erliegen. So auch der Verfasser eines Leserbriefes, dessen rabiate Ansichten die *Basler Zeitung* in der Schweiz abdruckte. Um an die Drahtzieher der ziganen Bettlermafia heranzukommen, schlug der Mann vor, die kleinen Geldeintreiber und Handlanger »per Handschellen abzuführen und bei minimaler H_2O- und Brotration solange einzulochen, bis die Hintermänner benannt sind«. Abgesehen davon, dass der Schreiber möglicherweise in Nordkorea besser aufgehoben wäre, irrt er gewaltig. Sein Vorschlag wird nicht funktionieren. Das System, das der Zeitungsleser nicht versteht, hat nichts mit den Roma zu tun, sondern ist ein Kennzeichen aller mafiösen Strukturen, egal ob im Bettelgeschäft, im Drogen- und Menschenhandel oder im Prostitutionsmilieu. Der Mann unterschätzte die Macht der Furcht.

Radka Inkova hatte Arslan P. bislang nicht angezeigt, nicht weil sie Angst um sich selbst hatte, sondern weil in Stolipinovo ihre jüngste und liebste Schwester lebte. Die sechsjährige Aischa. »Arslan drohte, ihr würde etwas Schlimmes passieren«, erzählte Radka. »Ich bin sicher, er würde Aischa etwas antun. Vielleicht nicht er selber. Aber seine Familie, die in Plovdiv noch andere Mädchen zur Prostitution zwingt. Das sind sehr gefährliche Leute. Arslans Cousins sind auch hier in Dortmund.«

Die Frauen der Mitternachtsmission nahmen sich der schwer misshandelten Radka an. Der gemeinnützige Verein verfügt über anonyme Wohnungen, in denen sich bedrohte Frauen sicher fühlen dürfen. An geheimen und wechselnden Orten war Radka dem Zugriff ihres Peinigers entzogen und schließlich mutig genug, ihm vor Gericht gegenüberzutreten. Es kam zu einem Prozess, in dem weitere Frauen von der Ravensburger Straße als Zeuginnen aussagten, weil sie nicht hinnehmen wollten, wie übel der Kerl ihrer Kollegin mitgespielt hatte. Der Prozess zog sich ein ganzes Jahr hin, und Arslan P. wurde wegen schweren Menschenhandels und gefährlicher Körperverletzung zu vier Jahren Gefängnishaft verurteilt. »Davon saß er, wie in solchen Fällen üblich, die Hälfte der Zeit ab«, weiß Andrea Hitzke. »Dann wurde er nach Bulgarien abgeschoben.« Damit sollte Radka Inkovas Leidensgeschichte eigentlich zu Ende sein. Eine Woche vor unserem Treffen jedoch erhielt sie eine Nachricht von einem anderen Luden aus Stolipinovo, der Arslan bei einem Besuch in Plovdiv getroffen hatte. Arslan wollte 5000 Euro von Radka, als Entschädigung für die Zeit der Haft, und kündigte an, sich das Geld demnächst persönlich holen. Andrea Hitzke wusste Radka zu beruhigen. Es ist unwahrscheinlich, dass Arslan deutschen Boden betreten wird. Er hat Einreiseverbot. Das heißt, würde er in Dortmund gesehen, müsste er sofort die zwei erlassenen Haftjahre antreten. Nach neuesten Informationen soll sich der Zuhälter nun in Österreich aufhalten.

Um den biografischen Hintergrund von Frauen wie Radka Inkova zu verstehen, flog Andrea Hitzke eigens nach Bulgarien. Ihre Erfahrungen decken sich mit meinen. »Das größte Problem in Plovdiv ist der Bildungstand. Eltern schicken ihre Kinder nicht zur Schule. Vor allem keine Mädchen, weil sie nicht einsehen, wem ihre Bildung nützen soll.« In Bulgarien fällt auf, dass junge Roma-Mädchen und -Frauen im Alter bis Mitte zwanzig oft Analphabetinnen sind, während Frauen ab dreißig zumindest etwas lesen und schreiben können.

Sie wuchsen als Kinder in der Diktatur unter Todor Schiwkow auf. Und in kommunistischer Zeit herrschte nicht nur Schulzwang, er wurde von dem Staatsapparat auch durchgesetzt. Mit der Wende wurde die Schulpflicht aus falsch verstandener Liberalität von den Behörden nicht mehr kontrolliert. Viele Roma hatten an der Schule kein Interesse, und der gleichgültigen Mehrheit war die Zukunft ihrer Minderheit schlichtweg zu egal, um auf die Durchsetzung regelmäßiger Unterrichtsbesuche zu achten. Bis heute kann Radka Inkova ihren Namen nicht schreiben. Weil sie nie das Lernen gelernt hat, hat sie gerade erst einen Kurs in einer Dortmunder Sprachschule abgebrochen. Der Grund: »Keine Lust.«

Radka erhält Hilfe nach dem Asylbewerberleistungsgesetz, weil sie als Zeugin vor einem deutschen Gericht ausgesagt hat und ohne die Gefährdung von Leib und Leben nicht nach Bulgarien zurückkehren kann. Für ihren Aufenthalt stellt ihr die Stadt Dortmund eine kleine Sozialwohnung zur Verfügung, plus 224 Euro im Monat. Davon kann niemand leben. Aber sich prostituieren, sagt Radka, das will sie nie, nie mehr. Sie kenne das Leben der anderen Frauen. Zudem seien diese Zuhälter-Typen alle gleich. Sodann sagte Radka noch etwas, dass alle Moralisten alt aussehen lässt, die permanent betonen, es sei die Armut, die Frauen aus Südosteuropa auf den Strich treibe. Gewiss ist Armut ein Faktor, der die Prostitution fördert. Aber sie nicht die Ursache. Der Grund, weshalb Frauen aus Plovdiv sich in Dortmund verkaufen, sind einzig und allein Männer. »Keine Frau aus Stolipinovo fährt allein nach Dortmund. Keine! Glaubst du wirklich, wir würden uns freiwillig in Bulgarien in einen Bus setzen? Und dann in ein Land fahren, in dem wir kein Wort verstehen? Hinter jeder Frau aus Plovdiv steht ein Mann. Glaub mir, hinter jeder.«

Das behaupteten auch die Mitarbeiterinnen von SOLWODI (»Solidarity with women in distress«), einem von der Ordensfrau Lea Ackermann 1985 gegründeten Verein, der sich für Frauen in Not, gegen Menschenhandel und Zwangsprostitution engagiert. Anders als bei deutschen Prostituierten, die ihr Gewerbe zumeist selbständig ausüben, so die Erfahrung der Leiterin der SOLWODI-Beratungsstelle in Duisburg, Helga Tauch, »ist bei den Roma-Frauen immer ein Mann im Hintergrund aktiv«.

Duisburg ist die Stadt mit der zweitgrößten Bordelldichte Deutschlands. Nach Hamburg. Allein in der Vulkanstraße in Laufhäusern wie dem »Sexxpalace«, im »Eros 26« oder dem »Blue Moon« arbeiten fünfhundert Frauen. In der Flasshoffstraße in Oberhausen sind es zweihundertundfünfzig. Im Jahr 2011 stellten dort Zigeunerinnen aus Rumänien und Bulgarien über sechzig Prozent der Prostituierten. Laut SOLWODI sind diese Frauen vogelfrei. Sie sprechen kein Deutsch, verfügen über keine sozialen Kontakte außerhalb des Milieus und sind Objekte der Ausbeutung auf allen Ebenen. Nicht nur sexuell. Jeder kann sich an ihnen bedienen. Ohne jede Chance, selbst eine Wohnung anzumieten, zahlen sie horrende Mietpreise. Allein in dem Duisburger Stadtteil Hochfeld sollen über 2000 bulgarische Roma in einem schwer zu durchschauenden System aus illegalen Miet- und Untervermietungen leben, in das neben Türken auch deutsche Hartz-IV-Empfänger involviert sind. Zudem kassieren die Betreiber der Bordelle von den Frauen zwischen 100 und 130 Euro für ihr Zimmer. Pro Tag. »Das bedeutet«, so Helga Tauch, »dass eine Frau erst einmal drei, vier Kunden bedienen muss, bevor sie den ersten Euro verdient.« Selbst beim Telefonieren werden die Roma-Frauen abgezockt. Und nicht zu knapp. »Wenn du keinen Einkommensnachweis hast, die Sprache nicht verstehst und deinen eigenen Namen nicht schreiben kannst«, sagt die SOLWODI-Mitarbeiterin Petja Deleva, »dann gehst du in keinen Telefonladen und unterschreibst einen Mobilfunkvertrag mit O_2 oder der Telekom.« Als Streetworkerin in Oberhausen kennt die Bulgarin die Typen, die den Prostituierten gebrauchte Billighandys verkaufen. »Die zeigen dann mit den

Fingern an, wie oft die Frauen die Raten von je 50 Euro abstottern müssen. Meistens zehn Finger.«

Der Mangel an Bildung und ihre Herkunft aus den Roma-Ghettos erschwert den Frauen, ihrem Alltagsleben eine feste Struktur zu geben. »Ihnen fehlt das Zeitgefühl«, meint Petja Deleva. »Sie denken nicht in Terminen. Wenn ich mich mit den Frauen verabrede, nenne ich nie ein Datum, sondern immer, wie viele Nächte sie schlafen müssen, bis wir uns wieder treffen.« Andrea Hitzke von der Dortmunder Mitternachtsmission bestätigt diese Erfahrung. »Bei Strafanzeigen und Gerichtsprozessen gegen die Zuhälter ist es für die Frauen oft ein Problem, dass sie Tage, Monate und Jahre nicht unterscheiden können.« Da setzen die Strafverteidiger an. Sie versuchen die Glaubwürdigkeit der Prostituierten zu erschüttern, wenn diese Geschehnisse nicht bestimmten Daten zuordnen können.

Neuerdings verteilt die Sozialarbeiterin Deleva unter den bulgarischen Frauen Handzettel mit den Telefonnummern der SOLWODI-Hilfe. Mit einem nennenswerten Rücklauf rechnet sie nicht. »Wegen der Angst.« Doch anders als im Milieu des einstigen Dortmunder Straßenstrichs ist die Anwendung körperlicher Gewalt durch die Mädchenhändler seltener geworden. »An die Stelle physischer Gewalt ist die psychische getreten«, erklärt Helga Tauch. Verprügelte Frauen mit zerschlagenem Gesicht und mit Brandnarben von glühenden Zigaretten machen sich in den Eros-Etablissements nicht gut. Ein besseres Bild geben Frauen ab, die ihren Zuhälter als ihren Freund oder Verlobten bezeichnen, oder wie in jüngster Zeit üblich als »ihren Manager«.

Über Petja Deleva lernte ich die zweiundzwanzigjährige Dana kennen. Sie stammte aus dem nordbulgarischen Schumen und hatte eine ähnliche Geschichte hinter sich wie Radka Inkova. Genau einen Tag, nachdem sie achtzehn Jahre alt und damit volljährig wurde, reiste sie mit ihrem Freund in die Bundesrepublik. Seitdem hat sich in Danas kindliche Freundlichkeit das Misstrauen eingeschlichen. Denn jener Mann, von dem sie glaubte, dass er sie liebe und heiraten wolle, verkaufte sie in Frankfurt an einen türkischen Bordellbesitzer. Als Petja und Dana sich per Zufall im Flughafen begegneten, hatten drei Jahre im Sexgewerbe ihre Spuren hinterlassen. Dana war schwanger und auf dem Weg nach Sofia, um das Kind wegmachen zu lassen. Es war ihr dritter Abort. Zu einem vierten sollte es nicht kommen. Dank SOLWODI und Petja Deleva ist Dana heute die Mutter ihres einjährigen Sohnes Selim. »Mein Sonnenschein«, sagt sie. Die SOLWODI-Frauen haben Dana bei ihrem Ausstieg aus der Prostitution unterstützt und dafür gesorgt, dass die junge Mutter nicht durch die sozialen Sicherungssysteme fällt. 2014, wenn die Bulgarin ein legales Arbeitsverhältnis eingehen kann, will sie sich einen festen Job suchen. »Als Putzfrau, irgendwas, nur nicht Bordell.« Dana wünscht sich, dass Deutschland ihr und ihrem Jungen eines Tages Heimat wird.

»Nein«, sagte Radka Inkova, »zu Hause fühle ich mich nirgendwo.« In Bulgarien würde sie dem Familienclan ihres einstigen Peinigers in die Hände fallen, in Dortmund bleibt sie nur, weil sie Sehnsucht nach ihrem Sohn Nico hat, den sie manchmal in seiner Pflegefamilie besucht.

Weil sie ständig angerufen wurde, hatte Radka ihr Telefon während unserer Begegnung stumm geschaltet. Am frühen Abend jedoch wurde sie nervös, war kaum noch in der Lage, das Vibrieren ihres Handys zu ignorieren. Plötzlich brach sie in Tränen aus. Wie aus dem Nichts. Sie bekomme wieder ein Kind, weinte sie. Von ihrem jetzigen Freund, der auch aus Stolipinovo stamme und der zu ihr in ihre kleine Wohnung gezogen sei.

Irgendwann nahm Radka den Hörer ab. Sie zitterte, heulte und schimpfte. Ihr Freund mache Stress, sagte sie später. Er terrorisiere sie. »Ich soll nach Hause kommen. Sofort. Er weiß nicht, wo ich bin, und wirft mir vor, ich würde mich mit anderen Kerlen herumtreiben.« Sie wolle allein leben, schluchzte sie schließlich. »Ohne Mann! Immer dieser Streit, immer dieses Geschrei, jeden Tag. Ich halte das nicht aus.« Ich fragte sie, ob ihr neuer Freund sie auch schlage. Radka Inkova schüttelte den Kopf und rieb sich die Tränen aus den Augen. »Nein, geschlagen hat er mich noch nicht.« Dann verabschiedete sie sich und machte sich auf den Weg zurück in irgendeine Sozialwohnung in Dortmunds Nordstadt, zu einem Mann, den sie ihren Freund nannte.

Antiziganismus überall

Zwischen Melancholie und Sehnsucht: Alexandras »Zigeunerjunge« –
Kitsch, Klischee und Spießerträume – Die letzten Nonkonformisten
oder ein Volk ohne Eigenschaften? – Anti-Antiziganisten: das Kartell
der Trüffelsucher – Der Amoklauf der politischen Korrektheit – Der
bittere Rauch des Menyhert Lakatos – Und es blieb alles leer: Zigeuner,
ohne Blut und ohne Seele

Ich war elf, als ich 1968 zum ersten Mal Alexandras »Zigeunerjunge« hörte. Immer wieder wurde der »Zigeunerjunge« damals im
Radio gespielt. Mein Vater liebte dieses Lied, und auch ich hörte es
gern. Es erzählte von der Sehnsucht, die in einem Mädchen geweckt
wurde, als Zigeuner mit ihren bunten Wagen und zottigen Pferd-
chen in die Stadt kamen. Angezogen von ihrem Zauber lief das
Mädel ihnen hinterher, sah sie tanzen und lachen und abends einen
Jungen am Feuer Gitarre spielen. Über das Verbot, wieder zu den
Zigeunern zu gehen, siegte das Verlangen, diesen Jungen zu sehen.
Und sei es auch nur versteckt aus der Ferne. Das Mädchen rannte
fort, heimlich, doch der Ort, an dem die Fremden tags zuvor noch
ihre Lieder gesungen hatten, war verlassen.

> »Zigeunerjunge, Zigeunerjunge,
> wo bist du, wo sind eure Wagen?
> Tam ta ta ta ta tam tam, ta tam tam ta tam,
> doch es blieb alles leer,
> und mein Herz wurde schwer.«

Mein Onkel, der eine ausladende Musiktruhe besaß und viel Geld
für seine Schallplattensammlung ausgab, kaufte sich die 45er-Mono-
Single von Philips und nudelte die Platte so oft ab, bis sie knisterte
und rauschte. Auf der abgegriffenen Papierhülle schaute uns eine
junge Frau an, dunkelhaarig und schön. Ihr Augenaufschlag war

unglaublich, ebenso aufreizend wie scheu, was Alexandra eine mächtige Anziehungskraft verlieh, aber auch den Hauch geheimnisvoller Unnahbarkeit. Wer sonst als diese Frau hätte das Lied »Zigeunerjunge« singen können, ja singen dürfen? Heute, im Rückblick, scheint es mir, als sei Alexandra keine Schlagersängerin gewesen, sondern eine Magierin, die jeden verzauberte, der ihrer warmen und rauchigen Stimme lauschte.

Doch es blieb alles leer! Ich war damals zu jung, um die unaufdringliche eher intuitive Weitsicht dieses Satzes zu begreifen. 1968 war ein Jahr des Niedergangs wie auch des Aufbruchs und der Revolte. Die USA verloren mit dem grässlichen Massaker von My Lai jegliche Legitimation für ihren Vietnam-Krieg, zugleich wurde mit dem erbitterten Kriegsgegner und Friedensmahner Martin Luther King die leidenschaftlichste Ikone des Antirassismus ermordet. In der Tschechoslowakei zermalmten sowjetische Panzer die Freiheitsideale des Prager Frühlings, während in Berlin Rudi Dutschke mit Kopfschüssen niedergestreckt wurde. In der Nachkriegsbundesrepublik hatte das Wirtschaftswunder den Deutschen zwar Wohlstand, VW-Käfer und Adria-Urlaub beschert, doch um den hohen Preis einer belastenden Verleugnungs- und Verdrängungsgeschichte. Während die Tätergeneration des »Dritten Reiches« die Verantwortung für Kriegsschuld und Völkermorde im Sumpf des Vergessens entsorgte, rebellierte ein Teil der Jugend dagegen, in spießiger Enge und moralischer Verlogenheit zu ersticken. Zugleich blickte der andere Teil nach vorn, angelockt von den attraktiven Wohlstandsversprechen des Konsumismus.

Mitten hinein in die unbewältigte Nazi-Vergangenheit, in die stalinismusblinde Studentenrevolution und die konsumfreudige Hurrastimmung der etablierten Mittelschicht traf Alexandra mit ihrer sanften Melancholie einen Ton jenseits aller Fronten. Er traf hinein ins Herz einer zerrissenen Zeit, ja er offenbarte diesen Riss und überwand ihn zugleich. Als die geborene Doris Treitz im Som-

mer 1969 im Alter von siebenundzwanzig Jahren mit ihrem Mercedes ein Halteschild überfuhr und in einen Lastwagen raste, stand
dieser Ton noch eine Weile im Raum. Dann verhallte er peu à peu
und ist heute verklungen.

> »Zigeunerjunge, Zigeunerjunge,
> wo bist du, wer kann es mir sagen?
> Tam ta ta ta ta tam tam, ta tam tam ta tam,
> doch es blieb alles leer,
> und ich weinte so sehr.«

Ich zweifelte nicht, dass der Liedtext bereits auf dem Seziertisch
irgendeiner ideologiekritischen Analyse gelandet und mit Sicherheit auf einen versteckten zigeunerfeindlichen Gehalt untersucht
worden war. Ich wusste nur nicht, wann, wo und von wem. In solchen Situationen ist das World Wide Web eine echte Hilfe. Einer
bewährten Faustregel folgend, welche Schlagworte in Artikeln anti-
antiziganistischer Wissenschaftler mit hoher Wahrscheinlichkeit
auftauchen, tippte ich außer Alexandra und Zigeunerjunge einige
verbale Schlüsselreize in die Suchmaschine: Nationalsozialismus,
Klischee, Vorurteil, Diskriminierung, Diffamierung, Vernichtung,
rassistisch.

Ich wurde fündig. In dem Sonderheft *Germanistische Beiträge*,
Band 22/I, *Europa und seine Zigeuner – Literatur- und kulturgeschichtliche Studien*, Universitätsverlag Sibiu/Hermannstadt 2007,
war ein Beitrag mit dem Titel »Zur Romantisierung der Zigeuner«
abgedruckt.

Darin ist zu erfahren, dass Alexandra die »Zigeuner« als Projek-
tionsfläche für die »rückwärtsgewandten Sehnsüchte« des bürgerlichen Subjekts benutzt und »dass überkommene Klischees und
Vorurteile bis heute weitreichende Konsequenzen für das Leben der
als ›Zigeuner‹ bezeichneten Menschen haben«. Die Autorin Stefani
Kugler ordnete den Schlager »Zigeunerjunge« ein in eine Diskri-

minierungsgeschichte, »die von gewaltsamen Sesshaftmachungsver-
suchen unter absolutistischen Regenten über steckbriefliche und
kriminalpolizeiliche Fahndungen in der Kaiserzeit und der Wei-
marer Republik bis zur rassischen Verfolgung und Vernichtung
von über 500 000 Sinti und Roma im Nationalsozialismus reichte«.
Nach 1945 zeugten Alexandras Fragen: »Wo bist Du, wer kann es
mir sagen?«, von mangelnder Sensibilität gegenüber den »Zigeunern« und ihrer Geschichte und verrieten »eine gefährlich naive
und unreflektierte Haltung den eigenen Imaginationen gegenüber«.

Das kann man so sehen. Aber man muss nicht. Ein gewogener
Blick auf den »Zigeunerjungen«, ein Blick, der womöglich das aus
Naivität erwachsende Gefahrenpotential für die Roma unterschätzt,
könnte jedoch in Alexandras Lied etwas anderes erkennen: das
Wachhalten eines Begehrens, eines Sehnens, einen Aufstand des
Gemüts gegen sterbende Lebensträume. Natürlich geht es in dem
Schlager nicht um real existierende Zigeuner. Der »Zigeunerjunge«
ist eine Chiffre, die eine Sehnsucht nicht um ihrer Erfüllung wil-
len, sondern um der Lebendigkeit des Begehrens willen wachhält.
Deshalb bestätigt Alexandras Lied auch kein antiziganes Stereotyp.
Es macht genau das Gegenteil. Es bricht den Stillstand und die
Totenstarre sehnsuchtsloser Sattheit auf. »Wo bist Du, wer kann es
mir sagen?« birgt jenen Moment des Innehaltens, wo sich die Frage
stellt, was wirklich im Leben wichtig ist. Wenn für Alexandra hier
die Imagination eines Gitarre spielenden Jungen inmitten tanzender
und lachender Zigeuner auftaucht, spricht daraus nicht eine Missachtung, sondern die Wertschätzung der Zigeuner.

Nun ist freilich auch anzumerken, dass deutsche Schlagertexter
wie auch amerikanische Rockheroen selten eine glückliche Hand
haben, wenn sie auf zigane Motive zurückgreifen. Als Ausnahme
muss selbstverständlich die »Band of Gypsies« von Jimi Hendrix
angeführt werden. Um einzusehen, dass all die ungezwungen,
bindungslos umhervagabundierenden und freie Liebe machenden

Zigans, dass all die feurigen, erotisierenden und Männer verschlingenden Rasseweiber weniger der Wirklichkeit als ziemlich albernen Klischees entspringen, dazu bedarf es wahrlich keines Soziologiestudiums. Ein gelassener Charakter würde die Zigeunerschlager einfach nur dämlich nennen, stattdessen Lieder von Kalyi Yag oder Camarón de la Isla hören und sich wichtigeren Fragen zuwenden. Mit solch schlichten Lösungen kann und darf sich die akademische Forschung jedoch nicht zufriedengeben. Vor allem nicht die deutsche anti-antiziganistische Forschung.

»Was muss ich mir als Hörer_in zumuten lassen?«, entrüstet sich Christina Kalkuhl in der Zeitschrift ZAG über das Lied »Wo sind die Zigeuner geblieben?«, gesungen von Angela Wiedl. Ich hatte von Frau Wiedl noch nie gehört und wusste nicht, dass sie eine recht bekannte Volksmusikantin ist, die sogar bei einem Grand Prix des Musikantenstadl mit ihrem Zigeunerschlager eine ordentliche Platzierung erreicht hatte. Angela Wiedl wirkt, wenn man Fotografien von ihr trauen darf, keineswegs unsympathisch. Sie singt Lieder wie »Aber liab musst schon sein« und »Für di stell i a Kerzerl auf«. Und eben auch »Wo sind die Zigeuner geblieben?«. »Ihre Pferde, ihre Wagen, ihre Lieder singt der Wind«, heißt es. »Mit der Glut von ihrem Feuer starb der Rest von Abenteuer, um den wir heute ärmer sind.« Angela Wiedl erzählt noch von dem altem Primasch, der nicht mehr über Land zieht, sondern in einer grauen städtischen Mietskaserne wohnt, wo er manchmal die Geige aus dem Schrank nimmt und für sein Enkelkind Weisen der Freiheit spielt, wobei sein Blick traurig in die Ferne schweift.

Ist das Kitsch? Aber ja. Ist das Gefühlsduselei? Wohl auch das. Man muss diese Lieder, mit schmissig-feurigem »Spiel Zigan, spiel«-Rhythmus unterlegt, nicht mögen. Aber muss man gleich wie Frau Kalkuhl von der Gesellschaft für Antiziganismusforschung den Eindruck erwecken, »Wo sind die Zigeuner geblieben?« treibe jeden aufgeklärten Zeitgenossen an die Grenze dessen, was ein Mensch überhaupt zu ertragen vermag? Wenn die Kritikerin der Musikantin die »schamlose Verwendung von zahlreichen Klischees« und die Verkitschung einer fahrenden Lebensweise attestiert, nun gut. Auch mag der Vorwurf stimmen, verschwiegen würden Armut, Kälte und Schikanen durch die Polizei. Unappetitlich wird es jedoch, wenn Christina Kalkuhl der Sängerin unterstellt, ihr Lied verbreite »Rassismus in reinster Form«. Solch eine verbale Zügellosigkeit wird kaum relativiert, wenn die empörte Magistra Artium einschränkt, der Schlager sei »kein aufklärerisches Medium« und habe »ganz klar nicht die Aufgabe, über den Völkermord an den Sinti und Roma zu informieren«, aber ein »Minimum an Sensibilität« könne sie von der Schlagermusik schon erwarten.

Nun ist der Sensus für Sensibilitäten eine relative Angelegenheit, wobei sich zur educación sentimental empfindlicher Charaktere der Besuch eines mehrtägigen Zigeunermusikfestes empfiehlt. Kein etabliertes Festival mit virtuosen Musikern in der Berliner Philharmonie oder Konzerte so grandioser Gitarristen wie Ferenc Snetberger, Harri Stojka, Bireli Lagrene oder Josho Stephan, eher ein Manele-Gipsy-Pop-Event in Rumänien oder besser noch eine Turbo-Party im mazedonischen Shutka, bei der die Musiker Playback-Chipkarten in ihre Keyboards stecken, bevor sie mit ohrenbetäubender Lautstärke den halben Balkan beschallen. Was da an frauenfeindlichem und sexistischem, der patriarchalisch heteronormativen Geschlechterzuordnung verpflichtetem Liedgut zu hören ist, wäre für die Stereotypenerkennung enorm lohnend und für soziologische Forscher eine echte Fundgrube. Gegen das schmalzige und schmachtende, bisweilen auch mächtig anzügliche Liebesgesülze, das dort aus den Lautsprecherboxen trieft, ist jeder Musikantenstadl eine intellektuelle Herausforderung. »Kitsch zielt bekanntlich mit klischeehaften, übertriebenen Gefühlen auf einen unausgebildeten, unkritischen Geschmack«, schreibt Christina Kalkuhl. Ihre Attacke trifft genau jene Menschen, die sie eigentlich vor Antiziganismen schützen will.

Kitsch auch in Schlafzimmern. Dort haben ihn Michail Krausnick und Daniel Strauß in ihrem *Handbuch Sinti und Roma von A–Z* ausgemacht. Demnach sollen über vielen deutschen Betten als »Projektionen bürgerlicher Sehnsüchte« all diese glutäugigen »Carmen-Zigeunerinnen« hängen, bisweilen gar »barbusig«. Nun kenne ich zwar niemanden persönlich, der sich solche Bilder bei uns aufhängen würde, gebe aber zu, dass meine Überprüfungen vor Ort lückenhaft sind. Krausnick und Strauß meinen, diese Kitschbilder seien »ein erotisches Zugeständnis für Spießerträume«, wobei sie leider nicht erklären, wer denn das Subjekt ist, das dieses Zugeständnis gewährt. Das wäre aber wichtig zu wissen. Denn sollte es gelingen, mit billigen Bildern feuriger Zigeunerinnen die erschlaffte Potenz des männlichen Teils der Dominanzgesellschaft wieder aufzupeppen, so wäre das kein Grund zu kulturpessimistischer Klage, sondern ein Anlass, sich bei den anonymen Künstlern zu bedanken.

Sagen will ich, dass mir Bildnisse dieser verlockenden Schönheiten als Fotograf sehr vertraut sind. In allen Varianten. In Öl gemalt, mit Garn gestickt, als Puzzle gelegt, als Wandteppich geknüpft und als Kunstdruck verblichen. Die Bilder hängen in Wohnzimmern, in denen ich ungezählte Roma-Familien porträtiert habe, im Viertel Barbu Liautiarul im rumänischen Blaj, in Holzhäusern im slowakischen Stráne pod Tatrami oder in den tristen Stadtwohnungen der Kalé in den Industriezonen von Bilbao. Die Porträts rassiger Romni zieren dort mit ebensolcher Selbstverständlichkeit die Wände wie Jesus als guter Hirte inmitten seiner Schäfchen, Maria und Joseph mit Heiligenschein, grellbunte Rad schlagende Pfauen vor prächtigen Palästen und grasende Pferde auf idyllischer Lichtung. Bei der Wallfahrt der Gitans in das Mittelmeerstädtchen Les Saintes-Maries-de-la-Mer erlaubte mir der französische Roma-Künstler Jangil Ros im Mai 2011 seine naiv romantisierenden Zeichnungen abzufotografieren, die er im Palais des congrès ausgestellt hatte: tanzende Gitanas, Sippen vor Wohnwagen, vor Zelten, am Lagerfeuer, singend und Gitarre spielend. Sogar die von Strauß und Krausnick als Massenproduktion geschmähten röhrenden Hirsche durfte ich ablichten, bei rumänischen Roma, als Wandbild hinter dem Fernseher, vor dem die drei Schwestern Ionina, Codrutza und Elvira aus Blaj mit ihrer Mutter Joana allabendlich der Serienschmonzette *Inima de Tigan* entgegenfiebern. Doch die nun wirklich kitschtriefende Geschichte vom »Herz der Zigeuner« soll erst später erzählt werden, das Risiko eingehend, dass zwischenzeitlich jemand die freundliche Joana Sirbu und ihre Töchter darüber aufklärt, welch zigeunerfeindliche Klischees sie pflegen.

»Versuche, die ›kulturelle Identität‹ der Sinti und Roma zu beschreiben, verstärken selbst dann, wenn sie gut gemeint sind, die Vorstellung von ihrer Andersartigkeit«, sagt Wilhelm Solms, der Vorsitzende der Gesellschaft für Antiziganismusforschung. Doch schützt solch eine Behauptung die Zigeuner tatsächlich vor Diskriminierung? Oder etabliert dieses Credo nur eine subtile Form der Missachtung, die den Zigeunern jeglichen Eigencharakter abspricht? Die Roma seien alles Mögliche, beklagt Solms, nur »keine normalen Menschen«. Nun ist das Selbstverständnis selbstbewusster Roma nicht deckungsgleich mit dem Fremdverständnis eines deutschen Literaturprofessors. Eigenwille und Unbändigkeit, aber auch ein Moment flüchtiger Ungreifbarkeit spricht aus dem poetischen Titel eines Buchs von einem der bekanntesten europäischen Roma-Menschenrechtler, Rajko Djurić: *Zigeuner. Ein Volk aus Feuer und Wind.* Und der kanadische Zigan Ronald Lee schreibt zu seinem autobiografischen Roman *Verfluchter Zigeuner:* »Wir sind die ältesten lebenden Nonkonformisten der Welt.« Zugleich fragt er besorgt: »Sind wir auch die letzten?« Für Wilhelm Solms stellt sich diese Frage nicht. Seine »Sinti und Roma« sind mutiert zu einem Volk ohne Eigenschaften.

Nicht so die Gitanos in Spanien. »Somos iguales, somos diferentes«: Unter diesem Motto trafen sich Tausende katholischer Zigeuner vor Jahren zur Fiesta der Madonna de los Remedios in dem spanischen Wallfahrtsort Fregenal. »Wir sind gleich, wir sind anders.« Nur ist es für einen Gadscho nicht einfach, jene Momente der Differenz, des Anders-Seins der Roma zu benennen. Das mag an den Zigeunern selbst liegen, die sich starren Definitionen verweigern. In jeder Aussage über ihre Wesensart scheinen sie sich zu verflüchtigen, kann doch jede Behauptung über ihr Naturell mit dem Rekurs auf gegenteilige Erfahrungen widerlegt werden.

Wer die Roma verstehen möchte, wer etwas erfahren will, über ihre Lebensfreude und ihre Leidensfähigkeit, über ihr Gottvertrauen und ihre Duldsamkeit, ihre Freigebigkeit und ihren Gemeinschaftssinn, ihre Fabulierfreude und ihren Mutterwitz, wird die Erfahrung machen, dass der Reichtum der ziganen Kultur unter der vollkommenen Humorlosigkeit der Anti-Antiziganisten verdorrt. Ihre bürokratische Sprache ächzt unter der Last bibliografischer Anmerkungsapparate, ihr haftet der Ruch deutscher Hyperkorrektheit an, gepaart mit einem Jargon, der zwischen Gedichtinterpretation in Klasse zehn und soziologischem Proseminar der siebziger Jahre changiert. Das wäre nicht weiter beachtenswert, würden sich die Autor_innen nicht für erhellt genug wähnen, die unaufgeklärte Dominanzgesellschaft ideologiekritisch durchleuchten zu können.

Der Kölner Völkerkundler Rüdiger Benninghaus macht keinen Hehl daraus, dass der Demaskierungswahn allmählich »inflationäre Ausmaße« angenommen hat. Er selbst setzt zur gegenseitigen Verständigung lieber auf Begegnungen von Zigeunern und Gadsche, statt »ständig im Erdreich nach antiziganistischen Trüffeln zu suchen«. Mir gefällt dieses Bild. Es ist plastisch, allgemeinverständlich und entbehrt in seiner Erdverbundenheit nicht eines Hauchs von Poesie. Gewiss ist es nicht in Ordnung, Menschen zu animalisieren. Außer man schreibt Fabeln. Aber wenn ich die Detektive der politischen Korrektheit als eine Rotte Trüffelschweine imaginiere, die grunzend jede Verästelung des gesellschaftlichen Unterholzes nach Verobjektivationen rassistischer Diskriminierungen durchwühlt, so hat das auf mich eine besänftigende Wirkung, und mein Urteil über die intellektuellen Kapriolen der Anti-Antiziganisten fällt spürbar milder aus.

Ihre am häufigsten benutzten Attribute sind »sogenannt« und »angeblich«, was in Verbindung mit geschlechtsspezifischen Differenzierungen Wortkombinationen wie »sogenannte Zigeuner_innen«, »angebliche Taschendieb_innen« oder »sogenannte Bettler_innen« gebiert. Das am häufigsten verwendete Satzzeichen ist das signum citationis, das allgegenwärtige Anführungszeichen. Alle halbwegs sinnhaften Assoziationen, die mit Zigeunern zu Recht oder Unrecht verknüpft werden, wie »frei«, »müßiggängerisch«, »temperamentvoll«, »kinderreich«, »abergläubisch« oder »lustig« werden kategorisch von An- und Abführungszeichen flankiert, womit die Verfasser_innen unter ihresgleichen die Kompetenz signalisieren, den falschen Schein der Begriffe zu durchschauen.

Dennoch mutet die Sprache in ihrer Unbeholfenheit irgendwie drollig an, zumal sich die Autor_innen derart wichtig nehmen, dass sie sich ständig im Irrgarten ihrer selbstreflexiven Standortbestimmungen verlaufen. Ein Beispiel. Wer hin und wieder »sogenannten Zigeuner_innen« begegnet, weiß, dass die Roma einigermaßen zwischen Mann und Frau unterscheiden können und die Rollen zwischen den beiden Geschlechtern recht eindeutig definiert sind. Mozes Heinschink und Daniel Krasa stellen in ihrer kleinen Einführung in die Sprache Romani und die Kultur der Roma, *Romani Wort für Wort,* denn auch fest: »Rufe nach Gleichberechtigung im feministischen Sinne gibt es bis heute nur sehr spärlich.« Da sind Markus End und die Mitherausgeber_innen des Sammelbandes *Antiziganistische Zustände* den Zigeunern um etliche emanzipatorische Schritte voraus:

»In dieser Publikation werden Bezeichnungen von Personengrup-
pen in der feministischen Schreibweise mit einer ›Lücke‹ gekenn-
zeichnet. Diese Lücke steht für all jene, die sich nicht ›männlich‹
oder ›weiblich‹ verorten und in der Sprache keinen Raum finden.
Damit impliziert diese Schreibweise eine Kritik an der dualistischen
heteronormativen ›Geschlechterzuordnung‹, in dem Bewusstsein,
dass der sprachliche Hinweis allein nicht ausreicht, diese aufzuheben. Wir sind uns des Dilemmas bewusst, dass wir damit Gruppen eine emanzipatorische Sicht der Dinge unterschieben, in deren
Weltbild eine solche per se ausgeschlossen ist, z. B. bei ›National-
sozialist_innen‹. Wir möchten deshalb darauf verweisen, dass die
Verwendung dieser Schreibweise auf die sensibilisierte Sicht der
Schreibenden referiert und nicht zwangsläufig mit dem Verständnis
der beschriebenen Gruppe korrespondiert.«

Weiter entfernt zu sein vom Denken und Fühlen eines spanischen
Kalé, einer deutschen Sintezza oder eines polnischen Lovara geht
definitiv nicht. Sollte man meinen.

Unter dem Titel »Roma – Die Außenseiter« erschien in dem
Magazin *National Geographic* eine umfangreiche Reportage über
ein Volk, wie es im Vorspann hieß, »das überall auf der Welt für
seine Rechte und den Fortbestand seiner Kultur kämpft«. Die Bilder
stammten von dem polnischen Fotografen Tomasz Tomaszewski. Er
ist ein ruhiger, international sehr erfahrener und geschätzter Kollege.
Wer einmal seinen reichen Fundus an Roma-Bildern gesehen hat,
spürt, wie gewissenhaft er für *National Geographic* die zentralen
Aspekte des ziganen Lebens mit der Kamera dokumentiert hat. Das
sieht die Soziologin Ines Busch ganz anders. In ihrer Studie »Das
Spektakel vom ›Zigeuner‹ – Visuelle Repräsentation und Antiziganismus« hat sie die fotografische Bildsprache dieses *National-Geo-*
graphic-Beitrags als »hegemoniales Reproduktionsregime« enthüllt.
Dabei hat sie herausgefunden, dass nur zwei von dreiundzwanzig
abgedruckten Fotografien Einzelpersonen zeigen, ansonsten aber

mindestens zwei oder mehr Menschen abgelichtet sind, was die Volkskundlerin zu der These veranlasst, *National Geographic* lösche »das fotografierte Individuum zugunsten der Gruppe« aus. Frau Busch attestiert dem armen Kollegen Tomaszewski »paternalistische Intentionen« und einen »reduktionistischen und viktimisierenden Blick« und zieht so gesehen folgerichtig das deprimierende Fazit: »Das gängige Repräsentationsregime macht es dem Mythos vom *Zigeuner* leicht, Bilder von Roma zu vereinnahmen und seine antiziganistische Botschaft direkt in das Auge der/des Betrachter_ in zu transportieren.«

Was Frau Busch meint, erklärt sie anhand des Fotos einer rumänischen Zigeunerfamilie auf einem Pferdefuhrwerk. Der optische Eindruck wird dominiert von einer Romni links im Bild, von der die Bildunterschrift erzählt, dass sie Vilma Michai heißt und ihre Familie vom Pilzesammeln lebt. Während ihr Mann und drei Kinder eher im Hintergrund bleiben, macht Vilma Michai etwas, was geradezu nach interpretativer Sinngebung lechzt. Sie öffnet eine Bierflasche mit ihren Zähnen. Dadurch weckt das Bild gemäß Ines Busch »eine Konnotation, die in der bürgerlich-patriarchalen Welt der Leser_innenschaft von *National Geographic* eindeutig ausgrenzenden Charakter hat, da sie klare Rollenmuster und Geschlechterstereotype negiert und bedrohliche Uneindeutigkeiten zeigt«.

Den Text des *National-Geographic*-Journalisten Peter Godwin habe ich immer wieder gern gelesen. Er ist wohlinformiert und mit Sympathie geschrieben. Obwohl der Autor und sein Dolmetscher unter Gejohle der Bewohner in einem rumänischen Zigeunerdorf niedergeschlagen und mit dem Messer an der Kehle ausgeraubt wurden, bleibt Godwin den Roma gegenüber in seiner Berichterstattung bemerkenswert fair. So dachte ich. Bis ich an einen Aufsatz geriet, dessen spekulativer Furor doch etwas ängstigt. Abgedruckt wurde er in dem zweiten Band der *Beiträge zur Antiziganismusforschung*.

In der Studie mit dem Titel »Europäischer Antiziganismus in einer ›National Geographic‹-Reportage« klagt Tina Jung an. Ihr Vorwurf an das Reportagemagazin lautet: Verbreitung einer Einladung zum Völkermord.

Was war geschehen? Peter Godwin hatte in dem slowakischen Dorf Jakubovany eine erboste Ladenbesitzerin, die sich über ihre ziganen Nachbarn beschwerte, mit den Worten zitiert: »Sie klauen alles, unsere Hunde, unsere Kühe, das Gemüse aus unseren Garten. In der Woche, bevor sie ihre Sozialhilfe bekommen, ist es am schlimmsten, dann sind sie knapp bei Kasse … Vor fünfzig Jahren lebten hier drei Zigeunerfamilien. Heute gibt es hier nur noch 400 von unseren Leuten, aber von denen 1400.« Die erboste Slowakin schlug als Lösung vor: »Man sollte diese Zigeuner alle auf ein Papierboot verfrachten und nach Afrika schicken.«

Mit diesem Zitat hat *National Geographic* laut Tina Jung nichts anderes abgedruckt und verbreitet als »die Offerte zum Genozid an den Sinti und Roma«. Und das »ohne Kommentar«.

Jung erwähnt nicht, dass Godwin der galligen Slowakin bescheinigt, in ihrer Tirade mache sie »kein Hehl aus ihrem Hass«. Geschenkt. Nicht aber, dass der New Yorker Journalist in den Dunstkreis der nationalsozialistischen Völkermörder gestellt wird. Nun kann man einer jungen, in publizistischen Dingen vielleicht unerfahrenen Sozialwissenschaftlerin nachsehen, wenn sie in ihren übereifrigen Konklusionen über das Ziel hinausschießt. Nur hätten die verantwortlichen Herausgeber der *Beiträge zur Antiziganismusforschung* Frau Jung besser zu ein paar elementaren Recherchen raten sollen, statt ihren analytischen Salto mortale als Forschungsstudie zu veröffentlichen.

George Godwin, der Vater des *National-Geographic*-Autors Peter Godwin war polnischer Jude und hieß eigentlich Kazimierz Jerzy Goldfarb. Vor Ausbruch des Zweiten Weltkrieges wurde er vor den Nazis nach England in Sicherheit gebracht, doch er sah seine Familie nie wieder. Seine Mutter und seine Schwester wurden nach Treblinka deportiert. Nach dem Krieg emigrierte er unter dem Namen George Godwin nach Rhodesien, wo sein Sohn Peter aufwuchs. Die Geschichte seiner Familie und den Niedergang Zimbabwes unter Mugabe, seine bitteren Erfahrungen als Polizist und Rechtsanwalt in einem Klima aus Unrecht, Rassenhass und Despotenwahn verarbeitete Peter Godwin später als Autor in bewegenden Büchern wie *Mukiwa – a White Boy in Africa* oder *When a Crocodile Eats the Sun*. Als renommierter Journalist etwa für die New York Times berichtete Godwin unter hohem persönlichem Einsatz über Massaker an oppositionellen Schwarzen, wurde in Zimbabwe zur unerwünschten Person erklärt und musste seine Heimat verlassen. Als die Redaktion von *National Geographic* Peter Godwin den Auftrag einer Reportage über das Volk der Roma anvertraute, bewies sie ein feines journalistisches und menschliches Gespür. Und dann kommen Tina Jung und ihre Protektoren von der Gesellschaft für Antiziganismusforschung daher und urteilen, *National Geographic* und Peter Godwin würden auf »antiziganistisches Gedankengut zurückgreifen, das im Dritten Reich zur Legitimierung des Genozids benutzt wurde«.

Zurück zu den Trüffelschweinen. Schlüpft man selber einmal in die imaginäre Identität eines solchen und wühlt sich eine Weile durch den Dschungel der Literatur, so springt eine Gesetzmäßigkeit ins Auge. Mit Wohlwollen lässt sich anmerken, dass Autoren_innen von anti-antiziganistischen Studien für Verfasser_innen ebensolcher Studien ein hohes Maß an Sympathie hegen. Publikationen aus dem Kreis der Meinungsszene werden untereinander prinzipiell positiv besprochen. Mit summa cum laude. Mindestens. Ein weniger gewogener Blick muss leider ein inzestuöses Rezensionsgebahren diagnostizieren. Demnach leisten die Forscher_innen allesamt wertvolle Beiträge, liefern verdienstvolle Studien und verfassen aufschlussreiche, akribisch geführte Untersuchungen. Sie klären auf und enthüllen. Sie kritisieren, dechiffrieren und dekonstruieren. Sie entmystifizieren Klischees und räumen mit Vorurteilen auf, während die Mehrheitsgesellschaft antiziganen Stereotypen und rassistischen Ressentiments anhängt. Oft natürlich, ohne dass sie dies durchschaut.

Anstatt offen zu debattieren, wo jemand recht hat und wo jemand irrt, werden Wissenschaftler, Redakteure und Journalisten von den Antiziganismusforschern immer wieder in einem Amoklauf der politischen Korrektheit in die Nähe des nationalsozialistischen Rassenwahns gerückt. Nun kann ein Diffamierter sich mit Argumenten wehren. Verstorbene Schriftsteller können das nicht. Sie als intellektuelle Brandstifter und rassistische Drahtzieher zu entlarven, erfreut sich daher einer steigenden Beliebtheit. Wobei die Vorteile einer rein literaturkritischen Annäherung an das Leben der Sinti und Roma auf der Hand liegen. Man braucht den Schreibtisch nicht zu verlassen. Außer zum Gang in die Bibliothek.

Für Wilhelm Solms markieren die von Schriftstellern verbreiteten zigeunerfeindlichen Klischeebilder »das dunkelste Kapitel der deutschen Literaturgeschichte, unbehandelt und unerhört«. Dabei ist es für Solms gleich, ob die Dichter und Denker die Zigeuner »dämonisiert, kriminalisiert und bestialisiert oder romantisch verklärt« haben. Rassistisch sind sie allesamt. Egal ob Bergengruen, Fontane, Hauptmann, Hesse, Schnurre, der rumäniendeutsche Richard Wagner, Walser, ja selbst Goethe. Antiziganismen überall!

»Nach Auschwitz haben sich die meisten Dichter offenbar gescheut, die Sinti und Roma zum Thema zu machen – das Beste, was diesen bisher widerfahren ist«, sagt Solms in seinem Aufsatz »Zigeunerbilder deutscher Dichter«. Manche Autoren würden allerdings in Stil und Thematik noch immer so erzählen, »als ob es das Dritte Reich nicht gegeben hätte«. Als Beleg dient der in Riga geborene Werner Bergengruen. An anderer Stelle muss der deutsch-baltische Autor als Exempel dafür herhalten, in den fünfziger Jahren auf eine Weise von den Zigeunern erzählt zu haben, »als ob das Dritte Reich immer noch andauerte«. Solms wirft Bergengruen vor, die Beschreibung eines jungen Paares in der Novelle *Die Zigeuner und das Wiesel* (»eine weitgebogene Nase, ein wenig erhöhter Backenknochen, brennende schwarze Augen«) könnte aus »einer Rassenlehre stammen«. Zudem stehe Bergengruen in der Tradition, Zigeuner »mit wilden Tieren gleichzusetzen«. Denn bei beiden, bei den Zigeunern und dem Wiesel, sei »zudringliche Neugier mit ängstlicher Scheu gepaart«.

Erinnert werden soll zumindest daran, dass Werner Bergengruen mit *Der Großtyrann und das Gericht* einen Schlüsselroman gegen Machtmissbrauch und Despotismus schuf und dafür 1937 von den Nazis aus der Reichsschrifttumskammer ausgeschlossen wurde. Ob für den Christen und Humanisten nach 1945 das Dritte Reich noch immer existierte oder womöglich zuvor nie existiert hatte, muss hier nicht entschieden werden. Haarsträubend sind beide Vorwurfsvarianten. Sie erledigen sich mit einem knappen, aber dankenswerten Hinweis, den Almut Hille in ihrer Doktorarbeit *Identitätskonstruktionen: die »Zigeunerin« in der deutschsprachigen Literatur des 20. Jahrhunderts* gibt. Demnach wurde Bergengruens Erzählung *Die Zigeuner und das Wiesel* nicht 1950 erstmals publiziert, wie Solms angibt, sondern bereits 1927, womit die absurde Behauptung, Bergengruen schreibe, als habe es das »Dritte Reich« nicht gegeben, dann irgendwie doch wieder stimmig ist.

1930 erschien Hermann Hesses *Narziß und Goldmund*. Trüffel auch hier. Hesse wird von Solms bescheinigt, er reproduziere die »bürgerliche Doppelmoral«, bloß um »die Träume des Spießbürgers von der Liebe zur und mit der Zigeunerin« zu bedienen. Lise, so heißt die Heißblütige, wird nicht nur von dem Klosterschüler Goldmund begehrt, sie selbst begehrt auch den blonden Jüngling. Zusammen taumeln sie nächtens unter bleichem Mondhimmel im Heu in die Wonnen der Lust, bis die postkoitale Dämmerung die beiden in die Tristesse des Alltags zurückholt. Der verliebte Goldmund ersehnt ein Beisammensein mit der Ehebrecherin auch über die Nacht hinaus. Lise aber muss retour zu ihrem Mann, wissend, »er wird mich schlagen, weil ich die Nacht ausgeblieben bin«. Solch ein Satz riecht durchaus nach einem antiziganen Edelpilz, entpuppt sich bei näherem Beschnüffeln aber als ungenießbare Morchel. Hermann Hesse vermittelt laut Professor Solms das Klischee, »ein Zigeuner verprügelt eben seine Frau, und da sie nachts aushäusig ist, hat sie seine Prügel verdient«. So sind sie halt, die Zigeuner. Nur hat das Motiv der Gattinnenzüchtigung bei Hesse absolut nichts mit zigeunerspezifischem Verhalten zu tun. Hätte Wilhelm Solms nur ein paar Seiten weiter gelesen, so hätte er erfahren, dass der Sinnsucher Goldmund von einem erotischen Abenteuer ins nächste stürzt. Nur bleibt keine der Geliebten bei ihm, weshalb der arme Bursche sinniert, »warum kehren sie alle sofort zu ihren Männern zurück, von denen sie meistens Prügel zu fürchten haben?«

Nebenbei erwähnt: 1997 schrieb ich eine Reportage über mazedonische Flüchtlinge, die nach dem Jugoslawienkrieg nach Deutschland geflüchtet waren, wo sie vergeblich auf ein dauerndes Bleiberecht hofften. Auch die Mädchen Bayramscha und Sabina, die jahrelang im nordrhein-westfälischen Remscheid gelebt hatten, wurden mit ihren Familien nach Mazedonien abschoben. Mit ihren siebzehn Jahren waren die Freundinnen für die Verhältnisse in der Roma-Siedlung Shutka fast schon über das Heiratsalter hinaus. Sie sprachen perfekt Deutsch, litten sehr unter der Trennung von ihren alten Freunden und schafften es kaum, den Spagat zwischen zwei verschiedenen Kulturen zu bewältigen. »Wir wollen keinen Mann von hier heiraten«, sagten die beiden. »Wir wollen zurück nach Deutschland. Dort arbeiten die Männer, und sie schlagen ihre Frauen nicht.«

Argumentativen Beistand erhalten die jungen mazedonischen Frauen von einer Romanfigur. Tereina heißt sie. Sie ist Zigeunerin und Mutter eines literarischen Helden namens Arniko. Tereina weiß, dass sie sterben wird, und gibt daher ihrer zukünftigen Schwiegertochter Orka noch einen gutgemeinten Rat:

»Liebe Arniko so sehr, wie ich ihn selbst geliebt habe. Ich weiß, dass er manchmal roh ist. Aber er bedauert es rasch. Vielleicht wird es geschehen, dass er dich schlägt, denn es gibt keinen Rom, der seine Romni nicht schlägt.«

Um solch eine antizigane Ungeheuerlichkeit zu demaskieren, wäre allerdings ein Quäntchen akademische Tollkühnheit erforderlich. Wer will schon dem ersten und wohl auch bedeutendsten Schriftsteller der Roma, dem in Barcelona geborenen Matéo Maximoff, rassistische Zigeunerfeindlichkeit vorwerfen, wenn man alternativ aus gesicherter moralischer Warte Hermann Hesse als Spießbürger outen kann? Längst gilt der 1999 in Paris gestorbene Maximoff unter den Zigeunern als Inbegriff ihres kulturellen Gedächtnisses. Das Zitat Tereinas entstammt seinem wunderschönen poetischen Roman *Die Ursitory*. So heißen die Schicksalsengel, die in der Erzählung Maximoffs die Lebenswege der Neugeborenen bestimmen und von denen an späterer Stelle noch zu erzählen sein wird. Was Maximoff in den *Ursitory* an antiziganen Klischees bedient, von Aberglauben und Hexerei, Intrige und Niedertracht über feige Schurken und edelmütige Helden bis hin zu lichtem Wahn und düsterer Wahrsagerei, dürfte in der Antiziganismusforschung durchaus für ein Dutzend Doktorarbeiten reichen.

Lange sah es so aus, als habe die Aura der Unantastbarkeit Johann Wolfgang Goethe davor bewahrt, in den Mühlen der Antiziganismuskritiker geschreddert zu werden. Goethe spielte, um in der aufgeplusterten Terminologie zu bleiben, im »rassistischen Kartell« eine unbeachtete Rolle. Erst in den letzten Jahren, im Zuge einer sensibilisierten Wahrnehmung, stellte sich heraus, dass der *Götz von Berlichingen* ein Paradebeispiel für »antiziganistische Exklusionsrituale«, »rassistische Dehumanisierung« und »bürgerliche Eliminierungswut« liefert.

Die Szene »Nacht. Im Wilden Wald. Zigeunerlager« im fünften Akt des Dramas eröffnet der Auftritt eines Knaben, der von der Jagd zu seinen Leuten zurückkehrt, wobei es zu dem kleinen Dialog kommt:

»Knab: Ein Hamster, Mutter. Da! Zwei Feldmäus.

Mutter: Will sie dir abziehen und braten, und sollst eine Kapp haben von den Fellchen. – Du blutst?

Knab: Hamster hat mich bissen.«

In einer Lagerszene aus dem Ur-Götz, die aus der Endfassung des Dramas gestrichen wurde, nimmt der Zigeunerhauptmann der verängstigten Adelheid von Walldorf die Furcht vor seinem »armen Völklein« mit den beruhigenden Worten:

»Wir tun niemanden Leids, wir säuberns Land vom Ungeziefer, essen Hamster, Wieseln und Feldmäus. Wir wohnen an der Erd, und schlafen auf der Erd, und verlangen nichts von euern Fürsten als den dürren Boden auf eine Nacht, darauf wir geboren sind, nicht sie.« Eine Zigeunerin bietet Adelheid daraufhin eine wärmende Decke an und sagt: »Es friert uns nicht, gingen wir nackend und bloß. Es schauert uns nicht vorm Schneegestöber, wenn die Wölfe heulen und Spenster krächzen, wenns Irrlicht kommt und der feurige Mann. Blanke Mueter, schöne Mueter, sei ruhig, du bist in guter Hand.«

Daraus leitet Wilhelm Solms ab, Goethe stelle die Zigeuner als »Tiermenschen und Unmenschen« dar: »Wie die wilden Tiere schlafen sie auf der nackten Erde und leben von Hamstern und Mäusen. Und weil dies ihrer tierischen Natur entspricht, verlangen sie auch nichts anderes. Sie frieren selbst dann nicht, wenn es schneit und sie nackt sind, haben also keine menschlichen Empfindungen.«

Aber das ist nicht das Zigeunerbild des Johann Wolfgang Goethe. Das Bild entspringt projektiver Deutungswut. Goethe sagt lediglich, dass die Zigeuner auf nackter Erde schlafen. Aber er sagt damit nicht, dies würde einer »tierischen Natur« entsprechen. Goethe sagt, dass die Zigeuner bei Kälte nicht frieren. Aber er sagt nicht, dass sie keine »menschlichen Empfindungen« haben. Goethe lässt die Zigeuner in seinem Drama Mäuse und Hamster essen. Aber »Halb-, Tier- oder Unmenschen« macht erst der literaturkritische Blick aus ihnen. Dieser Blick ist ziemlich germanozentrisch, wenn man so will, zumindest aus der Perspektive unserer Nachbarn, die Froschbeine und Schnecken als Delikatessen verspeisen. Übrigens bot man mir in Mexiko einmal eine rote Suppe voll weißer Ameiseneier an, in Uganda geröstete Heuschrecken, auf den Philippinen kleine schwarzfaule Fische, deren Gestank einen wirklich umhaute. Bin ich deshalb kein Tiermensch, weil ich höflich sagte: »Nein danke«? Und mache ich Zigeuner zu Unmenschen, wenn ich nicht verschweige, dass für mich die traurigste Stufe der Trostlosigkeit erreicht war, als die Roma auf der Müllkippe im rumänischen Oradea Fleisch von einem Kadaver aßen, bei dem nicht mehr zu erkennen war, ob er einem Pferd oder einer Kuh gehörte?

Zurück ins literarische Leben. Und das mit einem Text, der Hamster und Mäuse als Leckerbissen erscheinen lässt und selbst abgehärtete Geschmäcker an eine Grenze treibt, an der die Vorstellung von politischer Korrektheit neu definiert wird. In einem Leben, das, so Menyhert Lakatos, »darauf pfiff, was erlaubt oder nicht erlaubt war«.

Neben Matéo Maximoff und Ronald Lee gilt der wortmächtige Menyhert Lakatos als einer der angesehensten Zigeunerschriftsteller. In ihrem *Handbuch Sinti und Roma von A – Z* weisen Krausnick und Strauß zwar seitenlang auf jedes antizigane Stereotyp hin, den bedeutenden Schriftstellern Lee, Maximoff und Lakatos jedoch widmen sie außer dem dürftigen Hinweis, sie hätten »mit ihren Büchern ein interessiertes Publikum gefunden«, kein einziges Wort. Nicht ohne Grund. Der studierte Ingenieur und Roma-Politiker Menyhert Lakatos, der 2007 starb, verarbeitet in seinem fulminanten und verstörenden Zigeunerroman *Bitterer Rauch* seine Kindheitserfahrungen aus den dreißiger und vierziger Jahren des 20. Jahrhunderts. In *Bitterer Rauch* entblößt jeder, aber auch wirklich jeder Satz, dass die Antiziganismusforscher im Elfenbeinturm ihrer Bibliotheken nicht wissen, wovon sie reden. Allein die Schilderung eines winterlichen »Schlachtfestes« birgt eine solche unerhörte Edelknolle, dass die Trüffelschweine einen weiten Bogen um sie machen, ahnend, dass sie sich an Lakatos ihren Geruchssinn verderben. Der Ungar erzählt von einer Zigeunersiedlung unweit eines gräflichen Anwesens, zu dem auch Stallungen gehörten, in denen Schweine gemästet wurden. Die wiederum sorgten dafür, dass sich das Roma-Dorf hin und wieder in ein »Märchenland« verwandelte.

»Wenn die Schweinepest wütete, starben sie wie die Fliegen. Die Kadaver wurden jeden Tag hinausgeschafft und in eine Grube geworfen. An sie heranzukommen war nicht leicht. Sie wurde Tag und Nacht von einem Mann mit einem Gewehr bewacht. Aber wenn es kalt war, zog sich der Wächter in seine Hütte zurück und schlief den Schlaf des Gerechten. Dann schlichen die Zigeuner wie ein Rudel Wölfe an die Grube heran und scharrten mit den Händen die gefrorene Erde weg. Sechs bis acht Kilometer weit schleppten sie die Schweinekadaver auf ihren Schultern nach Hause. Das Schlachtfest fand noch in derselben Nacht statt, und alle, die aus irgendeinem Grund an dem nächtlichen Beutezug nicht hatten teilnehmen können, erhielten etwas ab. Das war so Sitte. Die ganze Siedlung duftete dann nach gebratenem und gekochtem Fleisch. Die Menschen lächelten zufrieden und entschlossen sich, sogar Wurst zu machen.« Wie das wiederum vonstattenging, soll mit Rücksicht auf empfindsame Gemüter verschwiegen werden.

Bitterer Rauch ist ein unglaubliches Buch, ein gellender Schrei, ein Messerhieb, brutal und schmerzend, gnadenlos und hart. Zugleich aber auch ein Seufzer, poetisch, leise und zart. Da wird geweint und gelacht, geflucht und gelogen, betrogen und gestohlen, gesoffen, gekotzt und gestöhnt, geliebt und gehasst, geprügelt und gefickt. Letzteres immer und überall, in geiler animalischer Gier, in allen erdenklichen Varianten. Wir lesen von wüsten abendlichen »Paarungen im Ochsenstall«, wo man nur danach tastete, »wer lange und wer kurze Haare hatte«; hören von wollüstigen Mädchen, die in ihrer »Mannstollheit kein Maß fanden«; staunen über die erotischen Eskapaden der »zahnlosen Zsuzsa« und der »Knoblauchfotze Icuka« und erfahren von gebärfreudigen Frauen, unter denen »die Bälger weggezogen werden wie Ferkel«. Dazwischen Flöhe, Läuse, Krätze, Tripper, Dreck, Gestank und faules Fleisch und wahrhaft Unerhörtes in kaum erträglichem Übermaß. Und wir lernen. Wir lesen, wie die Zigeuner abgehalfterten Schindmähren die Zähne herunterfeilen, um sie als junge Gäule zu verscherbeln. Wir haben teil an Überlegungen, wie man Münzen präpariert, um beim Glücksspiel stets mit Krone oben zu gewinnen, und nehmen als Lebensregel mit, dass »der Fluch des Diebeshandwerks« darin besteht, dass »man nicht so viel tragen kann, wie man gern möchte, zumal wenn reichlich vorhanden ist«.

Dennoch, bei aller Rohheit und Verruchtheit schwebt über Lakatos' Romanfiguren eine Sehnsucht, ein fiebriges Verlangen, auszubrechen aus einer Welt des nackten Überlebens, in der »jeder Tag mit der gleichen Aussichtslosigkeit« beginnt. Negus Boncza, der jugendliche, von Lakatos' eigener Biografie geprägte Ich-Erzähler, ist das einzige Zigeunerkind, dem der Weg zu höherer Schulbildung offensteht. Doch er kommt nicht an in der gymnasialen Welt der Gadsche, die ihn demütigen, während er sich von seinen eigenen Leuten immer mehr entfremdet. Dabei ersehnt Negus nichts anderes, als ein Mensch zu sein. »In mir war nur der Wunsch und der

Wille, zu beweisen, dass auch mich eine Mutter geboren hatte und ich das Kind von Menschen war.«

Der Roman *Bitterer Rauch* endet in einem frischgekalkten Waggon, in einem Zug, dessen Rattern die Zigeuner im Glauben an ihre Umsiedelung in eine glückliche, hoffnungsvolle Welt der Träume entführt. Nur Negus und die Leser wissen längst, dass der Zug dem Tod entgegenrollt.

Menyhert Lakatos war ein mutiger und wahrhaftiger Schriftsteller. Er wusste alles vom ziganen Leben, mehr als wir Gadsche je erfahren werden. Seine Zigeuner erdulden Geschichte, gewiss. Aber sie machen sie auch. Bei Lakatos sind die Menschen stets Menschen, keine Opfer. Und sie bleiben Menschen, mit all ihrem Licht und all ihrem Schatten. Gerade weil Lakatos um die dunklen Seiten wusste und davon erzählte, öffnete er uns eine Tür, die hineinführt in eine fremde Welt. Eine haltlose Welt, in der uns der Boden unter den Füßen zu schwinden droht, weil sie das extreme Spektrum des Menschlichen abdeckt. In jedem Wort, in jeder Zeile, die Lakatos schrieb, steckt mehr Liebe zu seinem Volk und zum Leben als in dem ganzen aufgeblasenen Geschwätz der Kaste der Trüffelsucher. In der Umklammerung ihrer pseudohumanen Fürsorge ersticken die Zigeuner zu blassbleichen Geschöpfen. Sie mutieren zu blutleeren Chiffren, die nicht weinen und nicht lachen, nicht leiden und nicht lieben.

In den Studien der Anti-Antiziganisten finden sich Abertausende Belege für offene und versteckte Rassismen, aber kein einziger Satz, aus dem spricht, dass sie die Zigeuner schätzen. Nicht einmal zwischen den Zeilen. Die zigane Unangepasstheit, die Art gegen den Strich zu denken, die Großherzigkeit, der Humor, die Herzlichkeit, aber auch der Gleichmut, der die Zeit zu stauen vermag. Und nicht zu vergessen, die gewiefte Schlitzohrigkeit. Keine Silbe darüber. Die Technokraten des Common Sense machen ihre Sinti und Roma zu Funktionen ihrer moralischen Arroganz, zu ewigen

Opfern eines allgegenwärtigen Ressentiments, das sie allein durchschauen. In ihrem antirassistischen Dünkel entgeht ihnen, dass sie
den Zigeunern keine eigene Identität zugestehen, nicht einmal eine
Schattenseite. Sie sprechen den Zigeunern ab, was jeder Mensch
auf der Welt mit sich herumträgt: eine helle und eine dunkle Seite.
Deshalb bleiben ihre in Anführungszeichen gesetzten Zigeuner
grau. Sie haben keine Seele.

Weil die Anti-Antiziganisten die Schattenseite der Roma nicht
anschauen wollen, fehlen ihnen auch der Sinn und die Sprache
für das Licht. Sucht man bei ihnen nach einem noch so kleinen,
unscheinbaren Wort der Sympathie, des Mögens gar, so ergeht es
einem wie einst Alexandra mit ihrem »Zigeunerjungen«: »Doch es
blieb alles leer.«

Von Blaj nach Lourdes

Audienz bei König Florin I. – Ein Palast ohne Prunk und eine Kir-
che ohne Glocken – Lucian, der Menschenfreund – »S'il vous plaît,
madame«: Betteln für Kühlschrank, Couch und Clanboss – Illegale
Bankgeschäfte: das Übel der Wucherei – Schlepper und Menschen-
händler – Bettler in der Madonnenstadt – Monnaie petit für Tarzans
Familie – Die Zerstörung des Mitleids

Meine Audienz beim König der Roma begann mit einer abgebroche-
nen Türklinke. Der griechisch-katholische Priester Lucian Mosneag,
langjähriger Freund und Begleiter während meiner Rumänienreisen,
hatte sich die private Telefonnummer Florin Cioabãs besorgt und
mir nach hartnäckigen Anfragen einen Interviewtermin verschafft.
Und weil man Könige nicht warten lässt, standen wir an einem
strahlenden Maivormittag im Jahr 2009, pünktlich um kurz vor
zehn, vor einem unansehnlichen Eisentor im rumänischen Sibiu,
dem siebenbürgischen Hermannstadt. Lucian bestand darauf, die
Hausnummer stimme, doch ich hegte Zweifel, an der richtigen
Adresse gelandet zu sein. Nach königlicher Pracht sah das nicht aus.

Ich hatte zuvor viele Zigeunerpaläste fotografiert, sogenannte
Kastellos, ein eklektizistischer Stilmix aus indischem Sakralbau,
chinesischer Pagode und griechischem Säulentempel sowie einer
gehörigen Portion individueller Geschmackseskapaden. Die impo-
santen Palais trugen Namen wie Vila Ciocolada, Vila Lazlo oder
Vila Piedone und glänzten mit ihren zigfach gedoppelten Stufen-
dächern aus verschnörkeltem Zinkblech wie silbrige Ufos in der
Sonne. Auf den Turmspitzen prangten die überdimensionierten
Initialen der Besitzer und die mittlerweile standardmäßigen Mer-

cedessterne so groß wie Wagenräder. In Orten wie Sintesti, Huedin, Hunedora oder Buzescu ließ eine neue Geldelite unter den Roma, offiziell in der Metall- und Alteisenbranche zu Wohlstand gekommen, in einem aberwitzigen Wettbewerb ihrer Prunksucht freien Lauf. Dass in den Kastellos ganze Stockwerke leer standen, spielte keine Rolle. Die architektonische Großmannssucht diente nur sekundär dem Zweck des Wohnens, primär ging es um die Demonstration, zu den Siegern zu gehören. Unübertroffen war die Konkurrenz der Klotzereien in der Stadt Soroca im Norden der Republik Moldau. Kein Ort der Welt demonstrierte entwaffnender, dass die Zigeuner mit dem linksautonomen Schlachtruf »Friede den Hütten, Krieg den Palästen« absolut nichts anfangen können. Wer hier in friedlicher Koexistenz im Schatten monumentaler Paläste lebte, war nicht etwa von Neid zerfressen, sondern zollte jenen Patrons Achtung und Respekt, die mit einträglichen Geschäften, vorzugsweise in den russischen Metropolen, den Aufstieg in die Kaste der Neureichen geschafft hatten. Dass Dutzende von Klimbim-Schlössern, darunter ein beeindruckend kitschiger Nachbau des Kapitols in Washington, vor ihrer Fertigstellung schon wieder in das Stadium der Verwahrlosung übergingen, stand freilich auf einem anderen Blatt.

Jedenfalls hatte ich mir die Residenz Florin Cioabăs anders vorgestellt. Ein repräsentatives Domizil hatte ich bei dem obersten aller Bulibaschen, der sich über Rumäniens Grenzen hinaus als »International Romany King« verstand, schon erwartet. Das jedoch entpuppte sich als zwar großzügig bemessenes, aber unscheinbares und staubgraues Anwesen an einer vielbefahrenen Durchgangsstraße. Da die elektrische Schelle nicht funktionierte, versuchten wir uns durch Rufen und Klatschen am Tor bemerkbar zu machen. Vergeblich. Lucian drückte die Klinke, einmal, zweimal, dann hielt er den Türgriff in der Hand. Schließlich riefen wir den König per Telefon an. Nach endlosem Klingeln trat uns Florin Cioabă im Hof entgegen. Er hatte unseren Termin anscheinend vergessen und wirkte verschlafen. Er entschuldigte seine Verspätung mit wichtigen Verpflichtungen und bat uns, in seinem Thronzimmer auf ihn zu warten.

Es war ein kleiner Salon, der so aussah, wie man sich den Audienzsaal eines Königs vorstellt, wenn man noch nie einem König begegnet ist: mit Kristalllüstern, vergoldeten Barockstuhlimitaten und an den Wänden die Ahnenporträts in Holzrahmen und Ölfarbe. In diesem Fall der noch jungen Dynastie bestand die Galerie der Vorfahren allerdings lediglich aus einer Person. Ich erkannte Florins Vater Ioan auf den Bildnissen wieder. 1991 hatte ich ihn in Sibiu besucht, in einem Jahr des Aufbruchs und des Übergangs. Der Metall- und Schrottgroßhändler Ioan Cioabă hatte damals bereits die Partidul Nomazi si Caldarari din Romania, die Partei der Roma-Nomaden und der Kesselschmiede gegründet, hatte sich jedoch noch nicht zum Internationalen Roma-König inthronisieren lassen, wozu er sich 1992 eine schwere Goldkrone mit Edelsteinen samt Amtskette und Zepter fabrizieren ließ. Seinerzeit machte er in Deutschland von sich reden, als ein Strom rumänischer Roma in die Bundesrepublik einreiste und politisches Asyl ersuchte. Da für sie keine Chance auf Anerkennung als verfolgte Flüchtlinge bestand, forderte Cioabă von der Bonner Regierung über 3,5 Milliarden Mark als Wiedergutmachung für den Holocaust, ansonsten würden über eine Millionen seiner Anhänger als Asylbewerber Deutschland überschwemmen. Bekanntlich blieb es bei der Drohgebärde. Als Oberhaupt der Kalderasch-Zigeuner hatte mir Ioan Cioabă damals ein belangloses Interview und ein Foto vor seinem Benz gewährt. Als Gegenleistung musste ich ihm für zwanzig Mark eine Video-Kassette mit folkloristischen Zigeunertänzen abkaufen, die ich mir jedoch nie angeschaut habe, weil ich keinen Rekorder besaß. Nun hing der alte Cioabă in Ölgemälden an der Wand, mal als gesetzter Familienpatriarch mit staatsmännischer Attitüde, mal in geradezu bizarrer Albernheit. Ein Hofmaler hatte ihn verewigt, in der Pose des erhabenen Monarchen, mit bekröntem Haupt auf einem schnaubenden Ross, von Jagdhunden umbellt und umhüllt mit dem weiten Umhang des Malteserordens, leuchtend weiß mit rotem achtspitzigen Kreuz. Lucian steckte mir, die rumänischen Malteser hätten sich früher aufgeregt, weil König Ioan sich bei öffentlichen Auftritten regelmäßig mit ihren Insignien schmückte. Heute besteht zu solcher Empörung kein Grund mehr. Als Ioan Cioabă 1997 an Herzversagen starb, übernahm sein Sohn das royale Amt. Und mit Florin I., Jahrgang 1954, reifte die Einsicht, dass allzu viel kostümierter Mummenschanz sich als kontraproduktiv erweist, wenn man als Roma-Bürgerrechtler ernst genommen werden will.

Zu unserem Gespräch tauchte Florin Cioabă erst nach einer gefühlten Ewigkeit wieder auf, frisch rasiert, mit Anzug, Krawatte und in Hausschlappen. Er nahm Platz auf seinem Thronsessel, flankiert von der rumänischen Nationalfahne und der internationalen Fahne der Roma, einem roten Speichenrad auf blau-grün geteiltem Grund, der Himmel und Erde symbolisiert. Obschon König Florin ein wenig teilnahmslos wirkte, ein Eindruck, den er zuvor auch bei anderen Journalisten hinterlassen hatte, so gab er als routinierter Repräsentant der Kalderasch-Zigeuner dennoch ausgewogene Statements von sich, die jedermann zweifelsfrei unterschreiben konnte:

Dass über 250 Roma-Organisationen in Rumänien zwar ein Zeichen politischer Freiheit seien, die Fülle der Verbände sein Volk jedoch nicht einige, sondern zersplittere. Dass viele Zigeuner für ihre soziale Misere selber verantwortlich seien, weil sie nie gelernt hätten zu arbeiten, es zugleich aber diskriminierend sei, wenn bei Jobangeboten in Zeitungsanzeigen von vornherein vermerkt würde: »Keine Roma«. Dass die wirtschaftliche Not die Roma nach Italien, Frankreich, Spanien oder nach Deutschland treibe, andererseits organisierte Bettelnetzwerke und Diebesbanden in Westeuropa dem Image der Zigeuner enormen Schaden zufügten, zumal die westliche Presse, besonders in Italien, eine mediale Hysterie gegen die Roma schüre und europäische Neofaschisten zum Rassenhass aufstachelten. Gewiss sei nicht zu leugnen, dass der Metalldiebstahl in Rumänien ausgeufert sei und organisierte Kriminelle neben Kupferdächern, Bronzestatuen sogar Eisenbahnschienen stehlen würden, nur seien die Täter eben nicht nur Roma.

Zugleich monierte Cioabă selbstkritisch, unter den rumänischen Zigeunern herrsche noch immer ein Kastenwesen. »Wie in Indien«, wobei die Unsitte, seinen Reichtum zur Schau zu stellen und mit Palästen zu prunken, die Solidarität mit den armen Roma verhindere. Den fehlenden Sinn für das Gemeinwohl erklärte er als Konsequenz von Liberalismus und Kapitalismus. »Wie in den USA«, wo die Slums der Armen ebenfalls von den Villenvierteln der Reichen getrennt seien. »Wie Wallstreet und Bronx.« Cioabă schätzte, dass zwanzig Jahre nach der Revolution viele Zigeuner unter schlechteren Verhältnissen lebten als unter Ceauşescu und dass heute bestenfalls zehn, maximal zwanzig Prozent der Roma als vollwertige Bürger in die rumänische Gesellschaft eingegliedert seien. Und warum nicht mehr? »Die Europäische Union gibt uns zwar Geld für Integrationsmaßnahmen. Aber viel zu wenig.«

Zum Abschied bat ich Florin Cioabă um ein Fotoporträt. Gemeinsam überlegten wir eine passende Location für ein aussagekräftiges Bild. Jeder Ort war König Florin recht. Vor dem Bildnis seines Vaters, neben der Staatsfahne, auf dem Thronsessel. Nur ein Foto vor dem Auto im Hof hielt er für keine gute Idee. Dort parkte eine der luxuriösesten Limousinen, die man für Geld kaufen kann: ein neuer dunkelblauer Maybach. Für den Gegenwert solch eines Autos musste ein rumänischer Durchschnittsverdiener im Jahr 2010 fünfzig, vielleicht auch sechzig Jahre lang arbeiten. Und der gute Stelian Coseriar, einer der letzten überlebenden Bleikocher aus den Giftküchen von Copşa Mică, müsste auf Kuttelsuppe und Medikamente verzichten und jeden Lei seiner Rente beiseitelegen, etwa einhundertundsechsundsechzig Jahre lang. Als ich Lucian über den Daumen gepeilt vorrechnete, wie viele sozial-pastorale Zentren er für seine Roma-Gemeinden in Blaj für einen Maybach würde bauen können, schaute er mich ungläubig an und schüttelte den Kopf: »No Rolf, you are crazy.«

Lucian Mosneag ist ein Menschenfreund. In erster Linie. Danach ist er Vater und Ehemann, dann Rumäne und griechisch-katholischer Priester in der transsilvanischen Kleinstadt Blaj. Lucian kann schlecht nein sagen, begeistert sich für die Filme Emir Kusturicas und liebt die Zigeuner. Auch wenn sie ihm bisweilen ziemlich auf die Nerven gehen, nicht nur weil sie ihm als Mann Gottes ständig die Hand küssen wollen. »Glaub mir, manchmal treiben sie mich an den Rand der Verzweiflung.« Lucian sagt solche Sätze ständig, selten grundlos und fast immer in Verbindung mit seiner englischen Lieblingsvokabel »crazy«.

Tagtäglich bewährt sich Lucian als Sisyphus. Nur dass er keine Felsbrocken den Berg hinaufschleppt. Der Mittvierziger ist in den Ortsteilen Plopilior, Veza und Barbu Liautiarul als Seelsorger für die Roma verantwortlich. Seine mehr oder weniger wirkungsvollen Waffen sind sein Mitgefühl, das geistliche Wort und die Macht geweihten Wassers. Damit segnet er alles: Kinder, Häuser, Autos, Pferde, Kutschen. Und natürlich auch Verstorbene. Bei Beerdigungen gestattet Lucian um des Seelenfriedens willen den Zigeunern auch Beigaben für die Gräber. Schnaps, Zigaretten und Feuerzeuge, bei denen ausgiebig probiert werden muss, ob sie auch wirklich funktionieren. Jedoch ist Lucian Mosneags Verständnis für magische Rituale nicht grenzenlos. »Wenn ich für jemanden Spielkarten weihen soll, damit er beim Pokern gewinnt, das lehne ich selbstverständlich ab.«

Wo jahrelang inmitten einer Dauerbaustelle ein nackter Backsteinbau in den Himmel ragte, leuchtet heute der Turm der Heilig-Kreuz-Kirche, frisch verputzt, gelb getüncht und sonntags gut besucht. Lucians Gotteshaus haftet jedoch ein Makel an, eine sakrale Dysfunktion durchaus symbolträchtiger Art. Vor der Kirche lagern zwei Glocken, eingepackt in Plastikfolie. Eine trägt die Prägung »Sankt Michael, du Gottesbote, beschütze Kirche, Volk und Tote. Bockem am Harz, 1949.« Eine befreundete Kirchengemeinde aus Deutschland hat Lucian die Glocken geschenkt, doch mit ihrem Durchmesser von 1,20 Meter sind sie zu groß. Oder anders betrachtet: der Kirchturm ist zu schmal. Die Glocken können nicht schwingen.

Die Heilig-Kreuz-Kirche liegt im Zentrum der Roma-Siedlung Plopilior und teilt die Gemeinde in zwei Hälften. Rechts die Armen, links die Reichen, dazwischen die Grauzone derer, die sich beim alltäglichen Überlebenskampf einigermaßen über die Runden retten. Die Menschen zur Rechten, die Mehrheit, finden keine Jobs. Und sie haben wohl auch aufgegeben zu suchen. Sie hocken vor ihren Lehmhütten und warten auf irgendwas, was eventuell irgendwann eintritt, während ihre Kinder neben einem leeren Abfallcontainer im Unrat spielen. Hier sagt der zwölfjährige Petru: »Für die Schule habe ich keine Zeit, weil ich mich um das Essen kümmern muss.« Abends versteht man, was der Junge meint. Den halben Tag hat er an dem vermüllten Ufer des Flusses Kokel gestanden und geangelt. Vier mickrige Fische brutzeln in einer Blechpfanne auf einem rostigen Ofen. Die Abendmahlzeit für eine Familie mit sechs Kindern und ebenso vielen Katzen.

Links wird gemauert, geschraubt, gebohrt und gehämmert. Schmucke Häuser werden hochgezogen, Dachstühle errichtet und Zufahrten gepflastert. An Sonntagen polieren einige Männer mit Putztüchern ihre neuen Gebrauchtwagen. Demonstrativ bekunden sie, wie Gewinner aussehen. Nur wenige von ihnen gehen einer produktiven Arbeit nach, dafür sind sie die Meister der Umverteilung gesellschaftlichen Reichtums. Ihr Beruf: Bettler. Seit Rumänien in

der Europäischen Union ist, schicken die Sippen ihre Familienange-
hörigen mit Kindern und Behinderten nach Frankreich, Italien oder
Spanien. Die Familien aus Plopilior favorisieren den französischen
Süden, Marseille, Toulouse oder Montpellier. »Einige werden mit
den Euros, die sie vor Kirchen und Bahnhöfen erbetteln, hier zu
kleinen Königen«, erklärt Lucian. Das neureiche Gehabe hat Folgen.
Lucian ärgert sich, dass der Mammon die Gemeinde vom Heiligen
Kreuz spaltet, dass die Anpassungsschlauen auf Ehr- und Redlichkeit pfeifen und den Habenichtsen den blanken Hintern zeigen.

Für viele Familien fällt der soziale Aufstieg in die Königskaste
indes recht bescheiden aus: mit der Anschaffung eines Kühl-
schranks. So wie für Familie Szekely. Stefan Szekely, seine Frau
Ancuta sowie ihre Kinder Maria, Isabella und Daniel, neun, sechs
und vier Jahre alt, widerlegten Lucians Erfahrung, dass es keinen
Sinn mache, wintertags vor zehn Uhr morgens in Plopilior an eine
Tür zu klopfen, weil die Leute dann noch schlafen würden. Nicht
so Familie Szekely. Sie saß in der geheizten Küche um den gedeck-
ten Tisch, und weil es an diesem Dezembermorgen bitterkalt war,
hatte Ancuta ihren Kindern ein deftiges Frühstück mit Bratkar-
toffeln, Spiegeleiern und Schweinswürsten zubereitet. Die Familie
befand sich im Winterurlaub. »Bis Ende Februar bleiben wir hier
zu Hause«, meinte der 36-jährige Stefan. »Jetzt ist es in Frankreich
zum Betteln zu kalt.«

Seit 2007 fahren die Szekelys drei oder vier Mal im Jahr mit den
Groß- und Schwiegereltern und einigen Verwandten für ein paar
Wochen an die Côte d'Azur nach Nizza. »Wir wohnen außerhalb
der Stadt, in einer Industriezone. In einem leerstehenden Waren-
lager haben wir uns unter einer Treppe mit Matratzen, Wolldecken
und Pappkartons einen Schlafplatz eingerichtet«, erzählte Ancuta.
Während ihr Mann Stefan auf die Kinder aufpasse, würden die
Frauen tagsüber im Zentrum sitzen und um Almosen bitten. »Weil
wir das besser können als die Männer. Mit Frauen haben die Leute

mehr Mitleid.« Am erfolgreichsten bettele es sich sonntags, vor den Kirchenportalen. Gerade nach den Gottesdiensten seien die Katholiken einigermaßen spendabel, so die 30-Jährige. Dabei streckte sie ihre offenen Hände aus, setzte eine ergreifende Leidensmiene auf und rief gequält: »S'il vous plaît, madame! S'il vous plaît, monsieur!« Ancuta lachte und gestand freimütig, außer ein paar Floskeln und den alltäglichen Redewendungen wie »Bonjour, bonsoir« und »Merci bien, monsieur« kaum französisch zu sprechen. Die Namen der Kirchen, vor denen sie regelmäßig saß, kannte sie nicht. Sie erinnerte sich nur an einen freundlichen Pfarrer. »Der will uns immer helfen und schaut mit einer netten Frau vorbei. Sie ist sehr sozial und möchte, dass wir Französisch lernen und die Kinder zur Schule schicken. Das wäre schon gut. Nur wozu? Zum Betteln braucht man die Sprache nicht.«

Nie würde Familie Szekely nach Spanien oder Italien fahren. »Man hört von den Italienern wenig Gutes«, meinte Stefan. »Aber die Franzosen, die mögen die Zigeuner. Weil sie selber welche haben. Die Franzosen demonstrieren sogar für uns, gegen ihren eigenen Präsidenten. Vor ein paar Jahren hat die Regierung jedem von uns 300 Euro geschenkt, damit wir unterschreiben, wieder nach Rumänien zurückzukehren. Da sind wir alle nach Hause gefahren und nach ein paar Tagen mit dem Bus wieder zurück.« Ohne Probleme? »Ohne Probleme!«

Als Nicolas Sarkozy 2010 die rigorose Räumung von Roma-Lagern am Rande französischer Großstädte veranlasste und Tausende rumänischer Tzigani in ihr Heimatland abschieben ließ, waren die Szekelys von den Zwangsmaßnahmen nicht betroffen. »Wir haben von den Ausweisungen natürlich gehört«, so Familienvater Stefan, »aber in Nizza blieb es ruhig. Aber wir waren auch nur wenige Familien dort. Wir blieben unbehelligt, weil der Bürgermeister keinen Ärger machte und die Polizei uns in Frieden ließ.«

Und warum? »Die Polizisten kennen uns seit Jahren. Wir trinken nicht, wir machen keinen Krach und stören niemanden mit lauter Musik. Vor allem stehlen wir nicht. Wir sind eine ehrliche Familie.«

Lucian nickte bekräftigend und betonte, die Szekelys seien redliche Leute und würden jeden erbettelten Euro tatsächlich in die Verbesserung ihrer Lebenssituation stecken. »Wenn die Sippen aus unseren Gemeinden nach Frankreich fahren, kehren sie mit einem anderen Blick zurück. Sie fangen an zu vergleichen. Sie haben gesehen, wie die Franzosen leben und wollen nicht mehr in ihren Lehmhütten hausen. So beginnt die Veränderung.«

Bei Familie Szekely war der Fortschritt gegenüber den Nachbarn nicht zu übersehen. Ancuta hatte darauf bestanden, dass von dem ersten Bettelgeld ein Kühlschrank angeschafft wurde, um in den heißen Sommermonaten die Lebensmittel länger frisch halten zu können. Danach ließen die Szekelys das undichte Dach decken, die Fassade wurde verputzt, ein Steinfußboden verlegt und das Haus mit neuen Stromleitungen verkabelt. Anschließend machten sich Ancuta und Stefan an das Interieur. Schritt für Schritt, wie sie betonen. Kochherd und Bad, ein Schlafsofa für die Kinder, Couchtisch und Schrankwand für die Wohnstube. Selbstverständlich auch ein neuer Fernseher. Doch anders als bei den meisten Roma-Familien lief der Apparat bei den Szekelys nicht rund um die Uhr. Nur abends. Tagsüber wurde das Gerät mit einer Wolldecke vor Staub geschützt. Das mag man spießig nennen, doch sprach daraus eine Wertschätzung der Dinge, die in Plopilior eher selten zu finden war. Die Achtlosigkeit auf der rechten Seite der Siedlung war deprimierend. So hatte Lucian, um das gravierende Müllproblem in den Griff zu bekommen, hinter seiner Kirche einen Abfallcontainer aufstellen lassen. Anschließend verkam das umliegende Terrain zu einer Müllwüste, der Container selbst blieb leer, was die Bewohner überhaupt nicht zu stören schien.

Lucian war sich darüber im Klaren, dass die Roma in seinen Gemeinden von einem bürgerliches Leben mehr trennte als eine funktionierende Abfallentsorgung, neue Sitzgarnituren und Flach-bild-TVs. Bei Familie Szekely hatte der Einstieg in den Ausstieg aus der Armut einen hohen Preis. Den zahlten die Kinder, deren Zukunft ungewiss war. Bislang wurden Maria, Isabella und Daniel von ihren Eltern immer mit nach Frankreich genommen, wo sie weder eine Schule noch einen Kindergarten besuchten. Nun ging die neunjährige Maria in die Volksschule in Plopilior, und auch ihre Geschwister mussten nach dem Gesetz bald eingeschult werden. Nur vertrug sich die Schulpflicht der Kinder in Rumänien nicht mit den Betteltouren der Eltern nach Frankreich. Die jedoch waren für Stefan Szekely unverzichtbar geworden. Er kalkulierte mit zukünf-tigen Einnahmen und war auf die Betteleuros angewiesen. Für die häuslichen Anschaffungen, die Renovierungen und einen Teil des Baumaterials hatte er Kredite aufgenommen, die abgestottert wer-den mussten. Bis spätestens zum Winterende, wenn es zurück nach Nizza ging.

Familien wie die Szekelys bilden innerhalb der Zunft der Bettler eher eine Ausnahme. Sie fahren unabhängig und auf eigenes Risiko nach Westeuropa und hocken nicht für irgendwelche Clanchefs in den Einkaufszonen. Die Einnahmen bleiben in der eigenen Kasse, dafür hat die Familie sämtliche Kosten für die Reise, für Unterkunft und Verpflegung sowie den Transport vor Ort zu tragen. Die 1800 Buskilometer von Blaj nach Nizza scheinen auf den ersten Blick günstig: 70 Euro zahlen Erwachsene, 40 Euro die Kinder. Doch die Transportunternehmer schlagen aus der Erfahrung Kapital, dass die Roma bei der Rückfahrt mehr Geld in den Taschen haben als auf dem Hinweg. »Zurück«, so Stefan Szekely, »kostet die Fahrt fast das Doppelte.« Aber nur für diejenigen, die genug erbettelt haben, um bar zu zahlen. Für die anderen, die kein oder zu wenig Geld haben, steigt der Preis kurioserweise um ein Vielfaches. Die Mittellosen sind auf illegale Schwarzunternehmer angewiesen. Sie transportieren Fahrgäste auch auf Kredit. Gegen horrende Zinsen.

»Wir fahren nur mit den offiziellen Busgesellschaften wie Eurolines oder Atlasib«, sagte Szekely, »nie mit den Schleppern. Die nehmen die Leute nur aus.«

In Tschechien und der Slowakei, vor allem aber in Rumänien und Ungarn hatte ich immer wieder von mafiösen Kredithaien unter den Roma gehört, die ihre eigenen Leute hemmungslos ausbeuteten. In Ungarn waren die illegalen Kreditgeschäfte derartig ausgeufert, dass die Regierung 2009 mit dem Paragrafen 330a eigens den Straftatbestand der Wucherei, in der Behördensprache »unzulässige Bankentätigkeit« genannt, in das Strafgesetzbuch aufnahm. »Dass Roma heutzutage andere Roma ausnehmen und ihre Notlage ausnutzen«, fand die Bürgerrechtlerin Angéla Kóczé »einfach nur schrecklich«. Der Zinswucher sei ein »äußerst ernstes Problem«, das hineinführe »in sehr gefährliche Milieus«. Ich traf die Roma-Aktivistin in Budapest, wo sie sich leidenschaftlich für die Integration der Cigány in die ungarische Gesellschaft engagierte, zugleich aber auch einen unverstellten Blick auf die hausgemachten Probleme ihres Volkes warf.

Angéla Kóczé wurde 1970 in einer Roma-Siedlung im ländlichen Nordosten Ungarns geboren und stammte aus einer Familie, »in der niemand lesen und schreiben konnte«. Mit dem unbändigen Willen, Armut und Unwissenheit hinter sich zu lassen und gefördert von dem Open Society Institute des ungarnstämmigen amerikanischen Großspekulanten George Soros, hatte sie den Weg in die Budapester Akademie der Wissenschaften geschafft, wo sie als Soziologin sozialintegrative Konzepte für die Zigeuner entwickelte.

Die Ursache des kriminellen Kreditunwesens lag für Angéla Kóczé darin, dass die Roma als Geringverdiener oder Sozialhilfeempfänger gar nicht erst bei einer Bank oder Sparkasse vorzusprechen brauchten. Ihre Chancen, ein Darlehn zu fairen Konditionen zu erhalten, tendierten gegen Null. »Wenn Kinder krank werden, oder wenn Beerdigungen, Hochzeiten oder kostspielige Familienfeste bezahlt werden müssen, landen die Leute bei den Wucherern«, so Angéla Kóczé. Die Geldverleiher kassierten dabei nicht nur drastisch überzogene Zinsen, sondern verdienten auch an auf Pump verkauften Lebensmitteln, Baumaterialien oder Fahrtickets in den goldenen Westen.

Wie ein Krake hatte sich ein System pseudofeudaler Zinsknechtschaft ausgebreitet, das ungezählte Familien in Armut und Abhängigkeit hielt. In rumänischen Dörfern wusste jeder von mafiösen Wucherern zu erzählen. Ob in Blaj, Copșa Mica oder in Sibiu, die Roma beklagten sich, verloren sich dabei jedoch in nebulösen Andeutungen. Jeder sprach von Leuten, von denen er gehört hatte, ohne Ross und Reiter zu nennen. Irgendwann verstand ich, dass das Verleihen von Geld und das Kassieren von Wucherzinsen nur die eine Seite des kriminellen Geschäfts war. Die andere Seite erschien weitaus düsterer und bedrohlicher. Denn reich wurden die Clanbosse nur, weil keine Ermittlungsbehörde ihre Geschäfte offenlegte und keine Justiz Anklage erhob. Die illegalen Geldgeschäfte florierten, weil die Kriminellen, mit jedem Forint, jeder Krone und jedem Lei, die sie borgten, zugleich die Saat der Furcht ausstreuten. Es war nahezu ausgeschlossen, dass sich betrogene Roma gegen die organisierten Betrüger aus der eigenen Ethnie zur Wehr setzten.

2010 grasten Schlepper die ärmsten Roma-Siedlungen rund um das rumänische Sibiu ab. Auch in Roșia tauchten sie auf. Im Unterdorf, wo kaum ein Zigan Arbeit hat, boten sie den Leuten an, arbeitsfähige Familienmitglieder nach Westeuropa zu bringen, wo es anständig bezahlte Jobs geben sollte. »Ein Mann versprach, er werde mir eine Arbeit als Erntehelferin in Deutschland verschaffen«, schimpfte Susanna Cimpoier. »Einhundert Euro verlangte er, um vorab die nötigen Papiere zu besorgen. Wir haben das Geld zusammengekratzt, aber der Kerl kam nie wieder.« Anderen Familien erging es ähnlich. Die Betrüger kassierten und verschwanden.

Auf eine Anzeige hat nicht nur die Familie Cimpoier verzichtet. Erstens ist das Vertrauen der Roma in die staatlichen Apparate mehr als miserabel, zweitens würde keine rumänische Polizeibehörde nach den Betrügern fahnden, die drittens kein Gericht verurteilen würde. Zudem wusste jeder in Roşia, dass es höchst unklug war, gegen ausgekochte Kriminelle sein Recht einzuklagen. Man schluckte den Zorn herunter und schwieg.

Doch es gab Orte, wo sich in den Mauern des Schweigens feine Risse auftaten, wo die Roma bereit waren zu erzählen. In Rumänien allerdings nur unter einer Bedingung: Ausnahmslos allen Informanten musste ich versprechen, unter keinen Umständen ihre richtigen Namen zu nennen. Hatten mich im ungarischen Kálló die Magyaren darum gebeten, ihre Namen zu ändern, aus Angst vor kriminellen Roma, so waren es im rumänischen Cetatea de Baltă die Tzigani selber, die vor ihren Landsleuten Furcht hatten.

Cetatea de Baltă liegt im Tal der Târnava Mică, der Kleinen Kokel, eine halbe Autostunde nordöstlich von Blaj. Man erreicht das Dorf über die Landstraße 107, passiert Sancel, Sona und zuletzt die Weinberge von Jidvei, wo heute in großem Stil recht passable Weißweine produziert werden. In dem aufstrebenden Weingut hatten in den letzten Jahren über 1.500 Arbeiter eine Anstellung gefunden, darunter auch einige Tzigani. »Aber die stammen alle nicht aus unserer Gegend«, so Mailat Cornel, der einige Jahre als Vertreter der Roma im Rat der Gemeinde von Cetatea de Baltă saß. »Sie haben sich wegen der Arbeitsplätze im Weinbau hier angesiedelt.« Und weshalb suchen und finden die einheimischen Roma dort keine Jobs? »Achtzig Prozent der Männer leben die meiste Zeit des Jahres gar nicht hier, sondern in Frankreich.«

Von der stattlichen Repräsentanz des Weinguts aus, einem restaurierten ungarischen Adelsschloss oberhalb von Cetatea de Baltă, schweifte das Auge an sonnigen Tagen über die sanften Hügel des Kokellandes. In frostigen Wintermonaten hingegen versumpfte der Ort in grauem Nebel. Der Geruchsinn entlarvte den Dunst als Smog, als beißenden Rauch, der die Tränen in die Augen trieb. Den Qualm spuckten die dörflichen Schornsteine aus. Um genau zu sein, er quoll aus den Kaminen der Zigeuner. Aus einem schlichten Grund: »Die Roma können die steigenden Preise für das Heizungsgas nicht bezahlen. Also stochen sie ihre maroden Kachelöfen mit Holz«, erklärte der Pfarrer der griechisch-katholischen Gemeinde Ivan Sovin-Ioan. Weil die Bäume zu spät geschlagen wurden und das Kaminholz nicht durchgetrocknet war, verpestete der Rauch des schwelenden Holzfeuers die Luft.

Cetatea de Baltă, das siebenbürgische Kokelburg, zählte 2300 Einwohner. Sechshundert von ihnen waren Roma. Die Hälfte von ihnen lebte, halbwegs integriert im Oberdorf, rund um die drei Kirchen des Ortes, die von Christen des orthodoxen, des reformierten und katholischen Glaubens besucht wurden. Die andere Hälfte der Roma hauste in erbärmlichen Hütten unten an der Târnava, wo der Fluss im Frühjahr über die Ufer stieg und eine hässliche Spur aus Müll und Schlamm hinterließ und wo Fetzen von Plastiktüten wie obszöne Gebetsfahnen in Bäumen und Sträuchern hingen.

Oben im Dorf zählte ich drei Kleinbusse, alle von derselben Marke und demselben Typ: weiße Mercedes Vito, vom Schmutz der Straßen verdreckt, doch alle neueren Baujahrs. Die Fahrer kurvten umher, parkten mal hier, mal dort, kurbelten die Scheiben herunter, stiegen aus, redeten, rauchten. Manchmal hielten sie für wenige Minuten an, dann wieder für eine Stunde. Dann waren sie wieder eine Weile verschwunden. Laut Kennzeichen waren die Transporter in Arad zugelassen, einer Stadt unweit der Grenze nach Ungarn, 280 Kilometer entfernt. Die Fahrer arbeiteten als Schlepper. Sie tingelten über Land, um Fahrgäste für ihre Touren nach Frankreich zu rekrutieren. Neun Sitzplätze hatte jeder Sprinterbus. Feste Abfahrtszeiten gab es nicht. Die Tour ging los, sobald alle Plätze belegt waren. »Optzeki«, sagte einer, koste die Hinfahrt. Achtzig

Euro. »Nici o problemă«, für den, der nicht zahlen konnte. Kein Problem! Man wurde trotzdem mitgenommen. Für 150 Euro. Die konnte der Schuldner in Frankreich abstottern, durch Arbeit, Betteln oder was auch immer Bares brachte.

Vier lokale Bettelchefs hatten es im Oberdorf von Kokelburg zu erklecklichem Wohlstand gebracht, erzählte der ehemalige Roma-Gemeinderat Mailat Cornel. Er begleitete mich zu den Zigeunern am Fluss und fragte unterwegs an, ob ich ihm Arbeit in Deutschland besorgen könne. In der Landwirtschaft. Bislang fuhr er mit seiner Frau im Frühsommer ins süddeutsche Ravensburg, wo er nach eigenen Angaben als Erntehelfer am Tag zwischen 30 und 40 Euro mit dem Pflücken von Erdbeeren verdiente.

Tatsächlich fiel auf, dass unten in der Fluss-Siedlung ausschließlich Frauen und Kinder zu sehen waren. Die Männer weilten in Frankreich. Wenn sie nach zwei, drei Monaten zurückkehrten, hatten sie 600, maximal 800 Euro erwirtschaftet. Dann blieben sie einige Wochen bei ihren Familien, bevor sie wieder nach Fankreich verschwanden.

Nun war der Winter hereingebrochen, und die Frauen warteten auf die Rückkehr ihrer Ehemänner und Söhne. Frauen wie Elvira Tudor, die nicht wusste, ob sie zweiundvierzig oder schon vierundvierzig Jahre alt war. Von all den notdürftigen Behausungen am Fluss lebte sie mit ihren neun Kindern in der armseligsten. Das Geld reichte nicht einmal für eine der winzigen, nackten Ziegelkaten, die sich wie Puppenhäuser in der Landschaft verloren. Die Familie fand Obdach in einem Verschlag aus Astwerk und Lumpen. Selbst die unter den Roma obligatorische Satellitenschüssel fehlte. Zwar lieferte ein dürres Plastikkabel, angeklemmt an eine Überlandleitung, Strom in Elviras Unterschlupf, doch es gab keine elektrischen Geräte, die den Strom hätten verbrauchen können.

Im September waren die zwei ältesten Söhne Elviras, achtzehn und einundzwanzig Jahre alt, zum Betteln nach Frankreich gefahren. Dreieinhalb Monate waren seitdem verstrichen, ohne dass ihre Mutter eine Nachricht, geschweige denn eine Geldlieferung erhalten hätte. »Nach Weihnachten«, so hoffte Elvira Tudor, »sind die beiden bestimmt wieder hier.« Nur verdienten Aurel und Dorin in Frankreich nicht die Euro für ein menschenwürdiges Heim. Sie bettelten, wie jeder in der Siedlung wusste, um den Wohlstand eines berüchtigten ortsansässigen Kredithais zu mehren. Der Mann wurde Parda gerufen. Er verdankte seinen Reichtum der Skrupellosigkeit, mit der er den Umstand nutzte, dass niemand von den Tzigani einer Bank kreditwürdig schien. Die Leute am Fluss besaßen nichts. Ihre Häuser, die sie ohne Erlaubnis auf staatseigenem Land an der Târnava erbaut hatten, waren zwar von den Behörden geduldet, doch im Grunde illegal. Ohne Besitzurkunde konnten sie daher auch nicht mit einer Hypothek als Sicherheit für ein Darlehn belastet werden.

Vor Jahren hatte der Geldverleiher Parda eine Marktlücke weniger entdeckt als geschaffen. Er kaufte preisgünstig junge Kälber, züchtete und mästete die Tiere und verscherbelte seinen Landsleuten billiges Rindfleisch auf Pump. Den Gestus des Wohltäters ließ er sich mit immer üppigeren Zinsen vergüten. Wenn sich die Opfer der Wucherei hoffnungslos in einem Teufelskreis aus Verschuldung und neuen Krediten verstrickt und einem Spinnennetz der Abhängigkeit verheddert hatten, bot ausgerechnet der Gläubiger einen perfiden Ausweg aus dem Dilemma an. Die Schuldner konnten sich vermeintlich freikaufen, wenn sie in westeuropäischen Innenstädten ihre Verbindlichkeiten abarbeiteten.

Ein halbes Jahr lang hatte Bettelchef Parda Elvira Tudor monatlich 100 Lei, umgerechnet 23 Euro, für Lebensmittel geliehen. Nun wollte er pro Monat 250 Lei zurückhaben. Der Roma-Aktivist Mailat Cornel wusste, dass Parda zudem die Sozialhilfe für Elviras geistig zurückgebliebene Tochter Maria kassierte. Das Mädchen hatte von alldem keine Ahnung. Stolz zeigte Maria mir ihre

Behindertenkarte. Wegen ihres neuen Passbildes. Sie sah aus wie fünfzehn, doch der Ausweis verriet, dass sie bereits dreiundzwanzig war. Maria war ein Mensch, äußerlich verwahrlost, ja sogar verwildert, doch ihr freundliches Lächeln offenbarte ihre ungemein sanfte Wesensart. Dreihundertfünfzig Lei, etwa 80 Euro, zahlte der rumänische Staat ihrer Mutter Elvira monatlich an Pflegegeld. Es machte wütend, dass Maria davon kein einziger Lei zugutekam.

Elvira Tudor und ihre Söhne finanzierten Pardas Vorliebe für schnelle BMW-Automobile und den Neubau der Villa unweit der griechisch-katholischen Pfarrkirche. Doch nicht nur sie. »Wer seine Schulden nicht bezahlen kann, dessen Kinder werden nach Europa gekarrt. Das ist normal hier«, meinte Pfarrer Ivan. Dabei achteten die Schlepper darauf, dass die Jungen und Mädchen mindestens vierzehn Jahre alt waren. Mit vierzehn erhielten die Kinder Ausweise, und es gab bei Personenkontrollen kaum Probleme. Wochen zuvor musste Ivans Amtsbruder in Cetatea erleben, wie ein Wucherer seine Kirche dazu benutzte, um den Kindern verschuldeter Eltern ein Gelübde abzunötigen. »Vor Gott und beim Leben von Vater und Mutter mussten sie schwören, dass sie keinen einzigen in Frankreich erbettelten Cent für sich behalten.«

Und warum schützt der rumänische Staat die Leute nicht? »Ein, zwei Mal im Jahr taucht die maskierte Anti-Mafia-Polizei hier auf«, berichteten Gemeindemitglieder. Schwer bewaffnet und in schwarzen Kampfanzügen durchsuchen sie die Häuser der Bettelchefs. »Danach verschwinden die Einheiten wieder, und alles läuft weiter wie gehabt.«

Nicht nur in Cetatea de Baltă, auch in Blaj war es ein offenes Geheimnis, dass manche Roma-Sippen in mafiösen Strukturen organisiert waren. Auf Bestellung besorgten sie alles: Fernseher, Computer, Uhren, Mobiltelefone, Digitalkameras. Doch die redlichen Roma verwahrten sich gegen die organisierten Kriminellen, die alle Vorurteile gegen ihr Volk zu bestätigen schienen. »Wir haben unsere Kinder nicht erzogen, damit sie betteln, stehlen und sich prostituieren«, erboste sich Ionina, die Ehefrau des lungenkranken Rentners Stelian Coseriar. Ihre sieben Kinder hatten die beiden mit siebzehn Enkeln und Urenkeln zu Groß- und Urgroßeltern gemacht. Um keinen Preis wollten Stelian und Ionina, dass ihre Söhne oder Töchter nach Italien oder Frankreich gingen. »Im Ausland werden die jungen Leute ausgebeutet und betrogen. Die Chefs ziehen ihnen alles Geld ab. Für Essen und Übernachtung. Da bleibt nichts übrig.« Das sagte Ionina 2011.

Als ich die Familie ein Frühjahr später besuchte, war Ionina gerade zweiundsechzig geworden und hatte ihre Meinung geändert. Ändern müssen. Schulterzuckend zeigte sie mir ein halbes Dutzend Packungen mit Stelians Tabletten gegen Herzschmerzen, Durchblutungsstörungen und Nierenschwäche. Die magere Rente für die verschleißenden Jahre in der schwarzen Fabrik in Copşa Mică reichte nicht für die teure Medizin. Zweimal schon war Ionina zwischenzeitlich mit Verwandten zum Betteln in Frankreich gewesen. »In Toulouse. Wenn es warm genug ist, um draußen zu schlafen, fahren wir wieder hin.«

»Weil das Leben eines Bettlers in Frankreich weniger katastrophal ist als das eines ausgestoßenen Habenichts in Osteuropa«, schrieb André Glucksmann in seinem Essay in der Tageszeitung *Die Welt*, säßen »in Rumänien zwei Millionen europäischer Bürger auf gepackten Koffern«. Der Philosoph hatte nicht Unrecht, wenn er Frankreich ein hohes Maß an Attraktivität attestierte. Spanien, Italien, Deutschland, keines dieser Länder übte auf die Tzigani in der Region Blaj eine solch starke Anziehungskraft aus. Trotz der rigorosen Abschiebungen. Dass einige Familien in den ersten Jahren nach Rumäniens Beitritt zur Europäischen Union tatsächlich als »Rotationseuropäer« ihre Haushaltskassen aufbesserten, indem sie hin- und herpendelnd in Frankreich Hunderte Euro an Rückkehrprämien mitnahmen, mochte die Zuneigung zu den Franzosen verständlich machen, vollends erklären jedoch nicht.

An einem milden Herbstsonntag traf ich mich mit Freunden auf einer sonnigen Caféterrasse zum Cappuccino, mit Lucian Mosneag und mit Claudiu Nicusan, dem rührigen Generalsekretär der Caritas Blaj und Direktor des örtlichen Radiosenders. Wie immer diskutierten wir die Themen, die wir schon seit Jahren diskutierten: die Entwicklung Rumäniens und die Zukunft der Zigeuner. Lucian war überzeugt, dass die Zukunft der rumänischen Roma nicht in den Fußgängerzonen und vor den Kirchenportalen Westeuropas liegen könne. Für einzelne Familien der 4000 Roma aus Blaj mochte es eine kurzfristige Lösung sein, ihren Lebensunterhalt zu erbetteln, eine Alternative zu produktiver Arbeit war das Heischen um Almosen für Lucian nicht. Claudiu Nicusan, der sich in der Caritas für die Integration der Roma engagierte, um potentiellen Auswandererfamilien im Land eine Perspektive zu eröffnen, ärgerte es, dass eine wirtschaftliche und moralische Reform Rumäniens zwanzig Jahre nach Ceaușescu kaum stattfand. Als Lokalpolitiker und Mitglied der noch jungen Bauernpartei litt er darunter, dass die zentralen Stellen in der Verwaltung noch immer von Altkommunisten besetzt und für neue Leute blockiert würden. »In der Wirtschaft wird alles dem Ziel untergeordnet, das Bruttosozialprodukt zu steigern«, so Claudiu. »Doch die Familien gehen vor die Hunde. Manche im Land scheffeln Millionen, während viele um das nackte Überleben kämpfen.«

Beiläufig fragte ich, weshalb es die Zigeuner aus Blaj nicht nach Deutschland zog, warum alle unbedingt nach Frankreich wollten? Claudiu und Lucian schauten mich an, als hätte ich aus irgendeiner Ahnungslosigkeit heraus den Nagel auf den Kopf getroffen. »Das ist die Frage, die wir uns bei der Caritas schon lange stellen. Wir überlegen und überlegen, doch wir finden keine Antwort.«

Aber ihr müsst doch eine Idee haben? Was sagen denn die Leute selbst?

Claudiu grübelte lange. Nicht darüber, was er sagen wollte, sondern was er als Verantwortlicher einer internationalen Hilfsorganisation sagen durfte. »Weshalb unsere Roma ausgerechnet nach Frankreich wollen, da fällt uns nur ein plausibler Grund ein. Die Franzosen sind gutgläubiger als Deutsche und Italiener. Naiver, würde ich meinen.«

Naiver? Wirklich?

»Ja, wirklich. Du musst bei den Franzosen nur den Eindruck erwecken, deine Freiheit sei von rumänischen Rassisten bedroht, und sie gehen für dich auf die Straße. Hier in Blaj haben französische Hilfsorganisationen gerade wieder reichlich Lehrgeld bezahlt. Sie glaubten, trotz unserer Warnungen, es sei ein gute Idee, Familien beim Wohnungsbau direkt finanziell zu unterstützen. Aber die haben nur das Geld kassiert und es gegen hohe Zinsen weiterverliehen.«

André Glucksmann trat nach den Abschiebungen rumänischer Roma aus französischen Vorstädten für deren Recht ein, als Nomaden frei umherziehen zu dürfen. »Das tragische Gesicht der Entwurzelung, das sind jene Umherirrenden, die man von einem wilden Camping zum nächsten jagte, womit man sie de facto des Rechts beraubt, zu reisen und zu betteln.« Mag sein, dass der Philosoph einer ganzen Ethnie einen Gefallen tut, wenn er für ihre Freiheit streitet, in europäischen Innenstädten dem Klischee des Bittstellers zu entsprechen. Irrig ist die Annahme, ein Freibrief zur Bettelei beschere den ärmsten Zigeunern ein solides Auskommen, baue Vorurteile ab oder fördere ihre gesellschaftliche Akzeptanz. Vor zwei Jahren wurden in Wien und Rumänien siebzehn wohlhabende Roma verhaftet. Sie hatten achtzig ihrer Landsleute, darunter geistig und körperlich Behinderte, wie Vieh untergebracht und in Österreich zum Betteln missbraucht. Die Hintermänner sollen jeden Monat zwischen 20 000 und 30 000 Euro kassiert haben. Das österreichische Bundeskriminalamt sah in der professionellen

Bettelei keinen Akt der Wahrnehmung eines freiheitlichen Grund-
rechts, sondern »eine dramatische Form des Menschenhandels und
der Ausbeutung«. Während die Kitschburgen der Clanmafiosi um
ein paar Stockwerke wuchsen, verspielten ihre Leibeigenen in den
westeuropäischen Metropolen ihren letzten Rest an Würde. Von
ziganem Stolz erst gar nicht zu reden.

Wie schwierig die Gratwanderung ist, sich von der Freigebigkeit
der Mitmenschen abhängig zu machen und sich gleichzeitig den
Sinn für den eigenen Wert zu bewahren, erfuhr ich an einem Ort,
wo alljährlich Millionen Besucher alles Mögliche erwarten, mitunter
sogar Wunder: in dem französischen Madonnenstädtchen Lourdes
am Fuße der Pyrenäen. Pfarrer Lucian hatte nicht ausgeschlossen,
dass auch Roma aus Blaj hier betteln würden. Dem war tatsächlich
so.

Der Mai war jung und die Pilgersaison 2011 hatte gerade erst begonnen. In den meisten Hotels waren noch Zimmer frei, und ich hatte
im Bon Pasteur, dem Hotel zum Guten Hirten, ein schlichtes Quartier mit Blick auf den Gave-Fluss bezogen. Mich durch den Dschungel kitschfrömmelnder Devotionalienläden kämpfend erreichte ich
in zehn Gehminuten über die Avenue Peyramale und vorbei an der
Pont Vieux den Heiligen Bezirk. In der Grotte von Massabielle
war der Müllerstochter Bernadette Soubirous einst eine Lichtgestalt
erschienen, die sich dem schwindsüchtigen Mädchen als die Unbe-
fleckte Empfängnis, als die Gottesmutter Maria, zu erkennen gab.
Am Abend meiner Ankunft unternahm ich bei sommerlichen Tem-
peraturen noch einen Bummel zu der Quelle mit dem wundersamen
Lourdeswasser. Auf dem Weg zur Grotte zählte ich mehr als vierzig
rumänische Roma. Sie hatten sich an den Zugängen zum sakra-
len Terrain postiert, standen an den zentralen Kreuzungspunkten
der Souvenirmeilen und hockten auf den Bürgersteigen, wo sie den
Fußgängern weiße Plastikbecher für das Bettelgeld entgegenreckten.

»S'il vous plaît, madame, s'il vous plaît!«, schmachteten junge Mütter mit flehenden Blicken und Säuglingen an der Brust. Väter wünschten ein unterwürfiges »Bonjour, le monsieur« und verpassten im gleichen Atemzug ihren quengelnden Kindern ein paar Kopfnüsse. Halbwüchsige Jugendliche baggerten Pilger von der Seite an, zupften an T-Shirts und Blusen und fingen sich in wenigen Stunden ein solches Quantum an Geringschätzung und Missachtung ein, das weniger abgehärteten Menschen für den Rest ihres Leben gereicht hätte.

Tags darauf las ich in der Lokalzeitung *La Dépêche Hautes Pyrénées*, dass der große Ansturm der Bettler der Stadt noch bevorstand. Der Lourder Polizeichef François Pouchan zeigte sich besorgt über das verstärkte Auftreten organisierter Banden, und Bürgermeister Jean-Pierre Artiganave beklagte wie schon die Jahre zuvor, dass die »Romains«, wie die rumänischen Roma politisch korrekt genannt wurden, die öffentlichen Räume okkupierten, die Gäste angingen und die Pilger einschüchterten.

Ich entdeckte Niculae Gori, der sich wie viele rumänische Roma Tarzan nannte, nur wenige Schritte von meiner Unterkunft. Mit seiner Frau Maria, den kleinen Töchtern Lutza und Lamaika und dem zweijährigen Sohn Ricardo saß er auf dem Trottoir neben dem Eingang zum Hôtel Saint François d'Assise. Ein paar Quadratmeter Straßenpflaster vor einem eisernen Rolltor markierten das Revier der Familie: ihren Bettelstammplatz, 2700 Kilometer entfernt von ihrem Heimatort, der Siedlung Plopilior in Blaj. Vor gut einer Woche, nach achtundvierzigstündiger Zugreise, war die Familie in Lourdes angekommen. Übermüdet und mit dunklen Ringen um die glasigen Augen zog Tarzan ein ernüchterndes Fazit:

»Monnaie petit.«

Erst später begriff ich, dass Tarzans geringe Betteleinkünfte mit dem Standort der Familie zusammenhingen. Der Platz vor dem Hotel des Franz von Assisi war alles andere als optimal. Schnell war klar, dass die besten Plätze mit dem größten Publikumsverkehr von bestimmten Clans besetzt wurden.

Natürlich war die Freude über unser Treffen im ersten Moment groß, so groß, dass wir unseren gemeinsamen Freund Lucian an ihr teilhaben ließen. Ich wählte seine Telefonnummer in Rumänien und sagte ihm, ich hätte Tarzan in Lourdes getroffen, woraufhin Lucian nachfragte, welchen der Tarzans aus Blaj ich denn meine. Jedenfalls erzählte mir Tarzan, alias Niculae Gori, Pfarrer Lucian sei ein wahrer, ein guter, ein echter Freund, der ihm mit Geld bei der Renovierung seines Hausdachs geholfen habe. Das stimmte zwar vorn und hinten nicht, wie mir Lucian später versicherte, doch es erlaubte Tarzan, auch mich in den Kreis seiner »allerbesten Freunde« aufzunehmen, sollte ich mich als ebenso großherzig erweisen wie der Priester vom Heiligen Kreuz. Zwanzig Euro, meinte Tarzan, seien für einen Freund Lucians das Mindeste. Ich schenkte ihm einen Zehner, was einen abenteuerlichen Rattenschwanz an Bittgesuchen nach sich zog und dazu führte, dass meine Freude über die Begegnung mit Tarzan im Laufe der Zeit merklich abnahm. Keine zwei Stunden nach unserem ersten Treffen nahm er mich beiseite und führte als Zeichen des Hungers immer wieder die Finger zum Mund, während seine Frau Maria mir bedeutete, die Kinder hätten seit dem Morgen nichts gegessen. Als ich ablehnte zu zahlen, wollte sich Tarzan mein Mobiltelefon ausleihen, um seine kranke Mutter in Rumänien anzurufen und von ihr die Telefonnummern irgendwelcher reichen Leute zu erfragen, die ihm angeblich noch etwas schuldig waren.

Es ergab sich zwangsläufig, dass wir uns in der Avenue Peyramale häufiger begegneten. Nach zwei Tagen kannte Tarzans Bittstellerei kein Maß und keine Grenze mehr. Am nächsten Morgen erzählte er mir, er sei gerade auf dem Weg zum Bahnhof, und sein Zug fahre in einer halben Stunde. Um sehr wichtige Typen zu treffen, brauche er unbedingt Geld für eine Fahrkarte. Mittags plötzlich wollte er 50 Euro für ein Zugticket nach Montpellier, wo er eine Wohnung besitze, in der seine Familie endlich einmal ausschlafen und sich waschen müsse. Abends verlangte er Euros für den Nachtzug, weil die Familie den Zug am Nachmittag verpasst hatte. Dann wiederum jammerte Tarzan, weil ich ihm kein Geld für die Fahrkarte gegeben habe, habe er mit seinem Sohn Ricardo in Montpellier keinen Arzt aufsuchen können und benötige nun Geld für eine Behandlung in Lourdes. Ich verwies Maria an die Spitäler und Krankeneinrichtungen im Heiligen Bezirk, wo Ärzte den Jungen sicherlich kostenlos untersuchen würden, aber Maria und Tarzan erweckten nicht den Eindruck, als würden sie den Ratschlag beherzigen.

Obwohl Tarzan eine Schirmkappe mit dem Emblem der Lourder Rosenkranzbasilika trug, hatte er an der Lebensgeschichte der Bernadette Soubirous, den Marienerscheinungen und dem wundersamen Quellwasser an der Grotte offenkundig kein Interesse. Lourdes war ihm vollkommen egal. Die Madonnenstadt war lediglich eine Chiffre für die Anwesenheit vieler frommer Leute. Und viele fromme Pilger ließen auf eine hohe Bereitschaft zur Mildtätigkeit schließen. »Hoffnung, Großzügigkeit und Barmherzigkeit sind mit dem Namen Lourdes verbunden«, war in *La Nouvelle République de Pyrénées* zu lesen. Zugleich stellte die Zeitung fest, dass die Christen mit ihrer Gutherzigkeit die Stadt für rumänische Bettler immer verlockender machten. »Aus einem Rinnsal wurde ein Strom.« Nicht dass Menschen in Lourdes bettelten, beargwöhnte die Presse, sondern dass die Zahl der »Roumains« Jahr für Jahr über ein gesundes Maß hinaus anschwoll. Ende März, sobald die Hotels öffneten, tauchten die ersten Gruppen auf. In einem Verdrängungskampf unter den Ärmsten hatten die Rumänen nicht nur die französischen Bettler und Obdachlosen von ihren angestammten Plätzen vertrieben, sie hatten auch die Atmosphäre in dem Wallfahrtsort verändert. An der Alten Brücke gegenüber der Brasserie Jeanne d'Arc versammelten sich mittags vierzig, manchmal fünfzig Roma rund um die Sitzbänke auf einem kleinen gepflasterten Platz. Wenn die Pilger in ihren Pauschalhotels zu Tisch saßen, legten auch die Roma eine Bettelpause ein. Dabei nahmen sie die ganze Lokalität in Beschlag, so dass die frustrierte junge Eisverkäuferin in ihrem Verkaufswagen »La Gelataria, Depuis 1930« keinen einzigen Kunden mehr zählte.

»Die Leute werden allmählich sauer und wütend«, sagte Delphine Pereira, eine freundliche und zuvorkommende Journalistenkollegin. Sie leitete das kleine Redaktionsbüro des Lourder *Dépêche* und hatte feines Gespür für die Stimmung in ihrer Stadt. Jedes Jahr berichtete sie über die Zigeuner, wenn sich im August Tausende französischer Gitans mit siebenhundert Caravans zu ihrer großen Wallfahrt in Lourdes trafen. »Die Gitans kommen als Pilger und Freunde. Die rumänischen Roma nicht. Sie lassen ihre Kinder verwahrlosen und zwingen sie zum Betteln, selbst in der Nacht. Ihr Geld kassieren die Chefs. Natürlich ist das Betteln legal, und das soll es auch bleiben, aber hier macht eine Mafia Geschäfte mit Menschen.«

Tarzan und Maria sagten, sie würden nur für sich und nicht für einen Chef betteln. Ich denke, dass dies der Wahrheit entsprach. Nachts schleppten sie ihre übermüdeten Kinder zu einer überdachten Verladerampe am Güterbahnhof. Dort schlief die Familie unter einem Verschlag aus Pappe und Wolldecken, ohne dass sie von irgendjemandem behelligt wurde. Anders die fünfzehnköpfige Bettlergruppe, die nachts lärmend über die Avenue Peyramale stadtauswärts zog, wo sie in einem Wäldchen an der Gave lagerte. Angeführt wurde der Trupp von zwei Männern, die selbst nicht bettelten, den anderen jedoch morgens um neun, halb zehn ihre Standorte zuwiesen. Dann sah man sie erst am Abend wieder. Trotz der Hitze trugen sie schwarze Lederblousons, rauchten und tranken Kaffee mit Kognak in der Bar Jeanne d'Arc. Als ich die Bettler zu ihrem Lager begleiten wollte, reichten ein Blick und eine knappe Drohgebärde der Ledertypen, die mir signalisierten, schleunigst zu verschwinden. Ich hielt mich daran, was keine heldenhafte, womöglich aber eine kluge Entscheidung war.

In den neunziger Jahren hatte ich einige Male die traditionelle »Pèlerinage des Gitans« besucht und für einen Fotobildband längere Zeit in Lourdes verbracht. Ich mochte die Stadt, auch weil mich das so oft geschmähte Lourdes des scheinheiligen Kommerzes weniger empörte als amüsierte. Lourdes war für mich wirklich eine wundersame Stadt. Doch nicht die spektakulären Heilungen, die ab und an die Mediziner vor Rätsel stellen, machten das Wunder aus. Lourdes lebte nicht vom Mysterium unerklärlicher Phänomene. Das Wunder offenbarte sich darin, dass Menschen mit allen erdenklichen Leiden und Gebrechen hier nicht allein waren und nicht allein gelassen wurden. Lourdes lebte von den Blicken. Es lebte von den Gesten und der Zuwendung, die dort jene erfuhren, die wir gemeinhin nicht sehen. Hier schaute niemand weg, wenn ein Spastiker schrie, ein Debiler vor sich hin brabbelte oder das Gesicht eines Schwerkranken vom Tod gezeichnet war. Stets sah ich in den Blicken der Lourdespilger gegenüber den Kranken und Behinderten Gewogenheit, Wärme und Mitgefühl. Lourdes war ein Ort der antiquiertesten Form des Widerstandes, des Widerstandes des Herzens gegen die Herzlosigkeit.

Die rumänischen Roma wurden nicht von der Herzlichkeit ausgeschlossen, sie schlossen sich selbst aus. Paradoxerweise nicht weil sie bettelten, sondern weil ihre Art zu betteln das Wesen des Bettelns korrumpierte. Sie stellten die Dialektik von Geben und Nehmen auf den Kopf, bei der die Bedürftigen ihre Bedürftigkeit und die Mitfühlenden ihr Mitgefühl bekundeten. Was die Roma von den obdachlosen Bittstellern alten Schlages unterschied, war, dass sie kaum jemanden in ihrer Not berührten und bewegten. Die Roma wollten kein Mitleid, sie wollten Geld. Diese Einstellung mag verständlich sein, aber sie hatte auch Konsequenzen. Sie pervertierte den Akt des Gebens. Er entsprang nicht mehr dem Wunsch zu helfen, sondern dem Bedürfnis, der Aufdringlichkeit zu entrinnen. Im

Grunde bettelten die Roma gar nicht. Ihre Strategie war es, zu nerven. Manchmal gewitzt und freundlich, oft devot, bisweilen unverschämt und giftig. Wer den Kindern ein paar Münzen zusteckte, tat dies in den seltensten Fällen aus Hilfsbereitschaft, sondern um die quengelnden Quälgeister loszuwerden.

Mitleid war für den Philosophen Artur Schopenhauer jene Empfindung, die dem Menschen ermöglicht, den Egoismus und die trennende Mauer zwischen Ich und Du zu überwinden. Die bettelnden Roma in Lourdes bewirkten das Gegenteil. Sie zerstörten das Mitleid. Sie rissen keine Mauern nieder, sie bauten sie auf. Dabei überraschte mich, dass ich auf Seiten der Pilger nie Ärger oder Wut auf die Zigeuner bemerkte. Höchstens Anflüge von Verstimmtheit. Die Rumänen ernteten in Lourdes keine Abscheu oder Verachtung. Und schon gar keinen Hass. In den Gesichtern der Gadsche stand nur ein stummes, schier grenzenloses Befremden.

Unbestritten ist es die Not, die Menschen zum Betteln zwingt. Doch bei den »Roumains« war das Betteln selber zur Not geworden. Die Kleinkinder, die schlaff in den Armen ihrer Mütter hingen, apathisch, mit leeren Augen, oftmals ruhiggestellt mit Schlaftabletten, waren nicht der Grund, weshalb ihre Mütter bettelten. Der erbärmliche Zustand der Kinder war die Folge der Bettelei. Unübersehbar waren einige Jungen und Mädchen bereits verhaltensgestört. In quälender Monotonie leierten sie ihr »Faim, faim, faim« herunter, Hunger, Hunger, wobei sie wie kleine Maschinen die Hand zum Mund führten.

»Una moneda, una moneda, una moneda!« Morgens und mittags, abends und nachts saß eine Frau in Schwarz namens Teresa auf dem Bürgersteig, dort wo die Alte Brücke auf die Avenue Bernadette Soubirous trifft. Auch am letzten Abend meiner Lourdes-Reise. Es dämmerte bereits, ein kräftiger Regen hatte eingesetzt, und die Pilger zogen mit Kerzen und Schirmen zur abendlichen Lichterprozession. Ungeschützt hockte die alte Teresa auf einem durchweichten Pappkarton, mitunter ruckte sie ihren Oberkörper vor und zurück wie ein aus dem Takt geratenes Uhrwerk. Jedem Passanten streckte sie ihren Plastikbecher entgegen. »Una moneda, una moneda«. Wie vom Endlosband. Sie hatte nicht einmal registriert, dass sie nicht mehr in Spanien bettelte, sondern auf der Pont Vieux in Frankreich. Teresa war mutiert zu einem Bettelautomaten, den man morgens abstellte und abends abholte, um das Münzfach zu leeren. Es war nicht leicht, in ihr den zutiefst bedürftigen Menschen zu sehen, jenseits des »una moneda«. Das wahre Elend hinter der gespielten, zur Schau gestellten und gewiss auch echten Not der Roma nahm niemand mehr wahr. Das war ihre Tragik.

Als ich mich auf den Heimweg zum Bon Pasteur machte, verstand ich, wie aufreibend der Sisyphusdienst meines Freundes Lucian war. Er wusste, dass die Zukunft der Roma aus Blaj nicht auf französischen Trottoirs zu finden war. Und er wusste auch, dass der Weg in Freiheit und Unabhängigkeit mühsam war. Er forderte von seinen Leuten in Plopilior, dass sie endlich lernten, die Verantwortung für ihr Leben und das ihrer Kinder zu übernehmen.

Gegen halb elf traf ich Tarzan. Er saß noch immer mit seinen Kindern im Regen unter einer Straßenlaterne vor dem Saint François d'Assise und wartete auf die letzten Wallfahrer, die bewegt von den Gesängen der Ave-Maria-Prozession in ihre Hotels zurückkehrten. Ein älteres Schweizer Ehepaar kam den Bürgersteig entlang und trat auf die Kinder zu. Der Mann beugte sich herab und schenkte Lutza eine Handvoll Bonbons. Die Kleine riss das Papier ab und stopfte gleich mehrere in sich hinein. Ihr Vater schimpfte. Nicht mit seinem Kind. Er schimpfte über den freundlichen Mann und seine Frau. Ich verstand nicht, was Tarzan umtrieb, bis er seiner Tochter an den Kiefer griff und ihren Mund öffnete. »Schau! Schau dir das an!« Lutzas Zähne, soweit noch vorhanden, waren von Karies zerfressen. »Wie kann man einem Kind mit so kaputten Zähnen bloß Bonbons schenken?«, gab mir Tarzan zu verstehen. Nicht ohne erneut um Geld zu betteln. »Nicht für mich! Für Lutza. Für den Zahnarzt.«

Glaube und Schicksal

Eine Hochzeit, die keine war – Der Blick des fremden Auges und die Sehn-
sucht, gesehen zu werden – Die Schicksalsengel – Mächtige Kerzen für die
allmächtige Madonna – Beter, Büßer, Hallelujas – Ein gescheiterter Deal
mit Gott – Der Rom der Zukunft: kein Bier, kein Tabak, kein Tanz – Wir
sind gleich, wir sind anders – Ein müder König und die verpasste Chance,
ein Millionär zu werden

Wir leben in denselben Ländern und in denselben Städten, und
doch sehen Gadsche und Roma dieselbe Welt mit anderen Augen
an. Womöglich sehen wir dasselbe, nur lesen wir die Zeichen anders,
interpretieren das Gesehene auf verschiedene Weise. Dass man mit
der Auslegung altbekannter Signifikanten ziemlich danebenliegen
kann, wurde mir klar, als ich in Bulgarien meinte, eine Hochzeit
fotografieren zu müssen. Eine Hochzeit, die keine war.

Ende der neunziger Jahre war ich mit Elena Maruschiakova und
Vesselin Popov nach Plovdiv gefahren, um in Stolipinovo, der größten bulgarischen Roma-Kolonie, den angesehenen Bürgerrechtler
Anton Karagiozov kennenzulernen und einige Eisenschmiede
vom Stamm der Burgudži in ihren Werkstätten zu fotografieren.
Obwohl Stolipinovo keineswegs außerhalb der Stadt liegt, war es
nicht einfach, in das Viertel zu gelangen. Kein bulgarischer Taxi-
fahrer war bereit, uns zu fahren. Elena und Vesselin beteuerten,
sie hätten gute Freunde in Stolipinovo, was genauso wenig nützte
wie das Angebot, den Fahrpreis zu verdoppeln. Stolipinovos Ruf
war ruiniert. Die bulgarische Presse nannte das Quartier, in dem
damals geschätzte 40 000 Menschen lebten, nur noch »die Hölle«.
Längst galt es als ausgemachte Sache, dass jeder, der das diabolische

Terrain betrat, sofort von Kriminellen ausgeraubt würde. Schließlich stoppte eine Taxe, die von einem Rom chauffiert wurde. Als wir ihm das Fahrziel nannten, fiel uns der Mann vor überschwänglichem Dank fast um den Hals. »Wir sind nicht so schlechte Leute, wie viele über uns denken«, sagte er, und wir mussten ihn regelrecht nötigen, das Fahrgeld anzunehmen. Der Mann behielt recht. Die Roma von Stolipinovo, in der Mehrheit vom Stamm der muslimischen Xoraxane, die sich selbst als Türken verstanden, und die traditionsbewussten Burgudži, die Romani sprachen, waren fürsorglich darauf bedacht, dass wir uns in der Hölle frei bewegen konnten. Jahre später, als die Xoraxane Hunderte Frauen auf den Dortmunder Straßenstrich schickten, bekam mein Stolipinovo-Bild ein paar dicke Kratzer ab. Damals jedoch trafen wir in der verrufenen Siedlung nur Menschen, die sich darüber freuten, dass sich jemand für ihr Leben interessierte.

Es war ein warmer Samstagnachmittag, und wir saßen mit Anton Karagiozov zusammen, einem herzlichen, engagierten Mann, der sich mit aller Kraft dafür einsetzte, dass junge Roma mit Schul- und Ausbildungsprogrammen Anschluss an die Gesellschaft fanden. Anton erzählte gerade, dass öffentliche Stimmen in Plovdiv forderten, eine Mauer um Stolipinovo zu ziehen und eine Sperrstunde ab zwanzig Uhr einzurichten, was die Ghettoisierung der Roma noch verstärkt hätte, als meine Aufmerksamkeit abgelenkt wurde. Musik! Ohrenbetäubend und durchdringend machte sie jedes Gespräch zunichte. Der treibende Rhythmus der Schlagtrommel und der sägend quäkende Klang der Surna, einer orientalischen Form der Oboe, ließen auf eine Feier schließen. Die Melodien waren mir vertraut vom Ederlezi-Frühlingsfest in Mazedonien und von muslimischen Hochzeitsfeiern auf dem Balkan. Und tatsächlich, draußen formierten sich Frauen in festlichen Kleidern im Halbkreis zum Reigentanz. Und mittendrin, ganz in Weiß mit Schleier und Brautkranz, eine außergewöhnlich schöne schwarzgelockte Frau.

Um sie herum pulsierte das Leben, wie konnte ich da als Fotograf stillsitzen? Bei einer Hochzeit!

Nein, widersprachen Anton, Elena und Vesselin. »Das ist keine Hochzeit!« Wir stritten eine Weile, wobei ich mich darauf berief, als Fotograf schließlich meinen Augen trauen zu dürfen. Was sich als Irrtum erwies. Ich war hereingefallen auf bloße Schlüsselreize, auf akustische und optische Codes. Die Musikanten, die Melodien, die Frauen, die Kleider, der Tanz, alles ließ auf eine Hochzeitsfeier schließen. Doch geblendet von der Anmut der Braut hatte ich ein nicht unerhebliches Detail übersehen, dass nun einmal zu jeder Trauung dazugehört: den Bräutigam. Kurzum: Es gab keinen.

Der Grund für diesen Umstand verblüffte mich. Der Vater der schönen Romni, der mich an den wunderbaren Laiendarsteller, den leider zwischenzeitlich verstorbenen Zabit Memedov aus Emir Kusturicas Zigeunerfilmen erinnerte, hatte seiner Tochter tatsächlich ein Brautkleid geschenkt und Musikanten bestellt. Außerdem Essen und Trinken für jedermann, der des Weges kam. Doch Altenka, »die Goldene«, wie sie hieß, feierte nicht Hochzeit, und sie war auch keine Braut. Wenn man so will, schaffte sie überhaupt erst die Voraussetzung für eine Eheschließung. Seine geliebte Goldtochter, so war von Altenkas Vater zu erfahren, lebte immer noch unverlobt im elterlichen Haus. Eine Schmach für die Familie, einem Bannfluch gleich, der sich jedoch lösen ließ. Denn der Vater hatte eine Vision. Im Traum hatte er eine Stimme gehört, die ihm rief: »Kauf deinem Kind ein Brautkleid und gib ein Fest, sonst wird sie nie einen ehrbaren Mann finden.« Und weil Altenkas Vater beim Abwenden einer familiären Katastrophe nicht der Logik der Vernunft, sondern der Stimme seines Traums gehorchte, kaufte er seiner Tochter das schönste Brautkleid, das er finden konnte, und richtete in den Straßen von Stolipinovo ein Fest aus, über dessen Sinn und Zweck sich außer mir niemand zu wundern schien.

Einem aufgeklärten Verstand, der die Welt entzaubert und die letzten Relikte magischen Bewusstseins hinter sich gelassen hat, dünkt solch sonderbares Verhalten verrückt, entsprungen einem irrlichternden Aberglauben. Wer allerdings die tragikomischen Filme Emir Kusturicas schätzt, in denen davonfliegende Brautschleier vom schmerzenden Verlust der Liebe erzählen und tote Zigeuner, auf Eis gelegt, gar wundersam wiederauferstehen, der wird in Altenkas Hochzeit ohne Bräutigam das sehen, was sie ist: ein rührender Akt im Drama des Lebens; ein Versuch, Einfluss zu nehmen auf jene treibende Kraft, die das Leben der Roma von der Wiege bis zur Bahre bestimmt: das Schicksal.

Nie wurde die Schicksalsgläubigkeit der Roma eindringlicher und poetischer in Literatur gefasst als in *Die Ursitory* des in Barcelona geborenen und 1999 in Paris gestorbenen Matéo Maximoff. Der erste und auch bedeutendste Roma-Schriftsteller schrieb den Roman 1938 mit kaum zwanzig Jahren. In einem französischen Gefängnis. Ein Streit zwischen seiner Familie und einer verfeindeten Sippe hatte eine blutige Fehde mit Toten ausgelöst. Die Überlebenden wurden vor Gericht gestellt. Der Jugendliche Maximoff, der jüngste der Angeklagten und der Einzige, der lesen und schreiben konnte, wurde dafür verurteilt, den Kampf der Familien beobachtet zu haben. Beeindruckt von der Fabuliergabe des Jungen riet ihm sein Anwalt, für ein Verteidigungsplädoyer einige Skizzen über das Leben der Zigeuner aufzuschreiben. Am Ende stand ein Roman, der tief eintaucht in die Erzähltraditionen der Roma, der Reales und Phantasiertes, Alltagserfahrungen mit Mythen und Legenden zu einem literarischen Kleinod verwebt. *Die Ursitory*. So heißen die Schicksalsengel, die in der dritten Nacht eines Neugeborenen dessen Lebensweg bestimmen.

Bei Maximoffs Romanhelden Arniko, der in einer Winternacht in einem Zelt geboren wird, hängt sein Los an einem Holzscheit, das seine Großmutter, die Zauberin Dunicha, vor dem Verbrennen einem Lagerfeuer entreißt. Arniko ist fortan in allen Gefahren beschützt, ohne zu wissen, dass er in dem Moment sterben muss, in dem das Holz zu Asche verfällt. Seine Mutter Tereina, die das Scheit hütet, wiederum weiß, dass ihr Leben getreu der Bestimmung der Engel mit vierzig Jahren enden wird. Kurz vor ihrem Tod übergibt sie das Scheit an Arnikos Frau Orka, die fortan über das Wohl ihres Sohnes wachen soll. Der Zigeuner Arniko jedoch begegnet seiner Gadsche-Jugendfreundin, der Grafentochter Helena, und entflammt erneut in Liebe. Arniko wird seiner Ehefrau untreu. Als er sie sowie seinen kleinen Sohn verlässt, wirft die eifersüchtige und verzweifelte Orka das Holz ins Feuer. In diesem Moment, so ist zu lesen, begann Arniko zum ersten Mal in seinem Leben Furcht zu empfinden. Just in jenem Wald, in dem nach seiner Geburt seine Großmutter Dunicha totgeschlagen wurde, weil man sie für eine Hexe hielt, schlägt auch seine letzte Stunde. »Man muss für alles bezahlen. Hier wurde ich gerettet. Hier werde ich nun sterben«, murmelt er, bevor mit dem Verglühen des Holzscheits auch sein Herz in seiner Brust verbrennt.

Die märchenhafte Handlung, von Maximoff in das Rumänien des 19. Jahrhunderts verlegt, ist zugestanden nicht ganz zeitgemäß. Wohl aber ihre Logik. Denn in Matéo Maximoffs *Ursitory* ist vieles, gar alles möglich, nur eines spielt absolut keine Rolle: der Zufall. Alles ist vorherbestimmt. Über allem Tun und Lassen, über allem Erdulden und Erleiden walten die Mächte des Schicksals. Mit Klugheit und Raffinesse lassen sie sich hin und wieder überlisten. Ignorieren auch, aber ausschalten lassen sie sich nicht.

In den *Ursitory* ist das längst verblasste kulturelle Gedächtnis der Roma, geprägt vor ihrem Exodus aus Indien vor über tausend Jahren, noch präsent. Während die abendländische Philosophie eine Freiheitsidee ausgebildet hat, in der ein autonomer Gestaltungswille den Menschen aus allen schicksalhaften Zuschreibungen herauslöst, finden Maximoffs Roma ihre Freiheit, wenn überhaupt, in der

Fügung in ihre karmische Bestimmung. Auf die Verwurzelung des geistigen Erbes seines Volkes im Denken Indiens weist der serbische Schriftsteller und Roma-Menschenrechtler Rajko Djurić in *Ohne Heim – ohne Grab* hin, auch wenn seine ethnologischen Thesen ein wenig gewagt ausfallen.

»Die sogenannten ›Naturvölker‹, zu denen die Roma und Sinti zählen, sind nicht imstande, objektiv über die Welt zu urteilen. Sie erscheint ihnen als ›ihre‹ Welt, regiert von jenen Wesen und Kräften, an die sie glauben. Sie sehen die Welt als total abgeschlossenen Raum, und daher ist bei ihnen der Glaube an das Schicksal sehr ausgeprägt. Karma bzw. Schicksalsglaube ist neben maya (Scheinbarkeit der Welt) und tyaga (asketisches Streben nach Befreiung) einer der Grundbegriffe der indischen Philosophie und der Weltanschauung der Inder. Die Roma und Sinti jedoch haben das Karma verabsolutiert und finden für Ereignisse, besonders für die der Menschenwelt, eine Erklärung im Schicksal (astraja).«

Lässt man außer Acht, dass auch der Kulturmensch mit objektiven Urteilen so seine Schwierigkeiten hat und sich wahrscheinlich kein Sinto in Köln, kein Kalé in Madrid und kein Oláh in Budapest als Angehöriger eines Naturvolks versteht, trifft Djurić dennoch einen zentralen Nerv. Auf zahlreichen Reportagereisen nach Indien erstaunte ich immer wieder, weil mir bestimmte Muster der Weltdeutung von den europäischen Roma her vertraut waren. Weniger in den indischen Metropolen wie Bombay, Delhi oder Kalkutta. Hier hatten die gebildeten Brahmanen, die Ärzte, Lehrer und Akademiker den Karmaglauben nicht nur abgelegt, sie waren sogar entschiedene Gegner einer Schicksalsergebenheit, die gesellschaftliche Entwicklungen blockierte und Macht- und Ohnmachtsverhältnisse weiter zementierte. Auf dem Lande jedoch bei den Unterprivilegierten und den Kastenlosen, bei den Landarbeitern, den Tagelöhnern und dem Heer der ungebildeten Analphabeten lieferte der Karmaglaube das Erklärungsprinzip für alles, was den Menschen widerfuhr. Bei Krankheiten etwa. Ob einem die Lepra die Glieder verstümmelte oder die Tuberkulose die Lungen zerfraß, während der Nachbar verschont blieb, war eine Frage des Karmas. In Bombays Rescue Foundation traf ich Mädchen, die aus der Zwangsprostitution befreit worden waren. Sie alle mussten lernen, dass es nicht ein abstraktes Karma war, das sie in den düstersten Bordellhöllen der Rotlichtbezirke eingesperrt hatte, sondern Verbrecher aus Fleisch und Blut, Menschenhändler, die mit bösartiger Gewalt den Willen der jungen Frauen gebrochen hatten. Und wenn in den Steinbrüchen im ostindischen Yeleswaram Felsbrocken den Arbeitern die Knochen zerschmetterten und Granitsplitter ihr Augenlicht ruinierten, sahen die Menschen die Ursache der Unfälle nicht in kapitalistischer Profitgier und katastrophalen Arbeitsbedingungen, sondern in einem Netzwerk undurchschauter und undurchschaubarer Fügungen. Die Mächte des Schicksals ließen sich bestenfalls gewogen stimmen, wenn man an einer Kultstätte König Raju, dem Gott der Steine, geheiligtes Wasser, Tamarindenpulver und Räucherwerk opferte.

Die hinduistische Vorstellung von Karma als einem unerbittlichen Gesetz kausaler Verkettungen im Kreislauf der Wiedergeburt teilen die europäischen Zigeuner nicht. Auch wenn sie jedes Glück und jedes Unglück, jedes Lachen und jede Träne nicht als die Konsequenz aus guten und schlechten Taten in früheren Leben verstehen, so bleibt die Schicksalsgläubigkeit der Roma dennoch nicht folgenlos. Sie kann sanftmütige Duldsamkeit hervorbringen oder heitere Gelassenheit, aber auch lethargischen Fatalismus, dort wo Menschen in Jahrhunderten der Fremdbestimmung nie gelernt haben, ihr Geschick in die eigene Hand zu nehmen. Oder, wie die Gadsche sagen, ihres eigenen Glückes Schmied zu sein.

Für den Serben Rajko Djurić ist es kaum vorstellbar, dass ein Volk oder ein Individuum nicht nach Glück strebt. Nur haben für Djurić die Sinti und Roma die Idee irdischen Glücks »ins Absolute erhoben«. Dieser Idee ist alles untergeordnet, »sogar der Glaube an Gott«. Nun ist es in Zeiten von Materialismus und Konsumismus keine ausschließliche Eigenart der Roma, die vergänglichen Freuden der irdischen Existenz über den ewigen Seelenfrieden zu stellen. Ich denke jedoch, dass sich das zigane Streben nach Glück von dem der Nichtzigeuner unterscheidet. Gadsche definieren Glück eher darüber, was sie haben: materiellen Besitz, aber auch ideelle Reichtümer wie Erfolg, Gesundheit und Freundschaft. Hingegen besteht das Glück für viele Zigeuner darin, ein Unglück vermieden zu haben, gewissermaßen verschont worden zu sein von Krankheit, Leid und Anfeindung.

Um jeglicher Unbill übler Provenienz nicht schutzlos ausgeliefert zu sein, braucht es ritualisierte Strategien der Gegenwehr. Mitunter verdankt sich das Vertrauen in solche Rituale dem Misstrauen in die Welt der Gadsche. So hatte die junge Mutter Juchte, anstatt im mazedonischen Skopje zur Säuglingsvorsorge ein Krankenhaus aufzusuchen, ihrem fünf Tage alten Baby Gurgian einen Talisman aus Kuhhaaren und Glasperlen an den Strampler genäht. Unter muslimischen Roma-Eltern in Mazedonien war es üblich, Neugeborenen Bändchen oder Wollfäden um das Handgelenk zu binden, um einen ruhigen Schlaf zu fördern, aber auch um ihren vorzugsweise männlichen Nachwuchs vor Krankheit, Neid und bösem Blick zu schützen. Die Annahme, dass Gift und Galle übler Zeitgenossen durch die Augen den Weg zum Anderen finden, um ihm zu schaden, ist natürlich nicht nur unter Zigeunern verbreitet. Die Roma-Musiker jedoch, die in Bulgarien zu Hochzeiten oder zum islamischen Bayram-Fest aufspielten, hatten Abwehrmaßnahmen gegen derlei Attacken getroffen. Mir war aufgefallen, dass die Surna-Bläser Kettchen in die Schalltrichter ihrer Instrumente hängten, was unter klanglichem Aspekt wenig Sinn ergab. Dass er keine Kette aus Silber, sondern eine aus blauen Glaskugeln benutzte, erklärte der Blasmusiker in dem Rodopendorf Dolno Drajanavo damit, Ali, der Schwiegersohn Mohammeds habe schließlich auch blaue Augen gehabt. Da die Musikanten davon lebten, dass ein gutgelauntes Publikum ihnen für jeden Liederwunsch mit Spucke Geldscheine an die Stirn klebte, hatte das Kettchen mit den blauen Kugeln böse Blicke zu bannen, um zu vermeiden, dass fröhliche Feste in einem Desaster der Zwietracht endeten.

Nicht nur in Maximoffs *Ursitory*, auch in dem Roman *Bitterer Rauch* des wortgewaltigen Ungarn Menyhert Lakatos wimmelt es von magischen Ritualen und abergläubischem Zauber. Neun Kreise, mit dem Finger des Kranken um den Nabel gezogen, galten als Mittel gegen Magenbeschwerden. Gegen Bauchschmerz infolge verschimmelten Essens mussten Kinder Vogeldreck und Zwiebelsaft schlucken, während die Hemden der Kleinen beräuchert und auf die Türschwelle gelegt wurden. Bei den vielen Geburten sollte ein Besen vor der Tür verhindern, dass die Hebamme die Neugeborenen vertauschte, während der Schwanz einer Katze, Säuglingen in den Mund gesteckt, sie von der Mundfäule kurieren sollte. Nun haben mich die bulgarischen Schlangenesser vom Lügenfeld gelehrt, dass es den Roma höchstes Vergnügen bereitet, den Gadsche mit abstrusen Geschichten einen Bären aufzubinden. Geschenkt also, wenn bei Lakatos der ein oder andere absonderliche Hokuspokus weniger der Wahrheit als der dichterischen Phantasie entspringt. Anzunehmen ist jedoch, dass Menyhert Lakatos den jugendlichen Ich-Erzähler Negus Boncza als Sprachrohr nutzt, seine realen Erfahrungen mit dem Aberglauben mitzuteilen, den Negus nach außen hin verachtet, von dem er sich innerlich jedoch nicht befreien kann.

»Ich protestierte gegen den Aberglauben, wie wenn man gegen sich selbst protestiert. Ich traute ihm nicht, aber ich fürchtete ihn. Er umspann alles mit Tausenden von Fäden. An seiner Stelle gab es nichts anderes. Wenn ein Faden riss, gähnte dahinter ein Schatten, ein leeres Dunkel. Alles war ohne Glauben und Vertrauen.«

Der abergläubische Mensch sieht sich selbst von außen, mit dem Blick eines fremden Auges, ausgeliefert der Macht eines Numinosums. Ohne Vertrauen hängen sein Wohl und Wehe von dem Blick ab, den das fremde Auge auf ihn wirft, gut oder böse, beschützend oder vernichtend, gnädig oder zornig. Dieser Blick kann Glück begünstigen und Unglück herbeiführen, er kann Leben spenden oder Tod bringen. Es ist ein Kennzeichen magischen Denkens, den Blick des übermächtigen Auges manipulieren zu wollen, durch ein Hufeisen über der Haustür, durch ein Amulett, einen Talisman, ein Armband, eine Haarlocke unter dem Kopfkissen. Und wenn Lucian Mosneag sich weigert, den Zockern im Roma-Viertel Plopilior die Pokerkarten zu segnen, dann deshalb, weil er als Priester ein Seelsorger ist und kein Voodoozauberer.

Der Glaube an die Kraft der Magie, so der Anthropologe Bronislaw Malinowski, »ist immer die Bestätigung der Macht des Menschen, wenn er bestimmte Wirkungen durch bestimmte Beschwörungen und einen bestimmten Ritus erzielt.« Magie, sagt Malinowski, »befähigt den Menschen, seine wichtigsten Aufgaben mit Vertrauen auszuführen, sein Gleichgewicht und seine geistige Integrität in Wutausbrüchen, in Qualen des Hasses, unerwiderter Liebe, der Verzweiflung und der Angst aufrechtzuhalten. Die Funktion der Magie ist, den Optimismus des Menschen zu ritualisieren, seinen Glauben an den Sieg der Hoffnung über die Angst zu stärken.«

Zweitausend Jahre Christentum haben das magische Bewusstsein keineswegs überwunden. Vitale Restbestände haben sich in der Volksfrömmigkeit erhalten, sie wirken weiter in Heiligenkult und Marienverehrung, bei Wallfahrten, Bußritualen und Opferzeremonien. Als Signum eines unreflektierten, aber symbolreichen und sinnenfreudigen Katholizismus ist der volksfromme Glaube weltweit verbreitet und daher keineswegs typisch für die Christen unter den Sinti und Roma. Doch es gibt Besonderheiten, spezifische Momente ziganer Frömmigkeit, die sich von den Glaubensbezeugungen der Gadsche unterscheiden und die vor allem in den traditionellen Marienwallfahrtsorten ins Auge springen. Ganz gleich, ob ich im portugiesischen Fatima, im spanischen Fregenal da la Sierra, im französischen Lourdes oder in Les Saintes-Maries-de-la-Mer als Fotograf unterwegs war, gegenüber den Aufnahmen mit den Zigeunern nahmen sich die Fotografien gläubiger Gadsche merkwürdig ausdrucksarm aus, stiller und ernsthafter sicherlich, aber auch betulich und bieder. Im Vergleich zu den Roma glichen die Prozessionen und Gebete der Nichtzigeuner normierten religiösen Amtshandlungen, während die Roma wahre sakrale Dramen vollzogen, bei denen ich nie wusste, wie viele Anteile einer echten Ergriffenheit oder einem ausgeprägten Sinn für Theatralik erwuchsen. Die Gesichter der Roma waren bewegter, ihre Kniebeugen pathetischer, ihre Gebete inbrünstiger. Alles in allem waren ihre Glaubensbekenntnisse expressiver und exzessiver, bisweilen allerdings auch maßlos.

Jedes Jahr werden in dem Pyrenäenstädtchen Lourdes, wo die Gottesmutter Maria 1858 an der Grotte von Massabielle der Müllerstochter Bernadette Soubirous erschien, viele Millionen Kerzen entzündet. Die Kirche vor Ort betreibt eine eigene Wachskerzenfabrikation, wobei sich die Preise nach der Größe und dem Gewicht richten. Ein, zwei oder zehn Euro kosten die dünnen Kerzen. Für eine Fünf-Kilo-Kerze mussten die Marienverehrer 2011 45 Euro bezahlen; für die üppigste im Konfektionsangebot, satte zwanzig Kilogramm schwer, waren 150 Euro zu entrichten. Die Preismaßstäbe werden jedoch außer Kraft gesetzt, wenn alljährlich Ende August die französischen Gitans und Manouches mit nahezu tausend Wohnwagen anlässlich ihrer Pèlerinage in Lourdes campieren. Die riesigen Kerzen, die von den Familien bei der Prozession geopfert werden, sind so schwer, dass es mitunter drei, vier erwachsene Männer braucht, um sie vor das Antlitz der Madonna in der

Grotte zu schleppen. Selbstredend, dass die Roma nicht mit mickrigen Ein-Liter-Plastikpullen an den Hähnen für das wundersame Lourdeswasser Schlange stehen. Ein Zehn-, oder Zwanzig-Liter-Kanister sollte es schon sein.

Obschon die Madonna in Lourdes deutlich mehr Zigeuner anzieht, steht die Wallfahrt im Schatten des weitaus berühmteren Pilgertreffens in Les Saintes-Maries-de-la-Mer. In der Krypta der mittelalterlichen Festungskirche Notre-Dame in dem südfranzösischen Camargue-Städtchen residiert auf einem Steinsockel und gehüllt in prächtige Gewänder die Figur der heiligen Sara. Das Gewölbe ist von Kerzenruß geschwärzt. Glühende Hitze staut sich, treibt den Schweiß aus den Poren, raubt die Luft zum Atmen. Stets am 24. und 25. Mai brennen hier Tausende von Kerzen, zur Ehre jener Dame, die auf Romani Sarah-la-Kali heißt, zu Deutsch: die Schwarze, die Schutzpatronin der Zigeuner. Die mysteriöse Sara tritt den Beweis an, dass schillernde Mythen mitunter mächtiger sind als nüchterne Fakten. Mal soll Sara am leeren Grab des auferstandenen Jesus von Nazareth gestanden haben, mal war sie Äbtissin in einem ägyptischen Kloster oder floh bei Christenverfolgungen aus Persien. Nach Auskünften der Touristeninformation entstammte die dunkelhäutige Legendenfigur einer provenzalischen Familie. Sie wurde zur Dienerin von Maria Magdalena, Maria Salome und der Apostelmutter Maria Kleophas. Die drei Marien sollen, nachdem man Jesus ans Kreuz geschlagen hatte, ungeschützt auf dem Mittelmeer ausgesetzt worden sein. In einem winzigen Boot drohte den drei Frauen unweit des Rhonedeltas in stürmischer See der Untergang. Doch Sara stand am Ufer und besänftigte mit ihrem Schutzmantel das tobende Meer. Den Schiffbrüchigen ward Rettung zuteil, und Sara zog fortan bettelnd durchs Land, um für ihre drei Herrinnen zu sorgen und um Frankreich zu christianisieren.

De facto ist über die Herkunft der Schutzheiligen fast nichts bekannt, weshalb man die Schwarze im Kanon der Heiligen der katholischen Kirche auch vergeblich sucht. Doch der Mangel an offizieller Absegnung stört die Gitans wenig. In Anlehnung an die schwarze Göttin Kali in Indien, ist die Sara la Kali von Saintes-Maries eine gütige und behütende Mutter, die die individuellen und kollektiven Sehnsüchte eines zerrissenen, wenig geliebten Volkes bündelt. Sie ist das Ziel flehender Bitten, inniger Gebete und großzügiger Dankesgaben. Vor der schwarzen Heiligen werden Eide geleistet, Versprechen gegeben, Kinder getauft. Die gläserne Box mit den Bittbriefen quillt permanent über. Die Patronin wird von den Gitans getätschelt, geherzt und abgeküsst, bevor sie schließlich in einer Prozession, eskortiert von berittenen Guardians auf weißen Camargue-Pferden und unter touristischem Begleitschutz von zehntausend Fotoapparaten und Videokameras, ins Meer hinausgetragen wird.

Den Hochrufen »Vivent les Saintes Maries! Vive Sainte Sara!« wird seit einigen Jahren von den Priestern ein drittes Lebehoch hinzugefügt. »Es lebe der auferstandene Christus.« Man darf dies als katechetische Maßnahme deuten, die im Umgang mit der katholischen Dogmatik etwas unorthodoxen Zigeuner an die rechte Glaubenslehre anzubinden. Denn bei den Roma steht die Mutter Gottes weitaus höher im Kurs als ihr Sohn, der eigentliche Stifter des Christentums. Und als der Vatergott sowieso. Wie sagte die krebskranke Mutter Rosa, die mir im ungarischen Kalocsa die Karten legte: »Gott sieht alles, aber er tut nicht viel. Deshalb musst Du zur Madonna beten. Sie allein hilft.« Rosa Sztojka hatte damit ausgesprochen, was im Zentrum ziganen Glaubens steht: die Sehnsucht, von einer guten Macht erhört zu werden. Und glaubt man den spanischen Gitanos, die ins extremadurische Fregenal de la Sierra wallfahren, dann stehen die Chancen, erhört zu werden, für den am besten, der auf sich aufmerksam macht, indem er oder sie die Gesetze des Tauschprinzips befolgt. Erhörung wird zwar gewährt, aber gratis ist sie nicht zu haben. Wer etwas bekommen will, muss etwas geben. Die Gabe himmlischer Huld erfordert eine Gegengabe. Am besten, man tritt mit seiner Gabe in Vorleistung, mit einem persönlichen Opfer.

Selten sah ich einen Menschen so wunderbar leiden wie Lucas Prado. Lucas war ein Kalé-Rom, zählte sechsundzwanzig Jahre und gehörte zum Familienclan Los Matagatos, zu Deutsch »Die Katzentöter«. Er befand sich in Fregenal auf einem Bußgang und widerlegte die sittenstrenge Ansicht, nach der Schmerzerfahrung und Lustgewinn einander auszuschließen haben. Barfuß, mit durchgewetzter Hose und mit wunden Knien schleppte er sich zur Virgen de los Remedios, zur Jungfrau der Immerwährenden Gnade, wobei er mir nicht nur gestattete, sondern mich ausdrücklich aufforderte, ihn auf seinem mühsamen Weg fotografisch zu begleiten. Aus mir unverständlichen Gründen hatte er sich fesseln und von seinen Verwandten in eiserne Ketten legen lassen. Während seine Brüder ihn an einer Hundeleine führten, feuerten schöne Frauen in sündhaft engen Kostümen Lucas zum Durchhalten an und steckten ihm qualmende Zigaretten zwischen die Lippen. Die groteske Szenerie erinnerte ein wenig an sadomasochistische Episoden aus Pier Paolo Pasolinis Skandalfilm *Die 120 Tage von Sodom*. Ob Lucas Prado wirklich litt wie ein Hund oder seine Rolle nur fabelhaft spielte, oder vielleicht beides, war schwer zu entscheiden. Jedenfalls lamentierte, stöhnte und klagte er, um zwischendurch immer wieder mit gesenktem Blick zu verstummen. Seine stille Botschaft war nicht zu überhören und nicht zu übersehen: hier trug ein gepeinigter Büßer die Schuld der Welt auf viel zu schmalen Schultern.

Erwähnt sei, dass man der Madonna in der Wallfahrtskapelle in Fregenal nicht mit aufrechtem Gang und erhobenen Hauptes gegenübertritt. Nur ahnungslose Touristen und pietätlose Fotografen leisten sich solch eine Respektlosigkeit. Der Gläubige hingegen nähert sich der Jungfrau Maria auf Knien. Viele Pilger umrunden ihren Sockel kriechend, robben sich auf Ellenbogen an sie heran, zaghaft, tastend und flehend, so als wolle die Madonna in ihrem goldenen Prachtgewand überzeugt werden von der Leidenschaft der Hingabe und der Aufrichtigkeit des Gefühls. Die Kunst zu überzeugen freilich erfordert mehr oder weniger raffinierte Taktiken der List. Wenn die Gitanos aus der spanischen Provinz Badajoz im Oktober zum Büßen und Feiern zur Fiesta nach Fregenal wallfahren, wirken die devoten Frömmigkeitsrituale daher wie Inszenierungen eines Läuterungsdramas. Die Mühsal des Opfers und die Strapazen der Buße werden fraglos erlitten, aber mehr noch zur Schau gestellt, als vorbereitende Ouvertüre zu dem eigentlichen Akt des Schauspiels: dem Bittgesuch an die Jungfrau der Immerwährenden Gnade. Denn wie kann die gütige Gottesmutter einem reumütigen Christenmenschen einen Wunsch verwehren, wenn er sich doch mit solch peinvoller Mühe vor ihr Antlitz gequält hat?

Für die letzten zweihundert Meter seines Opfergangs benötigte Lucas Prado eine gute Stunde. Dabei wurde er von zwei Dutzend Frauen in Schwarz überholt, bejammerte Gott, die Welt und sich selbst und paffte sich ein halbes Päckchen Ducados in die Lunge. Keuchend und in Schweiß gebadet kniete er schließlich vor der Wunder wirkenden Madonna, nicht im Gestus eines unterwürfigen Schleimers, sondern mit den leuchtenden Augen eines stolzen Jungen, der sich einen Anspruch erworben hat. Das Anrecht auf Belohnung.

Bei der nächtlichen Fiesta war Lucas Prados Leidensmiene längst einem entspannten Lächeln gewichen. Als die Whiskey-Flaschen kreisten und die schmerzenden Füße und blutigen Knie vergessen waren, erzählte er mir, er habe der Virgen eine Bitte vorgetragen. Nein, nicht etwa für sich selbst, sondern für seinen Bruder, »der Scheiße gebaut und mächtigen Ärger mit der Polizei hat«. Natürlich nötigte mich die Neugier des Reporters zu der Frage, um was für einen Ärger es sich dabei handelte. Doch »beim besten Willen«, so

Lucas, darüber dürfe er um keinen Preis auch nur ein Sterbenswörtchen verlieren. »Nada, nada!«, sagte er und legte den Zeigefinger über die Lippen. »Sonst war das Opfer umsonst.«

In Wallfahrtsorten wie Fregenal begegnete ich dem Glauben der Roma in seiner schlichtesten, aber auch in seiner ehrlichsten Form. Pragmatisch, ungekünstelt und unmittelbar. Es brauchte keine geweihten Priester, keine Prediger, keine klerikalen Hierarchien und keine katechetischen Unterweisungen. Niemand reflektierte hier die päpstlichen Dogmen der unbefleckten Empfängnis, der Jungfrauengeburt oder der leiblichen Aufnahme Marias in den Himmel. In Fregenal waren keine pilgernden Sinnheischer unterwegs, die nach spirituellen Einsichten oder gar nach ihrem wahren Selbst suchten, wobei irgendein Weg das Ziel war. Hier herrschten klare Verhältnisse. Die Welt war überschaubar, komplexitätsreduziert, geteilt in Oben und Unten. Oben der Himmel, unten die Erde. Unten strampelte sich der Mensch mit seinen Sorgen und Nöten ab, außer in Zeiten von Fiesta und Ausschweifung, oben thronte die Himmelskönigin. Ihre Gewogenheit galt es zu gewinnen. Nicht mehr und nicht weniger. Und deshalb war für die Büßer nicht der Weg, sondern das Ziel das Ziel. Ein solcher Glaube, und das macht ihn so anrührend sympathisch, ist bei Lichte besehen kein Glaube für Sieger und Gewinner. Er entspringt der Erfahrung des Scheiterns. Seine Größe besteht darin, der steten Vergeblichkeit zu trotzen. So wie die Figuren in den Filmen des Regisseurs Emir Kusturica.

In einer wahnwitzigen Eingangssequenz des bildgewaltigen Meisterwerks *Zeit der Zigeuner* von 1989 hält der Zigeuner Merdzan einen Monolog. Und zwar mit Gott. Merdzan, großartig gespielt von Husnija Hasimovic, ist ein haltloser, liederlicher und durchgeknallter Psychopath. Er lügt und betrügt, säuft, frisst, klaut und hurt und pumpt, wie die Mütter klagen, unschuldigen Mädchen den Bauch auf. Zudem hat er ein weitaus folgenschwereres Laster. Er

zockt. Doch gegen die Gangsterbosse und ihre augenzwinkernden
Kiebitze kommt Merdzan beim Kartenspiel nicht an. Er verliert.
Und zwar, das verleiht ihm einen Hauch von Sympathie, immer.
Während der gerissene Verbrecher Ahmed in *Zeit der Zigeuner* die
kalkulierende und skrupellose Variante der Bösartigkeit verkörpert,
entspringt Merdzans Boshaftigkeit eher seiner Blödheit. »Er hat
den Verstand verloren«, jammert seine Mutter Chaditza.

Als Merdzan beim Würfeln wieder einmal alles zu verlieren droht,
setzt er seinen letzten Besitz ein, ein Amulett mit goldenem Hals-
kettchen, ein Geschenk seiner Mutter. Bevor er die Kette auf den
Spieltisch legt, zieht sich Merdzan zurück und betet das vielleicht
schlaueste, zugleich hilfloseste und absurdeste Gebet, das je den
Weg zum Himmel suchte.

»*Oh Gott, hilf mir. Nur dieses eine Mal. Ich habe alles verloren. Hilf mir,
wenn es dich gibt. Gut, lieber Gott, ich werde dir ein Geschäft vorschlagen.
Nur zwischen dir und mir. Hör zu! Einmal nur, tu ein einziges Mal etwas
für einen Zigeuner. Das ist doch nicht zu viel verlangt. Hilf mir! Wenn ich
heute gewinne, ich schwör's dir, Gott, dann verspreche ich dir, dass ich an
dich glaube.*«

Selbstredend, dass Merdzan am Ende in Unterhosen nach Hause
zieht und die abgebrühten Gangster um eine Goldkette reicher sein
werden.

Als ich Mitte der neunziger Jahre mit meinen Fotografenkollegen
José und Asier quer durch Spanien von Bilbao zur Fiesta der Gitanos nach Fregenal fuhr, hatte ich das Buch *Verdammter Zigeuner*
des kanadischen Roma-Autors und Bürgerrechtlers Ronald Lee
im Gepäck. Im Vorwort des 1971 erschienenen autobiografischen
Romans schreibt Lee: »In römisch-katholischen Ländern sind
wir fromme Katholiken, in den arabischen fanatische Moslems, in
Spanien eifrige Anhänger des jeweiligen Regimes, und in Russland
schwören wir auf das kommunistische Ideal.« Natürlich spielt Lee

hier mit plakativen Klischees. Er weiß zu genau, dass die Roma weder als glühende Verfechter einer politischen Ideologie taugen noch als fundamentalistische religiöse Eiferer. Ronald Lee sagt etwas anderes: dass sich die wahre zigane Identität hinter einer anpassungsschlauen Fassade verbirgt und dass ein vordergründiger Opportunismus nichts anderes ist als eine jahrhundertealte Strategie des Überlebens. »Zigeuner wehren sich nie gegen eine gesetzesmäßige Autorität. Sie erklären sich einfach bereit zu tun, was man ihnen sagt, erkennen die Überlegenheit der stärkeren Partei scheinbar an und machen dann alles so weiter, wie sie es immer getan haben.«

In Fregenal allerdings bahnten sich Veränderungen an, einschneidend und tiefgreifend. Lees Annahme, in katholischen Ländern würden sich die Angehörigen seines Volkes anstandslos zu braven Katholiken bekennen, hatte in Spanien spätestens seit den frühen neunziger Jahren ihr Fundament verloren. »Aleluyas en calé«, schrieb die Tageszeitung *El País* über das Phänomen, dass Tausende Kalé der römisch-katholischen Kirche den Rücken kehrten und sich den evangelikalen Sekten, den »Hallelujas«, zuwandten. Ausgehend von Madrid traf der christliche Erweckungsruf der pfingstkirchlichen Missionare vor allem der Ecclesia de Philadelphia in den spanischen Roma-Kommunitäten auf offene Ohren. Bis das Echo schließlich auch in Fregenal zu hören und zu spüren war.

Während der nächtlichen Autofahrt von Bilbao nach Extremadura hatten wir uns auf die dreitägige Fiesta eingestimmt. José schob CDs des virtuosen Gitarristen Vicente Amigo in den Rekorder, und wir berauschten uns an dem leidenschaftlichen Gesang Camarón de la Islas. »Soy gitano« – »Ich bin Zigeuner«, sang Camarón mit Trotz und Stolz und Wehmut. Niemand vor und niemand nach ihm hat dem Lebensgefühl der Gitanos eine solch ergreifende Stimme gegeben wie »die Muschel der Insel«, die spanische Flamenco-Legende schlechthin.

»Dunkel, schwarz und tief waren seine Lieder«, schrieb *El País* in einem Nachruf, »entflammend mit ihrer Inbrunst, so dass man eine Gänsehaut bekam und einem die Haare zu Berge standen«. Unsäglich traurig klangen seine Wiegengesänge, Lieder von sterbenden Müttern und toten Vätern, vom verzweifelten Dasein hinter Gefängnismauern, von den düsteren Vorboten des Todes. Wenn er den Soleá sang, flossen die Tränen, beim Buleria tanzten die Herzen vor Freude. »Solange mein kleines Herz kocht, werde ich den Feind überwinden«, klang es noch kämpferisch in einem seiner letzten Lieder. Doch der Feind war stärker. Camarón holte das »grande caballo«, gegen das er so oft ansang, das große Pferd, so die schönfärbende spanische Umschreibung für Heroin. 1992 starb Camarón krebskrank an den Folgen seiner Leidenschaft und seiner Drogensucht.

Wir erreichten Fregenal am Freitagmittag. Viele Gitanos hatten bereits die Stellplätze eingenommen, aber es waren, wie man uns versicherte, längst nicht so viele Wohnwagen wie in den Jahren zuvor. Die Zeiten, als 20 000 Zigeuner die herbstliche Wallfahrt zu einem kollektiven Festival aus Büßerschmerz und Lebenslust machten, neigten sich dem Ende zu.

Die Patriarcas und die verantwortlichen Responsables hatten Wallfahrt und Fiesta unter das bereits erwähnte Motto gestellt »Somos iguales, somos diferentes«. Wir sind gleich, wir sind anders. Mir gefiel dieser Gedanke. Er atmete ziganes Selbstbewusstsein und ein Gespür für die menschliche Würde. Er erlaubte, einander zu begegnen, mit einem Blick, der wohlwollend ist, aber nicht blauäugig; der urteilt, aber nicht richtet. Er lebte von dem Wissen, dass wir als Menschen gleich waren, ohne die Unterschiede von Gadsche und Roma zu ignorieren oder zu leugnen. Vor allem schloss das Motto José, Asier und mich als Gadsche nicht aus.

Wir hatten uns mit Natalio Saavedra angefreundet, einem vierzigjährigen Gitano, der mir auffiel, weil er eine dicke Goldkette um den Hals trug, oft und herzlich lachte und ein erstaunliches Quantum Cruzcampo-Bier wegpacken konnte. »Unsere Leute wandern ab«, sagte er. »Jede dritte Familie bleibt der Fiesta fern. Wenn nicht jede zweite. Glaub mir, zwischen unseren Familien herrscht Krieg. Wegen diesen Evangelikalen. Bei den Aleluyas ist nichts mehr erlaubt. Kein Bier. Kein Tabak. Keine Vergnügen, kein Tanz und keine schöne Frauen. Die verbieten alles, sogar den Glauben an die Heilige Jungfrau. Das spaltet unsere Familien.«

Welchen Verlust Natalio beklagte, begriff ich Jahre später, im Sommer 2010, als ich mit dem griechisch-katholischen Priester Lucian Mosneag im rumänischen Sibiu in Florin Cioabăs Thronsaal saß. Der Roma-König war als multi-engagierter Geschäftsmann reich an Gold und Einfluss, aber er war auch Prediger und Pastor der pfingstkirchlichen Philadelphia-Gemeinde, außerdem Vorsitzender des Centrul Crestin al Romilor. Dem freikirchlich-christlichen Roma-Zentrum, das über ein eigenes Seminar zur Ausbildung von Pastoren verfügte, hatten sich nach Cioabăs Bekunden bereits über zweihundert pentekostale Kirchen angeschlossen. Cioabă zeigte sich in unserem Gespräch als ein Erneuerer, als ein politischer, geistlicher und spiritueller Führer in der Tradition Stefans des Großen. Wie der moldauische Woiwode im 15. Jahrhundert die Ungarn und Rumänen missionierte, sah er es als seine Berufung an, im 21. Jahrhundert die Roma zum wahren christlichen Glauben zu bekehren, so wie er selbst einst in einem Erweckungserlebnis bekehrt wurde, als er nach einer Flussüberflutung eine angeschwemmte Bibel fand. Die Evangelisierung seines Volkes, so erklärte der König, sei für die Roma keine bloße Frage inneren Seelenheils, sie berge vielmehr »den Schlüssel zu ihrer sozialen Akzeptanz und ihrer gesellschaftlichen Integration«. Angesprochen auf die Rolle der rumänisch-orthodoxen Kirche, der die meisten Roma zumindest formell angehörten, meinte Florin Cioabă: »An sie hatten wir in der Vergangenheit nie eine wirkliche Bindung. Taufe, Hochzeit und Beerdigung, mehr hatten wir damit nicht zu tun.«

Damit hatte Pastor Cioabă nicht Unrecht. Der Same der pfingstkirchlichen Erweckungsprediger fiel und fällt auf fruchtbaren Boden, weil die etablierten Konfessionen in den Zigeunern die Mitglieder einer ethnischen, sozial bedürftigen Randgruppe sahen, nicht aber gleichberechtigte Mitbrüder und Mitschwestern. Die Roma waren Empfänger pastoraler Serviceleistungen und karitativer Zuwendungen seitens paternalistischer Betreuungskirchen, aktive Mitglieder lebendiger Gemeinden waren sie nicht. Dass einer aus ihren Reihen nach einem theologischen Studium zum Priester geweiht wurde, war unvorstellbar.

Wahrscheinlich sind die evangelikalen Kirchen bei ihrer offensiven Menschenfischerei unter den Zigeunern deshalb so erfolgreich, weil sie jene ansprechen, die aus ihrer Perspektive heraus eigentlich nur gewinnen können; Menschen, die aus dem Schatten der Missachtung ins Licht der Bedeutsamkeit treten, die mit einem Mal wichtig werden in einer Kirche, in der prinzipiell jeder zum Prediger berufen ist, sofern er ein paar Bibelstellen anführen und das Wunder seiner Bekehrung einigermaßen charismatisch bezeugen kann. Zugleich aber, und das darf man nicht unterschätzen, machen die Roma in ihren neuen Gemeinden oftmals die Erfahrung, dass Gemeinschaften über die engen Interessen der eigene Familie hinaus, dass Achtsamkeit und fürsorgliches Miteinander einen Weg weisen, auszubrechen aus selbstmitleidigem Erstarren und der Rolle des ewigen Opfers.

»Der alte Rom stirbt. Und mit der Taufe wird der neue geboren.« Florin Cioabă propagierte ein Menschenbild, demzufolge der neue Rom (von den Frauen sprach der König in seiner offensichtlich heteronormativen Genderfixiertheit nicht) dem Alkohol entsagt, dem Rauchen abschwört, nicht mehr fremdgeht und Vergnügungen meidet. Wer sich auf den Verzicht einlässt, dem winkt reicher Lohn.

Aus Verlierern werden Gewinner, aus Sündern werden Geläuterte, und wer verdammt war, der wird gerettet. Schon möglich, dass die Welt besser wird, wenn die Diskriminierten und die Ausgeschlossenen nunmehr als die Sieger dastehen, belohnt mit sozialem Prestige, mit dem Gefühl der Zugehörigkeit und der Gemeinschaft unter Gleichen. Der neue Rom wähnte sich in der Gewissheit, vor dem himmlischen Herrn nicht zum namenlosen Heer der Berufenen, sondern zur exklusiven Schar der Auserwählten zu zählen.

Doch um welchen Preis?

War das Leitwort von Fregenal, »Somos iguales, somos diferentes«, noch ein Ausdruck der Suche nach ziganer Identität inmitten einer Gadsche-Welt, so gilt das Motto für die missionierten Pfingstkirchler nicht mehr. Sie suchen nicht mehr, denn sie haben gefunden. Sie brauchen keine Gottesmutter mehr, die sie erhört. Sie sind die neuen Iguales, die unter ihresgleichen längst erhört worden sind. So mutieren die Verachteten zu Verächtern, jenen Diferentes gegenüber, die in ihren Augen noch immer der Sünde anhängen, die noch immer zu Surna und Davul tanzen, während die Hallelujas zu Keyboardgedudel von ihrer Errettung singen wie ein drittklassiger Harlemer Gospelchor. Doch damit die Bekehrten auch bekehrt bleiben und nicht vom rechten Weg abweichen, braucht es neue Organisationen, neue Strukturen und Verwaltungen. Und neue Menschen. »Um die christliche Erziehung unserer Kinder zu gewährleisten«, sagt Florin Cioabă, »müssen wir unsere Arbeit in der Kirche auch in die Kindergärten und die Grundschulen tragen.« Dazu braucht es neue Erzieherinnen und neue Lehrer und neue Führer. Und einen alten Patriarchen, der weiß, dass es auf dem Weg ins Himmelreich keinen guten Eindruck macht, sich im Hof vor einer 300 000-Euro-Limousine porträtieren zu lassen.

Während unserer Audienz unterhalb des Bildnisses seines Vaters, hoch zu Ross als Tempelritter mit goldener Krone, wirkte Florin Cioabă auf eine traurig stimmende Weise satt und müde. Alle Fragen zur Lage der Zigeuner hatte er mit der Routine eines Funktionärs beantwortet, doch in seinen Augen war nichts zu lesen als eine große Mattigkeit. Eine leblose Müdigkeit, die ihren Grund nicht in einem Mangel an Schlaf hatte. Die Müdigkeit schien mir tradiert und weitergegeben von Generation zu Generation. Sie wog schwer wie eine erdrückende Last. Ich glaube, selbst ein Dutzend edle Maybachs im Hof hätten dem König kein Gramm von seiner Müdigkeit genommen. In einem kleinen Moment nur erlebte ich ihn wach. Als er von meinem Freund Lucian wissen wollte, wo man die Hemden mit Kollar, dem ringförmigen katholischen Priesterkragen, kaufen kann.

Ich wollte weg.

Ich dachte an Ronald Lee, dachte an »E zhivindi yag«, an »das lebendige Feuer«, über das Lee so wunderschön schrieb, es sei »jener Funken von Trotz, der zum Geburtsrecht eines jeden gehört. In manchen ist es erloschen, in anderen ist es nur schwelende Glut. Doch in einigen wenigen lodert es auf zu einem Inferno von Leidenschaft, Kreativität, Rebellion und nur zu häufig auch Gewalt«.

Ich wollte weg. Zurück zur Altenka der Goldenen, zurück zu Mutter Rosa und ihrem sechsten Sinn. Ich sehnte mich zurück nach Fregenal, zu Lucas, dem Büßer mit den blutigen Knien, zu Natalio mit der dicken Goldkette und zu den Liedern Camaróns, der »Soy gitano« sang, wenngleich nur von einer CD.

Es war Samstag. Die Uhr zeigte elf Uhr vormittags. Lucas Prado hatte seinen Bußgang beendet, seine Ketten abgelegt und rauchte. Ich stand mit José, Asier und einigen Gitanos vor der Bier- und Schnapsbude von Marcelo, der mit einem Lastwagen angereist war, um die Fiestabesucher mit Getränken zu versorgen. Hinter dem Ausschank stapelten sich die Flaschen Bacardi, Martini, Gin sowie teurer Ballantines und billiger spanischer DYC-Whiskey. Nicht zu vergessen die paar tausend Pullen Cruzcampo-Bier. Ich sprach Natalio Saavedra auf seine Halskette an, an der ein Medallion mit dem leidenden Antlitz Jesu baumelte. »Nein, nein«, meinte Natalio, er trage das Medallion nicht, weil er ein gläubiger Mensch sei. »Es gefällt mir einfach. Außerdem ist es aus Gold. Wenn ich mal in Schwierigkeiten stecke, lässt es sich gut verkaufen.« Dann schaute er mich an und fragte etwas unvermittelt: »Magst du Camarón?«

»Klaro«, sagte ich, »auf der Fahrt hierher haben wir im Auto nur Camarón gehört. Frag meine Freunde José und Asier.« Die beiden spanischen Fotografenfreunde nickten. »Er war der Beste«, meinte José. »Hör dir ›Nana el Caballo Grande an‹, und es haut dich um. Er wird immer der Beste bleiben. Unerreicht und unerreichbar. Alle, die nach ihm kamen – vergiss sie.« Ich nickte bestätigend, obschon ich mir in der Sache kein Urteil erlauben konnte. Natalios Augen wurden feucht. »Bueno«, sagte er. »Hätte er diese Scheißdrogen gelassen und bloß Whiskey getrunken, du kannst mir glauben, Camarón würde heute Nacht hier stehen und singen.« Dann orderte Natalio bei Marcelo eine weitere Runde Cruzcampos.

Marcelo war Gadscho. Er hoffte, am Montag leere Flaschen und volle Kassen zu haben. Marcelo mochte die Zigeuner. Nur im letzten Jahr, erzählte er, mochte er sie nicht. Zumindest einige von ihnen. Da gab es genau vor seiner Bude nachts eine Massenprügelei mit dreißig Leuten. Einige der Streithähne flogen über den Tresen, und er hatte reichlich Scherben aufzufegen. Und als irgendjemand sogar mit einem Gewehr in der Gegend rumballerte, so Marcelo mit dem Stolz des Überlebenden, »da kriegten selbst die Polizisten Angst und rannten weg«.

Und warum der ganze Aufruhr?

»Frauen, Liebe, Eifersucht, was weiß ich. Der Suff macht den Menschen manchmal bekloppt im Kopf«, erklärte Natalio den Tumult. Aber viel schlimmer als die Zigeuner seien die spanischen Katholiken, die aus den Dörfern in Extremadura nach Fregenal pilgern, besänftigte Schankwirt Marcelo. »Wenn die sich abfüllen, dann geht es hier richtig zur Sache.« Dabei deutete er auf eine Badewanne voll mit Eiswasser zum Kaltstellen der Getränke. »Das kühlt die Gemüter«, grinste er und stellte gratis noch eine Batterie Cruzcampos auf die Theke. Sodann bekreuzigte er sich und bat inständig, man möge ihm dieses Mal nicht wieder die Bierbude demolieren.

Das Stoßgebet hatte gewirkt. Keinen einzigen Hitzkopf musste Marcelo in der Nacht mit einer eisigen Dusche abkühlen. Es war die Nacht, in der Lucas Prado seine wunden Füße und blutigen Knie vergaß. Die Nacht der Fiesta. Die Nacht der Leidenschaft. Als die Gitarren zum Flamenco geschlagen wurden, die Gitanos und Gitanas sich in eine bessere Welt hineintanzten, verstand selbst der letzte Gadscho, was Natalio meinte, als er sagte: »Camarón ist bei uns, auch wenn er nicht mehr lebt.« Mit einem Mal verschmolzen Traum und Realität zur Gegenwart schier grenzenloser Möglichkeiten. Und in den wunderbaren Momenten des Glücks, so wollte es scheinen, schwanden auch die Unterschiede zwischen Gadscho und Rom.

Die Uhr zeigte weit nach Mitternacht, und Natalios Freunde schleppten noch eine Kiste Cruzcampo an. Miguel fiel mir um den Hals und nahm mich beiseite: »Mein Freund, wir kommen gut miteinander klar. Ich bin okay. Du bist okay. Lass uns Geschäfte machen. Ich habe Kontakte, beste Kontakte nach Tunesien. Dort liegt eine Lastwagenladung, amerikanische Bluejeans, alles Original made in Marokko. Spottbillig. Das Zeug wartet auf den Export. Am besten nach Deutschland. Düsseldorf, ich sag dir, Düsseldorf ist gut. Da wohnen Leute mit Geld. Versteh, mein Freund. Die Klamotten warten. Sie warten auf uns. Kannst du einen Lastwagen organisieren und hier runterbringen?«

»Klaro, Miguel, kein Problem. Ich bringe dir einen Dreißigtonner. Wir werden die Dinger in Deutschland verscherbeln. Wir werden Geld machen.«

»Sei leise, zu viele Ohren«, raunte Miguel mir zu. »Über Portugal karren wir den Kram nach Deutschland und verhökern die Klamotten zu Preisen, dass wir stinkreich werden. Ich garantiere dir, wir werden unglaubliches Business machen. Wir werden Millionäre. Im Geld werden wir schwimmen.«

Ein fester Handschlag. Eine innige Umarmung. Unsere Gesichter leuchteten. Der Plan stand. Morgen würden wir die Details besprechen. Zuvor noch einen kleinen Beefeater Gin und noch ein letztes Cruzcampo, und vielleicht noch ein allerletztes hinterher. Solange es Nacht war und der Morgen noch fern. Doch er würde kommen. Ganz gewiss.

Er meldete sich mit hämmerndem Kopfschmerz, in einem Hotel, irgendwo in der Provinz Badajoz. Die Uhr zeigte nach zwölf Uhr mittags. Fotografenkollege Asier übergab sich von viel zu vielen Cruzcampos und blieb im Bett. Mit José fuhr ich nach Fregenal. Es war Sonntag und der Platz, wo eben noch die Wohnwagen der Zigeuner standen, leerte sich zusehends. Natalio stieg in sein Auto, winkte und fasste sich müde an den Schädel. Ich fragte nach Miguel. »Dein Kumpel«, sagte Natalio, »ist schon vor einer Stunde mit seiner Familie abgereist. Mach's gut. Und komm wieder. Vielleicht im nächsten Jahr.« Wir ahnten, dass es kein nächstes Jahr geben würde.

Die letzten Wohnwagen verließen den Ort. Die Madonna der Immerwährenden Gnade in ihrem prachtvollen Kleid blieb allein zurück auf ihrem Podest in ihrer Kirche. Wir machten uns auf den Weg nach Nordspanien. In ein paar Tagen war der erste November, Allerheiligen. José kannte einige Friedhöfe, auf denen die Gitanos ihrer Toten gedachten. Da wollten wir fotografieren. Auf der Rückfahrt nach Bilbao schwiegen wir. Nach drei Tagen der Ausschweifung fühlte ich mich müde und leer, aber ich war mir sicher: Wäre ich kein Gadscho, Miguel, wir hätten das ganz große Geld gemacht.

Das verlorene Paradies

Wenn »Herz der Zigeuner« im Fernsehen läuft – Wenn Roma keine Roma mehr sind – Räderwerk Schule: die Mühlen der Auslese – Starke Nerven erforderlich: in der Şcoală Waldorf in Roşia – Carmen und die Hürde der achten Klasse – Zur Bildungssituation deutscher Sinti und Roma: Eine Studie erfährt Widerspruch – Integration verändert die Integrierten – Das »heilige Feuer« und der »Funke des Trotzes« – »Ich habe gekämpft. Mein Leben lang«

Am frühen Abend leeren sich die Gassen in den Roma-Vierteln von Blaj. Mädchen, die eben noch Händchen haltend umherschlenderten, sind auf einmal verschwunden. Frauen, die gerade noch angeregt mit Nachbarinnen schwatzten, verziehen sich in die Häuser und Wohnstuben. Ionina, Codrutza und Elvira verlieren plötzlich die Lust am Gummi-Twist, stattdessen folgen sie dem Lockruf des Fernsehers. Wenn die drei Schwestern, Alter neun, zehn und zwölf Jahre, vor der Mattscheibe hocken, sind sie kaum mehr ansprechbar. Ebenso wenig wie ihre Mutter Joana. Denn um sechs beginnen die Telenovelas. Billige Serienproduktionen, aus Indien oder Südamerika. Unschlagbarer Favorit unter den Schmonzetten in Rumänien ist die Zigeunerromanze *Inima de Tigan*. Geiz und Gier, Intrige und Verrat, Untreue und Liebesrausch, Herz und Schmerz, alles gibt es reichlich zwischen schier endlosen Werbeblöcken. In »Herz der Zigeuner« sehen Helden noch wie Helden aus und Schurken noch wie Schurken. Und die Dialoge verstehen selbst Kleinkinder.

Anfangs dachte ich, die Satellitenschüsseln auf den Dächern auch der erbärmlichsten Hütte seien zaghafte Indizien eines Ausstiegs aus dem Elend, Symbole einer Anbindung an die Welt. Von außen betrachtet mag das so sein. Doch die Fernsehgeräte in den Roma-Siedlungen sind keine Statussymbole. Wenigstens nicht primär. Sie sind Fluchtfahrzeuge. Die Novelas erlauben imaginäre Ausflüge, in denen sich das Gefühlsleben aus der Trostlosigkeit des Alltags katapultiert, hinein in Träume von Wohlstand und Glück, die jederzeit wieder zerrinnen können, bevor sich das Blatt mit neuen Gewinnchancen abermals wenden kann. Das Fernsehen fungiert als eine Raum-Zeit-Maschine. Sie produziert eine Endlosschleife an Bildern, einen unablässigen Strom an Erregungsmustern, der ermöglicht, sich in ersehnte Welten zu phantasieren, ohne sich aufraffen und auf den Weg machen zu müssen. Wohin auch? Und wozu auch? Wo die Woche zwischen Montagmorgen und Sonntagnacht nichts zu bieten hat als eine öde Wüste der Ereignislosigkeit, reicht es mitzufiebern. Es scheint, als würden die Protagonisten der Fernsehromane fremde Leben leben, ab achtzehn Uhr, stellvertretend für ihre Zuschauer.

»Wenn ›Herz der Zigeuner‹ läuft«, sagt Joana Sirbu, »dann bebe ich vor Aufregung.« Von den über zweihundert Episoden haben sie und ihre Töchter keine einzige verpasst. Ebenso wie die Serien aus Brasilien. »Nur, die sind nicht leicht zu verstehen.« Nicht wegen der portugiesischen Sprache, sondern wegen der eingeblendeten rumänischen Untertitel. Denn Joana kann nicht lesen. Die kuriose Folge: In Zigeunersiedlungen wie Plopilior oder Barbu Liautiarul lässt sich mit ein paar Brocken Portugiesisch oder Spanisch durchaus Smalltalk betreiben. »Qué tal, señor?«, fragte mich Codrutza, als sie sich nach meinem Befinden erkundigte.

Wie sehr das Satellitenfernsehen Einfluss auf das Leben der Roma nimmt, weiß Lucian Mosneag, der als Priester neben seelsorgerischen auch mit kirchenamtlichen Aufgaben betraut ist. Etwa mit dem Führen eines Taufregisters. »Vor der Revolution 1989 hatten fast alle Zigeuner christliche Namen.« Die Registratur bestätigt: In kommunistischer Zeit waren Ana und Maria, Ion oder Gheorghe die uneingeschränkten Lieblinge. Hin und wieder findet man einen Stalin, Rambo, Kennedy oder Gagarin. Häufiger einen Tarzan. Ab 1990 dann, im Zuge der neuen Freiheit, häuften sich die Gregs, Bobbys und Pamelas, benannt nach den Akteuren der Fernsehserie *Dallas* aus der Welt der schönen, reichen und gehässigen Egoisten. »Heute wollen die Zigeuner, dass ich ihre Kinder Pablito, Rudi, Sandokan oder Vandana taufe«, erzählt Lucian. So heißen die neuen TV-Helden. Ihre Funktion erschöpft sich nicht darin, ihr Publikum in wunschloser Apathie einzulullen. Sie wecken auch Begehrlichkeiten. Sie nähren die Sehnsucht, dazuzugehören, endlich in Europa zu landen, endlich anzukommen in der Ersten Welt. Dass diese Welt tatsächlich existiert und nicht nur als Inszenierung für den Bildschirm, beweisen jene Roma, die es geschafft haben. In jeder Siedlung gibt es Familien, denen der Sprung gelungen ist: von der Armut in den Reichtum, von der Bedeutungslosigkeit in Positionen relativer Macht, innerhalb der Hierarchie der eigenen Ethnie.

Reiche Aufsteiger, Patriarchen in Protzpalästen und synthetische TV-Helden mögen als Idole infantiler Bewunderung taugen, als Vorbilder dienen sie nicht. Doch gerade daran mangelt es den Roma, was sie selbst am meisten beklagen. Es hapert an positiven Lebensentwürfen, an Modellen für gelungene Mittelklasse-Biografien, die Kindern und Jugendlichen eine alltagstaugliche Orientierung bieten. Es fehlen lokale Führer, deren Blick über den Rand des eigenen Familienclans hinausragt; an geduldigen Lehrern, die zum Lernen motivieren; an Geschäftsleuten und Handwerkern, die Ausbildungsplätze schaffen; ganz zu schweigen von Akademikern, die sich mit ihrem Wissen gesellschaftliche Anerkennung erworben haben. Nicht, dass es solche Menschen nicht geben würde, doch ihre Zahl ist zu gering, als dass ihr Einfluss von Gewicht wäre.

Schon vor Jahren diagnostizierte der tschechische Roma-Aktivist Ivan Veselý unter den ziganen Eliten den Trend, »sich von der Mehrheit der Roma zu distanzieren, vor allem von jenen, die arm oder in Konflikt mit dem Gesetz geraten sind«. Dass sich der Erfolgreiche vom Erfolglosen abgrenzt, ist keine allzu neue Einsicht. Das Problem ist laut Veselý auch ein anderes. »Roma, die den Aufstieg geschafft haben, verlieren oft die Hoffnung, etwas zur Verbesserung der Lage der Minderheit beitragen zu können.«

In einem Aufsehen erregenden Manifest distanziert sich der ungarische Wirtschaftsberater István Forgács radikal von seinem Volk. Jedoch nicht um sich loszusagen. Der Absolvent der Hochschule für staatliche Verwaltung in Budapest will seine Leute wachrütteln und knüpft sein Bekenntnis zur ziganen Identität an Bedingungen:

»Ich gehöre zu euch, sobald ihr versteht, dass die Nichtzigeuner die einzig mögliche Lösung für die gesamte ungarische Gesellschaft, vor allem aber für die Zigeuner sind. Ich sage das deshalb, weil die Nichtzigeuner über all die Ressourcen verfügen, auf die wir selbst auch angewiesen sind. Aber wir kommen an sie nicht heran, weil unser Vater oft genug die Sozialhilfe versäuft. Oder der Zinswucherer unsere Mutter verprügelt. Oder unsere große Schwester wegen der Schulden nach Holland verschleppt wird ... So viele von euch verleugnen das, aber das ist der Grund, warum wir nicht zu den Ressourcen gelangen ... Die Nichtzigeuner leiten die Städte, sie leiten die Schulen. Sie schaffen Arbeitsplätze, können Arbeitnehmer einstellen, Kredite gewähren. Sie können Häuser verkaufen oder vermieten – an denjenigen, an den sie wollen –, als Nachbar verleihen sie ihren Rasenmäher, wenn wir ihn brauchen. Sagt der gesunde Menschenverstand nicht, dass wir versuchen sollten, bestmöglich mit ihnen auszukommen?«

Wenn sich etablierte Zigeuner von ihren Wurzeln entkoppeln, steckt dahinter oft kein sozialdarwinistischer Egoismus, sondern eine Strategie des Überlebens, eine Schutzmaßnahme gegen die Gesetze der Familie und die Fesseln der Blutsverwandtschaft. Kein Bild versinnbildlicht dieses Verhalten anschaulicher als das der Krebse im Eimer. Die amerikanische Autorin Isabel Fonseca zitiert es in ihrem Buch *Begrabt mich aufrecht. Auf den Spuren der Zigeuner*. Fonseca beruft sich auf Ian Hancock, einen der bedeutendsten Roma-Gelehrten, der das Prinzip des »hamishagos« (was so viel heißt wie stören, in etwas hineinpfuschen) als die »Nationalkrankheit« der Zigeuner beklagte: »Sie bewirkt aus irgendeinem Grund, dass wir die eigenen Leute, die vorankommen, behindern wollen, statt ihnen zu helfen. Wie Krebse im Eimer. Wenn einer herauszuklettern versucht, klammern sich die anderen an ihn und ziehen ihn wieder herunter.«

Dem Gefängnis des Eimers zu entrinnen und die trennenden Barrieren der Ethnien zu überwinden war die Idee der staatlichen Grundschule in dem Stadtviertel Plopilor im rumänischen Blaj. In der Schule, nur einen Steinwurf entfernt von Pfarrer Lucians Kirche, war ursprünglich ein gemeinsamer Unterricht für die Kinder der Roma und der Gadsche geplant. Doch von dem pädagogischen Konzept »Integration statt Ausgrenzung« blieb nichts übrig, seit die ethnischen Rumänen ihre Jungen und Mädchen nach und nach wieder abmeldeten. Heute bleiben die zweihundertundfünfzig Zigeunerkinder unter sich.

Stecken dahinter rassistische Motive? »Sicher nicht«, sagt die Lehrerin Angela Mosneag. »Man muss die Eltern verstehen. Viele waren anfangs sehr bemüht und sozial eingestellt. Doch ihre Kinder wurden dauernd krank. Ständig kamen sie mit Läusen und Krätze nach Hause. Wer schickt sein Kind schon gern in eine Schule, wo ständig die Toiletten demoliert werden? Zudem war das Lernniveau so niedrig, dass der Ruf der Schule immer schlechter wurde.«

Auch Ilie, Denis und Rafael gehen nicht mehr in dem Roma-Viertel zum Unterricht. Die Elfjährigen besuchen die katholische Schule im Zentrum von Blaj mit dem Namen Surisul Copiilor, »lächelnde Kinder«. Die Einrichtung wird von der Caritas betrieben und von kirchlichen Hilfswerken aus Westeuropa unterstützt.

Sie gilt als vorbildlich. »Ich wollte nicht mehr nach Plopilior«, sagt Rafael. Er trägt ein T-Shirt mit dem Konterfei des muskelbepackten Wrestlinghelden John Cena, der eine eiserne Kette zerreißt. Was nicht darüber hinwegtäuscht, dass Rafael ein freundlicher, überaus ruhiger Junge ist. »In der Roma-Schule ist viel Geschrei und Streit. Brote, Stifte und Hefte, die anderen Kinder nehmen einem alles weg. Auch Geld. Davon kaufen sie sich Süßigkeiten«. Ilie und Denis bestätigen ihren Kameraden Rafael. Die drei Jungen sind Roma.

Keine Lehrkraft hat so lange an der staatlichen Schule in Plopilior unterrichtet wie Angela Mosneag, die Ehefrau des griechisch-katholischen Priesters Lucian. Nach mehr als zehn Jahren gab sie auf. »Es war eine extrem harte und verschleißende Zeit. Danach war ich krank und ausgelaugt.« Seit ihrem Wechsel zu der Caritas-Schule findet die Pädagogin wieder Freude an ihrem Beruf. »Wenn wir hier in den Klassen einige Roma-Kinder aufnehmen, können wir uns intensiv um sie kümmern, und sie blühen auf. Anders ist die Integration nicht zu schaffen. Denn die Kinder lernen gern. Sie saugen alles Wissen auf, als hätte man ihnen jahrelang die Nahrung vorenthalten.«

Die Lernschwierigkeiten werden zumeist gegen Ende der Grundschule offenkundig, wenn das Leistungsniveau steigt und das spielerische Lernen zusehends einem entsinnlichten und abstrakten Denken weicht. »Mit Rechenaufgaben wie einundzwanzig geteilt durch sieben haben viele Kinder enorme Probleme«, sagt Angela Mosneag. »In ihren Familien finden sie keine Unterstützung. Die meisten Eltern sind Analphabeten. Bei den Hausaufgaben können sie nicht helfen. In den Wohnungen ist es laut und eng. Der Fernseher läuft. Wie sollen Kinder da lernen, Aufgaben mit Konzentration und Ausdauer zu lösen?«

Das ist in den Favelas von Rio, in den Slums von Nairobi oder den Plattensilos von Bukarest nicht anders. Die Bildungsmisere der Roma ist kein ethnisches, sie ist ein soziales Problem. Zwar steht in der Europäischen Union den Kindern das Recht auf Bildung zu. Es nützt jedoch wenig, wenn Armut und Fatalismus, aber auch bürgerliches Abgrenzungsgebaren und politische Sparblockaden verhindern, dieses Recht auch zu realisieren.

Eine Zeitlang kursierten in Ungarn Zahlen, denen zufolge rund zwanzig Prozent der Zigeunerkinder zurückgeblieben und lernbehindert seien. Ein verhängnisvoller Irrtum mit verheerenden Auswirkungen. Auch der Budapester Soziologe und Kriminologe Szilveszter Póczik unterrichtete nach seinem Abitur Jungen und Mädchen, die als geistig gehandicapt eingestuft worden waren. »Wir Lehrer standen vor einer immensen Schwierigkeit«, so Póczik. »Es war kaum möglich zu entscheiden, ob ein Kind wegen einer organischen Erkrankung in seiner Entwicklung beeinträchtigt war oder ob ihm nur die soziale Kompetenz zum Besuch der Regelschule fehlte.« Ein Dilemma, nicht nur für Roma-Kinder. Intelligente Kinder aus verwahrlosten ungarischen Familien landeten ebenfalls in Förderschulen. Das Problem war für Póczik ein doppeltes. Durch einen Mangel an elterlicher Fürsorge fehlte es den Kindern an schulischer Reife. Anstatt diese Defizite zu kompensieren, gerieten schon die Erstklässler in die Mühlen eines rigiden Schulsystems, das eine Auslese vornahm, die später kaum rückgängig zu machen war.

Szilveszter Póczik warnte allerdings, die schulische Segregation von Roma-Kindern einseitig einem Rassismus der Gesellschaft anzulasten. »Kinder, die extrem vernachlässigt werden, die keinen Sinn für Reinlichkeit und saubere Kleidung besitzen, die noch nie einen Schreibstift in der Hand hatten und das Lerntempo nicht halten können, weil ihnen grundlegende kommunikative Fähigkeiten fehlen, bereiten den Pädagogen massive Probleme. Lehrer an den normalen Schulen sind auf den Umgang mit ihnen nicht vorbereitet.« Als Lösung wählte man daher häufig den Weg des geringsten Widerstandes. Man schob die Zigeunerkinder in Sonderschulen ab. Damit, so Póczik, »war ihre gesellschaftliche Karriere mit der Einschulung praktisch beendet«.

Um den Tziganikindern bessere Startchancen zu eröffnen, initiierte die Caritas der Diözese Blaj mit »O viata mai curata« eine Kampagne für »ein sauberes Leben«. Viele Jungen und Mädchen kennen weder Dusche noch Seife und haben noch nie eine Zahnbürste benutzt. »Am Anfang«, erzählt der Caritas-Direktor Nicolae Anuşcă, »haben die Kinder die Zahnpasta gekaut wie Kaugummi.« Vordergründig geht es der Caritas um das Einüben von Hygienemaßnahmen. Das eigentliche Ziel indes ist eine Kultur der Achtsamkeit, um das Gespür der Menschen für ihren Wert und ihre Würde zu stärken. Dazu sind Lernprozesse nötig, auch bei den kirchlichen Mitarbeitern. So hat die Caritas mit ihren Kleiderkammern zwar ungezählten Bedürftigen geholfen, andererseits aber auch eine kontraproduktive Versorgungsmentalität gefördert. »Wenn die Kleidung verschmutzt und zerschlissen ist«, so Anuşcă, »wird sie verbrannt oder weggeworfen. Dann stehen die Leute bei uns vor der Tür und verlangen neue Sachen. Diesen Zirkel müssen wir durchbrechen.«

Die Hoffnung, in seinen Gemeinden kurzfristige Erfolge zu erzielen, hegt Pfarrer Lucian nicht mehr. »Bis alle Tzigani ihre Kinder zur Schule schicken, da rechne ich nicht in Jahren, sondern in Jahrzehnten.« Um den Sinn für Gemeinschaft und die Bereitschaft zur Verantwortung zu fördern, plant Lucian ein Gemeindezentrum. Direkt neben seiner Kirche. Rohbau und Dachstuhl stehen bereits. Lucian träumt davon, dass hier einst musiziert und getanzt wird und Folklorekreise zigane Traditionen am Leben erhalten. Nachhilfegruppen sollen Lerndefizite bei Kinder und Jugendlichen abbauen. Und Räume mit Waschmaschinen, Duschen und Bädern künftig kollektiv genutzt werden können. Von der rechten Seite der Gemeinde in Plopilior, wo man frisches Wasser noch mit Blecheimern aus dem Ziehbrunnen schöpft.

Veränderungen sind möglich. Das beweisen die Menschen im Roma-Viertel Barbu Liautiarul. Nach fünfzehn mühsamen Jahren trägt Lucians pastorale Arbeit Früchte. In den Gassen türmt sich kein Müll, die Menschen achten einander, und das alte Ehepaar Ionina und Stelian Coseriar freut sich, »dass die jungen Mädchen sich nicht verkaufen«. Zwar gibt es in der Region immer noch zu wenige Arbeitsplätze, doch einige Roma haben Jobs gefunden. Ein halbes Dutzend Unternehmen aus der Baubranche sind in Blaj ansässig. Neunzig Prozent der angestellten Arbeiter sind Tzigani, was man als Indiz wertet, dass die Front der Diskriminierung nicht zwischen Rumänen und Zigeunern verläuft, sondern zwischen denen, die Arbeit suchen und finden, und denen, die sich gar nicht erst aufraffen.

Weil für Lucian der Ausstieg aus der Abhängigkeit von der Fürsorge der wichtigste Schritt für ein selbstbewusstes Leben ist, wurde er bei der Firma Bosch-Rexroth vorstellig, die am Stadtrand von Blaj eine Niederlassung betreibt. Das deutsche Unternehmen erklärte sich bereit, einen kleinen Arbeitsbereich auszugliedern. Lucian mietete eine Halle an, in der heute einige Roma Metallscharniere und Kugellager samt Montageanleitungen für den Versand verpacken.

»Die Leute«, sagt Lucian, »wollen arbeiten, für sich und die Zukunft ihrer Kinder. Sie wollen rumänische Staatsbürger sein wie andere auch.« So wie Boby Mezei. Der junge Rom gründete eine Firma, die sich auf den Innenausbau von Häusern spezialisiert hat. Elf Mitarbeiter verputzen Wände, tapezieren Wohnungen, verlegen Elektrokabel und Fliesen. Ein ausgebildeter Arbeiter verdient 600 Euro pro Monat, Handlanger gut die Hälfte. Nicht viel in Westeuropa, aber kein schlechtes Geld in Barbu Liautiarul. »Unsere Leute geben ihren Lohn für die Verbesserung ihrer Wohnungen aus«, sagt Mezei. Unübersehbar ist: In Barbu Liautiarul sind die Kinder wacher, heller und offener als in den anderen Roma-Vierteln in Blaj.

Dass die meisten Zigeunerkinder nicht lernbehindert, sondern nur lernverhindert sind, wissen auch die Pädagogen in der Școală Waldorf im rumänischen Roșia. Wer in dem gelben Schulpavillon in dem Karpatendorf unterrichtet, braucht sehr viel Hingabe, noch mehr Geduld und sehr, sehr starke Nerven. Es ist schon erstaunlich, wie acht Kinder im Raum der Klasse IV derartig viel Lärm machen können. Dabei fehlt fast die Hälfe der Jungen und Mädchen. Sie sind, wie die Lehrerin Camelia erklärt, »entweder erkältet oder mit ihren Vätern im Wald unterwegs«. Im Wald? Am Vormittag? »Ja, um Feuerholz für den langen Winter zu sammeln.«

Der Stundenplan sieht Rechnen vor. Der neunjährige David steht an der Tafel und versucht zu verstehen, dass sich die Zahl 280 aus zwei Hundertern und acht Zehnern zusammensetzt. Ansonsten hören nur Violeta und Christi den Erklärungen der Lehrerin zu. Einige Schüler klettern auf der Fensterbank herum oder werfen irgendwelchen Kram durch das Klassenzimmer, während sich ihr Kamerad Florin mit ungestümen Gesten in karateähnliche Scheingefechte hineinsteigert. In einer anderen Schule würde man den Jungen zur Abkühlung seines Gemüts wohl vor die Tür setzen. Aber die Romni Camelia lässt ihn gewähren. Sie weiß: »Gleich hat sich Florin ausgetobt.« Später holt der Junge sein Heft hervor. Es wird still in der Klasse, und die Kinder grübeln über ihren Aufgaben. Und David, der mit seiner riesigen Brille an Harry Potter erinnert, wird später bekunden, warum Camelia »die beste Lehrerin von allen« ist. »Weil sie immer alles hundert Mal erklärt und nicht schimpft, wenn wir nicht aufpassen.«

Seit einer Woche sind die Sommerferien zu Ende. Nach den langen Wochen in ihren Familien tun sich die Kinder aus Roșia schwer, sich wieder an den schulischen Alltag zu gewöhnen. Genauer gesagt, es sind nicht die rumänischen Kinder aus dem Oberdorf, die mit diszipliniertem Lernen ihre Schwierigkeiten haben, sondern die Jungen und Mädchen aus dem unteren Teil des Dorfes. Ihr Mangel an Konzentrationsvermögen, so erklärt die deutsche Schulleiterin Annette Wiecken, sei keineswegs Folge einer nachlässigen Alternativpädagogik, sondern Konsequenz des sozialen Hintergrunds der Kinder. In Roşia leben 1200 Tzigani. Dass sie nicht »Roma« genannt werden wollen, ändert nichts daran, dass die Kinder schon mit der Muttermilch die Einsicht aufsaugen, vom Leben nicht viel erwarten zu dürfen.

Mitte der neunziger Jahre lud eine rumänische Lehrerkollegin die Düsseldorferin Annette Wiecken nach Sibiu ein. Von dort aus besuchte die Waldorf-Pädagogin auch Roşia. »Ein Schock«, den Frau Wiecken schnell überwand, weil sie hier ihre Berufung fand. Ende der neunziger Jahre erhielt sie eine Anfrage des rumänischen Erziehungsministeriums. Es galt, zukunftstaugliche Konzepte bei der Alphabetisierung von Roma-Kindern zu entwickeln. Dabei waren die Hürden aus Ausgrenzung und Verwahrlosung ebenso zu überwinden wie die Gleichgültigkeit und das Misstrauen der Zigeuner in staatliche Bildungsanstalten. »Der Unterricht an den öffentlichen Schulen überfordert die Kinder«, so Annette Wiecken. »Viele scheitern schon in den ersten Klassen oder werden trotz Schulpflicht von ihren Familien gar nicht erst zum Unterricht geschickt. Um das zu ändern, haben wir einen Ort geschaffen, der einlädt, das Lernen zu lernen.«

Ein Ort, wie geschaffen für Mädchen wie Lili.

Lili war ebenso frech wie rotznasig, anrührend anhänglich und von umwerfend liebenswürdigem Charme. In einer feuchten Lehmkate ohne frisches Wasser und Toilette wuchs sie bei ihrer überforderten Mutter auf, zusammen mit acht oder neun Geschwistern, für die kein Mann die Pflichten als Vater übernommen hatte. Eigentlich hätte Lili regelmäßig die zweite Klasse besuchen sollen. Und eigentlich hätte sie mit dem Lernstoff keine Schwierigkeiten haben dürfen. Denn Lili machte einen vitalen und pfiffigen Eindruck. Im ersten Moment. Auf den zweiten Blick fiel auf, dass ihre

Quirligkeit nicht unbedingt ein Segen war. Lili war ein fahriges Kind, das keine Ruhe fand. »Es fällt ihr schwer, sich länger als einen Augenblick auf eine Sache zu konzentrieren«, meinte Camelia. »Wenn sie etwas gelernt hat, vergisst sie es schnell wieder. Sie kann sich nicht gut erinnern.«

Lili genoss es, fotografiert zu werden. Wenn sie bemerkte, dass sie geknipst wurde, setzte sie eine kecke Miene auf, lächelte gewinnend und ließ die Spuren ihrer Vernachlässigung vergessen, wobei ihre verschmutzten Kleider und verfilzten Haare lediglich die äußere Verwahrlosung verrieten. Auf Bildern indes, die Lili in selbstvergessenen Momenten zeigen, entdeckt man in ihrem Gesicht die Züge einer erschreckenden Härte. Lili war acht, doch manchmal sah sie aus wie eine verhärmte, alte Frau.

Zähe Überzeugungskämpfe waren nötig, bis die Eltern aus dem Unterdorf ihren Kindern erlaubten, im Oberdorf den Umgang mit Buchstaben und Zahlen zu erlernen. Denn es ist nicht so, dass die Tzigani begierig jedes Lernangebot wahrnehmen, das ihnen offeriert wird. Das Gegenteil ist der Fall. Viele Roma sehen in Bildung und Erziehung keinesfalls eine Chance, der Armut und der Abhängigkeit von der Sozialhilfe zu entrinnen. Wenn der tschechische Rom Ivan Veselý klagt, dass ein Großteil der Zigeunerfamilien nicht begriffen habe, »wie notwendig eine gute Ausbildung heutzutage ist«, dann ist anzumerken, dass die entwurzelten Generationen Bildung oft als Bedrohung erleben. Wissen stärkt das Selbstbewusstsein von Kindern. Und selbstsichere Jungen, Mädchen noch mehr, stellen familiäre Hierarchien und tradierte Machtverhältnisse in Frage. Arbeitslose Väter, des Lesens und Schreibens nicht kundig, befürchten zu Recht den Verlust einer Autorität, die sie allerdings längst nicht mehr besitzen, zumal sie die Rolle als Familienoberhaupt und Garant der wirtschaftlichen Existenzsicherung nicht mehr ausfüllen können. In der Slowakei machte der Autor Karl-Markus Gauß dieselbe Beobachtung und zog das Fazit: »Sollte in zehn, zwanzig

Jahren eine neue Generation von Roma herangewachsen sein, die immerhin die Pflichtschule besucht hat, wird es um Macht, Ehre und Stolz dieser Männer geschehen sein. Schon jetzt bestritten sie ihre Existenz hauptsächlich, indem sie herumstanden und die Frauen dabei behinderten, das Haus in Ordnung zu halten und die Kinder in die Schule zu schicken.«

Erklärtes Ziel der Școală Waldorf war es, einem Gutteil ihrer fünfundachtzig Kinder den Abschluss der Klasse VIII zu ermöglichen. Diese Hürde markierte eine Grenze. Sie zu überschreiten war in Rumänien für eine weiterführende Berufsausbildung unbedingt erforderlich. Und neuerdings auch für den Erwerb des Führerscheins, was besonders für die Roma als Anreiz gedacht war, ihren Kindern einen achtjährigen Schulbesuch zu ermöglichen. Trotzdem maßen viele Tzigani der Schule keinen Wert bei, ja, sie kämpften sogar dagegen an.

»Wozu brauchst du Klasse acht«, wurde die Schülerin Carmen von ihrer Mutter angegiftet, »willst du Direktor werden?« Es blieb nicht bei bloßen Worten. Carmens Mutter, eine hochgradig streitsüchtige Frau, schlug zu. Einmal sogar mit einem Spaten. Auf Carmens Kopf. Auch von ihrem Vater wurden Carmen und ihre Schwester Angela verprügelt. Immer wieder, bis aufs Blut.

Häusliche Gewalt war im Unterdorf von Roșia nicht die Ausnahme, sondern der Normalfall. Deshalb bot die Waldorfschule den Kindern mehr als nur einen Ort des Lernens. Sie gewährte auch Schutz vor jähzornigen Eltern. »Wenn man aus einem unverfänglichen Grund die Hand hebt, zucken die Kinder zusammen und ducken sich weg«, erzählten Annette Wiecken und ihr Pädagogenteam. »Die Kinder fürchten sich vor Schlägen, die in vielen Familien alltäglich sind. Vor allem gegenüber Mädchen und Frauen.« Banalste Konflikte lösten heftigste Streitereien aus. Selbst bei nichtigen Anlässen gingen Kleinkinder aufeinander los, rissen sich Haare aus oder hauten sich die Nasen blutig.

Während sich Carmens jüngere Schwester Angela dem familiären Terror entzog, indem sie tagelang durch die Gegend streunte, fand Carmen Schutz bei dem wohl bekanntesten Siebenbürger Sachsen Rumäniens. Als ich zum ersten Mal Roşia besuchte, waren mir die Romane *Rote Handschuhe* und *Der geköpfte Hahn* bekannt, auch hatte ich gelesen, dass der erzählmächtige Schriftsteller und evangelische Pfarrer Eginald Schlattner in einem Ort namens Rothberg lebte. Dass aber das rumänische Roşia und der Sachsenweiler Rothberg zwei Namen für ein und dasselbe Dorf waren, hatte ich nicht realisiert.

Fünf, sechs alte Sachsen lebten noch in Rothberg. In der verwaisten Wehrkirche las Schlattner sonntags die Messe vor leeren Bänken. »Nur für mich selbst«, wie er sagte. 2011 zählte er achtundsiebzig Jahre. Er hatte darauf verzichtet, es sich in der literarischen Welt behaglich einzurichten und arbeitete noch immer als Gefängnisseelsorger. Seit Jahrzehnten achteten die Tzigani aus Rothberg ihn als ihren Schutzpatron. Auf die Frage, was er selbst von den Zigeunern gelernt habe, sagte er, ohne zu zögern: »Lebenslust und Gottvertrauen.«

Für Schlattner führte nur ein Weg die Roma aus ihrer Misere: »Schule, Schule, Schule! Wo Kinder von ihren Eltern verprügelt und misshandelt werden, nur weil sie lernen möchten, stellt sich die Frage der Diskriminierung anders als in den Diskussionen der Akademiker.« Der Sachse hatte für seine Vision der Integration der Zigeunerkinder zu zahlen. Real, nicht symbolisch. Carmens Vater kassierte jeden Monat umgerechnet fünfzig Euro. Mit derlei Zahlungen erkaufte der Pfarrer Jungen und Mädchen aus dem Unterdorf die Erlaubnis zum Schulbesuch. Vor Schlägen bewahren konnte er seine Schützlinge damit nicht.

Bei meinem letzten Besuch wohnte die mittlerweile siebzehnjährige Carmen mit einer orthodoxen Ordensfrau in einem Seitentrakt der alten Pfarrei. Zuvor hatte Carmen in einem Hermannstädter

Hospital gelegen, mit schweren Verletzungen, halbtot geschlagen vom eigenen Bruder. Carmens Eltern hatten teilnahmslos zugesehen, als der Wüterich den Kopf des Mädchens immer wieder gegen eine Wand hämmerte. Er wollte ihr die Gedanken austreiben, aus ihr könne etwas Besseres werden.

Schon im Oberdorf auf dem Spielplatz in der Școală Waldorf war mir Carmen aufgefallen. Sie trug verblichene Combat-Hosen, hatte ihr Haar unter einer Mütze versteckt und alles Frauliche an sich verborgen. Von Weitem hatte sie ausgeschaut wie eine verhinderte Kriegerin, der es irgendwie nicht gelingen wollte, Unnahbarkeit auszustrahlen. Im Schutz des geschichtsträchtigen Pfarrhauses, bei einer Tasse Tee, hatte Carmen ihren burschikosen Gestus abgelegt. Stattdessen zeigte sich ein empfindsamer, etwas verhuschter Mensch, mit anrührend sanftmütigem Lächeln. In knapp einem Jahr würde sie achtzehn sein. Und damit volljährig. Mit Pfarrer Schlattner hatte Carmen des Öfteren schon über ihre Zukunft gesprochen. Fest stand nur, sie würde niemals mehr in die Ziegelhütten im Unterdorf zurückkehren.

»Krankenpflegerin«, sagte sie, das sei ihr Traum. Eginald Schlattner wusste, dass dieser Wunsch Carmens Wesensart entsprach. Und jeder, der sie sah, wusste es auch. Auf dem Weg zu einer Ausbildung gab es nur ein Hindernis.

Die achte Klasse!

Um sie abzuschließen, wurden elementare mathematische Kenntnisse verlangt. Eine mächtige Hürde für eine junge Frau, deren Freundlichkeit zwar jeden Raum erwärmte, die aber rechnete, 300 minus eins ergebe 290.

Ob Kinder im slowakischen Rudnany oder im ukrainischen Pawschyno aufwuchsen, im makedonischen Shutka oder im bulgarischen Stolipinovo, das Bildungsdesaster in den Roma-Kommunitäten wies lediglich graduelle Unterschiede auf, keine prinzipiellen.

Wenn in Publikationen immer das Gandhi-Gymnasium im süd-
ungarischen Pécs als leuchtendes Beispiel einer Eliteschule von
und für Roma angeführt wird, so unterstreicht das lediglich die
Einzigartigkeit der Lehranstalt. Obschon die Chancen, im Gandhi
das Abitur zu erlangen, zehn Mal höher liegen als im ungarischen
Landesdurchschnitt, erreicht von fünf der aufgenommen Jungen
und Mädchen nur einer oder eine die Hochschulreife. Die erfolg-
reichen Absolventen aus Pécs täuschen nicht darüber hinweg, dass
der Anteil der Roma mit Matura in Ungarn weniger als ein Prozent
beträgt. In Rumänien, Bulgarien oder Makedonien ist die Lage noch
deprimierender. Und manch ein Vorzeige-Rom, den Nichtzigeuner als Musterbeispiel akademischer Leistungsfähigkeit anführen,
löst statt Anerkennung eher Befremden aus. So stellte der Kölner
Rom e. V. 2010 den »besten Studenten« unter den serbischen Zigeunern in einem Rundbrief mit den Worten vor: »Ich schwöre, ich
werde eines Tages ein erfolgreicher Familienvater sein, der sich nicht
schämen wird, zur Arbeit zu gehen.« Antizigane Vorurteile abbauen
sieht irgendwie anders aus.

Ausnahmslos alle Pädagogen, mit denen ich je zu tun hatte, machten
für die Bildungsmisere zwei Ursachen aus. Erstens die gesellschaftliche Ächtung und die Gleichgültigkeit gegenüber den Roma. Zweitens den Mangel an Eigeninitiative bei den Zigeunern selbst. Als
Ausgegrenzte waren die Roma bildungspolitische Opfer, mit ihrem
hohen Anteil an Schulverweigerern aber auch eigenverantwortliche
Täter. In keinem europäischen Land wurden diese beiden Kausalitä-
ten bestritten, nicht einmal von den Zigeunerführern selbst. Außer
in Deutschland.

2011 erschien eine Studie zur aktuellen Bildungssituation deutscher Sinti und Roma, die sich als »Dokumentation und For-
schungsbericht« verstand und Erstaunliches zutage förderte. Bei
der Befragung von 275 von über 100 000 in der Bundesrepublik

lebenden Sinti und Roma kam heraus, dass 11,5 Prozent eine Real-
schule besucht hatten, während in der Mehrheitsbevölkerung mehr
als 30 Prozent der 14- bis 25-Jährigen über einen mittleren Bildungs-
abschluss verfügten. Sechs der Befragten waren Gymnasiasten.
Hochgerechnet 2,3 Prozent. Bei den 20- bis 25-jährigen Nichtzigeunern hingegen besaßen über 40 Prozent die Hochschulreife.
Während rund 85 Prozent der deutschen Gesamtbevölkerung eine
Berufsausbildung absolviert hatten, waren die Zahlenverhältnisse
bei den Sinti und Roma umgekehrt. Lediglich 15 Prozent verfügten
über eine abgeschlossene Ausbildung.

Glaubt man der Studie, so gründet der miserable Bildungsstatus
im »gravierenden Versagen des deutschen Bildungssystems«. Und
im deutschen Faschismus. In Traumatisierungserfahrungen, die in
den Familien von Generation zu Generation weitergegeben werden
und selbst noch in der dritten Generation der heute 14- bis 25-Jähri-
gen erkennbar sind. »Evident sind die intergenerationellen Auswirkungen der Verfolgungsgeschichte der Sinti und Roma, auch und
vor allem im Zusammenhang mit der Vernichtungspolitik im Nationalsozialismus. So werden starke Ängste und Misstrauen innerhalb
der Familie im Zusammenhang mit dem Schulbesuch der Befragten
oder ihrer Eltern und Großeltern thematisiert.« Zudem hatten vier
von fünf der interviewten Personen persönliche Diskriminierungs-
erfahrungen gemacht. Ihre schulischen Erlebnisse seien »in starkem
Maße von offenen und verdeckten Diskriminierungen in Form von
alltäglichen antiziganistischen Beschimpfungen und Vorurteilen
bestimmt«. »Erschreckend ist«, schreibt Daniel Strauß, »dass Antiziganismus offensichtlich auch auf Seiten der Lehrer_innen nach
wie vor vorhanden ist und im Schulalltag offen artikuliert wird.«

Während nichtzigane Medienvertreter die Thesen bereitwillig
übernahmen, rebellierten ungezählte Sinti gegen den Report, von
dem sie sich selbst und ihr Volk nicht angemessen repräsentiert
sahen. »Es ist kontraproduktiv, historische Erfahrungen der Groß-

eltern oder gar eine rassistische Umwelt für die desolate Lebenssituation eines Teils der Zigeuner verantwortlich zu machen«,
kommentierte die Sinti Allianz Deutschland und bemängelte die
Entstehungsgeschichte des Berichts. »Lediglich solche Zigeuner arbeiteten mit und nahmen an den Befragungen teil, die dem
Zentralrat Deutscher Sinti und Roma nahe stehen oder in dessen
sogenannter Bürgerrechtsbewegung engagiert sind.« Vor diesem
Hintergrund seien auch die Ergebnisse zu bewerten. Den Verdacht,
die Dokumentation habe sich mit Suggestivfragen an ausgewählte
Probanden nicht an den Kriterien wissenschaftlicher Objektivität
orientiert, sondern betreibe Verbandspropaganda, nährten auch die
Diskutanten auf der Internetplattform Sintiweb, wo man die Studie
als »Hohn für uns alle« ablehnte und fragte: »Wer gab denn den
Auftrag zu solch einer Bildungsstudie über Sinti und Roma? Und
wem dient sie?«

Nun ja, Geheimnisse tun sich da nicht auf. Finanziert, wenngleich
nicht in Auftrag gegeben, wurde der Bericht von der Stiftung »Erinnerung, Verantwortung und Zukunft«, die im Jahr 2000 aus Steuer-
mitteln und den Geldern deutscher Unternehmen gegründet wurde,
vor allem, um ehemalige Zwangsarbeiter zu entschädigen. Heute
setzt sich die Stiftung für Menschenrechte und Völkerverständi-
gung ein und gedenkt der Opfer nationalsozialistischen Unrechts.
Die finanzielle Förderung der Untersuchung wurde begründet mit
dem »Empowerment« von Minderheiten.

Der Herausgeber der Studie ist Daniel Strauß. Als Vorsitzender
des Landesverbandes der Deutschen Sinti und Roma in Baden-
Württemberg ist er zugleich Mitglied des Zentralrats in Heidelberg, zudem ist er stellvertretender Vorsitzender des dem Zentralrat
angeschlossenen Dokumentationszentrums. Initiiert und durchgeführt wurde der Report von der gemeinnützigen RomnoKher
GmbH in Mannheim. Die Projektleitung oblag Daniel Strauß. Er
ist der Geschäftsführer von RomnoKher, das sich selbst als »Kom-

petenzzentrum« und »Haus für Kultur, Bildung und Antiziganismusforschung« versteht. Zu den Förderern der Studie zählt die
Gesellschaft für Antiziganismusforschung e. V. in Marburg, als
deren zweiter Vorsitzender Daniel Strauß firmiert. Der erste Vorsitzende, Professor Wilhelm Solms, zugleich Mitglied im Kuratorium
des Heidelberger Dokumentationszentrums, schrieb das Geleitwort.
Ausgewertet wurden die erhobenen Daten von dem Bildungssozio-
logen Michael Klein, einem weiteren Vorstandsmitglied des Marburger Vereins.

Das Ergebnis entspricht ziemlich genau jener Feststellung, die
bereits Jahre vor dem Erscheinen des Berichts veröffentlicht wurde.
In dem des Öfteren bemühten *Handbuch Sinti und Roma von A–Z*
ist zu lesen: »Die Schulverbote in der NS-Zeit, die Ermordung einer
ganzen Generation von Kulturvermittlern und lehrenden Eltern,
die Nichtbeschulung eines ganzen Teils der Nachkriegsgeneration
sowie traumatische Schulängste infolge der NS-Deportationen
von Kindern verursachten erhebliche Bildungsdefizite bis hin zum
Analphabetismus«. Einer der Verfasser des Handbuchs, das aus
Mitteln des baden-württembergischen Innenministeriums gefördert
wurde, war Daniel Strauß.

Um ein Missverständnis zu vermeiden: Der grausame Völkermord an den Zigeunern, der Porajmos, »das Verschlingen«, wie es
auf Romani heißt, hat schreckliches Leid angerichtet. Verstörend
eindringlich wurde das Grauen in Worte gefasst in der Biografie
»Denk nicht, wir bleiben hier!«, in der Anja Tuckermann die Erleb-
nisse des Sinto Hugo Höllenreiner aufgeschrieben hat. Die Lebens-
geschichte Höllenreiners, der 1945 als Elfjähriger aus Auschwitz-
Birkenau befreit wurde, steht exemplarisch für die Barbarei der
Nationalsozialisten und gleichermaßen für das unfassbar Böse, was
Menschen anderen Menschen antun können. Es ist ein Gebot der
Humanität, an das Leid der Sinti und Roma und all der anderen
Zigeunerstämme zu erinnern. Doch liefert dieser Schmerz sieben

Jahrzehnte später noch immer eine Erklärung dafür, wenn 44 Prozent der Probanden einer Befragung keinen Schulabschluss besitzen? Nebenbei gesagt: In Ländern, in denen die Roma während der nationalsozialistischen Gewaltherrschaft nicht verfolgt wurden, wie etwa in Bulgarien, ist ihre Bildungssituation unvergleichlich desolater als in Deutschland.

Keine Gadsche, standesbewusste Zigeuner wiesen auf eine haarsträubende Ungereimtheit hin. Wenn sich kollektive Traumata über Generationen hinweg nachhaltig negativ auf das Bildungsniveau auswirken, dann müsste das Volk der Juden, wenn man das ungeschützt sagen kann, ein unzivilisiertes Volk von Analphabeten sein. »Die jüdische Glaubensgemeinschaft hat die gleichen historischen Erfahrungen machen müssen. Es stellt sich hier für uns die Frage, weshalb diese nicht die Probleme haben, wie in der Studie beschrieben«, meinte die Vorsitzende der Sinti Allianz Natascha Winter.

Kritischen Sinti ist nicht entgangen, dass der Report einer Begriffsmühle gleicht, die in Endloszirkeln immergleiche, um sich selbst rotierende Behauptungen produziert und das Opfer-Täter-Schema ad ultimo zementiert. Die deutschen Sinti und Roma, so ist zu lesen, zählen in der Bevölkerung zu einem »harten Kern, der in der Bildung systematisch ausgegrenzt und sozial abgehängt wird«. Folglich fordert Strauß: »Ein gleichberechtigter Zugang zum Bildungswesen muss gewährleistet sein.« Deutschland – ein Apartheidsstaat? Dem Eindruck widerspricht die Sinti Allianz vehement. Selbstverständlich würden bestehende Bildungsangebote den Sinti »als deutsche Bürger uneingeschränkt zur Verfügung stehen«, zudem würden »einige Zentralratsverbände schon seit langem finanzielle Mittel vom Staat für Hausaufgabenhilfen« erhalten. Trotzdem würden »Ämter, Lehrer und Mitbürger beschuldigt, Sinti rassistisch zu behandeln und für deren Bildungsmangel und ihre Arbeitslosigkeit verantwortlich zu sein«.

Dass Sinti und Roma wie andere Bevölkerungsgruppen auch für ihren und den schulischen Werdegang ihrer Kinder eventuell ein Stück weit selbst Sorge tragen sollten, spielt in dem Report keine Rolle. Auch zeugt das unverhohlene Buhlen um Fördergelder und Projektmaßnahmen nicht von übermäßigem Vertrauen in die Selbstverantwortlichkeit der eigenen Ethnie. Stattdessen wird für einen »Bildungsaufbruch« votiert, für den wiederum »Überzeugungsarbeit« zu leisten ist, die wiederum der Förderung bedarf. Wie zu erwarten empfehlen die Rapporteure schlussendlich, »unverzüglich eine Bildungskommission zu gründen«. Für einen »nationalen Aktionsplan«, bei dem »Ressourcen von Bund, Ländern, Kommunen und EU-Fördermitteln« gebündelt werden sollten. Bemerkenswert ist: Während die Funktionäre die obligaten Programme »zum selbstbewussten Erwerb von Bildung und zur gleichzeitigen Überwindung des gesellschaftlichen Antiziganismus« einklagen, kreiden engagierte Sinti wie Rene Daniel der Studie an, selbst »den größten Beitrag zur Förderung von Klischees, Vorurteilen und Antiziganismus« geleistet zu haben.

Der Vorwurf greift zu kurz.

Das Unsägliche an der Studie ist nicht das Verbreiten des Stereotyps von den bildungsdiskriminierten Sinti und Roma, und auch nicht das Ansinnen, Bildungsarmut in Finanzbeihilfen zu verwandeln. Das eigentliche Drama ist folgenschwerer. Tragisch gar. Gegen ihre Absicht gerät die Studie zu einem Dokument einer schleichenden Entmündigung. Das Insistieren auf der Perspektive des Opfers bekundet den Ausverkauf ziganen Selbstbewusstseins. Wo aus dem Spektrum der Erfahrungen nur die negativen herausgefiltert werden, wo Menschen die Welt allein durch die Brille ihrer Beschädigungen anschauen und mit ebendiesem Blick selber angeschaut werden wollen, verflüchtigt sich das Bewusstsein ihrer Möglichkeiten. Anstatt ihre Fähigkeiten in die Waagschale zu werfen und ihre kreativen Talente in gesellschaftliche Prozesse einzubringen, verkümmern sie zu Unbemittelten, die des ständigen »Empowerments« bedürfen. Sie begreifen sich nicht über ihren Reichtum, sondern definieren sich über ihre Armut und ihre Defizite. Nichts ist übrig von der Selbstachtung eines Ronald Lee, der uns in *Verdammter Zigeuner* vor über vierzig Jahren sagte, in einer Zivilisation, »in der Tod und Angst und Hass uns immer mehr beengen, hat die Welt von den Zigeunern vielleicht noch einiges zu lernen, um zu überleben: Einfallsreichtum, Selbstgenügsamkeit, Mut und trotzige Freude«. Die Sinti und Roma der Funktionäre haben nichts mehr, was sie andere lehren könnten. Uns, die Gadsche.

Ein Grund zum Verzweifeln ist das nicht. Denn es gibt sie noch, jene Freigeister, die statt fremden Stimmen lieber der eigenen vertrauen. »Lasst euch nicht einreden, wir wären bildungsfern und unkultiviert, und wir bräuchten Erziehung!«, proklamieren sie auf zigeunerinfo.de, ein Diskussionsforum, auf dem jenseits der monopolisierten Meinung spannende Debatten stattfinden. Etwa über die nicht unerhebliche Frage, welche Art von Bildung überhaupt gemeint ist, wenn von Bildungsdefiziten der Zigeuner gesprochen wird. Leider verschwinden anregende Menschen in solchen Gesprächsplattformen häufig in der Anonymität ihrer Phantasienamen. Erwähnt werden sollen zumindest »Kati«, »Mirikli«, »Rinerle« oder »Walodja«. Sie lehnen ein Verständnis von Bildung ab, das auf »angepauktes und eingetrichtertes Wissen« setzt, um »eiskalte Karrieristen« gesellschaftstauglich zu machen. Dagegen halten sie den unmodischen, aber schönen Begriff der »Herzensbildung« lebendig und stellen die schlichte Überlegung an, was die Sinti und Roma von den Gadsche, und was die Nichtzigeuner von den Zigeunern lernen können. Jede Antwort setzt eine gleichberechtigte Begegnung auf Augenhöhe voraus. Dazu ist schwerlich fähig, wer sich im Zustand der Dauerdiskriminierung wähnt.

Zitieren will ich Kati. Ob sie eine Sintezza ist, eine Romni, eine Zigeunerin oder nichts dergleichen, ich weiß es nicht. Und es ist auch egal.

»Wenn wir uns nicht mehr daran erinnern werden, was es heißt, stolz und nicht fremdbestimmt zu sein, wenn wir es gelernt haben, unser Wissen gegeneinander einzusetzen und unser Gegenüber als Konkurrenten zu sehen, oder meinen, uns ständig miteinander messen zu müssen, dann werden wir den Bildungsauftrag erfüllt haben.... Wissen ist eine wunderbare Sache, den menschlichen Geist zu fordern, Zusammenhänge zu erkennen, Technik zu nutzen – alles wunderbar! Aber nur dann werden sich diese Gaben nicht gegen uns richten, wenn wir dabei in demselben Maße das pflegen, was wir Herzensbildung und Kultur der Seele nennen – das, was Sinte seit Generationen allen Entwicklungen, Verleumdungen und Anfeindungen zum Trotz in sich bewahrt haben.«

Das trotzige Bewahren der eigenen Identität zwischen Herz und Vernunft, zwischen Ausgrenzung und Selbstbehauptung, schien mir nicht nur an Orten bedroht, wo die Zigeuner und die Mehrheitsbevölkerung unversöhnt nebeneinander lebten. Auch dort, wo sich die Minderheit assimiliert hatte. Soziale Integration, so erstrebenswert sie ist, hat ihren Preis. Sie verändert die Integrierten.

Vierzig Prozent der Bewohner in Hodász, einem 3000-Seelen-Dorf im Osten Ungarns, waren Zigeuner. Soweit ich mich entsinne vom Stamm der Lovara. Sie fühlten sich weder vom öffentlichen Leben ausgeschlossen, noch litten sie unter Diskriminierungen auf dem Arbeitsmarkt. Die Folge einer intensiven Alphabetisierung schon in kommunistischer Zeit. Der damalige Bildungsschub ging auf einen katholischen Priester namens Miklos Soja zurück, den die Roma in Hodász wie einen Heiligen verehrten. Soja war bereit gewesen, von den Zigeunern zu lernen. Tagsüber ging er bei Viehhirten, Kolchosearbeitern und Straßenbauern in die Lehre, abends hockte er zwischen den Zechern und Kartenspielern, um ihre satten Flüche und Schimpfwörter zu erlernen. Anschließend übersetzte Miklos Soja die liturgischen Texte der Messfeier ins Romani. Und weil es ihm wichtiger war, dass die Leute lesen und schreiben konnten, als fromme Gebete in ihrer Muttersprache aufzusagen, hängte er in der Kirche neben die Ikonen Tafeln mit dem Alphabet auf.

»Er war ein wirklicher Vater«, sagte Sandor Lakatos. »Er kümmerte sich um jeden und sorgte sich um den Zusammenhalt der Gemeinschaft. Vater Miklos machte keinen Unterschied zwischen Zigeunern und Ungarn.« Deshalb war es in Hodász nicht nötig, das 2007 in Ungarn auf Betreiben der Europa-Parlamentarierin Viktória Mohácsi beschlossene Gesetz gegen die Segregation einzuführen. In der örtlichen Grundschule gingen die Kinder der Ungarn und der Zigeuner längst in denselben Klassen zum Unterricht. In der Tradition von Pfarrer Soja sah sich auch der Rom Lakatos. In den Nachwendejahren hatte er sich als Tagelöhner in der Landwirtschaft durchgeschlagen, nun war er Kantor der Himmelfahrtsgemeinde und leitete das örtliche Altenheim, das erste ungarische Heim für betagte Roma, um die sich sonst niemand kümmerte. Die Einrichtung war ein Zeichen veränderter Zeiten, ein Indiz, dass das Fundament der ziganen Großfamilie Risse erhalten hatte. Die Pflicht, die Alten zu ehren und zu umsorgen, war nicht mehr allen heilig.

Als wir durch den Ort spazierten, machte mich Lakatos darauf aufmerksam, dass viele Roma den bürgerlichen Lebensstil der Ungarn angenommen hatten. Die Häuser der Ethnien waren kaum mehr voneinander zu unterscheiden. Einige Lovara hatten es zu bescheidenem Wohlstand gebracht. Sie arbeiteten im Baugewerbe, galten als solide Handwerker und erhielten Aufträge, weil sie preisgünstiger kalkulierten als die ungarischen Unternehmer. Trotzdem gab es auch in Hodász nicht genug Jobs. Nur trafen die ländlichen Strukturprobleme Ungarn und Roma gleichermaßen. Als wir über die Zukunftschancen der Jugendlichen sprachen, die es nach Budapest zog, auf der Suche nach Arbeit und auf der Flucht vor der dörflichen Langeweile, geriet Sandor Lakatos ins Grübeln. »Wir entwickeln uns weiter und passen uns der Zeit an. Nur verlieren wir dabei unsere Traditionen.« Der Verlust sei ein schleichender Vorgang, ein Prozess, der sich jedoch zusehends beschleunige und seinen Weg finde, von außen nach innen.

»Es fängt mit der Kleidung a...i. Früher wussten wir an den Schleifen im Haar ein unverheiratetes Mädchen von einer Frau zu unterscheiden, heute sehen alle gleich aus. Die jungen Leute kleiden sich, wie man sagt, global. Wie diese amerikanischen Popcorn-Esser. Wie die Jugend im Fernsehen. Das neue Europa hat uns die Freiheit gebracht. Doch wo der Liberalismus sich ausbreitet, geht unsere reiche Gefühlswelt verloren. Unsere Tänze, unsere Lieder und Geschichten interessieren die Jungen nicht mehr. Früher haben wir auch anders gefeiert. Die Feste waren fröhlicher, ausschweifender auch. Sie waren Ausdruck von Gemeinschaft und Freude. Heute ist alles nüchterner geworden. Sicher auch frostiger.«

Während die verelendeten Roma in Südosteuropa aus der Zeit fielen, suchten die assimilierten Zigeuner im dritten Jahrtausend eine neue Identität zwischen Klischee und Realität, zwischen pragmatischer Anpassung und der Sehnsucht nach einem Leben, das überschaubarer und geordneter schien. Zerrissen zwischen Tradition und Zeitgeist fand Sandor Lakatos keinen Ausweg aus diesem Dilemma. Vielleicht war es wirklich jenes von Ronald Lee beschworene, gänzlich unzeitgemäße »heilige Feuer«, jener »Funke des Trotzes«, der die Roma lebendig hielt. Wo er glühte, war die Lebenslust mächtiger als der Alltagsfrust, das Gottvertrauen stärker als Fatalismus und Katzenjammer. Wo der Funke erlosch, starben auch die so achtlos als Romantizismen denunzierten Eigenarten zigeunerischer Identität. Die Apathie verdrängte die Leidenschaft, das Kalkül die Aufrichtigkeit, die Schacherei den Großmut. Wenn die verschwenderische Freigebigkeit der Zigeuner verschwunden sein wird, verschwindet auch ein Gegenentwurf zur Dominanzkultur der Gadsche mit ihrem kleingeistigen Geiz-ist-geil-Gehabe.

»Paradise Lost«! Unter diesem Leitmotiv stellten sich 2007 in Venedig sechzehn Roma-Künstler aus acht europäischen Ländern der Öffentlichkeit. Lange hatten die Zigeuner auf diesen Auftritt warten müssen. Allzu lange war ihre künstlerische Kreativität auf kunsthandwerkliches Geschick reduziert worden, dessen Produkte allenfalls taugten, auf osteuropäischen Folklore-Märkten verscherbelt zu werden. Nun wurde, erstmals seit der Gründung der Biennale 1895, die zeitgenössische Kunst der Roma einem großen internationalen Publikum gezeigt. Im Ambiente des Palazzo Pisani, außen von morbidem Charme, innen gediegen, präsentierte sich die Avantgarde der ziganen Kunstszene erfrischend jung, frech und rebellisch; intellektualisiert gewiss, aber auch unbefangen im spielerischen Umgang mit der eigenen Naivität und Kitschkultur. Kuratiert wurde die Ausstellung des Roma-Pavillons von der Budapester Kunsthistorikerin Timea Junghaus. Ihr Ansatz war vielversprechend. Sie nahm ihr Volk nicht aus dem Winkel gesellschaftlich verursachter Defizite wahr, Timea Junghaus sah ihre Leute mit dem Blick für ihre Chancen. Irgendwo hatte ich von ihr gelesen: »Wir definieren die Roma nicht als Problem, sondern als mögliches und tatsächliches Kapital.«

Mit dem »verlorenen Paradies« war der Romni Junghaus ein fulminanter Paukenschlag gelungen. Im Bewusstsein blieben mir die Bilder des französisches Malers Gabi Jimenez, Jahrgang 1964. Eine seiner grellbunten Mixturen aus Pop-Art und Comic-Zeichnung zeigte ein Meer aus kantigen Köpfen vor stilisierten Wohnwagen und der Andeutung eines blauen Himmels. Die Gesichter waren Schemen, reduziert auf mächtige Nasen und Ohren sowie auffallend riesige Augen, die wie überdimensionierte Brillen aus den Köpfen wuchsen. So ausgeprägt die Sinnesorgane zum Riechen, Hören und Sehen waren, so haftete den Gesichtern ein offenkundiger Makel an. Ihnen fehlte der Mund. Nun forderte die Abwesenheit des Organs zum Sprechen, Essen und Schmecken Deutungen geradezu heraus.

Wie auch immer die ausfallen, ich bin sicher, man versteht Jimenez falsch, wenn man seine mundlosen Zigeuner als Aufforderung begreift, den Stummen eine Stimme geben zu müssen. Die Roma können für sich selbst sprechen. Vielleicht aber laden die riesengroßen Brillen zu dem Bemühen ein, die Welt einmal mit den Augen der Zigeuner anzuschauen.

Ich hatte des Öfteren mit Timea Junghaus telefoniert, ohne dass wir uns in Ungarn getroffen hatten. Die rege Kulturaktivistin war für das Roma-Programm des Open Society Institutes in Budapest tätig, das mich bei einigen Reisen zu den Zigeunern in Europa unterstützt und mit meinen frühen Fotos eine Internetgalerie eingerichtet hatte. Irgendwann bot mir Timea an, mich mit Budapester Künstlern bekannt zu machen, die in Venedig an der Visualisierung des verlorenen Paradieses beteiligt waren.

Der markanteste von ihnen war zweifellos István Szentandrássy. Er war sechzig Jahre alt, hatte sein Haar zu einem Pferdeschwanz gebunden und qualmte eine Selbstgedrehte nach der anderen. Timea hatte seine Bilder recht trefflich als »Visionen mit wilden Pferden, exotischen Zigeunerprinzessinnen, Bettlern, Musikern und fatalen Romanzen« beschrieben, wobei sich Szentandrássy der grandiosen Technik der Meister der Renaissance bediente. Mit dem Besuch bei dem nachdenklichen Virtuosen, der wenig Wert auf öffentliche Selbstdarstellung legte, hatte mir Timea die Tür zu einer Schatzkammer geöffnet, deren opulente Reichtümer ich nicht recht zu würdigen wusste. Die ikonografische Macht und Präsenz der Porträts von Juden und Zigeunern, von Pharisäern und Madonnen, von Gequälten und Betrogenen, Verdammten, Reisenden und Suchenden, all die überbordende Symbolik und metaphorische Wucht berauschten, aber überforderten mich auch.

Gottlob sprach Szentandrássy statt über Kunst lieber über das Leben.

Was die verfemten Zigeuner von den verfemten Juden unterscheide, meinte er, seien die großen Gestalten der kollektiven Geschichte. Die Juden besaßen sie. Die Roma nicht. Moses, Isaac und Abraham waren Einheitsstifter, fähig und willens, ihr Volk in schweren Zeiten durch Wüsten zu führen. »Ihre Schriftkultur hat den Juden geholfen, die Erinnerung an ihre Führer zu bewahren. Die mündliche Erzähltradition der Roma kennt solche Vorbilder nicht. Deshalb sind wir zersplittert, verstreut über alle Welt. Wir sind ein zerstrittenes Volk.«

Seit Jahren schaffte Szentandrássy an einem Bilderzyklus mit kirchengeschichtlichen Motiven für eine verfallene Kapelle. Im Kommunismus entweiht stand sie seit einem halben Jahrhundert außerhalb von Budapest auf dem Terrain eines Waisenheims. In der Anstalt lebten schwangere und straffällige Roma-Mädchen mit knallharten Biografien. Eine Halbwüchsige hatte die eigene Mutter erstochen, eine andere eine Boutiquenbesitzerin umgebracht. »Diese Mädchen brauchen Führung, Hilfe und geistlichen Halt«, sagte Szentandrássy. Deshalb stand er an der Leinwand und malte gegen die Haltlosigkeit an. Mit Bildern, die das Unglaubliche glaubhaft machten: Jesus, der über das Wasser läuft. Jesus bei seiner Taufe im Jordan, wie ihn der Heilige Geist überkommt. Franz von Assisi, der im Einklang mit der Natur den Tieren predigt. Und Madonnen, die ausschauten wie Zigeunerinnen; Frauen, die ihren Schmerz hinter ihrer Schönheit nicht zu verbergen wussten. Als wir uns von István Szentandrássy verabschiedeten, war ich einem Menschen, einem Rom, begegnet, der mit Pinsel und Farbe um die Geschichte seines Volkes und um seine eigene rang. Achtzehn Jahre seines Lebens hatte er selbst in einem Heim verbracht.

Irgendwann später steckten mir ungarische Cigány, Szentandrássy male fromme Bilder für Kapellen, weil er reich werden wolle. So sprachen Menschen, die nie ein Bild des Meisters gesehen, die nie ein Wort mit ihm gewechselt hatten. So sprachen die Krebse im Eimer.

Vielleicht war es Zufall, dass auch Tibor Balogh in einem Kinderheim aufgewachsen war. Ich hatte mich mit dem 32-Jährigen im Roma-Parlament verabredet, ein Name, der falsche Erwartungen weckte. Das »Parlament« lag in Jozsefvaros, dem berüchtigten VIII. Budapester Bezirk. Und weil sich nichts länger hält als ein ruiniertes Image, galt die Josefstadt mit ihrem hohen Anteil an Zigeunern vielen Ungarn noch immer als ein Viertel der Gescheiterten, als sumpfiges Terrain aus Drogen, Prostitution und Kriminalität. Zu Unrecht. Viel Energie, auch Geld, war in das Quartier geflossen, für Sanierungs- und Sozialmaßnahmen. Allerdings nicht für das Roma-Parlament. In der grauen Fassade klafften noch immer die Einschusslöcher der Gewehrsalven vom Ungarnaufstand 1956. Seitdem hatte der verschachtelte Bau keinen Mörtel und keine Wandfarbe mehr gesehen. Doch der äußere Zustand steten Verfalls verbarg seine inneren Werte. Das Parlament war das Kulturzentrum der ungarischen Zigeuner. In der hauseigenen Gemäldegalerie hingen auch Arbeiten von Tibor Balogh, der dem Begriff »Roma-Kunst« nichts abgewinnen mochte.

»Die gibt es nicht. Es gibt Roma, die Künstler sind.«

Balogh war ein Gratwanderer. Er hatte sich aus der Enge ethnischer Zuschreibungen befreit, ohne seine Herkunft und seine Wurzeln zu verleugnen. Die wiederum hatte er spät erst kennengelernt. Da man seiner Mutter das Sorgerecht entzogen hatte, geriet er mit einem Jahr bereits in die Obhut des Waisenheims in Tiszadob. Dort stammten zwei Drittel der einhundertfünfzig Kinder aus Zigeunerfamilien, die Erziehung jedoch oblag ungarischen Pädagogen. »Mein Glück«, sagte Balogh. Denn in dem Heim legte man Wert auf eine solide Schulbildung, die ihm die Pforte zur Budapester Universität öffnete. Er war der erste ungarische Rom, der an der Fakultät für Kunst und Graphik sein Diplom erwarb. Bis dahin fühlte er wie ein Gadscho, dachte wie ein Gadscho. Und studierte auch so.

»Linien, Würfel, Kugeln, Perspektiven. Alles drehte sich um Techniken. Die Ausbildung war allein an der Entwicklung zeichnerischer Fertigkeiten ausgerichtet. Streng funktional. Klar, das Beherrschen des Handwerks ist unverzichtbar. Doch mir fehlte das Kreative, die Passion für Ideen.« Bis Tibor Balogh als Stipendiat eingeladen wurde zu einem Ferienlager für angehende Künstler, ausnahmslos begabte Roma. Die Zeit in dem »Romani-Art-Camp« geriet zu einer Offenbarung. »Erstmals in meinem Leben war ich unter meinen Leuten. Ich fühlte mich frei. Ohne Zwänge, Vorgaben und Reglementierungen. Ich war frei in der Gemeinschaft mit freien Menschen.«

Tibor Balogh hatte sein Thema gefunden, das seine Arbeiten fortan wie ein roter Faden durchzog: die Freiheit und mit ihr jene Kräfte und Mächte, die sie bedrohten oder beförderten.

Er zeigte mir einige großformatige Kupferradierungen, abstrakte Variationen ein und desselben Motivs, das ihn seit Langem bewegte: die Vereinigung der dunklen und lichten Wesenskräfte der ziganen Identität im Tanz. In dem immer wiederkehrenden Motiv des Tanzes einer greisen Zigeunerin mit einem Engel näherten sich die erdenschwere Last der Geschichte und die Leichtigkeit himmlischer Geborgenheit aneinander an. Wobei nicht zu unterscheiden war, ob die beiden miteinander tanzten oder einander bekriegten.

Eine Bildtafel mit dem Tanzmotiv war Teil eines unvollendeten Triptychons, das Vergangenheit, Gegenwart und Zukunft der Roma visualisieren sollte. Die linke Seite stand für Krieg, Kampf und das ewige Ringen der Zigeuner um ihre Heimat. In der Mitte standen die Alte und der Engel. Die rechte Seite fehlte. Tibor Balogh erzählte, mit der Arbeit an dem Triptychon nicht recht voranzukommen. Die Bildtafel rechts wollte er der Zukunft seines Volkes widmen. »Aber ich habe noch kein Bild vor Augen. Mir fehlt eine Idee.«

»Paradise lost.« Ich war mir nicht sicher, wie das Motto zu verstehen war. Unter der Prämisse, dass man nur verlieren kann, was man zuvor besessen hat, erwies es sich als bittere Ironie. Womöglich aber benannte es auch einen Schmerz, den Verlust einer Sehnsucht, eines Begehrens, den Tod einer Utopie; vielleicht auch das Ende falscher Illusionen und irrealer Träumereien. Nichts symbolisierte das verlorene Paradies für mich eindringlicher als ein Bild, das in Budapest in einem Haus in der Kende-Kanuth-Straße im XX. Distrikt hing. In dem Haus, ausgestattet mit Alarmanlage und Überwachungskamera, lebte Viktória Mohácsi mit ihrer Familie. Bis sie 2012 in Kanada um politisches Asyl bat.

Das Bild hing über der Tür, die Esszimmer und Küche mit der Wohnstube verband. Es war eines dieser bunten und naiven Heile-Welt-Repros, die vor ewigen Zeiten in den Schlafzimmern frommer Katholiken hingen. In güldenem Rahmen zeigte es die Heilige Familie: Maria, Joseph und den Jesusknaben, Tauben fütternd inmitten friedlichen Idylls an plätschernder Quelle. Der kitschige Druck irritierte mich, fiel es mir doch schwer, ihn mit jener Viktória Mohácsi in Verbindung zu bringen, die ich zu kennen glaubte. Mit der Roma-Rechtlerin, der streitbaren Parlamentarierin und der energischen Politaktivistin. Und doch gehörte dieses Bild zu ihr, als wehe mit ihm etwas aus einer fernen Zeit herüber, etwas von großem Wert. Die Sehnsucht nach einem behüteten Leben, beschützt und ohne Angst.

Als wir uns zum letzten Mal trafen, zahlte Viktória den Preis, sich zu oft und zu weit aus dem Fenster gelehnt zu haben. Sie hatte allen Hass auf sich gezogen und außer ihrer Familie fast alles verloren. Ihre politische Heimat, ihr parlamentarisches Mandat in Brüssel, ihre Arbeit, ihre öffentliche Reputation als ehemalige Journalistin und zuletzt den Boden unter ihren Füßen. Sie überlegte ihren Namen zu ändern, den Nachnamen ihres Ehemannes anzunehmen, unter einem Pseudonym zu schreiben. Und als allerletzte Möglichkeit, mit der Familie auszuwandern.

Paradise lost. Selbstverständlich war Vitza klar, dass sie und ihr Volk nie ein Paradies kannten, das hätte verloren gehen können. Womöglich aber hatte es Alternativen gegeben, die ungenutzt blieben; Möglichkeiten, die verworfen wurden. »Wäre ich freundlicher und moderater gewesen«, sagte sie, »vielleicht wären die Verhältnisse nicht so zerrüttet. Ich wollte das nicht. Ich bin eigentlich kein Mensch, der andere verletzen will.«

Vielleicht wäre ihr Leben anders verlaufen, wäre sie nicht in die Mühlen jenes politischen Konfrontationismus geraten, der Gräben vertiefte, wo Brücken hätten gebaut werden müssen.

Ich mochte Viktória. Es war zum Verzweifeln, dass viele Ungarn nur das Messer in ihrer Hand sahen, aber nie ahnten, dass sie angreifen musste, um sich zu verteidigen. Viktória Mohácsi konnte Menschen vor den Kopf stoßen, sie konnte scharfzüngig und vielleicht auch verletzend sein. Aber nie aus einer Bösartigkeit heraus. Sie verletzte, weil sie selbst verletzt worden war. Was sie antrieb, war nicht der Hass gegen die Ungarn, sondern die Sehnsucht nach etwas Heilem, so wie in dem sentimentalen Bild der Heiligen Familie, wo es keine Alarmsirenen und keine Überwachungskameras gab.

Viktória hat Ungarn und Europa verlassen. Unbemerkt von jenen, die ihre kämpferischen Worte immer gern zitierten. Einigen Rechten bot ihr Verschwinden Anlass zum Triumph. Sie glaubten, irgendetwas gewonnen zu haben.

Vielleicht hätte ihr Weg eine andere Richtung genommen, wäre sie an einem anderen Ort geboren und unter wohlwollenderen Menschen aufgewachsen als in Bedö, einem Dorf im Osten Ungarns. Eines ruhigen Abends, nachdem sie die Kinder zu Bett gebracht hatte, erzählte Vitza von ihrer Kindheit. Sie zeigte mir eine alte Fotografie von sich und ihrer Familie, den sechs Geschwistern und dem viel zu früh verstorbenen Vater, dem es wichtig war, dass allen seinen Kindern eine gute Schulbildung zuteilwurde. Selten hat mich eine Fotografie so sehr berührt wie das schwarz-weiße

Lichtbild dieses Mannes. Er muss ein sehr freundlicher Mensch gewesen sein.

»Ich habe immer nur gekämpft. Mein Leben lang«, sagte Vitza leise. »In der Schule waren wir drei Roma-Kinder. Meine zwei Kusinen und ich. Ich war wirklich eine gute Schülerin. Trotzdem setzte uns die Lehrerin immer in die letzte Reihe. Wenn ich bei einer Frage die Hand hob, sah sie mich nicht. Ich wurde niemals drangenommen. Nie schaute sich die Lehrerin meine Hefte mit den Hausaufgaben an. Nie. Es war egal, ob ich etwas richtig oder falsch gemacht hatte. Mich gab es nicht. Und wenn die Mädchen aus der Klasse sich verabredeten und ihre Geburtstage feierten, wurden wir drei Roma-Mädchen niemals eingeladen.«

Es gibt zu viele Vitzas. Nicht bloß in Ungarn. Und zu viele ihrer Schwestern und Brüder, die nie ihre Stimme erheben. Die nicht kämpfen.

Sie tragen ihre Wunden, ihren Schmerz und ihre Wut in sich, doch sie finden keinen Weg, sie zu zeigen. Und wenn doch, dann oft mit solch zerstörender Wucht, die erschreckt. Dann verschließen wir Gadsche die Augen, statt zu versuchen, diese Wunden zu heilen. Das wäre die große Aufgabe Ungarns. Und Europas.

Ausgewählte Literatur

Arnold, Hermann: Die Zigeuner. Freiburg 1965

Awosusi, Anita: Zigeunerbilder in der Kinder- und Jugendliteratur. Heidelberg 2000

Bogdal, Klaus-Michael: Europa erfindet die Zigeuner: Eine Geschichte von Faszination und Verachtung. Berlin 2011

Busch, Ines: »Das Spektakel vom ›Zigeuner‹. Visuelle Repräsentation und Antiziganismus«. In: End, Markus; Herold, Katrin; Robel, Yvonne (Hg.): Antiziganistische Zustände. Zur Kritik eines allgegenwärtigen Ressentiments. Münster 2009

Dokumentation Darmstadt siehe Stadt Darmstadt (Hg.): Roma-Dokumentation

Djurić, Rajko; Becken, Jörg; Bengsch, Andreas B.: Ohne Heim – ohne Grab. Die Geschichte der Roma und Sinti. Berlin 1996

End, Markus; Herold, Katrin; Robel, Yvonne (Hg.): Antiziganistische Zustände. Zur Kritik eines allgegenwärtigen Ressentiments. Münster 2009

Fonseca, Isabel: Begrabt mich aufrecht. Auf den Spuren der Zigeuner. München 1996

Forgács, István: Wenn Ihr die Zigeuner seid, dann gehöre ich nicht zu Euch. In: hungarianvoice. wordpress.com vom 22. Oktober 2011

Franz, Philomena: Zwischen Liebe und Hass. Ein Zigeunerleben. Freiburg 1992

Gauß, Karl-Markus: Die Hundeesser von Svinia. Wien 2004

Gesellschaft für bedrohte Völker (Hg.): Sinti und Roma im ehemaligen KZ Bergen-Belsen am 27. Oktober 1979. Dokumentation. Göttingen 1980

Gilsenbach, Reimar: Oh Django, sing deinen Zorn. Sinti und Roma unter den Deutschen. Berlin 1993

Giere, Jacqueline (Hg.): Die gesellschaftliche Konstruktion des Zigeuners. Zur Genese eines Vorurteils. Frankfurt a. M., New York 1996

Grass, Günter: Ohne Stimme: Reden zugunsten des Volkes der Roma und Sinti. Göttingen 2001

Gronemeyer, Reimer; Rakelmann, Georgia A.: Die Zigeuner. Reisende in Europa. Ostfildern 1988

Handbuch Sinti und Roma von A–Z siehe Krausnick / Strauß, Von Antiziganismus bis Zigeunermärchen

Heinschink, Mozes F.; Hemetek, Ursula (Hg.): Roma – das unbekannte Volk. Schicksal und Kultur. Wien, Köln, Weimar 1994

Heinschink, Mozes F.; Krasa, Daniel: Romani Wort für Wort. Bielefeld 2004

Hille, Almut: Identitätskonstruktionen. Die »Zigeunerin« in der deutschsprachigen Literatur des 20. Jahrhunderts. Würzburg 2005

Hohmann, Joachim S.: Geschichte der Zigeunerverfolgung in Deutschland. Frankfurt 1988

Hund, Wulf (Hg.): Zigeuner. Geschichte und Struktur einer rassistischen Konstruktion. Duisburg 1996

Jung, Tina: »Europäischer Antiziganismus am Beispiel einer ›National Geographic‹-Reportage«. In: Kalkuhl, Christina; Solms, Wilhelm (Hg.): Beiträge zur Antiziganismusforschung. Bd. 2, Antiziganismus heute. Seeheim 2005, S. 141–145

Kalkuhl, Christina: »›Unsere Zigeuner‹. Eintritt in die Welt des Kitsches«, in: ZAG. Antirassistische Zeitschrift, Nr. 43, Berlin 2003

dies.: »Wo sind die Zigeuner geblieben? Ein Exempel zum Zigeunerkitsch«, in: ZAG. Antirassistische Zeitschrift, Nr. 43, Berlin 2003

Kenrick, Donald; Puxon, Grattan: Sinti und Roma. Die Vernichtung eines Volkes im NS-Staat. Göttingen 1981

Krausnick, Michail; Strauß Daniel: Von Antiziganismus bis Zigeunermärchen. Informationen zu Sinti und Roma in Deutschland (Handbuch Sinti und Roma von A–Z). PoD, Norderstedt 2008

Kugler, Stefani: »Zur Romantisierung der ›Zigeuner‹« In: Germanistische Beiträge, Bd. 22/I, Europa und seine Zigeuner – Literatur- und kulturgeschichtliche Studien, Sibiu/Hermannstadt 2007, S. 192–208

Lakatos, Menyhert: Bitterer Rauch. Ein Zigeuner-Roman. Berlin (Ost) 1978

Landeszentrale für politische Bildung Baden-Württemberg (Hg.):
»Zwischen Romantisierung und Rassismus«. Sinti und Roma –
600 Jahre in Deutschland, Stuttgart 1998

Lee, Ronald: Verdammter Zigeuner. Goddam Gypsy. Roman. Weinheim,
Basel 1978

Lucassen, Leo: Zigeuner. Die Geschichte eines polizeilichen Ordnungs-
begriffes in Deutschland 1700–1945. Köln, Weimar, Wien 1996

Mappes-Niediek, Norbert: Arme Roma, böse Zigeuner. Was an den
Vorurteilen über die Zuwanderer stimmt. Berlin 2012

Maximoff, Matéo: Die Ursitory. Roman. Zürich 2001

Moreau, Roger: Kinder des Windes. Die geheimnisvolle Herkunft der
Sinti und Roma. Bern, München, Wien 1999

Opfermann, Ulrich F.: »›… wird sich natürlich nur schwer nachweisen
lassen …‹ Der Verdacht als leitendes Motiv«. In: Tsiganologische
Mitteilungen, 10. Ausg., Leipzig 2010, S. 12–19

Reemtsma, Katrin: Sinti und Roma. Geschichte, Kultur, Gegenwart.
München 1996

Remmel, Franz: Die Roma Rumäniens. Volk ohne Hinterland, Wien
1993

ders.: Die rumänischen Roma in Daten und Fakten. Reşiţa 2007

ders.: Zigeunersitte – Zigeunerrecht. Traditionen im Alltag der rumänischen Roma. Reşiţa 2008

Rinser, Luise: Wer wirft den Stein? Zigeuner sein in Deutschland. Eine
Anklage. Frankfurt a. M., Berlin 1987

Rose, Romani (Hg.): »Den Rauch hatten wir täglich vor Augen«. Der
nationalsozialistische Völkermord an den Sinti und Roma. Heidelberg 1999

Smaus, Martin: Mach mal Feuer, Kleine. Roman. München 2011

Solms, Wilhelm: »Zigeunerbilder deutscher Dichter«. In: Landeszen-
trale für politische Bildung Baden-Württemberg (Hg.): »Zwischen
Romantisierung und Rassismus«. Sinti und Roma – 600 Jahre in
Deutschland, Stuttgart 1998

ders.: »Antisemitismus und Antiziganismus. Ein bedenklicher Vergleich«. In: ZAG. Antirassistische Zeitschrift, Nr. 43, Berlin 2003

ders.: Zigeunerbilder. Ein dunkles Kapitel der deutschen Literaturgeschichte. Von der frühen Neuzeit bis zur Romantik. Würzburg
2008

ders.: »Schützt uns vor ›Zigeuner‹-Bildern! Warum die Sinti und Roma
keine ›ZigeunerInnen‹ sind«. In: Der Schlepper. Quartalsmagazin für
Migration und Flüchtlingssolidarität in Schleswig-Holstein, Nr. 50,
Kiel 2010, S. 16–19

Stadt Darmstadt (Hg.): Roma-Dokumentation, Darmstadt 1985

Tuckermann, Anja: »Denk nicht, wir bleiben hier!« Die Lebensgeschichte des Sinto Hugo Höllenreiner. München 2005

Veteranyi, Aglaja: Warum das Kind in der Polenta kocht. Roman. München 2001

Wagner, Richard: Das reiche Mädchen. Roman. Berlin 2008

Wippermann, Wolfgang: »Wie die Zigeuner«. Antisemitismus und Antiziganismus im Vergleich. Berlin 1997.

Zimmermann, Michael: Rassenutopie und Genozid. Die nationalsozialistische »Lösung der Zigeunerfrage«. Hamburg 1996

Zülch, Tilman: In Auschwitz vergast, bis heute verfolgt: Zur Situation
der Roma (Zigeuner) in Deutschland und Europa. Reinbek bei Hamburg 1979